Dear Bunny, Dear Volodya

The Nabokov–Wilson Letters

1940–1971

Vladimir Nabokov Edmund Wilson

Simon Karlinsky

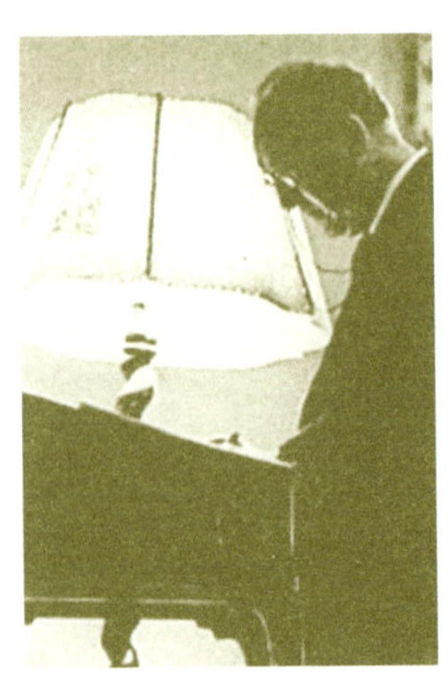

亲爱的邦尼，亲爱的沃洛佳

纳博科夫—威尔逊通信集
1940—1971

[美] 弗拉基米尔·纳博科夫　埃德蒙·威尔逊　著
[美] 西蒙·卡林斯基　编

刘佳林　译

上海译文出版社

目　录

原编者按

一九七五年二月，叶连娜·威尔逊写信来，邀我为她和弗拉基米尔·纳博科夫编辑、注释两位作家间的通信，我欣然接受。因为事先的承诺，直到纳博科夫去世，我才在一九七七年七月三十日开始实际工作。那时我收到两批书信，一批来自耶鲁大学拜内克图书馆，是威尔逊持有的纳博科夫来信，另一批来自蒙特勒的纳博科夫档案，是威尔逊写的。

每个当事人都以为，寄给我的就是通信的全部。在初版（一九七九）编者按语中，我写道："本书囊括了弗拉基米尔·纳博科夫与埃德蒙·威尔逊现存的书信。"这轻率的陈述想必引发了不祥之兆，它莫名其妙地尾随这项工作。

我和叶连娜·威尔逊还在校阅校样时，初版的精装本已经开售，结果充斥着种种谬误和印刷错误。一九八〇年，由薇拉·纳博科夫、叶连娜·威尔逊和我仔细检查过的平装本面世。但精装本问世不久，布赖恩·博伊德（已忙于他那权威的两卷本纳博科夫传）就告诉我，他找到许多我未收入集中的纳博科夫书信，这些信在拜内克图书馆被归错档了。平装本付印时，我获得了这些新的书信复本。与此同时，新的威尔逊书信也开始在蒙特勒出现，包括日期署于一九四五年夏秋之间的一些信件，它们在一个小行李箱里，存放于阁楼上。平装本的消息既然已经发布，出版商便选择照常出版，没有推迟、等待接二连三的新发现结束。

[上文提到的不祥之兆没有结束，《纳博科夫—威尔逊通信集》 viii
法文版（海岸出版社，一九八八）是克里斯蒂娜·拉盖-布瓦尔翻译的，很精彩，译自未校对的精装本。接着发生的事让人想起了纳

博科夫的小说《普宁》，一个自封的“俄语专家”检查并改动了俄语引文及来自俄语的译文，导致种种荒谬与滑稽可笑的错误。]

目前这一卷收入了一九八〇至一九九三年间发现的五十九封信。这次不敢造次，说这是两位作家写给对方的全部书信文本，只能说我找到的就是这些了。再版的评注大大得益于这些年间基础性文献的出版，比如从一九二〇年代到一九六〇年代的埃德蒙·威尔逊日记，五卷本，中间有几十年的中断；弗拉基米尔·纳博科夫的《书信选，1940—1977》，德米特里·纳博科夫与马修·约·布鲁科利编（一九八九）；他的《随姐妹报户口》（与妹妹叶连娜·斯科尔斯卡娅的通信，一九八五）；当然还有博伊德不可或缺的两卷本传记《纳博科夫传：俄罗斯时期》（一九九〇）和《纳博科夫传：美国时期》（一九九一）。

在准备本书的过程中，博伊德的帮助也是必不可少的，尤其是订正书信日期的问题（他告诉我，两位作家在这方面很不可靠）。我还要感谢根纳季·巴拉布塔罗，他跟我分享了他在威尔逊档案里发现的四封信，在其他方面也提供了很有价值的信息。迪特尔·齐默尔与我共同编辑本书的德文版（罗沃尔特出版社，一九九五），他建议增加的一些脚注在本卷中予以保留。小弗朗西斯·M. 内文斯来信纠正了纳博科夫和我在犯罪小说领域的错误。这一版包括了谢尔盖·达维多夫、小阿尔弗雷德·阿佩尔、休·麦克莱恩和弗朗西斯·J. 惠特菲尔德先前提供的信息或纠正。为本卷提供帮助的研究助理是安娜·普里姆罗斯、格伦·C. 沃斯和罗宾·拉度瑟。

非常令人伤心的是，这次我无法得到已故的薇拉·纳博科夫和叶连娜·威尔逊的帮助了。第一版的工作中，她们始终耐心、大度地跟我分享她们的知识和记忆。

ix 书信集按照下述准则编辑：

一、校正。明显的笔误和偶然的拼写错误都予以纠正，偶尔缺漏的字母予以恢复。极少情况下，某个不经意间缺漏的单词予以补充，像其他编辑增补一样，被放在括号中。考虑到历史真实性（也因为其魅力），纳博科夫在美国的最初几年，其英文有些法语风格（“semestre”“Octobre”），很典型，因此都原封不动地予以保留；威尔逊在俄文方面的语法及拼写个性也如此，通常在注释里指出并解释。

二、日期标注。威尔逊的日期遵从的是标准的美国写法，而纳博科夫大多数时候则是欧陆格式，1.IX.44 表示一九四四年九月一日。为方便读者，所有日期都采取标准格式。当内在证据表明某封信日期记载有误时，就尽可能提供准确日期。

三、大写。两位通信人遵守的是其母语英语及俄语的大写习惯。威尔逊根据英语用法，在俄语（和法语）文学作品的标题中，对每个单词的首字母都大写，介词和连接词除外；纳博科夫则按照俄语习惯，在英语中只对每个标题第一个单词的首字母大写。这一特点予以保留。纳博科夫还有一个法语—俄语习惯，常常忘记对专有形容词大写，这些都予以纠正。

四、俄语正字法。通信中老的（革命前）和新的（革命后）俄语正字法有明显的相互影响。起初，纳博科夫系统地运用老式正字法，威尔逊运用新式正字法，但后来威尔逊学用老式正字法，而纳博科夫偶尔转用新式。这两种拼写方法（偶尔会出现混用情况）都照其原样保留。

五、字母转写。大多数时候，两位通信人在将俄语单词音译成拉丁字母时并无章可循。字母转写是按照标准来的，除非有时是刻意幽
默或搞怪，或者纳博科夫是在展示他自己设计的新的转写系统，如第 x
159 封信那样。

六、删削。一些情况下，表述可能有损两位作家彼此尚健在的朋友或同事，便予以删削。第一版空缺的一些人名现在恢复。按照薇拉·

纳博科夫的遗愿，其余的删削照旧。所有此类删削都用“［……］”标示。

在我的注释中，关于两位作家的争议及分歧，我尽可能争取做到不偏不倚，为读者提供必要的事实背景，以便他们形成自己的判断与结论。开始写作导论性文章时，我的目标同样是保持客观，旨在勾勒这些通信的背景，阐明两位通信人同意或不同意的话题。这个目标在我文章的某些部分看来是幻想。纳博科夫争辩说，俄语和英语的诗律系统总体上是可以互换的。如果我假装说我赞同他的观点，那是不诚实，是虚伪。我也不赞同他对许多作家、作品文学价值的否定，包括从莫里哀的戏剧到我推崇的帕斯捷尔纳克的《日瓦戈医生》。

同样，我对二十世纪前二十年的俄国文学史、政治史进行了三十年的仔细研究，而威尔逊对一九〇五年以后俄国文学场景的看法，对十月革命性质的看法（表现在《三重思想家》和《到芬兰车站》中）是建立在一些有高度误导性的材料上的，要我无视这一点也不可能。我完全明白，本书读者对我的观点不感兴趣，他们关心的是两位大文学家的看法，我不过有幸编辑了他们的通信而已。可如果我对自己的知识和观点三缄其口，我就没法对这些问题及相关观点进行解释。导言大部分篇幅花在纳博科夫而非威尔逊的背景上，因为相对于威尔逊这一代美国人的成长阅历，人们对纳博科夫这一代俄国人的经历所知更少，更缺乏理解。

导　言

亲爱的邦尼，亲爱的沃洛佳；

或，亲近与分歧

一九六五年一个令人难忘的轰动性文学事件是由埃德蒙·威尔 1
逊创造的，他言辞激烈地批评了弗拉基米尔·纳博科夫四卷评注版的普希金的《叶甫盖尼·奥涅金》。威尔逊的文章刊登于七月的《纽约时报书评》，纳博科夫八月回复，一九六六年二月又在《遭遇》追加发表详细的反驳。像势均力敌、不择手段的斗争惯有的表现一样，交锋激动人心，许多文学家、学者加入争论，他们分派站边，给两个对手煽风点火，又不分青红皂白地这边一拳、那边一脚。混战的激动之中，很少有人留意到，威尔逊在评论的开篇就称自己“是纳博科夫先生的私交，对他抱有温情，有时又因激怒寒心”；而纳博科夫答复那篇评论时，也首先肯定两位作家的旧谊，认定彼此的感情。“一九四〇年代，我在美国的第一个十年里，他在许多事情上都善待我，而这些事不必跟他的职业相关，”纳博科夫在答复的第一段中写道，“我们有许多激动人心的谈话，通了许多坦诚的信。”

正如本集这些坦诚的信件将证明的，在这场痛苦的、围绕《奥涅金》的翻译与评论的争论之前，是四分之一个世纪的个人与智性的亲密接触。两位作家不停的、促进性的交往，持续而充满生机的观点的交流，都在他们各自的作家传中得到重要反映。在与纳博科 2
夫亲近的阶段，威尔逊全力以赴地沉浸在俄罗斯文学中；而没有威尔逊的帮助、劝告和文学人脉，就很难想象纳博科夫第二段文学生涯（一个用英语写作的美国作家）会如何开始。威尔逊去世后，纳博科夫写信给叶连娜·威尔逊，谈到他们合作出版目前这些书信的计划，他以这样的字句收尾：“我不必告诉你，重温这些属于我们

通信初期光芒四射时代的交流，是多么痛苦。”（未刊书信，一九七四年五月十七日）

促成他们亲近、相互同情的因素很多。他们分别来自各自文化中有教养的上流家庭，彼此都对对方的文学和本土的传统感兴趣，有投入。两人对法国语言文学都是行家里手，对宗教及神秘主义虽有分歧，但都抱怀疑态度。他们都是卷入政治的刑法学家之子。威尔逊相信，如果伍德罗·威尔逊总统时期内有职缺，他的父亲一定会被美国联邦最高法院聘用。纳博科夫的父亲是革命前俄国反对派运动的主要参与者，如果不是列宁和托洛茨基十月革命后建立政权，他父亲很可能在革命后的民主政府内阁占一席之地。在许多人的记忆中，威尔逊是一个文学批评家，纳博科夫是一个小说家，但两人都创作并出版小说、文学批评、戏剧及诗歌，对他们而言，文学是他们一生热情之所系。在纳博科夫的熟人中，威尔逊也是少有的对前者另一兴趣领域——鳞翅目昆虫学有着起码的兴趣的人。

在俄国文化、美国文化之中，文学作品常常因其传达的信息而受到重视，如果它们展现出精湛的技巧，则会受到怀疑。但纳博科夫和威尔逊都明白，没有什么可以代替文学品质——不过，什么才构成文学的品质，他们常有分歧。他们各自的作品在影响方面也有
3 有趣的对应。威尔逊的《到芬兰车站》是西方马克思列宁主义来源的最好指南之一，正如纳博科夫的《天赋》是对其俄国本土根源的想象性检验，因此如果一起阅读，这两部作品几乎构成一个等式的两边。对威尔逊的小说《赫卡特县的回忆》的起诉与查禁，促进了维多利亚式的道德审查制度的瓦解，这种制度在西方国家一直持续到一九五〇年代末；而纳博科夫的《洛丽塔》在美国和英国的出版，则标志着这种瓦解的完成。

因为有种种相似之处，共同感兴趣的领域也广泛，纳博科夫和威尔逊幸运地在一九四〇年相识了。只要早五年，我们这个世纪的

历史之变化无常和一九三〇年代知识界的潮流就会将他们隔开，双方也就无从谈起。他们亲近了二十年，最终痛苦地冷淡下来，而其根源则在他们初次相见前早已形成的观点与态度之中。如果我们简要检查一下彼此相遇前各自的知识轨迹，或许能更清晰地理解他们的关系。

威尔逊曾几次描述他在新泽西及纽约州北部的童年。他被领着跟一个富家子弟玩耍，这个男孩蛮横对待家里的仆人，漠然接受自己的优越地位，令威尔逊吃惊，这其实是他成长阶段的创伤体验。后来他在回忆录文章《在劳雷尔伍德》（收入其《夜思》）及小说《我想起黛西》中描述过这段经历。他的传记作家舍曼·保罗认为，威尔逊终生讨厌“富人界，它会熄灭成就卓越的每一种动力”，讨厌任何根深蒂固的特权，根源就在这个体验。它还可以解释他早期何以同情萧伯纳、亨·路·门肯之类的作家，在他看来，他们打破了现状，搅扰了沾沾自喜的资产阶级。

一九二〇年代的美国是镀金的爵士时代，威尔逊也厕身其中，他几乎跟每个重要的文学家都是朋友、熟人（许多人他在大学时代就相识），他也参与铸就这个时代；对俄国文学或俄国革命，他倒没有特别的兴趣。他成天忙于发现在文学鉴赏力方面的激动人心的新变化，并在那部划时代的著作《阿克塞尔的城堡》中加以探讨。那是一九二〇年代的巅峰之作，确立了威尔逊作为那个时代最杰出 4
的批评家的声誉，并一锤定音地确认了象征主义风格对二十世纪文学发展的重要性。此书出版后，美国就再也无法像过去时常发生的那样，说普鲁斯特难以卒读故不予考虑，说乔伊斯是色情作家，或者嘲笑斯泰因荒诞不经。恰恰是威尔逊，而非任何其他批评家，承认他们是现代大师，指出其共同根源是法国象征主义。

随着大萧条来临，像当时大多数美国作家一样，威尔逊也受潮流的裹挟，对其社会的传统结构与体制的有效性产生怀疑。萨柯与万泽蒂案，[*] 哈兰县的矿工，失业和等待救济食物的队伍让许多人相信，需要更新、更好的社会模式。丹尼尔·阿伦的著作《左派作家》记录了美国知识分子对苏维埃俄国高涨的热情，其时斯大林恰恰在巩固权力。一九三〇年代，一个对苏联现实有起码了解的人，面对美国的知识气氛，都会惊讶于知识界近乎无法想象的轻信，缺乏任何有意义的标准，就将两个国家的状况进行比较。对两个意大利无政府主义者的仓促审判激起了非常强烈的抗议——这跟列宁统治的最初几年对数百名俄国无政府主义者、社会革命党人以及非列宁主义的马克思主义者的处理怎么比？比较美国失业者排队领面包的队伍与数百万乌克兰农民死于饥荒的情形，也没有意义。

正是在苏联饥荒等不断扩展的十年里，西方对十月革命的赞誉
登峰造极，说它是人类对自由、公正社会的最美好的希望。威尔逊
研究马克思列宁主义理论，在这个时期形形色色的抗议行动中与美
国共产党联合，但与许多同事熟人不同，即使在跟马克思主义打得
5 火热时，他也保留了自我思考、自我判断的权利。一九三五年春，
他受古根海姆基金的资助去了苏联，想在莫斯科马恩学院研究俄国
革命。这是一次朝拜，是那个时代的典型做派与精神。

威尔逊不具有爱·埃·卡明斯那种本能的诗性敏感。三年前，卡明斯也作了一次类似的旅行，像启程时的威尔逊一样，他对俄语和俄国历史几乎一窍不通。他想捕捉一九三〇年代苏维埃现实之精髓，并在那部无人赏识的杰作《艾米》[**] 中予以体现，它跟帕斯捷尔纳克同年写给妻子的信件，以及娜杰日达·曼德尔施塔姆的回忆录可怕地吻合。[1] 威尔逊所描述的苏联印象（以自我审查的形式发表于一九三六年的《两种民主旅行记》，更详尽明确的版本是一九五六年的《红色，黑色，金色与橄榄色》）则有着动人的混杂性，自己天真的期待与他极力为之辩解的丑陋现实相混合。在伦敦开往列宁格勒的船上，他碰到三位苏联工程师，他们彬彬有礼，这立即

归功于先进的、革命后的新文化；但列宁格勒的人群看上去衣衫褴褛、闷闷不乐——他们会这样的，鉴于他们正处在饥饿之中。但他们的外貌与举止被归咎于“过去农奴制的非人生活”，他们恐怕仍记得革命前的这种生活（一九三五年记得农奴制的人不会太多，因为它在一八六一年就被废除了）。

萧伯纳等西方旅行者访问苏联时，正值饥荒最严重的时期，回去后竟宣称苏联公民是欧洲饮食最好的人民。与之不同，威尔逊看到了够多的苏维埃实际，他发现这不是他指望看到的自由、理想的，由工农管理的乌托邦。访问期间，他与文学史家德·斯·米尔 6
斯基[2]相遇，激起了他终其一生的对普希金的兴趣，他跟纳博科夫能够走到一起，这个兴趣至关重要。为了阅读普希金原文，威尔逊在旅行结束前开始学习俄语。他对斯大林很失望（但依然对列宁、对十月革命抱有期望），并着手研究、写作《到芬兰车站》，它成为探讨马克思主义起源的经典著作。该书出版不久，他遇到了纳博科夫。

如果说文学学者毫不费力就能想象并理解威尔逊的青少年环境，那么纳博科夫出生的世界，他生命头二十年所度过的世界——这个阶段的俄国是从解放农奴、引入陪审员审判制度及其他改革的一八六〇年代到十月革命——在西方想象中就完全被神话包裹，被宣传严重歪曲，变成千篇一律的陈词滥调，以至于大多数西方人对它的认识还不如他们对法老时代的埃及的认识更清楚。比如说吧，世纪之交的俄国现实，在托尔斯泰、契诃夫和高尔基的私人信件中的反映，或者在这个时期俄国报纸上的记载，都跟我们通常的想法大相径庭，以至于任何一个简单的史实陈述（就像我们在纳博科夫给威尔逊的几封信中看到的那样）都可能被视为刻意作梗的修正论或怀旧性的理想化而漠然置之。

人们脑海中的通常形象是：顽固的专制制度，从“恐怖的伊凡”

以来一成不变，生活豪奢、挥舞鞭子的一小撮贵族和卑躬屈膝、饥
肠辘辘的一大群农民构成的国度，偶尔有个伟大作家或耽于幻想的
7 革命家在背景中出现。这是王尔德一八八三年的情节剧《薇拉，或
虚无主义者》所描述的国家，就是这个形象影响了威尔逊，他在《直
言不讳：六十反思》（一九五六）中关于俄国的部分写道：“果戈理
粗鄙的偏僻乡村，到处是饱食终日的地主，芜杂蔓生的樱桃树，悲
惨的女仆，躁狂的主人；屠格涅夫的那些贵族老巢，混乱的家庭关
系，处境可怜的大批农奴［……］当然，列宁向这一切宣战，共产
主义者努力清除它们。”

这一切之中，西方社会全然忽视的是革命前六十年的重大社会
变革，这些变革使得威尔逊提到的果戈理《死魂灵》的世界和屠格
涅夫《猎人笔记》《贵族之家》的世界在纳博科夫出生时都已成为
过去。这几十年最突出的一个特征就是传播广泛、影响巨大的公民
抗议运动，纳博科夫在给威尔逊的信中反复提起。革命前的几十年
中，它迅速扩散，包括的政治范围很广，从温和派到极端激进派，
尽管最后两任沙皇顽固地、有时暴力地进行遏制或试图反转，但运
动还是给这个国家的社会及政治生活带来真切的解放。一九〇五年
革命后，书报审查制度被废除，所有政党都合法化，议会制度被确
立，公民抗议运动获得公开倡导的权利。一九〇五年以后，十九世
纪末的非法传单、恐怖分子的炸弹基本上被其他形式的社会抗议所
取代，比如萌芽中的劳工与女权主义运动，一家畅所欲言、有强烈
批判色彩的反对派媒体（布尔什维克的喉舌《真理报》，一九一二
年合法销售），大量竞争性的政党，从极右翼的拥护君主制、反对
犹太人的党派到温和、开明的团体如立宪民主党（纳博科夫的父亲
是创始人之一），再到社会主义和马克思主义组织，最突出的是社
会革命党，革命前夕拥有一百万活跃成员。改革派和社会主义政党
8 在广泛的基础上形成联合，因此一九一七年二月推翻君主制度只是

时间问题，不料不到一年后列宁接管，眼睁睁失去了所有艰难赢得的权利。

纳博科夫的父亲是俄国历史上议会时期（一九〇五至一九〇七）的重要政治人物。他代表革命前民主的、反政府的异见的优秀传统，曾在从二月革命到十月革命期间的临时政府担任大法官首领和几个关键委员会成员。他的回忆录非常客观，受到托洛茨基、克伦斯基的称赞。这些回忆表明，临时政府致力于公平竞争，以获得统治对象的同意为己任，决心保障公民权利和每个人的表达自由，包括那些执意要破坏它的人，因此它的命运已经注定。社会革命党人和立宪民主党人接受的训练是，革命前反沙皇党派之间要采取相互合作的原则（纳博科夫在第六封信中描述过），面对新政权，他们毫无准备。

不过他们本该有所准备的。俄国革命前的公民抗议运动存在明显教条、专制的成分，别林斯基—车尔尼雪夫斯基派激进的、功利主义的文学批评有许多这样的内容，它们长期主宰十九世纪俄国文坛。契诃夫意识到了这一点，并通过暴君式激进分子的形象予以揭示，如《伊凡诺夫》中的里沃夫医生、《带阁楼的房子》中的莉达、《古塞夫》中的巴威尔·伊凡内奇等，他们自认为是自由和公民权的热情支持者，别人也这样看待他们。托尔斯泰（在小说《复活》中）描绘了“著名的马克思主义者”诺沃德沃罗夫的形象，可谓直击要害，这个人物受到那些生动的理想主义革命者的尊敬与支持，他却准备一旦掌权就去诋毁他们。安德烈·别雷的《彼得堡》处理的则是革命的纪律和反动的压迫之相互替换性，以及它们最终的趋于一致，而没有《彼得堡》，纳博科夫的文学起源就难以想象。

纳博科夫在中学时代就遇到这种伪装成自由的思想强迫与遵从的现象。开明的父亲为他在彼得堡先进的捷尼谢夫学校注册报名， 9
十一岁的纳博科夫受到来自老师和其他同学的巨大压力，要参加各种课外俱乐部，后来则要加入政治讨论小组。他抵制这种压力，但他也一定始终遭到嘲笑和反对。在英文、俄文版自传中，他描述过这种处境；《庶出的标志》（第五章）的一段情节也是以此为基础的，校长威胁年轻的亚当·克鲁格，如果他不参加学生讨论小组就给他不及格。“校长强调，参与纯属自愿，又警告克鲁格（他在班上名列第一）说，他的特立独行是糟糕的榜样［……］确实，校长思想非常开放，他主动要求那些比较富裕的孩子组成强大的资本主义群体，要求那些反动贵族的儿子与自己的阶层步调一致，联合成兄弟会（Rutterheds）。他所要求的只有一条，他们要听从社会与经济本能；他谴责的只有一条，一个人会全然缺乏这种本能。”

两部自传、一部小说都反映了这种经历，说明它对纳博科夫来说也是一种成长性体验，就像威尔逊的《在劳雷尔伍德》描绘的他与那个纨绔子的相遇一样。它很可能是纳博科夫后来激烈拒斥弗洛伊德、马克思及其他任何分析的根源，这种分析强行把人分配到方便的、基本上是想象性的一格一格之中，随心所欲地对他们进行分门别类，其原则的有效性甚至连分类者本人也不认可。这种拒斥让纳博科夫与契诃夫的联系增进了一层（“我的前辈”，他在给威尔逊的信中这样称呼契诃夫），后者终生反对各种“标签”和“吊牌”，反对把人细分成种种幻想的小组、类别和阶级，而纳博科夫则是与生俱来地讨厌这样做。几个大型社会主义及民主政党虽然成员数百万，却被列宁领导的一小股布尔什维克击败，这种景象一定强化了纳博科夫后来对任何形式的组织政治的厌恶，他不信任群众运动。他的一家开始流亡，几年后父亲又在柏林被右翼亲君主主义狂热分子暗杀，这无疑加深了他对政治的反感。

10 随后二十年，纳博科夫生活在俄国侨民世界，它跟革命前的俄国一样复杂而形形色色。这里有流亡的大小皇室成员及贵族，末代沙皇及其家庭成员毫无意义地被杀害，让这些人在西方赢得了很大的同情和喜爱。这里有民族主义的右翼流亡者，带着俄式茶炊和吉卜赛歌舞队，带着反犹主义和军事主义思想，他们在一九三〇年代企图支持德国，一九四〇年代则因为崇拜苏联军事力量和斯大林的政策，偶尔转向亲苏立场。在一九四〇年代的短篇小说《谈话片段，一九四五年》《助理制片人》中，纳博科夫不掩饰自己的憎恶之情，对侨民的这种光怪陆离进行描绘。《助理制片人》来源于一个右翼流亡者的真实事例，他原来是个双料间谍。流亡者中间还有相当比例的农民和工人，包括犹太人和其他少数民族，他们离开俄国是因为他们发现，生活在列宁治下，要比之前更加艰难。

两次世界大战之间，负责俄国侨民丰富的知识文化生活的，是成千上万流亡的自由派分子、社会主义者及民主派马克思主义者。正是这部分人运营主要的侨民出版社，出版优秀的文学杂志（两本主要刊物，布拉格的《俄罗斯自由》和巴黎的《当代纪事》，都由社会革命党人出版），给读者提供更为严肃的侨民作家的文学作品。纳博科夫在给威尔逊的信中提到一些主要的革命前的异见人士，他的属于这个团体的朋友们：伊利亚·丰达明斯基，约瑟夫·赫森，鲍里斯·尼古拉耶夫斯基，伊拉克利·采列捷利。就西方流行的思想及媒体而言，他们过去是、现在仍是被无视的男人和女人。在西方，有人哀悼尼古拉、亚历山大，把所有的俄国流亡者都浪漫化为贵族绅士，他们失去了财富；也有人为斯大林的苏联欢呼，说是“第一个真正的人的文化”，是真正马克思的社会主义的胜利；但在西方的俄国观和俄国人观中，就没有自由派的一席之地，他们既反对 11
革命前的沙皇政权（并且实际上促使其垮台），也反对列宁建立的国家。但是，如果不明白俄国政治与知识史的这个方面，就无法理解纳博科夫。

在完成剑桥学业后不久，他就开始了他的第一段文学生涯，为流亡的俄国人——那是些被无视的人，生活在他所谓的“物质贫困，知识丰饶”状态——写作的俄语作家。他以弗·西林（西林是俄罗斯民间传说中的天堂鸟）为笔名发表作品，是众多年轻的文学新秀之一，他们在同一时期、相似的环境中啼声初放。老一辈侨民作家属于二十世纪俄国文学光辉榜样的是蒲宁、列米佐夫、霍达谢维奇和玛琳娜·茨维塔耶娃。他最初的一些小说发表后，人们普遍认为，西林是年轻一代中最有趣、最有天赋的散文作家。同时侨民批评家又存在某种困惑甚至敌意，主要是因为，他们无法将他的小说纳入现实主义或象征主义的窠臼，也因为他坚决拒绝加入任何团体或圈子。

非常有趣的是，他欧洲时期两个最突出的成就是两部关于政治主题的俄文小说。《斩首之邀》（一九三五至一九三六）是一部超现实主义的反面乌托邦作品，对二十世纪警察国家的终极未来给出了结论：一个偏狭的后院，一套腐朽、过时的技术，所有的隐私和个性都被废除，一个人会因为拥有些许知性的独立而被斩首。《天赋》（一九三七至一九三八）无疑是二十世纪俄语写作的三四部最伟大的小说之一，是一个年轻人的故事，他在探究写作车尔尼雪夫斯基作家传的过程中发现并发展了文学天赋，发现了爱情。车尔尼雪夫斯基是十九世纪的激进批评家、小说家，列宁和布尔什维克的政治风格及美学思想就来自他。在《天赋》中，纳博科夫首创了将小说
12 叙事与学术性的文类混杂的方法，比如传记、评注、文学史等，这个方法后来在《微暗的火》《爱达或爱欲》《看，那些小丑！》，还有《奥涅金》的评论中得到进一步演变与拓展。

当纳博科夫于一九四〇年五月跟妻儿乘船赴美时，他已是各处俄国流亡文化中心——从波罗的海国家到中国——公认的大作家，他的一些小说在英国、法国和德国翻译出版（第 173 封信及其注释 3 提到，萨特对法译本《绝望》作了负面评价，这是一九三〇和一九四〇年代西方普遍的对待侨民写作态度的典型反映）。但在

美国，他抵达时，知道他文学成就的人数不会过百。威尔逊的可称赞之处就在于，他能不顾当时广为流传的反侨民偏见（比如，这种偏见导致一九四三年纳博科夫的朋友马克·阿尔达诺夫的小说在入选月度书单后被企图抵制，理由是，一个反对斯大林的侨民一定是自由、民主的敌人），向一个在美国其实属于无名之辈的人伸出了援手。

我们看到，纳博科夫抵美后数月内，威尔逊安排他给《新共和》（当时威尔逊是它的文学编辑）写书评。后来的岁月里，威尔逊某种意义上成了纳博科夫免费的文学经纪人和顾问。纳博科夫在美国最初几年找到的每条重要的文学出路，背后都有威尔逊的身影，威尔逊让他结识《新方向》的詹姆斯·拉夫林、《大西洋月刊》的爱德华·威克斯和《决定》的克劳斯·曼。这始于威尔逊真正了解纳博科夫的整个文学高度之前，并且持续了许多年，不管威尔逊欣赏（如对《塞巴斯蒂安·奈特的真实生活》）或不欣赏（如对《庶出的标志》）他的近作。吸引威尔逊走向纳博科夫的，不是对他文学成就的认识——他似乎认为理所当然——而是私人情谊和文学兴趣的一致性。

研读最初几封书信，他们知性关系的两个对立磁极便暴露了：
正极，普希金，负极，列宁。从苏联返回后不久，威尔逊发表了关 13
于《叶甫盖尼·奥涅金》的文章；两年后，谈《青铜骑士》的文章随他对这首叙事诗的散文翻译一起发表。两篇文章收入威尔逊的著作《三重思想家》（一九三八），这是美国批评的开拓性事件，因为对当时大多数美国批评家和读者来说，俄国文学是从屠格涅夫开始的（可能到高尔基结束）。对威尔逊来说，开始跟纳博科夫接触，与他重新对普希金感兴趣巧合。他们的书信反映了他对普希金全部作品的研究活动，而部分活动得到纳博科夫的指引。纳博科夫翻译了普希金的诗剧《莫扎特与萨列里》，最初发表于一九四一年四月的《新共和》，威尔逊写了一段序言，这个译本其实是跟威尔逊合作完成的——在纳博科夫的文学生涯中，跟另一个作家合作的情况很罕见。

一九四三年，威尔逊写了多篇关于普希金的文章，先是发表在《大西洋月刊》，后收入其著作《俄国之窗》，这些文章都是跟纳博科夫就此话题进行讨论、交换意见的直接结果。随着时间的推移，我们能够看到，每个作家都深深地沉浸于普希金的作品和传记，每一方都摆出非我莫属、舍我其谁的架势。最初还只是一些友好的分歧，诸如普希金是否拥有或缺乏韵律的多样性、他的拉丁文或英文水平程度如何，慢慢就变得不耐烦，直到后来围绕《奥涅金》的翻译与评论，分歧终于急剧扩大。

一九四〇年，纳博科夫收到并阅读了威尔逊的《到芬兰车站》（显然是他读过的第一部威尔逊的著作），与威尔逊所能认识到的相比，纳博科夫更有资格去评价它、称赞它。就在几年前，纳博科夫写作了车尔尼雪夫斯基的传记，归于《天赋》主人公的名下，构成小说的重要部分，纳博科夫自己承认，比起后来完成的果戈理研究，这部传记创作的研究更加彻底。如果我们同意一度是俄国马克思主义者的彼得·司徒卢威所说的“进口的外国药剂与本土的俄国劣酒的混合”，《到芬兰车站》的开头两部分记载的就是“外国药
14 剂”，而纳博科夫的车尔尼雪夫斯基（《到芬兰车站》没有提到他）传谈到的则是“劣酒”的一个重要方面。在写作车尔尼雪夫斯基传的过程中，纳博科夫有机会深入研究了威尔逊著作中的几个主要人物：黑格尔、费尔巴哈、傅立叶、圣西门和马克思。因此，纳博科夫被威尔逊迷住就可以理解了，后者对马克思和恩格斯、对他们的空想社会主义先辈以及马克思主义的起源与结果进行了广泛的研究，细致而客观，叙述妙趣横生。

同样预见得到的是，由于家庭的联系，纳博科夫得以在前排观

察俄国革命，在写作《天赋》的过程中，对革命的起源已经有充分的了解，因此他无法附和威尔逊著作的第三部分，那差不多完全是基于列宁、托洛茨基派的材料来看待俄国历史，认为列宁是俄国社会主义和马克思主义唯一真正的代言人，将列宁的社会主义与自由派对手说成是“资产阶级的代表”，以为他们只对保护私有财产感兴趣。纳博科夫强烈反对把列宁描绘为温情脉脉的人道主义者、敏感的文艺批评家（《到芬兰车站》《三重思想家》都如此）。

针对纳博科夫对他的列宁形象的批评，威尔逊宣称，他已经避 15
开了官方传记，根据的是“家庭回忆录、托洛茨基的著述、列宁本人的作品，以及高尔基、克拉拉·蔡特金等人的回忆录”，他们都“试图说出真相”（第7封信）。这让人想起了一个基督教历史学家，他肯定他的叙述都是事实，因为他所有的信息都来自梵蒂冈。威尔逊在写作《到芬兰车站》时，他手头没有更完整的苏联版列宁著作（一九六〇年代开始问世），那包括了基本文本如一九二二年二月二十日的《关于司法人民委员部在新经济政策条件下的任务》，其中列宁计划发动一系列“示范性”审判。对这类文献的研究完全支持了纳博科夫反复宣称的那个说法，斯大林主义不是对列宁政策的背叛而是直接的继续。 16

威尔逊最终认识到，他用于《到芬兰车站》的那些关于列宁的文献是“刻意制造神话”的例子。[3] 该书一九七二年再版时，威尔逊补充了《导言，一九七一》，引用了他在一九三〇年代未能注意的大量文献，包括彼得·司徒卢威和尼古拉·瓦伦提诺夫的证据，记录了列宁的个性及政治风格，还有伯特伦·D. 沃尔夫对高尔基回忆录中许多历史错误的证明。我们一方面佩服威尔逊有勇气承认早年的误解，但另一方面也感到遗憾，这来得太迟了，对他与纳博科夫的关系而言已无济于事。

如果说关于列宁人格的分歧是因为对同一组历史事实的不同解

释，那么关于俄语诗律法的更激烈的分歧则表明，他们或者是鸡对鸭讲，或者说的是两码事。这个观点开始是在私下讨论时提出来的，后来在威尔逊比较普希金和莎士比亚的诗歌时反映出来，他发现普希金学究般地中规中矩（第 47 封信），威尔逊显然是将英语诗律法原则用于普希金了。纳博科夫的回答（第 48 封信）是一篇长长的、细致而阐述丰富的论文——不是关于俄语的重音系统或标准的俄语音步，纳博科夫从不会想到威尔逊竟不懂这些——而是普希金所用的俄语抑扬格在音步与节奏之间的相互作用。这篇论文是纳博科夫后来附于《叶甫盖尼·奥涅金》评注且单独印行的《诗律学笔记》的早期形式，它概述了别雷的研究发现，一种“可变的节奏流”贯穿“俄语抑扬格的常项结构”。纳博科夫试图教给威尔逊这一“俄语诗的韵格变异”，没想到他是在给一个没有学过各种音符的音高
17 及音长的人上复调课，或者换一个领域做比较，他在给一个不知道算术四则运算或阿拉伯数字的学生上代数。

直到七年后，威尔逊才从格列布·司徒卢威（第 200 封信）那里得知俄语单词的重音是如何构成的，俄语每个单词只有一个重音，没有次重音——这是一则关键信息，否则就无法指望理解第 48 封信。威尔逊也没有意识到，比起英语诗歌来，俄语音步和诗律法已被几代诗人和理论家更彻底地研究过。纳博科夫并非像威尔逊所以为的那样，谈的是他自己设计的诗律法理论，或他上学时学到的东西，而是一种高度复杂的分析，是象征主义时期主要靠安年斯基和别雷改进和发展的（最近几十年，苏联发展了对音步的计算机化研究和符号学研究，从而取而代之）。包括四音节、抑扬抑格、抑抑格的希腊术语，在现代俄语中代表着跟希腊古典时期所代表的非常不同的意思，这也让威尔逊怀疑纳博科夫是在卖弄学问，所以他在回信（第 49 封信）中指出，英语已经不复任其韵律、语法落古典语言之窠臼了。

为方便威尔逊起见，纳博科夫基于俄语形式的韵律编造了一些英语诗例子，结果问题变得更复杂，反而妨碍了威尔逊的理解。这些例子忽视了英语的次重音，而大多数学习英语的俄罗斯人——不管学得多好——本能上都会这样，但英语母语者又同样本能地将这些重音作为音律体式的一部分。看得出来，威尔逊对混淆两种诗律法的做法是将错就错，他在回信中写道，俄语诗歌“从韵律角度说，我认为基本上就像你说的英语诗一样”。误解因此根深蒂固，后来他们关于诗律法的争论明显就是，威尔逊讨论英语或俄语诗时，他心里想的是英语韵律学，而纳博科夫大多数时候则相反。正如威尔逊在《州北》（第 157 页）刊行的一九五七年五月二十五日至二十八日日记条目所示，他从没有弄清俄语重音系统、韵律或诗律法究竟是怎么回事。由于纳博科夫明显不了解威尔逊对俄语的掌握还存 18
在根本性空白，他无意之间就没有交代基本信息，造成了这种情形下的交流障碍。后来威尔逊从原文阅读契诃夫、遇到一些语法问题而寻求纳博科夫的帮助时，纳博科夫也未能全面地予以阐述。

尽管在列宁、在俄语抑扬格方面存在分歧，但他们在一九四〇年代早期的书信记录的是两位作家与日俱增的亲近，彼此对对方文学及学术兴趣与追求的稳步介入。这个时期，两人都在不同的高校有临时教职。一九四二年的通信表明，他们分享得到的工作信息，彼此推荐学术职位。一九四五年三月，威尔逊写信给纳博科夫说，他们的“谈话”是他过去几年的生活中“为数不多的慰藉”（第 118 封信）。一年后，在给老师克里斯蒂安·高斯的信中（引于第 139 封信注释 1），威尔逊说纳博科夫已经成为他的密友，并说“我对他的能力评价相当高”。他们亲密的另一表现是，纳博科夫跟威尔逊分享他对美国和美国人的观察，这是他作为演讲人在美国巡回演讲时收集到的。出色的第 55 封信构成了学术与非学术人物典型的肖像画廊，表明纳博科夫是一个社会观察家，善于积累、储存许多印象，后来在《洛丽塔》和《普宁》中加以充分运用（实际上，这封信可以视为这两部小说某些段落的初步素描）。

一九四三年十一月，威尔逊提议，他们合写一本关于俄罗斯文学的著作，纳博科夫接受了这个计划。最初的想法是一本书，由威尔逊的文章构成，伴之以纳博科夫的翻译。他们一九四四年的通信精神抖擞地讨论了这件事，计划很周详。随后几年，通信一再提及。这部作品所设想的形式有过几次变化。道布尔戴出版社最终同意出版，并为此向两位有前途的合作者预支了稿费。一九四八年他们还在讨论该书，尽管热情衰减。不用说，它从未变成现实。

19 欧文·豪敏锐地指出，威尔逊最显著、最吸引人的一个品质是，他对所有的文学持开放态度，迫切地跟朋友分享他文学上发现的每一种乐趣。纳博科夫则像《天赋》中的主人公，认可“仅两种书：床头的或者废纸篓的”，结果常常让威尔逊这位文学天才的抬轿人失望。自托尔斯泰以来，没有哪位作家像纳博科夫这样，无视既有的文学声名。威尔逊的趣味广泛而包容，与之相对的是纳博科夫的态度，《天赋》中的费奥多尔充分地表达为，“我要么狂热地爱一个作家，要么彻底抛弃他”。因为他拒绝的花样无法逆料，人们于是普遍而错误地认为，纳博科夫所谓的优秀作家，总是指优秀的文体家，也就是说，他只是根据文体来选择他喜爱的作家，而不考虑其作品内容。这种理解与他对托尔斯泰和契诃夫的深厚感情相抵牾，两人都不是俄国代表性文体家，也与他对拉辛和司汤达的摈弃相违背。纳博科夫始终如一地讨厌的是：屈服于时代流行的标准诗学的作家（因此他蔑视整个新古典主义，尤其是十八世纪文学，除了英国的蒲柏、斯泰恩和俄国的冯维辛、杰尔查文），过分依赖现成惯例和格式的作家（比如司汤达和康拉德，依他看来），努力追求感情而非艺术效应的作家（比如陀思妥耶夫斯基和福克纳）。

纳博科夫相对更熟悉俄罗斯文学传统，所以他喜欢将威尔逊坚持推崇的西方作家转换为与之相对应的俄国作家。因此，亨利·詹姆斯，纳博科夫所谓的“灰白的鼠海豚”，在他看来就是稀释过的屠格涅夫（纳博科夫对他并不特别喜欢），福克纳是一八六〇年代俄国次要的、有着社会意识的小说家，马尔罗是一九二〇年代苏维埃作家的穷亲戚，模仿的是陀思妥耶夫斯基和列昂尼德·安德烈耶夫，他们在主题和场所方面都与马尔罗相像。纳博科夫比较接纳菲茨杰拉德和约翰·毕晓普，但人们怀疑，这是因为他个人喜欢威尔逊，而这两位作家曾是他的同学和亲密的朋友。从更长时段的书信 20
往还看，文学教员威尔逊屡屡受阻，纳博科夫顽固地拒绝对他的文学兜售报以欣赏。

一九五〇年春，通信密集起来，因为两位作家都因种种病痛卧床。威尔逊连中三元，成功让纳博科夫喜欢上三位不可能喜欢的作家：狄更斯，简·奥斯丁和让·热内。狄更斯碰巧是纳博科夫的父亲特别喜爱的作家。孩提时代，纳博科夫就接触了狄更斯的许多作品，他父亲用英语给家人朗诵他的作品。后来他对狄更斯失去兴趣，父亲喜欢的另外两个小说家巴尔扎克、左拉也失宠了。威尔逊认为，狄更斯的后期小说有独特价值，在他的劝说下，纳博科夫在康奈尔比较文学课上把《荒凉山庄》列为主要作品。

至于奥斯丁，威尔逊认为，她跟乔伊斯分享“英语小说中具有形式感的几乎独特的荣誉”[4]，他特别成功地打消了纳博科夫对女小说家的那种典型的俄罗斯偏见。情况是这样的，俄罗斯虽然有重要的女诗人，一些人还是不错的戏剧家，但直到晚近，都没有女性写作的小说能超过纳博科夫在短篇小说《海军部大厦塔尖》中嘲讽过的妇女通俗小说的程度。还有一个事实是，奥斯丁在俄罗斯文化中默默无闻。别的英国女小说家在俄国都受到礼遇，安·拉德克里夫和勃朗特姐妹在十九世纪很著名。玛丽·伊丽莎白·布拉顿粗制滥造的作品《奥罗拉·弗洛依德太太》不但莫名其妙地受到托尔斯泰的喜欢，甚至还是《战争与和平》几个段落的样板。而简·奥斯丁过去、现在都不知名，《傲慢与偏见》第一个俄语译本直到一九六〇年代才问世，却少人问津。

一经威尔逊劝说阅读《曼斯菲尔德庄园》后，纳博科夫不但把它包括到康奈尔的课程中，还着手在《奥涅金》的评注中引用奥斯
21 丁的作品，进行平行对比（确实，奥斯丁比其他外国作家更接近普希金的散文品质；他的小说《罗斯拉夫列夫》片段读起来就像俄国失传的奥斯丁小说集的一章）。更后来，纳博科夫会在《爱达或爱欲》中提到《曼斯菲尔德庄园》。至于热内，那是纳博科夫那年春天应该归功于威尔逊的第三个文学发现，他过去显然讨厌热内主题的某些方面，但这位作家艺术眼光的原创性征服了他，他在福楼拜、波德莱尔的艺术中看到了其根基。

纳博科夫和威尔逊的通信与友谊很大程度上建立在他们作为作家的彼此尊重上。纳博科夫十分推崇《到芬兰车站》的文学品质，从那时起，他对威尔逊的所有散文集、单篇文章、小说和戏剧都赞赏有加。纳博科夫对威尔逊有一些特别的异议和非难，但始终是因为威尔逊想对十月革命及其制造者理想化，或者是因为纳博科夫看出，威尔逊武断地引入社会性评论，并非文章的内在逻辑使然，而是对流行知识时尚的迎合。纳博科夫不断劝他，要漠视社会学视角，降低创作的意识形态内容，这令威尔逊困惑，他冒失地认为（第186 封信），纳博科夫青年时期一定接受了世纪末“为艺术而艺术”的口号，此后始终在机械地运用它们。

没有什么比威尔逊的这个假设更能说明，俄罗斯与西方的知识潮流在时间上是断裂的。在俄国，为艺术而艺术与介入社会的艺术之争不像西方那样发生在世纪之交，而要追溯到一八六〇年代。艺术自由主要是由屠格涅夫以及他与托尔斯泰的朋友、诗人费特所捍卫的，他们的对手是激进的功利主义者，由车尔尼雪夫斯基领导，

后者宣称所有作家都要对当前社会及政治事务发声，对那些不遵从他们要求的作家他有权逐出文学界，他们就是这样对待费特的。从一八六〇年代到一八九〇年代中期的三十多年里，俄国文学及其他艺术不得不跟这种其实是激进功利主义批评的独裁作斗争。他们的霸权受到契诃夫无声的挑战，而作为报复，有影响的功利主义批评 22
家就竭尽所能贬低他，诋毁他的声誉。公开的挑战是由十九世纪末谢尔盖·佳吉列夫的杂志《艺术世界》发动的，怀着蔑视和故意的傲慢，这种挑战被整个象征主义一代继承。

像契诃夫、像俄国象征主义者一样，对纳博科夫来说，问题不是要忽视或压制经济或社会的诸种因素。他称赞威尔逊《赫卡特县的回忆》中对劳工阶级女孩安娜的描述，并明确指出（第 185 封信）问题的症结，即要将这些因素有机地融入文学作品，不要把作品降格为社会学的布道或说教，也不要迎合日常关注的热点话题。纳博科夫在许多访谈中常说，他对社会目的、道德信息或一般观念“极度无动于衷”，读者们往往没有认识到，他这是在针对强大的俄国传统而言，它在一个世纪里两次囚禁了文学和其他艺术，借口是同样的社会目的、道德信息和一般观念。第一次是在十九世纪，托尔斯泰、契诃夫遭遇系统性攻击，一些优秀的小作家被逐出文学界，因为他们没有正确的社会意识。第二次是在苏联时期，纳博科夫在许多方面都推崇的作家如左琴科、奥列沙、扎波洛茨基、曼德尔施塔姆等，遭到迫害，有些人则被消灭，他们以此实现了别林斯基、车尔尼雪夫斯基对社会相关性的要求。纳博科夫拒不承担这种责任，态度激烈，就是源于这样一个事实，他是史上唯一得以有讨论机会而加以声讨的俄国大作家。

纳博科夫的这个方面在西方常常无法被准确地理解，这是妨碍威尔逊充分把握纳博科夫某些作品的原因之一。另一个障碍是，威尔逊顽固地忽视二十世纪头二十年的俄罗斯文学场景，那恰恰是纳

博科夫的个性和艺术观念形成于其中的阶段。比起任何非专职俄国
文学专家的美国批评家来，威尔逊对俄国文学的研究非常深入。他
23 让通晓文学的美国读者认识到普希金和果戈理的重要性，他在这方面无人能及。他论述屠格涅夫和托尔斯泰的文章所依据的文献只能从俄文原文获得。他那篇关于丘特切夫的文章——在我看来，对诗人不尽公允——对俄国文学的领域涉猎甚广，大多数美国批评家甚至不知道有这些领域存在。同样值得一提的是他对两位杰出的戏剧作家的兴趣：格利鲍耶陀夫，威尔逊恰当地称他的《聪明误》“处在博马舍和《哈姆莱特》之间”；亚历山大·苏霍沃–柯贝林，他贡献了一篇出色的文章。

不过，虽然涉猎广泛，威尔逊几乎没有注意二十世纪初那非凡的白银时代——就像写作《到芬兰车站》时，他对反对列宁的社会主义或马克思主义团体视而不见一样。威尔逊熟悉米尔斯基的俄国文学史著作，后者完全公正地对待那个阶段；但威尔逊对一九〇五年以后状况的看法早已被列昂·托洛茨基的《文学与革命》所定型，这部著作以无产阶级作家的名义巧妙地对二十世纪初一些最优秀的俄国作家加以贬低、诽谤，在托洛茨基的格局中，前者将取代后者，但始终没有实现（或者，如果他们成功取代了，又都被消灭）。一九〇五年以后，官方书报检查制度被废除，激进的功利主义的反审查被弱化，俄国文学的创造力得以爆发，任何熟悉这种壮丽景象的人都会对威尔逊的说法感到吃惊。他在《马克思主义与文学》（最初发表于一九三七年，后来每个版本的《三重思想家》都照单全收）表达了受托洛茨基影响的观点：一九〇五年之后，俄国文学衰落了；俄国革命产生的唯一重要的文学就是列宁和托洛茨基的作品，还有勃洛克的《十二个》（这好比说，英国浪漫主义没有产生有名的文学作品，除了托马斯·潘恩、威廉·戈德温的写作，还有雪莱的诗歌《暴政的假面游行》）。

恰恰是托洛茨基向威尔逊所隐瞒的那个盛开文学之花的时代，纳博科夫的艺术从此发端：列米佐夫和别雷的实验性散文，较为传
统但文体精湛的蒲宁的散文，更重要的，安年斯基、勃洛克、别雷， 24
之后是曼德尔施塔姆、帕斯捷尔纳克等人写作的伟大的创新性诗歌。（威尔逊在生命的暮年开始对那个时代的作家如帕斯捷尔纳克、曼德尔施塔姆和阿赫玛托娃产生兴趣，但对他理解纳博科夫已经太迟而无所用处。）[5]

在我们掌握的威尔逊写给纳博科夫的第一封信（第3封信）中，他告诫纳博科夫，避免玩文字游戏，避免用双关语。在谈到他最喜欢的纳博科夫的两部作品《塞巴斯蒂安·奈特的真实生活》《尼古拉·果戈理》时，他对此也有责备。威尔逊也许没有认识到，这与其说是纳博科夫的个人特征，不如说是俄国现代主义文学大潮的一个方面。喜欢文字游戏，喜欢在言语的语义与语音之间发现迄今未发现的关系，不是为了追求文字游戏，而是寻求发现、揭示隐秘的新意义，这是列米佐夫、别雷及其他俄国象征主义者散文的基本特点。这甚至也是马雅可夫斯基、帕斯捷尔纳克和茨维塔耶娃诗歌的基本特点，这三位诗人的作品与纳博科夫的散文有着共同根基，他跟他们一样，喜欢词语实验，他用英文写作的小说始则令读者困惑，继则让他们开心。[6]

更值得注意的是，尽管威尔逊对纳博科夫的文学源泉缺乏理解，但在评价《塞巴斯蒂安·奈特的真实生活》时，威尔逊下笔之间仍然捕捉到了真正的精髓：“它整个是在一个很高的诗性层面，你已经成功地成为一流的英语诗人。”（第 23 封信）确实，正像鲍
里斯·艾亨鲍姆对托尔斯泰《安娜·卡列尼娜》的来源进行出色的 25
研究，揭示了丘特切夫和费特的抒情诗对那部小说起源的重要性一样，纳博科夫的英语散文作品尽管有巨大的原创性和毋庸置疑的个性，却常常从俄国象征主义和象征主义之后的诗歌吸收重要的处理

手法。

威尔逊喜欢《塞巴斯蒂安·奈特的真实生活》，甚于喜欢纳博科夫后来的任何作品，这是纳博科夫赴美前用英语创作的。一九四二年，他阅读了纳博科夫更早的两部以英译本出版的小说，他对《黑暗中的笑声》的喜爱不及《塞巴斯蒂安·奈特的真实生活》，而《绝望》则更逊一筹。他似乎对《庶出的标志》的草稿和独立的章节抱有热情，纳博科夫向他展示了尚在写作中的内容，但读到完成稿后他表示彻底否定。

《庶出的标志》与《斩首之邀》《天赋》构成纳博科夫关于威权主义的小说三部曲。如果说《天赋》处理的是威权主义的根源，植根于早先一代貌似自由主义其实是教条的和狂热的意识形态，《斩首之邀》关注的是这种制度凄凉、遥远的结果，《庶出的标志》则是对暴虐者掌握权力的想象。

尽管纳博科夫先前曾敦促，但威尔逊面对《庶出的标志》时，并没有读过《天赋》或《斩首之邀》，他的感觉是对的，他所掌握的俄语还不足以让他对付这两部复杂的小说（那时还没有译成英
26 语）。因此，威尔逊认识不到纳博科夫早期作品重要的政治色调，而《庶出的标志》延续了这种色调。他在第 160 封信中宣称："你对这种主题不擅长，它涉及政治及社会变革问题，而你对这些东西毫无兴趣，从不耐烦去理解它们。"鉴于这是对《天赋》的作者说的话，它委实让人震惊。同样令人震惊的是，威尔逊一生都保持这样的看法。在他 1971 年批评《奥涅金》评注的文章附录（见于《俄国之窗》）中，有一段这样写道，纳博科夫"蔑视新政权，我认为，他甚至不明白它的运作方式，不明白它是如何出现的。实际上，他的俄国知识很特殊，极其有限"。

不过，正如纳博科夫在该小说一九六四年版的序言中所说，恰恰是威尔逊帮助安排出版了《庶出的标志》。尽管不喜欢这部小说，

但威尔逊不偏不倚，豁达无私，他克制自己，没有写评论，却努力安排其他评论家予以好评；后来他还帮助纳博科夫找制作人，安排戏剧版的《庶出的标志》（第 265 封信）。一九四〇年代和一九五〇年代初期，他不断与编辑、出版商和大学交涉，捍卫纳博科夫的事业。威尔逊真正刊发评论的纳博科夫的唯一一部作品是《尼古拉·果戈理》。这篇评论刊登在《纽约客》上，后收入威尔逊的文集《经典与商业广告》，是赞美之词，但也包含许多非难，反映了两位作家对一些问题始终抱有的分歧态度，这些问题本文已经论及。

威尔逊不喜欢《庶出的标志》，造成了关系的裂痕；他对《洛丽塔》的反应想必让裂痕扩大成了裂缝。像《庶出的标志》那样，纳博科夫的书信一直让威尔逊知晓这部新小说的进展。纳博科夫再次极其焦虑地想让他阅读完成的作品，这次更甚，因为他认为《洛丽塔》是他用英语写作的最好作品。一九五四年十一月，威尔逊读了作品，他告诉纳博科夫，“比起你的其他作品，我不太喜欢这一部”。威尔逊的厌恶很难解释。《洛丽塔》没有那种导致他拒绝《庶出的标志》的政治方面的内容。他所作的批评差不多是清教徒式的，但这竟然出自《赫卡特县的回忆》的作者之手，让人难以置信，他还是让·热内的热情崇拜者呢。尽管如此，威尔逊仍表现了他那特 27
有的公正，在对《洛丽塔》作了否定评价之后，他附了另外两个意见：一个是他前妻玛丽·麦卡锡同样否定性的意见，另一个不同的意见来自叶连娜·威尔逊，敏锐而有预见性，令人称道，她是三人中唯一认识到这部作品的美与价值的人。

事情在一九五五年至一九五六年间开始走下坡路。关于诗律和十月革命的争论翻来覆去，已经习以为常了。威尔逊的《直言不讳：六十反思》谈俄国的部分引用了沃格[7]的一段话，旨在证明除了列宁的民主政权外，俄国从中世纪到斯大林时代都一成不变。这令纳博科夫惊愕而痛心，这表明威尔逊在这个特别的话题上几乎没有从他们全部的书信和谈话中学到任何东西。同样让纳博科夫沮丧的是，威尔逊一九五六年版的契诃夫小说的集子存在大量翻译错误，导言几乎全是社会学的内容。威尔逊表达的观点也奇怪，他认为契诃夫的人物形象就是斯大林时代的那些主事的人。

但通信和偶尔的家庭拜访又持续了两年。一九五八年，帕斯捷尔纳克（一九四一年一月，纳博科夫曾想让威尔逊对其诗歌发生兴趣）出版了《日瓦戈医生》，国际舆论一片赞誉，这让他们的关系进一步紧张。威尔逊在《纽约客》为帕斯捷尔纳克的小说献上一篇狂热的评论，这是他在俄国文学领域最优秀的文章之一，他称赞这部作品是“人类文学史和道德史的伟大事件”。而在纳博科夫看来，《日瓦戈医生》是一部通俗小说，是他推崇的诗人创作的一部遗憾之作，正如他在《洛丽塔》俄文版后记中所说，这部作品写的是“一个感情丰富的医生，像廉价的惊险小说一般，怀着神秘的冲动和庸俗的说话腔调，还有一个妖冶的女人，直接来自恰尔斯卡娅”（在革命前的俄国，利季娅·恰尔斯卡娅为十几岁的姑娘写作关于她们的甜蜜小说，广为流传）。如此深刻的分歧之后，一九六五年围绕《奥涅金》的冲突就只有一步之遥。

一九六〇年代，两人关系疏远。随《洛丽塔》《普宁》而来的，
28 是纳博科夫的国际地位得到认可，他的影响与日俱增。部分是因应这种影响，出现了新的作家和文学潮流，纳博科夫都能予以回应。但他无法以同样的方式回应他和威尔逊那一代的文学人物，而威尔逊二十年的通信所促使他感兴趣的正是那些人物。在美国，有约翰·契弗、厄普代克、约翰·巴思；在法国，有阿兰·罗伯-格里耶、雷蒙·格诺（纳博科夫比威尔逊更欣赏他）。还有贝克特的散文体小说，纳博科夫评价很高，但对他的戏剧嗤之以鼻，认为这是对梅特林克那些被遗忘的室内剧的模仿。所有这些作家都得到纳博科夫的高度评价，于威尔逊却没有什么意义。跟过去几十年相比，一九

六〇年代的威尔逊很少关注文学新的动态。如果威尔逊能活到阅读埃德蒙·怀特《忘记埃琳娜》的那一天，他也不可能跟纳博科夫一样，对这部文体优雅的小说充满热情，那是对势利体态语的分析。关于文学事务，他们见解的最后一次交汇是一个否定性意见，他们显然一致低估了索尔仁尼琴的才能。比起威尔逊来，纳博科夫的否定更加严厉。

一九六五年围绕《奥涅金》的冲突让彼此都很受伤。后来几年，有过几次修补的努力。本集最后两封信流露出了怀旧之情，他们一度是亲密的，彼此是信任的。但是，熟知内情的读者会明白，后面还有更刻薄的呢：威尔逊在《州北》中对纳博科夫其人说不上大度的描述啦，纳博科夫在致《纽约时报书评》信中愤怒的反驳啦，还有在《俄国之窗》中，威尔逊对纳博科夫的主题及文学意义的概括也显得目光短浅。不过，威尔逊跟纳博科夫的最后一次书面交流——他们现存的通信以此结束——涉及一个学术问题，事关纳博科夫家族和一位伟大的俄国作家，安东·契诃夫，这倒很合适。两位通信人都喜欢契诃夫，尽管他们看待他的方式大相径庭。

作为一个文学批评家，威尔逊的视野之宽广尽管令人敬畏，但反常的是，他未能助其建立或确认声誉的一个大作家，恰恰是他的密友与通信人，弗拉基米尔·纳博科夫。威尔逊喜欢《说吧，记忆》，它在《洛丽塔》之前；非常喜欢《普宁》，它在《洛丽塔》之后。
他在给纳博科夫的信中这样说，却没有在批评文章中说。他对《微 29
暗的火》不置一词，他的前妻玛丽·麦卡锡则是赞美评论合唱队的领袖。《爱达或爱欲》有着丰富的俄罗斯文学主题的对位性变体，从没有令斯拉夫学者扫兴，威尔逊却说它难以卒读。他似乎从没有读过《天赋》，而倘若他正确理解了纳博科夫这部作品，可能也就获得了理解纳博科夫的艺术、理解现代俄罗斯历史的那把失踪的钥匙。

但如果威尔逊把揭示纳博科夫天才之全貌的任务留给了别人，他享有的则是历史的优先权，发现、鼓励并与他人一起分享纳博科夫其人的独特原创性，使之能作为一个美国作家，去追求并发展他的第二段文学生涯；而且这并非一般的批评成就，它构成了威尔逊对丰富我们这个世纪美国文学的额外的、迄今没有得到认可的贡献。

西蒙·卡林斯基

加利福尼亚州，肯辛顿

1　卡明斯将这部作品的影响降到最低，严格限制其可能的读者的范围，用晦涩难懂的习语表达，令人想起乔伊斯和斯泰因，同时又将他描绘的苏联名人加以伪装，比如梅耶荷德、帕斯捷尔纳克和莉莉·布里克，都以古怪的假名代替，如某人、某事及波提乏夫人。对苏联场景不熟悉的读者无从知道作品的主要人物都是谁。

2　D. S. Mirsky（德米特里·米尔斯基大公，1890—1939），1922 年至 1932 年生活在英国，在那里用英文出版了关于俄国文学史的两部著作，迄今仍是所有语言中对俄国文学最优秀的概述，他还出版了一本论普希金的书。他在 1932 年回到苏联。

3　1950 年 4 月 4 日给阿瑟·迈兹纳的信，《文学与政治书信，1912—1972》，第 479 页。

4　给吉尔伯特·特罗克塞尔的信，《文学与政治书信，1912—1972》，第 74 页。

5　《阿克塞尔的城堡》是威尔逊研究象征主义运动对 20 世纪文学影响的伟大作品，但没有提到俄国象征主义。在论普鲁斯特一章的开头，威尔逊说，“普鲁斯特是将象征主义原理运用于小说的第一个重要的小说家”，他不知道——当时西方没有人知道——索洛古勃、列米佐夫和别雷已经出版了主要的象征主义小说，起码比《追忆似水年华》第一卷出版早十年。

6　西方评论家、采访者想把这种影响归之于乔伊斯，其实是纳博科夫本人对俄国现代主义特征的继承和发展，在听说乔伊斯以前，他对此早已熟悉。

7　Eugène Melchior de Vogüé（1848—1910），法国作家、文学史家、法兰西学院院士（1888），曾担任法国驻俄国大使馆秘书，在俄国生活七年。

* 萨柯（Sacco, 1891—1927）和万泽蒂（Vanzetti, 1888—1927）都是美国的意大利移民工人，被指控杀人定罪，1927 年被处死刑。此案引起世界范围的抗议示威，被认为判决系出于政治偏见。——译注

** “艾米”（Eimi）是作者杜撰的词，可以有多种解释，如“嘿，我！”（Hey, me！），“哎，我？”（Eh, me？），“敌人”（enemy）等。——译注

书 信

一九四〇

1

33

佛蒙特州，西沃兹博罗

卡尔波维奇教授[1]转

一九四〇年八月三十日

我亲爱的威尔逊先生：

我的堂弟尼古拉[2]建议我给您写信，我会很高兴与您见面。我跟朋友们一起待在佛蒙特（主要是一枝黄花，还有风），不过九月第二周将回纽约。我在那里的地址是：麦迪逊大街 1326 号，电话：At. 97186。

致以诚挚的问候[3]

弗 · 纳博科弗[*]

1. Michael Karpovich（1888—1959），哈佛大学历史学教授，纽约俄罗斯侨民文学杂志《新评论》（*Novyi Zhurnal*）编辑。
2. 纳博科夫的堂弟尼古拉 · 纳博科夫（1903—1978）是作曲家、回忆录作者。本通信集中他以尼古拉、尼古莱和尼卡等名被提及。
3. 原文为俄语。

* 通信集中署名、作品名及其他专有名词往往较为随意，有昵称、缩写、别名等，如此处的“纳博科弗”。格式也较为多变，如地址、日期的位置，正文起首位置，特殊符号的使用等，并无统一标准。英文版本基本忠实于原书信内容，并未强行规范。因此中译本亦遵原文处理，保留书信风貌。除特别标注外，通信集中的注解皆为原编者西蒙 · 卡林斯基所作。为方便阅读，中译本对原注的部分格式及内容作了调整。——中文版编注

2

一九四〇年十月七日

西 87 街 35 号

亲爱的威尔逊先生：

很高兴去看您，我可以周二两点或六点过来。请告诉我，哪个时间最适合您。我的电话是 Sc49270，明天上午十点前都在家。我本该给您去电话，但找不到您的号码。

您真诚的

弗·纳博科弗

34 3

纽约州，纽约市

东 49 街 40 号

《新共和》

一九四〇年十一月十二日

亲爱的纳博科夫：

这篇关于拉斯特维利的评论[1]好极了——而且很有趣。

为将来写评论计，请准确采用《新共和》的用法，顶头列出书名、作者等，注意包括页数和价格。我附一个样例。另外，请避免双关语，我看出您有点儿这种倾向，这里严肃的刊物都非常排斥。还有，用“人们”代替“我”的表述恰恰不是评论的调子，应该直截了当地说“我”，如果想强调，就用“我本人”“就我而言”。

您会马上给我电话，再来一起吃午饭吗？您首次邀请我们，可我们去了格林伯格[2]家，希望没有冒犯您。在纽约我们通常只在星期三晚上待客，我想把招待您、伊斯特曼夫妇[3]跟看格林伯格一家几件事一并完成，这是一个好机会。我对格林伯格一家怀有特别的责任，我在莫斯科时他妈妈和妹妹对我特别好。

您真诚的

埃德蒙·威尔逊

弗·纳博科夫先生

纽约市

西 87 街 35 号

埃·威：MB

1. 纳博科夫对 12 世纪格鲁吉亚诗人肖特哈·拉斯特维利《穿虎皮的骑士》英译本的评论（《水晶与红宝石》，《新共和》1940 年 11 月 25 日）。
2. 罗曼·格林伯格和索菲（索尼娅）·格林伯格。罗曼·格林伯格以笔名“厄尔格”在这家流亡者出版社发表文学与政治评论。1950 年代，他参与编辑文学杂志《实验》（*Opyty*），1960 年代他创办了重要的定期文集《天路》（*Vozdushnye puti*）。除另有注释外，本通信集所说的“罗曼”都指格林伯格。
3. 即马克斯·伊斯特曼和叶莉娜·伊斯特曼。

4 35

［未署日期，一九四〇年十二月十二日前］

亲爱的威尔逊：

您关于《莫扎特与萨列里》[1] 的建议可害苦了我。我想，我试试吧——结果突然发现进入了英语诗歌的深水区。一周艰苦的工作后，我完成了第一幕。是否值得继续，您愿意告诉我吗？

我还给您送去了《斩首之邀》。

杜霍波尔[*] 一书的评论[2] 再过两三天就好。

您忠实的

弗·纳博科夫

1. 威尔逊建议纳博科夫翻译《莫扎特与萨列里》，这是普希金的系列短诗剧之一，统称为普希金的“小悲剧”。翻译是与威尔逊合作完成的，发表在《新共和》（1941 年 4 月 21 日）上，并收入纳博科夫的译文集《俄罗斯三诗人》（1944），都有威尔逊的卷首语。
2. 参见第 6 封信，注释 2。

* Doukhobor，杜霍波尔派是 18 世纪产生于俄国的教派，名字原意为“精神角斗士”。——译注

5

纽约州，纽约市

东 49 街 40 号

《新共和》

一九四〇年十二月十二日

亲爱的纳博科夫：您的《莫扎特与萨列里》进展如何？这是支票，作为此作的预付稿酬。您的《斩首之邀》[1] 难住了我，我想最好还是回到托尔斯泰，直到我的俄语更强一些。我认为，这就像没有读过萨克雷之后的英国小说，就要面对弗吉尼亚·伍尔夫一样。

良好的问候

埃德蒙·威尔逊

1. 原文为俄语。

6

纽约市

西 87 街 35 号

弗·纳博科夫

一九四〇年十二月十五日

亲爱的威尔逊：

这会是一封很长的信。首先，让我为支票感谢您。终于生活在一个此类东西有市场的国家，真好。我现在寄给您第二幕，但我还在跟梵蒂冈的那个凶手斗争，每当我把他的头挤进去，他的下半身就会鼓出来——反之亦然。[1]

我还寄去杜霍波尔派的评论。[2] 如果您觉得最后那句（关于“叫花子”“鸡奸者”的）多余，直接略去它。[3]

我想跟您谈谈您的书。[4] 我非常喜欢它，写得很美，虽然我注意到，您飘逸自如的外袍上零星地粘着传统的激进主义的芒刺，但您特别不偏不倚。您会（像我一样）被莫斯科的法官们贴上“bezotvetstvennyi[5] 折中派”的标签，而您对马克思主义种种困难的“解析”（第 187 页等）会让马克思发疯的。我个人觉得，您的观点有些过于简化。您在那段诺斯替插曲中已有暗示，但我想，这才是问题的症结。一个统治者个人的怪念头比阶级斗争之类的庸俗概括更深刻地揭示了相应时期的真相。您对马克思主义的批判非常激烈，您从列宁脚下踢开了马克思主义的凳子，让他悬在半空中。顺便说一句，您关于黑格尔三段论的基础是三角形的说法非常错误（有阳具的含义，让我想起了弗洛伊德的一个一本正经的论点，儿童喜欢玩球，因为球让男孩想起母亲的乳房，让女孩想起父亲的睾丸）。三段论（不论真假）其实是一个圆的观念。举一个粗疏的例子：您在到过对跖地（反题）之后回到（合题）您的出发点（正题），对地球累积了许多印象，扩大了您原来对故乡的认识。

大自然的手段有着艺术的欺骗性，也就是说，最终给多数人带 37
来多数坏处或多数好处的是偶然的把戏，无法预料，永远不要认为它会变成一般性恩赐或毁灭性因素。如果给恩格斯看看一些现代工厂，还有电厂，他神情会多么阴郁。还有地震，香蕉皮，消化不良。

您说，梯也尔* 比那个恐怖者杀死了更多的人，我很好奇您的统计数据是哪儿来的。我反对这种借口，理由有二。虽然从基督徒或数学家的观点看，一百年前战场上一千人被杀，等于今天战场上一千人被杀，可历史对前者的定义是“屠杀”，后者是“一些伤亡”。第二：人们不能把对暴动的匆忙镇压——不管它多么可恶——跟一个杀人制度的彻底应用相提并论。顺便说一句，说到恐怖者，您知道吗，早在俄国革命之前，俄国出版业的激进思想就非常强大，雷诺特[6]的作品都不能用俄文出版：我们其实有两套书报审查制度！

我注意到，您犯了一些小错误：жестокостъ 是残忍，不是严厉。жёсткостъ（中间少了那个嚎叫般的 o）可以指“严厉”，或更准确些，“严酷”。您本可以提一下，加彭是个密探，像叛国者那样死得其所（被社会革命党人吊死）。有关沙皇及皇后“试图与德国媾和”的传说是宣传者彻头彻尾的编造，就像关于列宁答应德国人要毁灭俄国的传说是他对手的杜撰一样。

现在我们谈谈伊里奇[7]——我起鸡皮疙瘩了（抱歉）。恐怕对他父亲的描绘披上了过多的苏联传记家那天国般的色彩。在了解他的人眼里，老乌里扬诺夫是普普通通的缙绅，像农民一样思想开通。成千上万像他这样的人开办了成千上万的同样的学校——竞争很激烈。乌里扬诺夫家的氛围（免学费等等）其实跟所有开明的老师或医生家庭一样，这种做法可以追溯到一八五〇年代。俄罗斯 intelligenty[8] 的 beskorystie[9] 与道德纯洁，国外是难以匹敌的。无论属于哪个团体，是布尔什维克还是军官候补生[10]，是 Narodovoltsy[11] 还是无政府主义者，在半个世纪的 obshchestvennoe dvizhenie[12] 中，他们的 byt[13] 都显示着责任感、自我牺牲、善良和英雄主义；这些特点也不是宗派性的。我知道一个例子，一个著名的立宪民主党成员，跟不同团体的人们秘密聚在一起准备开会，但会议必须立即解散，因为契卡已听到风声。他却冒着生命危险留下来，为了提醒一个普通的孟什维克分子（他根本就不认识，其党派他也不认同），担心他一会儿会来，落入陷阱。[14] 38

您的乌里扬诺夫父亲不是一个个体，只是一种典型（不过您的其他人物都非常生动）。天蓝、粉红之外，如果您再增加一些深褐色（如您对待其他人物形象那样），这个人就会少些“偶像化”。

至于他的儿子……不，即使您的文体富有魔力，您也无法让我喜欢他。您忠实地、要命地步那些官方传记之后尘，而多年前我早已读过（可惜，您没有翻阅阿尔达诺夫的《列宁》）。[15]

家庭回忆容易表现出病态的甜腻，可怜的克鲁普斯卡娅既缺乏幽默又没有趣味。列宁说，他没有射杀狐狸，因为它“漂亮”，对此一个嘲讽的读者会反驳：好一个温情脉脉的俄罗斯。

那虚张声势的和蔼，那觑起来的眼睛（s prishchurinkoy）[16]，那稚气的笑声，诸如此类他的传记家们会津津乐道，在我却构成某种特别讨厌的东西。就是这种欢愉的气氛，这种底部有一只死老鼠的人类善意的牛奶桶，我把它们用到了我的《斩首之邀》中（我仍希望您读一读）。只要您不大惊小怪（行刑者对他的“承受者”说），“邀”的善意非常真挚，一切都如此美好、愉快。我的一位德国朋友爱好看死刑，他在雷根斯堡看过人们用斧头执行。他告诉我，刽子手就像父亲一样。

但我热爱您的马克思。他那些信伤到了失恋的恩格斯，您对这些信的研读颇具匠心：它们的笔调确实悲哀，一个粗野的人为一次“失态”而笨手笨脚地赎罪，结果把事情弄得更糟。这部著作太有趣了，我欲罢不能，我自己也无法收笔了。我对某些段落做了批评，您不会被激怒吧？我觉得，您这部书很重要，它闪闪发光的螺旋桨激起了思想的漩涡，如果我不说出来，对这本书来说是不公平的。

您非常忠心的

弗·纳博科夫

1. 《莫扎特与萨列里》的结尾，安东尼奥·萨列里刚刚出于嫉妒毒害莫扎特，他在反思天才能否是一个凶手。他联想到关于米开朗琪罗（“梵蒂冈的创造者”）的传说，后者杀死了模特儿，以便用他的身体来刻画死亡的基督。因为普希金的文本是高度浓缩的，纳博科夫的英译本用了五行去
39 表现这一段，而普希金只用了三行。

2. 即《杜霍波尔派收容所》，纳博科夫对 J. F. C. 赖特《斯拉瓦·博湖：杜霍波尔派的故事》的评论（《新共和》，1941 年 1 月 13 日）。

3. 《杜霍波尔派收容所》最后一段写道：

> 该书让人不快的特征是赖特先生那不高明的把戏，他黏着俄文词不放，而所有的词不是拼写错误，就是搭配不当，或者荒谬可笑。对一个作家来说，玩弄外国习语总是非常危险的。我记得俄国著名作家赫尔岑的例子，他住在帕特尼，仅懂一点点英文，写了一篇出色的文章，阐明英国人天生对贫困的蔑视。不幸的是，他这样说，在伦敦，通常听到的最坏的咒骂就是那个词“beggar”（叫花子）。

杂志发表时明显对纳博科夫的最后一点做了净化处理。一个更明确的版本在《天赋》的第三章，主人公注意到，赫尔岑“混淆了两个英文单词‘叫花子’（beggar）和‘鸡奸者’（bugger）的发音，由此进行一番出色的推论，说英国人尊重财富”。

4. 即《到芬兰车站》。

5. 用拉丁字母转写的俄语，不负责任的。

6. Louis Gosselin（Georges）Lenôtre（1857—1935），保守的法国大革命史学家。

7. 即列宁。

8. 用拉丁字母转写的俄语，知识分子。

9. 用拉丁字母转写的俄语，无私。

10. 即立宪民主党成员。

11. 用拉丁字母转写的俄语，民意党人。

12. 用拉丁字母转写的俄语，公民［抗议］运动。

13. 用拉丁字母转写的俄语，日常生活。［译者按：此处俄语原文应为 путь，意为“道路”，但原编者卡林斯基将其解释为“日常生活”（Daily Life），似有出入。］

14. 薇拉·纳博科夫指出，这件事是纳博科夫的父亲做的。

15. 《列宁》，M. A. 兰道–阿尔达诺夫著（纽约，1922）。该书站在十月革命前俄国自由社会主义的立场，转变了对列宁的看法。马克·阿尔达诺夫（1888—1957，真名是兰道）十月革命前是一个较小的社会主义政党成员，侨居期间，他成为流行而多产的历史小说家。埃德蒙·威尔逊 1940 年代与阿尔达诺夫相识，在谈论列昂尼德·列昂诺夫的文章中，他讨论了阿尔

达诺夫的小说《第五印》。文章收入《经典与商业广告》。

16. 纳博科夫将这种现象译成了英文，见《塞巴斯蒂安·奈特的真实生活》第六章："觑起眼睛代表智慧和幽默。"威尔逊的文章《小俄语博物馆》（见《俄国之窗》）谈到许多俄语说法，都是表示自觉、不自觉的眯眼方式，这些说法俄国文学中无处不在，对译者来说始终是麻烦。

* Thiers（1797—1877），法兰西第三共和国总统、历史学家，历任内政大臣、外交大臣和首相，著有《法国革命史》《执政府和帝国史》等。——译注

7 40

纽约州，纽约市

东 49 街 40 号

《新共和》

一九四〇年十二月十九日

亲爱的纳博科夫：

非常感谢您的来信，我很高兴接受您细致的批评。我意识到自己俄文背景薄弱，但我真的觉得，您对列宁及其表现出来的整个革命家个性类型的看法是错的——因为您设想出了一个恶魔，未能从人的方面予以解释。写他时，我尽可能避开官方传记材料，依靠的是家庭回忆录、托洛茨基的著述、列宁本人的作品，以及高尔基、克拉拉·蔡特金等人的回忆录。在我看来，这些人都试图说出真相，于是一幅非常连贯的画面就出现了。我不相信，意见与列宁大相径庭的高尔基，竟然会跟您所想象的那个人保持如此亲密的联系。

我很高兴您喜欢这本书，它在德文方面也有缺点。

谢谢您的《莫扎特与萨列里》，新年伊始前，我们找时间讨论一下。我想把整个作品都仔细过一遍，本周末还要写一篇文章，因此那之前什么事也做不了。谢谢您的杜霍波尔评论。

您真诚的

埃德蒙·威尔逊

（见背面）

纽约市

西 87 街 35 号

弗拉基米尔·纳博科夫先生

［反面］

您认为我混淆了 жестокость 和 жёсткость，您错了。在我第 400 页所引的那段讲话中，列宁说：“Мы страдаем от этого зла жестоко.”[1] 官方英译本是“严厉”。

我也欣慰地发现，我在处理“В Европу прорубить окно”[2] 时，还算差强人意。我把它译成“我们应该打开一扇通向欧洲的窗”——我想，如您所建议的那样，“劈开”更好些。我对您的信很有
41 兴趣。阅读法国关于美国主题的书籍让我明白，阅读那些一知半解、对第一手资料又所知不多的人撰写的关于本国的图书，会格外难受。

1. 俄语，“我们受到这种邪恶的残忍迫害。”
2. 这一句来自普希金《青铜骑士》的序章，在威尔逊对这首诗的翻译（见于《三重思想家》）中，该句为“打开一扇通向欧洲的窗”。“劈开”或“凿开”确实更接近俄文本意。

8

一九四〇年十二月二十日

亲爱的威尔逊：

我担心我模仿的英文让人失望。不，您的俄文背景没有任何问

题，事实上，我给您写信，就像给一个同胞写信一样。我所反对的只是，您的文献有点过于“ad usum Delphini”[1]。如果我别有所指，那是因为，在俄罗斯，任何哪怕仅仅是暗示性的批评态度的蛛丝马迹，都无法刊行。但既然您采取了某种观点，您对气氛的捕捉是完美的。我肯定，如果我试图描绘我们任何一个阴沉的统治者，我都会走向另一个极端，让他们比本来的样子更没有人性、更可笑。Du choc des opinions jaillit la vérité.[2] 就像一只足球始终会激起一场狂热的混乱一样。

致以友好的问候，您的[3]

弗·纳博科夫

又：

我奉还今天误寄给我的一张支票。

1. 用拉丁字母转写的俄语，“适合儿童”。
2. 法语，真理从意见的冲突中涌现。
3. 原文为俄语。

9 42

纽约州，纽约市

东49街40号

《新共和》

一九四〇年十二月二十七日

亲爱的纳博科夫：

谢谢您的来信。我本周末将离开《新共和》，但我已与布鲁斯·布利文[1] 安排好，请您就俄罗斯当代文学定期写文章（如果您愿意）。我想，每篇应该限制在一千五百字左右，除非有特别重要的内容，不过目前不会。

一月份我会回城，也许我们可以就《莫扎特与萨列里》商谈一次。

我俩向您及纳博科夫夫人致以本季节最美好的祝愿。

您真诚的

埃德蒙·威尔逊

弗拉基米尔·纳博科夫先生

纽约市西 87 街 35 号

埃·威：MB

就您关于马克西莫夫的评论[2]，我写了一小段笔记，希望您不要介意。我随信抄录了一份，若不同意请指正。

1. Bruce Bliven，《新共和》编辑部主席。
2. 纳博科夫对格·彼·马克西莫夫《断头台在工作》的评论，据说刊登在 1941 年的《纽约太阳报》上。但迈克尔·朱利亚的《弗拉基米尔·纳博科夫：系统书目集》中却未能收录。

10

[薇拉·纳博科夫致玛丽·麦卡锡以及
弗拉基米尔·纳博科夫致埃德蒙·威尔逊]

一九四〇年十二月二十八日

亲爱的威尔逊夫人：

您与威尔逊先生若能于五号星期天九点过来，我丈夫和我会很高兴。

43 我们的居所很小，也不舒适，我们将在我们很相熟的朋友伯特兰及利斯贝特·汤普森[1]家招待朋友，83 街中央公园西，波利瓦尔旅馆。（B. C. 汤普森碰巧曾为《新共和》写过一篇关于法国的文章。）我们还邀请了克伦斯基夫妇。

请尽快告诉我，五号是否适合您和您先生。

祝你们新年愉快！

您真诚的

薇拉·纳博科弗

亲爱的威尔逊：

我认为，您附的笔记[2]妙极了，我非常感激。

我衷心地感谢您[3]安排了定期文章。我当然乐于去写。

谢谢那张支票。

您忠实的

弗·纳博科夫

祝您新，［小可爱的］新，［小甜蜜的］新，最新年快乐！[4]请光临！

1. 纳博科夫夫妇与汤普森夫妇的友谊始于 1926 年。关于 C. 伯特兰和利斯贝特·汤普森，请参见博伊德，《纳博科夫传：俄罗斯时期》，第 393—394 页。

2. 针对的是马克西莫夫评论。参见威尔逊 1940 年 12 月 27 日给纳博科夫的信附言。

3. 原文为俄语。

4. 原文为俄语（渐强的俄语爱称）。

一九四一

11

［明信片，邮戳日期为一九四一年一月五日］

亲爱的威尔逊：

我们极度遗憾，不得不推迟聚会（汤普森夫妇感冒了）。

你们能否下个礼拜六晚上过来，地点相同？我们都迫切想见到 44
你们两位，会等你们同意后，再请其他人。

您衷心的

12

一九四一年一月十一日

康涅狄格州，斯坦福德

树林[1]，农村免费投递1号

亲爱的纳博科夫：《新共和》的情况是这样的：我跟布鲁斯·布利文商定，请您就当代俄罗斯文学定期写文章（各种类型，您可以从雅尔莫林斯基[2]那里找到新版图书）。他要我告诉您，不要写得太长，因此我想，控制在一千到一千五百字之间。请立即动手写一篇，寄给奈杰尔·丹尼斯，他现在负责文学部，告诉他我跟布利文安排了这篇文章，我跟丹尼斯说过。同时也问问他，下一篇何时要。我会写信给劳克林[3]，谈您著作的出版事宜。

昨晚见到您很愉快。我希望我们有更多的机会交流。我们不久可以一起谈谈《莫扎特与萨列里》。希望您已收到为此支付的第二张支票，据说已寄给您了，若没有请告诉我。

永远的

埃德蒙·威尔逊

1. “树林”是威尔逊租住的房屋名。
2. 阿弗拉姆·雅尔莫林斯基是俄国文学史家和翻译家，纽约公共图书馆斯拉夫部主任。
3. James Laughlin，新方向出版社创始人、编辑和主席。

13

西87街35号

一九四一年二月九日

亲爱的威尔逊：

一个大大的spaseebo[1]，让我跟《决定》[2]和新方向出版社“联
45 系”上。我跟克劳斯·曼交谈甚欢，他建议我给他们写一篇两千字的文章。我收到詹姆斯·劳克林的信了，准备把我的英文小说《塞巴斯蒂安·奈特的真实生活》寄给他，我从我代理人那里撤回了这部作品。（如果我有多余的复本，您也有时间，我会很乐于让您读一下。）劳克林信中还谈到现代俄语诗集的事——特别是帕斯捷尔纳克（第一流的诗人——您了解他的作品吗？）。

我在图书馆把一九四〇年苏联的所有月刊都读了——可怕又非常愉快的差事。我给《新共和》的文章这周就会写好。我在努力准备演讲稿，三月在韦尔斯利学院有两周课务。昨天我刚从威尔斯学院回来，坦率地说，我在那里成功了。尼古拉很不错。[3]

我何时能见到您？

向您夫人致以最好的问候，与您俄式握手。

您忠实的

弗·纳博科夫

我妻子向你们二位致以衷心的问候。[4]

1. 用拉丁字母转写的俄语，谢谢您。
2. 《决定》，“一份自由文化评论”，1941—1942 年间在纽约出版，克劳斯·曼编辑。
3. 尼古拉·纳博科夫其时在威尔斯学院任教。
4. 原文为俄语。

14

西 87 街 35 号

一九四一年三月五日

亲爱的威尔逊：

我需要您的建议。哪本杂志或评论能接受我所附的小说？能否烦请您读一下——也许您能提点建议？我想给克劳斯·曼看看，投给《决定》，但我担心会让他觉得是反德——不仅仅是反纳粹——尽管故事其实也可以发生在其他国家。[1]

我喜欢吉姆，但不喜欢那个俄国特务。他的一首诗中还有一句是关于热带“栩栩然的蝴蝶拍闪着翅膀”的，让我这个昆虫学家很高兴。弗蒙特，一个乖戾的、骑在车上的小绅士，非常好。[2]

我那篇关于一九四〇年苏联文学的文章让我陷入窘境。我为 46
《决定》评述了最近一期的 *Kransnaya Nov'* 和 *Novyi Mir*，[3] 考虑到我会为《新共和》写关于诗歌和小说的部分。但我找到的、读到的让我非常恶心，我没法强迫自己进行下去……我已准备讨论“苏联戏剧的人物”——那样行吗？[4]

在我去韦尔斯利学院前，很想见到您，我要在那里教两周的课。我准备三月十五日去。

我和妻子问候威尔逊夫人。

紧握你的手。看来我不久就会忘记如何写俄语了，我用“洋泾浜”写了太多。[5]

您非常忠实的

弗·纳博科夫

1. 可能是《云·堡·湖》，英译文刊登于 1941 年 6 月的《大西洋月刊》。
2. 这一段涉及威尔逊的文章《无人阅读的那个吉卜林》，收于其著作《伤与弓》。
3. 《红色处女地》和《新世界》，两本主要的苏联文学杂志。
4. 这篇文章显然没有发表。
5. 原文为俄语。

15

一九四一年三月七日

康涅狄格州，斯坦福德

树林，农村免费投递 1 号

亲爱的纳博科夫：昨天在城里，我试图跟您通电话，但您不在家。我们也许可以下周末安排点活动。我明天离开，周四前会回来。我想跟您讨论一下《莫扎特与萨列里》，我的一本书即将完稿，暂时没有机会顾及它。

我非常喜欢您的小说。去波士顿时，我会去见《大西洋月刊》编辑，劝他采用。至于《新共和》的文章，我认为您应该给奈杰尔·丹尼斯写信，告诉他您在关注苏联戏剧——或者把文章寄给他，如果您写好了。您跟他说，我同意了，口气要表现出您认为这事差不多就定了。我很抱歉，他们没有刊登您关于无政府主义著作的那篇
47 评论，他们似乎因为政治原因畏葸不前。[1] 我跟他们说了，该把文章寄还给您，因为它是好文章（不过我并不同意您对列宁的看法），应发表出来。您为什么不把它给克劳斯·曼呢？这个时候，您的名

字出现在刊物上是好事，不要浪费了这篇文章。

尼古拉过来看我们了，我们一起度过了一段开心时光。他苦口婆心地劝我，我应该做点事，给他《彼得大帝的黑奴》[2] 的歌剧提供一个剧本——但我认为，这真该让俄国人来做。

永远的

埃德蒙·威尔逊

1. 纳博科夫对格·彼·马克西莫夫《断头台在工作》的评论，该书探讨的是苏联政治。
2. 原文为俄语。本书为普希金所著。

16

马萨诸塞州，韦尔斯利

韦尔斯利学院

一九四一年三月二十七日

亲爱的威尔逊：

您是一个魔术师。我和威克斯[1] 一起愉快地用了午餐，他接纳了我的小说，也接纳了我，很感人，很温暖。我已校对了清样，被要求给他们更多的小杰作。

我一直期待，能在新英格兰的橡树下见到您。您在哪儿？这儿的整体气氛，让我在记忆斑块的缝隙里一丝一缕地想起，我在英国时那个可爱的老学院（威克斯也是三一[*] 人），那时我多么不幸。

我的课赢得一片啧啧的满意声。顺便说一句，我屠戮了马克西姆·高尔基、海明威先生——还有其他一些人——尸体无法识别。教授们（♀♀）很迷人。我的前辈谢尔盖·沃尔孔斯基一八九四年在这里演讲，他在回忆录中很抒情地说到“愉快的女生银铃般的笑声，诸如此类”。[2]

我将在二十九号去契诃夫[3] 在康涅狄格州里奇菲尔德的工作室，四号回纽约。

希望不久能遇到您

您的友好的[4] 弗·纳博科夫

48 1. 《大西洋月刊》编辑。1967 年 1 月号《大西洋月刊》其专栏《逍遥派评论员》中，有对他与纳博科夫交往的简短回忆，连同他对《说吧，记忆》的评论。

2. “看到这些年轻的姑娘被自然与科学簇拥，是多么迷人的景象。而且到处都是——树林中，湖面上，高大的走廊里，在年轻的、银铃般的声音里，你听到了韦尔斯利的欢呼。”出自《我的回忆》，谢尔盖·沃尔孔斯基大公著，A. E. 查莫特译，伦敦，1924，第一卷，第 242 页。沃尔孔斯基（Sergei Volkonsky, 1860—1939），戏剧与舞蹈理论家，一度是帝国剧院导演，回忆录作家，晚年是诗人玛琳娜·茨维塔耶娃的密友、伙伴（她将组诗《门徒》献给他，给他的回忆录写过文章）。1890 年代，他在美国有两次巡回演讲，其回忆录以旁观者视角对当时的美国高校进行了有趣的观照。

3. Mikhail Chekhov（1891—1955），著名的俄国演员，安东·契诃夫的侄子，曾邀请纳博科夫访问他的戏剧学校，计划合作将《堂吉诃德》改编为戏剧。侨居期间，契诃夫试图从神秘的人智学角度看待文学作品。他和纳博科夫在艺术观方面存在无法逾越的差别，结果他们放弃了原初设想的计划。

4. 原文为俄语。

* 即剑桥三一学院。——译注

17

一九四一年四月九日

亲爱的邦尼：

现在就很完美了——你已经对我的萨列里演奏了你的莫扎特。但有件事让我苦恼：为什么你的名字最终没有跟我的一起出现？这种翻译的重要部分是最后一道工序，最后的润饰——那种润饰出自你的手。同意加上你的署名吗？

我在准备俄语课，不得不翻译十几首普希金的诗和许多段落。

我不知道我的译文是否有价值，但与现有译文比，它们更能满足我对他诗歌的感觉。我给你寄了一首诗，还有三则其他的。在《诗人》的最后一行，我试图对 широкошумумные дубравы[1] 进行音译。

是的，我没有跟你的妻子道别，觉得别扭，但你的活力征服了我。几天前我见了奈杰尔·丹尼斯，我们相谈甚欢，他给了我一本书，让我写评论（《环球的莎士比亚先生》），我们就文章做了安排（《翻译的艺术》）。[2]

清样中我没有发现什么 * 要改——除了你的署名，但我不知道怎么办。

你的忠实的

弗拉基米尔

* 一处小问题：我用“创作”而不是“创造”（“海顿或许创作”），49
因为隔壁一层有“创造”，就在头顶，踩着呢。[3]

我是在我们通话前写的这段。

1. “声势浩荡的阔叶林”（来自普希金的《诗人》[译者按：中译者卢永将此句译为“涛声滚动的槲树林”。见《普希金文集》（II），北京：人民文学出版社，2018，第 117 页]）。纳博科夫这首诗的译文显然没有发表。
2. 纳博科夫对弗雷尼·威廉斯《环球的莎士比亚先生》的评论刊于 1941 年 5 月 19 日的《新共和》；他的文章《翻译的艺术》刊于 1941 年 8 月 4 日同一刊物。
3. 在刊行的纳博科夫译本《莫扎特与萨列里》中，有问题的这一句是这样的：“或许另一个海顿会取得 / 伟大的新东西……”

18

一九四一年四月二十七日

马萨诸塞州，韦尔弗利特

亲爱的弗拉基米尔：对《毒树》[1] 的翻译是最优秀的普希金翻译，

也是我看到的诗歌翻译中最优秀的一篇。（我唯一要批评的就是最后一句中的“他的邻邦”，用“居民”是否更好？）《诗人》也很出色。

我认为你确实应该发表这两首。我会把它们寄给《党派评论》，如果你愿意，我认为克劳斯·曼也会乐于接受，他会比《党派评论》付你更多的稿酬。还有《凯尼恩评论》，我也乐于寄给他们。你已经掌握了语言的精炼与活力，而这是译者通常无法掌握的。

我们在附近找到一所房子，但还得一段时间才能像个样子，好住进去。希望你们有空能来看我们。向你妻子致以最好的问候，祝在加州好运。不过我担心，你们会被那里迷住，再也不回来——对天才的欧洲人来说，这是在美国所能发生的最糟糕的事。想想赫胥黎和伊舍伍德的命运吧（倒不是说我很看重赫胥黎）。你要知道，这就像走进叶芝的仙境或到了维纳斯山下。每天都是好天气，世界其他地方似乎都很假。因此，要时时记得东部。永远的

埃德蒙·威

附：我忘记说了，如果我是你，我会毫不犹豫地让威克斯立即支付
50 小说稿酬——我总是能成。就说你五月要离开，想在走之前拿到这
笔钱。我不想跟他提及此事，因为我不断建议他应在《大西洋月刊》
刊载些什么，如果我还企图告诉他应何时给作者付酬，他会抵触的。

埃·威

1. 原文为用拉丁字母转写的俄语。纳博科夫的译文收在他的《俄罗斯三诗人》集中。

19

西 87 街 35 号

一九四一年四月二十九日

亲爱的邦尼：

你喜欢它们，我非常高兴。再过几年，这种事我会做得更好。

是的，我想，克劳斯·曼的评论杂志是个好主意。我会问他，是否要它们。

我给威克斯写过信了，他寄给我一百五十美元。你还记得我的问题，我很感动。

还有两篇小说（也比较长）正在翻译中，准备给《月刊》，似乎有模有样。你会赞许下面这一点的：拉赫马尼诺夫要我把他的《钟声》中的歌词译成英文，[1]这些歌词是巴尔蒙特对爱伦·坡的《钟声》粗枝大叶的翻译。但因为爱伦·坡的诗不适合音乐，我准备根据巴尔蒙特的蠢话重新编排，结果将异乎寻常。为了上课，我还翻译了莱蒙托夫的几首诗，马上要对付秃特切夫[2]。我把我直接用英文写的一部小说[3]寄给了《新方向》，我担心不会一炮打响。我在博物馆里描述了几种蝴蝶新品种，拔掉了八颗牙——没有嚎叫，但药物停止作用后可痛啦。所以你知道，我很忙——如果我在不停地絮絮叨叨，那是因为我觉得，是你狠推了我一把。

关于西部，我想你说得很对，我很肯定会在十月甚至更早回来。
即使没有固定的工作（我一生中都没有过），这个冬天我也设法维持
下去。唯一真正让我烦恼的是，除了几次偷偷摸摸的造访外，我跟我
的俄语缪斯没有定期约会。我年龄太大了，无法康拉德式地改变（这 51
是一个巧妙的笑话），我离开欧洲时，一部大篇幅俄语小说写了一半，[4]
如果不停地在内心酝酿，它也许不久会从我体内某个地方渗出来。

动身前能见到你吗？五月二十六日，我会带着妻子、孩子和三只捕虫网启程。

衷心地紧握你的手。

你的弗·纳博科夫[5]

1. 谢尔盖·拉赫马尼诺夫的康塔塔《钟声》（1913），基于爱伦·坡的诗谱成的曲子，该诗由象征派诗人康斯坦丁·巴尔蒙特用俄语改编。

2. 即费奥多尔·丘特切夫（Fyodor Tyutchev, 1803—1873），俄国 19 世纪真正伟大的诗人之一。他的姓氏拼写已经规范化，而这本通信集有多得让人眼花缭乱的变体，有时拼写是故意幽默，比如现在这个。纳博科夫翻译的丘特切夫的诗收入《俄罗斯三诗人》。威尔逊关于丘特切夫的文章刊登在 1944 年 1 月的《大西洋月刊》上；修订版收于《俄国之窗》。

3. 即《塞巴斯蒂安·奈特的真实生活》。

4. 这部小说的部分内容以俄语发表，用的是拉丁名《单王》和《极北之国》。俄语小说从未完成，但发表的两个部分最终演化成另一部用英语写作的小说《微暗的火》。

5. 原文为俄语。

20

加州，帕洛阿尔托

斯坦福大学

斯拉夫语系

一九四一年五月二十五日

亲爱的邦尼：

我明天就驱车前往加利福尼亚，带着捕虫网、手稿和一副新牙。我九月回来。你有机会在夏天奔赴帕洛阿尔托吗？

恐怕我要给你寄另一篇译文，*The Scoopoy Ritzer*[1] 的独白。这一次我试图尽可能紧随普希金的节奏，甚至模拟了一些声响，还有所谓的头韵绿帘石。对曼来说，它太长了，我也不知道寄给谁。你能做它的教父吗——如果你觉得译文还行？你若有任何修订，我会万分感激的。你在做新的增刊吗？

52 我们正进入打包戏剧的高潮；行李箱已经塞满、上锁——我们才发现，孩子的积木或者我的达尔们[2] 仍愠怒地待在角落里——于是反高潮即将上演。向你妻子致以最良好的问候。热情地握手。

你的

弗·纳博科夫

1. 即普希金的另一个“小悲剧”《悭吝骑士》（此处标题用的是古怪的音译）第二场。译文见于《俄罗斯三诗人》。

2. 即弗拉基米尔·达尔编的四卷本《俄语详解大辞典》。

21

帕洛阿尔托

红杉大街230号

一九四一年七月十八日

亲爱的邦尼：

我的英文小说被《新方向》接受了，劳克林从洛杉矶来这里见我，条件是净10%，预付稿酬一百五十美元，十月面世。这是你缕缕阳光中的又一缕的末梢。另一方面，威克斯拒绝了我寄给他的第二篇（更好的小说），两周后又让我再寄给他重审。我还给他寄了那篇据说被一家消亡了的杂志偷走了的小说，结果是假的——那家杂志在我写那篇小说前就死了。

谢谢你那本让人开心的书。[1] 它们在《新共和》上刊载时，我已读过大部分内容，非常喜欢——喜欢复喜欢。那首诗弹跳得很优美。[2]

离开纽约前，我给你寄去了普希金的翻译（《悭吝骑士》），收到了吗？我现在翻译了小小的《鼠疫流行时期的宴会》。[3]

确实，这里的天气就像你说的那样。虽然我每周只有七次课，仍然觉得要鼓足干劲，才能离开我那折叠躺椅，去谈论俄语诗律法，或果戈理在《外套》[4] 中运用“甚至”[5] 的方法。我们驾车穿越几个州时（它们都美不胜收），我狂热地捕捉蝴蝶。就此而言，亚利桑那的一块小沙漠，我永远不会忘记。在这儿，我跟鳞翅目昆虫也有一

段美好时光。我们拥有一套不错的小房子。我会在九月去韦尔斯利，
53 我在那里有一年轻松的聘期——十几次讲座，大量的时间用于写作。
我一年多没跟我的俄语缪斯有染了，我也有一些东西要用英文来写。

差不多二十五年来，流亡的俄国人都渴望发生些什么——任何事——会摧毁新政权，比如一场血腥的战争。如今这种悲惨的闹剧来了。我热切地希望，不管怎样，俄国能打败甚至彻底革除德国——以便一个德国人也不要留在世上——我的这个希望是把马车放到马头前，是本末倒置，但马儿太可恶了，我情愿这么办。首先我希望英国赢得战争，然后要把两头的首领发配到圣诞岛，让他们彼此始终紧挨在一起。然后——我完全明白，一切都会以荒谬的、不同的方式发生——就像在讲述可怕的戏剧性事件时，一则汽车广告劲头十足地插入进来。

给我写两个字。[6]

你的

弗·纳博科夫[7]

1. 即《里屋里的男孩们：加州小说家笔记》（威尔逊的随笔集，每篇都曾在《新共和》上刊登）。
2. 即《天堂里的剧作家：比弗利山庄的传说》，收于《里屋里的男孩们》。
3. 普希金的另一出“小悲剧”，纳博科夫的译文收入《俄罗斯三诗人》。
4. 原文为俄语。纳博科夫更喜欢他本人对这个标题更准确的翻译《大帆船》。
5，6，7. 原文为俄语。

22

马萨诸塞州，韦尔斯利

阿普尔比路 19 号

电话：韦尔斯利 3257R

一九四一年九月十八日

亲爱的邦尼：

我们刚开车回到东部，要在这里教授一年比较文学。很想见到你。

那些跟你说 сволочь 来自 cheval 的俄国人恐怕是蠢驴。 54
Свōлочь（来自 сволōчь ＝丢下，往下拉；跟 волокита ＝花心男人同一个词根），谢天谢地，跟俄语一样古老。但另有一个俄文词 швалъ（指“废旧垃圾”或“无赖”）据说是派生于 cheval（解释如你所引），但它其实是 шушвалъ（或 шушера）的讹用形式，后者又派生于古代的 швалъ ＝ швецъ ＝裁缝。[1] 这让我想到：поварь вашь Илья на боку ＝ pauvres vaches, il y en a beaucoup，或者我自己杜撰的：я люблю вась[2] ＝黄蓝花瓶。

我碰巧在研究威尔逊《鼠疫城》与普希金版本之准确关系的问题。[3] 显然米尔斯基没有看过原作。[4] 稍后我会把我的笔记寄给你。

我有没有告诉过你，我很喜欢你的批评研究集[5]？

读《战争与和平》时，你注意到托尔斯泰经受的困难了吗？他迫使受了致命伤的保尔康斯基跟娜塔莎发生地理的、时序的联系。为了得到这种幸福的重逢，那个可怜的家伙被拖着、推着、挤着，看着真痛苦。

我又卖给威克斯一个故事，《昆虫采集家》，它将刊登在《大西洋月刊》圣诞号上。[6]

我们在这里舒服又开心。我的第一次课在十月一日，十月有三次，二月两次，还有六次公开演讲，就这么多。但他们希望我参加“社交活动”（学院午餐等）。最近我在昆虫学的一个专门领域做了许多事，我的两篇论文刊登在一家科学杂志上，[7] 我描述了我在大峡谷发现的新蝴蝶，还在就拟态现象写一篇雄文。

我紧握你的手，谨向你妻子致意，你的弗·纳博科夫。[8]

我的妻子问候你们二位。

1. 一种广泛的误解认为，俄语单词 shval'（指“浮渣”，或如纳博科夫所说，用于单个人时指“无赖”，用于集合的物或人群时指“废旧垃圾”或“乌合之众”）来自法文的“马”，cheval。它起源于拿破仑 1812 年的撤退，当时许多腐败的马尸被法国军队丢在俄国。正如纳博科夫指出的那样，单词 shval' 有古老的俄语词源，早在拿破仑入侵前就存在。

为威尔逊提供俄语信息的人错上加错，把 shval' 跟另外一个词 svoloch'
55 混淆，它们意思相同，但后者声音更粗。这个词是名词，重音在第一个音节，是拼写相同的动词不定式 svoloch'（拖拉，拖败）的派生词，后者重音在最后一个音节。

2. 俄语 shval' 与法语 cheval 的混淆让纳博科夫想到了一个词语游戏，一种语言中的一个短语跟另一种语言中的一个短语相匹配，声音相同，但有意想不到的、往往是荒谬的新义。有一本书，《鹅妈妈韵文》，就是以这种游戏为基础的，作者是路易斯·丹汀·范·鲁腾（纽约，1967），其中熟悉的英文儿歌被表现为发音相同却荒诞的法语短语。

纳博科夫的俄—法例子将俄语“你的厨子伊利亚站在他一边”跟法语“可怜的母牛，那里有许多”相匹配。俄语的“我爱你”（ya lyublyu vas）产生了英语的“黄蓝花瓶”。最后一个双关语后来用到《爱达或爱欲》中（“三个年轻的太太穿着黄蓝花瓶的连衣裙”，第 187 页）。

3. 普希金的“小悲剧”《鼠疫流行时期的宴会》是对英国诗人约翰·威尔逊（1785—1854）的诗剧《鼠疫城》的率性改编。

4. D. S. 米尔斯基的《俄国文学史》认为，“《鼠疫流行时期的宴会》是对约翰·威尔逊《鼠疫城》其中一幕非常准确的翻译”。

5. 即《伤与弓》。

6. 纳博科夫的《昆虫采集家》（原名《朝圣者》）刊登在《大西洋月刊》11 月（1941）号上。

7. 《关于银弄蝶的几个亚洲品种》和《茎豆灰蝶，一种新欧洲蝴蝶》，两者都刊于 1941 年纽约《纽约昆虫学会杂志》49 期。

8. 原文为俄语。

23

一九四一年十月二十日

马萨诸塞州

韦尔弗利特

亲爱的弗拉基米尔：我刚刚读完“塞巴斯蒂安·奈特”，劳克林给我寄了清样，它十分令人着魔。你竟能写作如此美妙的英语散文，又不像其他任何英语作家，能精巧自如地自行其是，让人惊奇。你和康拉德必定是这个领域仅有的、外国人写作英文而成功的例子。整个作品都很精彩，写得漂亮，我尤其喜欢他寻找种种俄国女性的部分，喜欢书中对死亡的描写和最后梦一般的火车旅行（还有叙述者长长的梦）。这让我迫切想读你的俄语作品，等我的 русский язык[1] 再好一些，我就去看。

希望你在韦尔斯利能找到校阅清样的人——因为有一些英文错
误，但不算多。你似乎在矫枉过正地使用“as”而不用“like”， 56
有时用得不对。那个批评家说，塞巴斯蒂安第一阶段是写破碎英文的乏味的人等，这不是双关语，而是妙语。[2] 如果那个魔术师的口音是美国人，他就绝不会说“我想”（fancy），可能会说“我猜”（guess）。[3] 我肯定，你转写俄文单词的音译法是你许多的固执坚持中的一种，但我确实认为这是错的。对那些不懂俄语的人来说，它显得古怪；对那些懂俄语的人来说，又会造成混乱。你的那句 А у нея по шейку паук[4] 让我困惑了一阵。类似 neigh 和 sheik 这样的组合（它们真的表示俄语元音吗？）——我担心你使用双关语的可悲缺点把你引到了这种地步——并非在用合乎逻辑的记音法来表示这些声音，它们带入了不相干的意思。你认为我会反对“偷偷摸摸的自鸣得意”（smuggled smugness）[5]，你是对的。但在别的地方，你对词语的敏感给了你令人称道的观察力和效果。我同意对 sex 一词的说法——它是讨厌。[6] 不过 Geschlecht-das Geschlecht[7] 又如何！

你和家人现在能否过来跟我们一起过感恩节（十一月的第三个星期四），之后再待一段时间？我们很愿意招待你们，为你们准备了许多房间。如果你假期得待在韦尔斯利或其他地方，你或许可以在某个周末过来——十一月第一周之后，差不多哪个周末都行。另外，这之前我们会在波士顿过周末，我们或许可以一起午餐等。

刚过去的夏天，我们在奥罗拉见到尼古拉了。我想你应该听说，他患了面瘫，希望现在好了。自从他去圣约翰以来，我没有听到过他的消息。

我没有真正告诉过你，我何以这么喜欢你的书。它整个是在一个很高的诗性层面，你已经成功地成为一流的英语诗人。不知为什么，它比我阅读的任何新书都让我高兴、振奋。

向你们致以最美好的问候。永远的

埃德蒙·威尔逊

1. 俄语，俄语（原稿是拉丁语的 u 而不是俄语的 y）。

2. 在第一章，“一个著名的老批评家”评论道：“可怜的奈特！他其实有两个阶段，第一阶段——用破碎的英语写作的乏味的人，第二阶段——用乏味的英语写作的破碎的人。”本段下文部分，提到这个评论时用的是“可恶的挖苦”和“嘲笑”，说明原稿中的“双关语”在威尔逊指出后去掉了。

3. 同样，在刊行的小说中，那个魔术师说：“他们不喜欢我的口音［……］但我猜我还是会得到那个机会的。”（第十章）

57 4. 第十七章，叙述人为尼娜·勒塞尔夫设置了一个圈套，说了句俄语“哎哟，她脖子上有一只蜘蛛”，引起尼娜的强烈反应，从而暴露其真正国籍，而她宣称不懂俄语。纳博科夫将俄文句子（A u nei na sheike pauk）转写成了双关性的英语发音（Ah-oo-neigh na-sheiky pah-ook）。威尔逊用俄文形式重写这个短语，出现一个错误的介词（po 而不是 na），并把表示“脖子”的词放到宾格位置，这在上下文中并不恰当，因为他又一次混淆了俄语的 y 和拉丁语的 u。

5. “他很清楚，炫耀自己对某个道德准则的蔑视，无异于偷偷摸摸的自鸣得意和彻底暴露的偏见。”（第九章）

6. “第二，因为‘性’（sex）一词的发音有着嘶嘶的粗俗气息，结尾又有‘克斯、克斯’的嘘声，我觉得荒唐，不禁怀疑这个词背后是否真有什么意思。”（第十一章）

7. 德语表示“性”的单词（但指性别，而非纳博科夫想表达的那个意思）。

24

马萨诸塞州，韦尔斯利

阿普尔比路 19 号

一九四一年十月二十一日

亲爱的邦尼：

塞巴斯蒂安的鬼魂让你鞠躬[1]了。你喜欢这本小书，我很高兴。我想我跟你说过，我是五年前写的，[2]在巴黎，把一个叫坐浴盆的器具当作了写字台——因为我们住在一室户里，只好把小卫生间用作（as）书房，这句又有个鱼一样的“as”。关于那些小错误，你非常、非常正确。五年过去了，当我重温它时，我注意到许多笨拙的表述，外国化的风格。但如果着手订正，我会把整个作品重写的。我的看法（我知道不太公正）是，《塞巴斯蒂安·奈特的真实生活》的所谓作者在英文表达上有困难。收到你的信后，我急不可耐地想改进，可我先已寄出清样了——我想写信给厄斯金[3]，如果不算太迟，就请他把它寄回来。我努力想用英文写作“富有想象力的”散文，可折磨人的是，我也许是在不自觉地照搬某个二流英语作家的风格，尽管我知道，理论上说，“形式”与“内容”是一回事。

我有些难为情地坦白，我有一天写了我的英文诗处女作，寄给了威克斯，他称之为“宠儿”，并将在《大西洋月刊》圣诞号刊登。[4]我是那种强烈憎恨一些评论家把“真诚”视为作家之主要品质的人，如今却得依靠“真诚”去评判那首诗。

我们很乐意在感恩节过来，但不能肯定能否成行，尽管我们很 58
希望如此。无论如何，一旦确定我会再给你写信。

Áwe-chin ya dove-áll-in váh-shim peace-máugham![5]

你的

弗·纳博科夫

你刚来电话谈的事：没有——除了有一章大概提到的一盘棋外，整个作品的发展过程中并没有“象棋理念”。听起来很有吸引力，但它并不存在。

1. 原文为俄语。
2. 薇拉·纳博科夫认为，这是记忆的差错，因为小说写作时租的那套公寓房是在 1938 年。
3. 小艾伯特·拉塞尔·厄斯金是 1940—1941 年新方向出版社副主编。
4. 《最温柔的语言》，刊于《大西洋月刊》1941 年 12 月号。
5. 俄语“你的信让我很愉快”的古怪音译。

25

一九四一年十月二十四日

马萨诸塞州，韦尔弗利特

Da-rogue-oy Val-odd-ya :[1] 如果你还没有校对清样，那就让他在他们编好后寄给你，这样你可以校对。

我们十一月八日的那个周末可能去波士顿，也许到时我们可以安排点儿活动。请争取来过感恩节。

我才不信你关于你小说的那种说法呢，骗我我会很生气的（不过我对它更高看了，而不是相反）。

Yah j’m(’en f) ou rook-oo[2]

埃·威

[加在顶部]

这样如何？

Nous avons eu beaucoup de jolies dames.

Ну завозы боку де(р)жали дам?[3]

↑

被 grasseyement[4] 消灭了

1. 即“亲爱的沃洛佳”，音译，戏拟的是纳博科夫关于脖子上的蜘蛛的音译法。

2. 俄语“我握住你的手”和法语“我根本不在乎”的混合。 59

3. 威尔逊尝试的是纳博科夫 9 月 18 日信中那个语言游戏，造了一个俄文句子，声音跟《塞巴斯蒂安·奈特的真实生活》第十三章那个瑞士旅馆经理的法语句子一样（“我们有许多漂亮的女士”）。俄语词语组合大体上可以译为“好，派遣［从城外］［在或到］边上掌握的太太”，构不成一个连贯句。

4. r 的法语发音。

26

［一九四一年十一月二十八日］

星期四

亲爱的邦尼：

我真心希望，你不会认为我的《冰箱》[1] 是说，我在你家过了一个糟糕的夜晚。我没有。我真的无法告诉你，至少用英文难以表述，我多么喜欢待在那儿。

昨天我读了《阿斯彭文稿》。[2] 不，他是用很尖的笔写的，墨水很淡，墨水瓶里的墨水很少。顺便说一句，他应该证明，阿斯彭好歹是不错的诗人。它的风格有艺术性，却不是一个艺术家的风格。例如：那个人在黑暗中抽雪茄，另一个人从窗户里看到了红尖儿。红尖儿让人想到的是红铅笔，或一只在自己舔自己的狗，如果用于黑夜里雪茄的光亮就错了，因为并没有“尖儿”，事实上光亮是秃的。但他认为雪茄是有尖儿的，于是把尖儿描成了红色——就像那些假烟——薄荷脑烟杆在末端做得像“余烬”——据说那些想戒烟的人吸它们。亨利·詹姆斯肯定不吸烟。他有魅力（就像屠格涅夫柔弱金发的散文有魅力一样），但也就这么些了。

我附了一段我代理人的信，想听听你的建议。我奇怪，是否不该要“老前辈”再多付一些。我还从一两个出版商那里接到“我们有兴趣”的信。整整一年前，我寄给《纽约时报》一篇文章，谈的是希莱尔·贝洛克的一本书——我知道，对他们来说，口气太严厉了——上个星期天发表了。[3] 我想，这一阵快意的骚动是不是该归功于你漂亮的书评，劳克林可能在四处转发。

向你妻子致以我最美好的问候，薇拉也问候你俩。

你的友好的

弗·纳博科夫[4]

60 [在边上]

很抱歉——这些斑点是我试用的生发水搞的。

[在这封信的信封里，有一张未签名的打印件，显然出自威尔逊之手]

一个多年前的代理人给我打电话，他跟中欧国家打过很多交道，说有客户想把你的《笑声》[5] 改编成戏剧。这个人一点儿也不了解，我准备告诉他，你想要两百美元作为未来的版税。还有，这个戏剧应该在一年内排好上演，此后所有版权重新归你，以防失败。剧本也要征得你的同意。

1. 纳博科夫拜访威尔逊夫妇的成果是诗歌《冰箱醒来》（《诗与棋题》，第153—154页）。
2. 作者是亨利·詹姆斯。
3. 《贝洛克的散文——温和但不愉快》，《纽约时报书评》，1941年11月23日。
4. 原文为俄语。
5. 《黑暗中的笑声》，纳博科夫一部小说的英文名。该作品1932年第一次出版时，俄文名称是 *Kamera obskura*，1936年以“暗箱”为题在英国出版。1938年在美国出版时，纳博科夫予以修订，并用了一个新标题，后来英语多个版本都沿用该标题。

27

一九四一年十二月三日

马萨诸塞州，韦尔弗利特

亲爱的弗拉基米尔：

① 也许好的做法是，让你的代理告诉那个戏剧代理，就你所知，这类情况惯常的报酬是每月一百美元，你认为如果选一年，你起码应该拿到五百美元。当然这样做有失去那两百美元的危险——这有点像赌博。

② 我不认为，我的书评跟你所引起的注意有关。我为许多人写过书评和推荐意见，他们毫无成就。我认为你的快速进步归功于你创作的优点。有史以来最奇怪的一个例子——特别要注意，你的风格不属于当今任何一种样式。

③ 很难向人们解释亨利·詹姆斯。我在大学第一次读到他时，
我不喜欢他，他的作品有严重缺陷，但我现在相信，他真的是伟大的
作家。让我印象深刻的是，现在许多年轻人都在通读他的作品。另一 61
方面，要劝说那些第一次接触就被拒之门外的人去读他的任何作品，
很困难。我想知道他是否给你留下了什么印象。我希望你从他的早期
阶段做点尝试——《美国》或《华盛顿广场》——然后再读最新的，《金
碗》。他的散文作品始终有一种松懈的成分——可能除了他中期的作
品如《梅西所知》等。我推荐你读的其他作品都创作于中期。

永远的

埃德蒙·威

[在边上]

我不太喜欢他那普鲁斯特式的自传，《小男孩和其他》《一个儿子和兄弟的笔记》。

一九四二

28

马萨诸塞州，韦尔斯利
阿普尔比路 19 号
弗·纳博科夫

一九四二年一月五日

Прошу прощеніе за нелѣпое эбсентъ майнднесъ![1]

亲爱的邦尼:

我想听听你的建议，我觉得你会有兴趣了解我和出版商打交道时犯的错。

情况是这样的。我在用英文写一部新小说，而同时我起码有三部俄文小说想翻译、出版。我写信给劳克林，告诉他几个出版商跟我接触，如果他不要那些俄文小说，我会尝试把它们交给别处，但把我正在写的英文小说给他。我还告诉他，我找不到合适的译者（我的一个 62
译者刚刚寄给我《斩首之邀》的开头几章，真是令人不寒而栗）。

> 好了，这是劳克林的答复："我敢说，你会收到许多出版商的询问，但请相信，我最迫切地希望你跟《新方向》保持合作，我认为，你的写作标准非常适合我们的目标和理想。

> 你提到的那几本对我们而言都好，我愿意每年出一本你的书。它们能照那种速度翻译吗？你能自己翻译或请人解决吗？翻译是否需要经济资助？请告诉我，这样我们会制订计划。
>
> 我希望你喜欢这部书的外观。我有信心，我们马上就要安排新的一版。圣诞节忙乱一阵后，书评就会出现，它就能立住脚了。”

因为我想今年写一本书，下一年再写一本，三部俄文作品的翻译就会始终拖延。你建议我如何处理它们？

你是否认为，我可以请他们至少翻译其中一本 vprok[2]（跟我的英文作品的出版分开）？我非常喜欢新方向出版社，根本没有留意其他出版社。但你是否认为，如果我把自己所有能翻译的俄文作品都秘而不宣，就有资格获得更确切的合同或收益？

顺便说一句，我的俄语作品翻译本身就是一场噩梦。如果我自己动手，显然会妨碍我写作任何新东西，而订正现在那些译者的力气活差不多要花同样的时间。但如果能找到一个英文写作非常可靠的译者（那样我的合作就限于诺斯替教方面），你认为劳克林愿意付酬吗，哪怕翻译要等一两年，但同时他可以出版我的英文作品？你知道一流译者通常的价格吗？

谢谢你那只漂亮的蝴蝶。它像一只真的鳞翅目昆虫，在卡片上呼之欲出。[3] 我们祝你们新年非常愉快，期待不久能见面。

你非常忠心的

弗拉基米尔·纳博科夫

63 1. “我为我荒唐的粗心大意恳求你的宽恕”（最后两个词是英文，转写成了西里尔字母）。因为笔误，原稿写的是 proshenie（请愿）而非 proshchenie（宽恕）。

2. 用拉丁字母转写的俄语，备将来之用。

3. 威尔逊有几次给纳博科夫寄去剪裁的纸蝴蝶，由上劲后的橡皮筋推动。

29

一九四二年一月七日

马萨诸塞州

韦尔弗利特

亲爱的弗拉基米尔：你只寄来了信件的第二页，因此很难给你建议——请把其余部分寄来。我刚从纽约回来，我在那儿见了格林伯格夫妇。他们看起来过得不错：罗曼胖了，他的太太有了一份差事。他们住在一个很奇怪的地方，很大，却不像公寓房，倒像某个机构的接待室。

纽约的霍利迪书店（得承认，它拥有一批特殊客户）告诉我，他们已经卖了三十本你的书——这不坏。

永远的

埃德蒙·威

30

亲爱的邦尼：

我把《口音》还给你。德尔莫尔的文章风格恶劣，但我喜欢那个主题。[1]

我还给你寄了《菲雅尔塔的春天》，《哈珀杂志》认为它“精妙、能引起共鸣，写得很漂亮，但太长了，不是他们现在采用的那种东西”，也就是珍珠港之后的那种。希望你和玛丽读一下。也许你能建议它去下一个港口。

我们很喜欢你们的短暂来访，德米特里让我重复了你所有的戏法儿[2]——平庸的表演。

你的

弗·纳博科夫[3]

64 1. 德尔莫尔的《威尔逊的创作》(《口音》，1942年春）是对威尔逊从《我想起黛西》到《伤与弓》的创作的细致研究。

2. 原文为俄语。就像《赫卡特县的回忆》中的威伯·弗里克一样，威尔逊是业余魔术师，喜欢给朋友尤其是儿童表演。

3. 原文为俄语。

31

一九四二年一月十八日

纽约

普林斯顿俱乐部

亲爱的弗拉基米尔：我没有见到你和劳克林的合同，无法对你的书给出很好的建议。你可能在新方向出版社之外还要再有一个出版商。我要是你，就会打电话给波士顿的霍顿·米夫林出版社的鲍勃·林斯科特，设法见他一面，跟他讨论此事。见他时记得带上合同。上周我去波士顿时见过他，他告诉我以前给你写过信，但没有接到回信。他很想见你，会给你切实的建议。他说《大西洋月刊》的人也在抱怨，他们联系不上你。

我附寄一篇关于你的书评，并不十分有趣。P. M. 杰克在《时报》上的表现十分愚蠢。[1]

1. P. M. 杰克对《塞巴斯蒂安·奈特的真实生活》的书评（《小说家的生

活》，《纽约时报书评》，1942 年 1 月 11 日）蓄意把这本书跟毛姆的《寻欢作乐》和 A. J. A. 西蒙斯的《寻找科尔沃》相比，抱怨说纳博科夫“既没有毛姆的风格，也没有西蒙斯的钻研”。在杰克看来，纳博科夫的英文风格是“有趣的，属于迪士尼式”，它“在另一种语言中也许是有趣的”。评论得出结论说：“总的来说，这恐怕是一个很蠢的故事。”

32

一九四二年二月三日

马萨诸塞州，韦尔弗利特

亲爱的弗拉基米尔：你介意把这封信寄给阿尔达诺夫吗？[1] 他给我寄来了他写的一些东西，但我弄丢了他的地址，你若知道就好。你读过《新共和》上凯·博伊尔对你的评论吗？[2] 相对要聪明一些。我刚读完《黑暗中的笑声》，我喜欢它，更喜欢它难以置信地走向 65
结束之前的部分。我认为，那个不幸的主人公会发展听色能力，通过听出那个女人的红衣服等，来辨别她的位置。你是自己翻译的吗？——因为它非常好。顺便说一句，我注意到，某个地方提到了某人雪茄的尖儿。我打赌，小说前面部分女房东跟那个女孩的深情谈话是对 душевная беседа[3] 的误译。

永远的

埃德蒙·威尔逊

尼古拉三月

会来韦尔斯利吗？

我们非常遗憾

与他失之交臂。

我们现在没有任何电话，期待他发电报或写信。

1. 关于马克·阿尔达诺夫，参见第 6 封信，注释 15。

2. 凯·博伊尔在其关于《塞巴斯蒂安·奈特的真实生活》的书评（《新的小说》，《新共和》，1942 年 1 月 26 日）中，敏锐地赞赏了纳博科夫作为文体家和讲故事的人的品质，可能是美国批评中最早的这类例子。

3. 威尔逊想必是要说 задушевная беседа（“一次心心相印的谈话”）。

33

[明信片，邮戳日期为一九四二年四月三十日]

亲爱的邦尼：

我只是想告诉你，周六我一个人来。我妻子和我都非常遗憾，我们不能把孩子带来，他下周要摘除扁桃体。

我会捎上普希金和捕虫网。

你的，友好的[1]

弗·纳博科夫

1. 原文为俄语。

66

34

[明信片，邮戳日期为一九四二年五月一日]

亲爱的邦尼：

我恐怕无法赶上八点二十分的早班火车，将坐两点的火车过来——不过我讨厌来得这么迟，因为星期天我又得匆匆赶回：周一下午我要在韦尔斯利学院电台讲话。

你的，弗·纳博科夫[1]

1. 原文为俄语。

35

一九四二年五月六日

马萨诸塞州，韦尔弗利特

亲爱的弗拉基米尔：拟态的文章让我印象十分深刻——下次再见到你时，很想跟你讨论它。我不知道你应该寄到哪里，或许可以试试《耶鲁评论》，一份沉闷的季刊，不会付很多稿酬。你应该写信给海伦·麦卡菲小姐：《耶鲁评论》，康涅狄格州纽黑文，德拉威尔 1729 号。如果你愿意，就说我对这篇文章很感兴趣，建议你寄到这里。我注意到，卡尔波维奇给他们写过几篇评论，他的推荐也许有帮助。《弗吉尼亚季刊》也是一种选择。编辑叫阿奇博尔德·波·谢泼森——地址：弗吉尼亚州，夏洛特斯维尔，弗吉尼亚大学。你也可以跟他提起我。（《大西洋》比这两个刊物都好。）

我仔细地读了诗歌[1]，我喜欢，但一些部分不明白。应该跟你一起琢磨它。

马戏团下周就来波士顿了，我们可以一起去看吗？你儿子的扁桃体手术那时做好了吧？如此考虑，这个周末去更好——不过直到星期天，每天都有两场表演，我想哪一天都行。如果你想事先买票（不太贵），我稍后会给你钱。我想我们应该去听听斯特拉文斯基为大象创作的音乐，你觉得呢？[2]

关于拟态的文章，我用铅笔提了一些建议和修正。很高兴招待你，遗憾你很快就走了。永远的

埃德蒙·威

1. 可能是《词语》，写于 1942 年 3 月。英译《名声》，收入《诗与棋题》，第 102—103 页。 67

2. 斯特拉文斯基的《马戏波尔卡（给一头幼象）》于 1942 年春演出，由玲玲兄弟和巴纳姆与贝利马戏团演出，乔治·巴兰钦编舞，“五十头大

象和五十个漂亮女孩”出演。

36

一九四二年五月六日

亲爱的玛丽和埃德蒙：

那二十四小时真愉快。如果星期天见不到你们，我妻子和我会非常失望。

现在谈谈玛丽的书[1]。我已经读了。我的习惯是，这类情况下绝对直言不讳，尤其在涉及朋友时，因此希望你们能以正确的态度对待。见到你们时，我会详尽地讨论这本书，但此前我想说，它真棒，聪明、诗性、新颖。事实上，我全然目瞪口呆——如果这个词准确的话。

你的

弗·纳博科夫

邦尼，刚接到你的信，谢谢忠告。我们愿意去看马戏，但下周德米特里要住院，我们又不想落下他：家庭伦理！

1. 玛丽·麦卡锡的《她经营的公司》。

37

一九四二年五月十日

马萨诸塞州，韦尔弗利特

亲爱的弗拉基米尔：刚跟康奈尔谈崩了，很沮丧，我以为秋季能在那儿工作的。因为战争和经济低迷，校长不愿雇我。我不清楚，你在韦尔斯利的那份工作是特别为你创造的呢，还是固定岗位，每年找不同的人——如果是后一种情况，若你向他们提到我，我会很感激（当然，除非你有任何续聘机会）。我在芝加哥大学教过书，68
在哥伦比亚做过讲座，很适合那些风华正茂的女生。

你喜欢玛丽的书，她很高兴。希望下周末我们能去波士顿，如果去了，会告诉你。

永远的

埃德蒙·威

38

一九四二年五月十三日

亲爱的邦尼：

听说康奈尔让你失望，我很难过。不幸的是，我在韦尔斯利的位置是一种个体发生现象，而非系统发生现象，是特地为我创设的。我一共上差不多十二节课，年薪三千美元。最近几位教授作了勇敢的尝试，想让我再待一年，或起码排一门俄国文学课程，但彻底夭折，障碍同样是缺钱。来这里时，我心里就明白，我的工作没有逐步发展的未来，但人之常情，我又隐隐地期待能有进展。没这回事——坚实的基础倒是开始变得黏滑了。

德米特里的手术结果比我们想象的要严重，他昨天回到家，要卧床一段时间。你看到最近的《生活》周刊上一张相当淫秽的照片了吗？漂亮绝顶的俄国芭蕾舞演员（我想是图玛诺娃）斜躺在一头大象的头顶，大象的鼻子从下面穿过她光光的大腿翘起来。特别像阳具。[1]

希望马上见到你，亲爱的朋友。

你的，弗·纳博科夫[2]

那位法语教授，也是一个星相学家，刚告诉我，希特勒将在五月二十三日死去。也就是说，再等十天。

1. 1942 年 4 月 20 日的《生活》第 29 页刊登了文中描述的照片，但不是塔玛拉·图玛诺娃，而是薇拉·佐琳娜（娘家姓伊娃·布里吉塔·哈特维格），当时嫁的是乔治·巴兰钦。她出现在由玲玲兄弟和巴纳姆与贝利马戏团出品的斯特拉文斯基的《马戏波尔卡》中，前文已提及。

2. 原文为俄语。

69 **39**

一九四二年五月二十二日

马萨诸塞州，韦尔弗利特

我指出了一两个错误。

亲爱的弗拉基米尔：与《菲雅尔塔的春天》相关的东西首先应该寄给《纽约客》。写信给 $\mathrm{W^m}$ 马克斯韦尔，跟他说，是我建议你这样做的。我担心对他们来说太长了，但如果你可以删削，或许能刊载。如果他们不愿意接受，试试《时尚芭莎》（纽约，麦迪逊大街 572 号）。写信给玛丽·路易丝·阿斯韦尔，提及玛丽和我。玛丽和我都喜欢，但从杂志的角度而言——也许也是从我们的角度而言——它的故事性还不够。你需要在菲雅尔塔再来一段。

我另外分包把《绝望》和《新评论》[1] 寄还给你。我喜欢前者，但同样的道理，我不认为它像《黑暗中的笑声》那样好。我觉得，最好的部分是他实施谋杀以后。我读了 *Русалка* 和你的结尾[2]，我知道你的倾向，因此特别惊讶，你处理得如此冷静。我认为，首先公爵会拒绝相信那个孩子，把整个故事斥之为荒诞不经，然后把小仙女打发走，让她别管闲事——从而挫败水仙女的致命意图。

我非常喜欢这次拜访。请代我问候你妻子和德米特里。但愿他现在完全好了。如果你愿意在去过暑假之前来这里，你知道的，我们随时欢迎。请给我们写信或发电报。

永远的

埃德蒙·威

1. 原文为俄语。

2. 纳博科夫为普希金未完成的诗剧《水仙女》（*Rusalka*）写的《终场》，刊登在《新评论》1942 年第 2 期。

40

一九四二年五月三十日

亲爱的邦尼：

我已经把《菲雅尔塔的春天》寄给《时尚芭莎》了——谢谢这个建议。[1] 很遗憾你不太喜欢它。我是十年前写的，但至今仍认为，那渐强的贯穿故事的马戏团主题，以及追忆中的罗曼司的缠绕，非常干净利落。

我沉浸在我的果戈理著作中，开篇就科学地描绘了在他不成熟 70
阶段的魔鬼的俄国亚种——那个小小的“Podlenky, gadky”[2]，俄罗斯的“chort”[3]。

我跟这儿英文系的珀金斯小姐[4] 谈过你，也跟耶鲁的系主任德韦恩[5] 说过。韦尔斯利将关注中文，而耶鲁则关注日文，因此英文不受欢迎。在耶鲁书店的正中间，我高兴地看到一幅大型的玛丽照片。我在那儿过了两天，很开心——不过一无所获。他们给我提供了夏季课程的俄语助教职位，我拒绝了，因为我还得教那位主讲教授俄语。他是一个小个子男人，叫特拉格[6]，有一套语音体系，我得亦步亦趋——可我对这套体系完全不认同

djenj, vjesj, [7]

而且那些例句表就是嚎叫。他出生在美国，但父母来自敖德萨；他已经干了五年。在小俄罗斯，敖德萨的话最糟糕难懂了——而在布鲁克林跟父母学习这种语言，更是没法长进。他是不错的小伙子，精力充沛，可是既然教学方法包进——抱歉，应该是“包括”——在开始两三周仅凭俄语发音来激励学生，而我和他又要轮流跟同一批学生打交道，稀奇古怪的情况将会接踵而来。因此我仍然无业。[8]

谢谢你对文章和那个故事的小小的纠正，前者我给了《耶鲁评论》的德韦恩。最近你打算来波士顿吗？

你的非常 djrju žjesjkjjj [9]

弗·纳博科夫

1. 纳博科夫的短篇小说《菲雅尔塔的春天》英译文最终发表在 1947 年 5 月的《时尚芭莎》上。

2. 用拉丁字母转写的俄语，小个子下等人，令人厌恶。

3. 用拉丁字母转写的俄语，魔鬼。

4. 阿格尼丝·珀金斯，韦尔斯利学院英语教授，著有《受训妇女的职业》。她帮助纳博科夫编辑了《塞巴斯蒂安·奈特的真实生活》。

5. 威廉·克莱德·德韦恩，著名的勃朗宁诗歌研究专家。

6. 乔治·L. 特拉格，1942—1944 年间在耶鲁担任俄语助理教授。本注释者的朋友、伯克利同事休·麦克莱恩当时跟特拉格一起教零基础俄语，他肯定了纳博科夫这里描述的那种令人难以置信的“方法论”。
71 离开耶鲁后，特拉格以人类学和语言学为专业，随后数十年在多所大学教授此类课程。1940 、1950 年代，美国大学普遍存在无能的外语教学活动（往往用所谓的先进方法论掩盖），有关纳博科夫与这些教学活动的遭遇，请参见他给让-雅克·迪莫雷斯特教授和给《康奈尔每日太阳报》的信，收于他的《书信选，1940—1977》，第 262—264、266—267 页。《普宁》第六章第二、三节处理过同样的话题，主人公在一所大学教法语的工作被否决，因为他真的会说、会读这种语言。

7. 用拉丁字母转写的俄语单词“白天”“完全”，通过把辅音加上 j，表明它们是腭化音。

8. 原文为将英语单词音译成旧正字法的俄语字母。

9. 用拉丁字母转写的俄语，友好的（对耶鲁教授音译系统的戏拟）。

41

一九四二年六月十二日

马萨诸塞州，韦尔弗利特

亲爱的弗拉基米尔：一天我去本宁顿看我女儿，发现他们在找教俄语的人和教比较文学的人。前一个职位他们已经雇了一位哈森克勒费尔太太，她是德国人，但在俄国长大；后一个职位找了本杰明·康斯坦特的玄孙之类的。校长是个叫刘易斯·琼斯的人，他告诉我，如果他们中随便哪个不行，你就是替代的人选，并建议你写信给他，谈谈你的资格和经验。那地方不错，薪酬我觉得也很好。

我们希望二十号的这个周末去波士顿。如果你在那儿，我们是否在周六或周日安排活动？

顺便说一下，你是否认为，在《水仙女》中，普希金想让公爵跟仙女母亲本人见面，回来后精神失常？在跟磨坊主—乌鸦一起的那一场中，公爵关于丧失理智的话难道不是预兆吗？他会回去，但无法跟家里的人类成员维持关系。那个妻子在某种程度上让人觉得，后来她一定会陷入更悲哀的境地。

希特勒没有在五月二十三日死掉，我非常震惊。我想你该认真考虑，你的星相学权威是否清醒。

永远的

埃德蒙·威

我把你对玛丽著作的意见说给她听了，她为之一振，她曾收到 72
一些很讨厌的评论，几乎没人说这本书写得好。我觉得，近来人们不会甄别。

42

一九四二年六月十六日

亲爱的邦尼：

非常感谢，本宁顿似乎很吸引人，我今天就给刘易斯·琼斯写信。滑稽吧——比任何一个健在的人都更懂俄语——起码在美国——比任何一个在美国的俄国人都更懂英语，却在找一份大学的工作方面举步维艰。我对来年越发惴惴不安。我唯一设法获得的是一年的研究员职位（一千二百美元），从九月一日开始，在比较动物学博物馆——每天三小时，所有蝴蝶由我处理。如果我能把这份工作跟在大学教课结合，会很好。当然，如果我能在别处找到报酬更好的位置，我会放弃它的。

《水星》杂志有一篇关于玛丽的书评，很活泼。我已经让我所有的学生保证，去读《她经营的公司》（俄语怎么说？Общество, ьъ котороmь она вращается, 不，Сь кѣмь она водится）[1]。

我们在佛蒙特愉快地过了几天，但我十分抱歉，这跟你到访波士顿冲突了。

有个人——管他叫什么——写了一部叫《烟草路》的东西，现在又在写一部苏联生活小说，[2] 我刚接待了他的秘书。Vous voyez ça d'ici. [3] 他想知道“nemetzky”“collkhoz”[4]（他写成了“kholholtz”）以及诸如此类的英文写法。主人公叫弗拉基米尔，整个儿都很简单。我某种程度上受内心邪气的推动，塞给了他一套下流词语，他会用于“早安”“晚安”。（例如，“Razyebi tvoyu dushu”，[5]V. 严肃地说。）

卡尔波维奇家的孩子们彻底美国化了，费多托夫教授[6] 就寝前跟他们握手，他们乐不可支。

我接到皮尔斯[7] 的信，他很礼貌地跟我要更多的 virshi[8]。我把在你煽动下写的一首诗寄给了他，随信附上。《时尚芭莎》寄回了《菲雅尔塔的春天》，显然就像手稿回旋镖。[9]

下周头上，我们准备去佛蒙特（一个 ram-chakal[10]［摇摇欲坠］
的农舍，巨大懒散的豪猪，散发着《伯纳黛特之歌》气息的臭鼬， 73
萤火虫和许多漂亮的飞蛾出没其间），一直待到八月。

不，邦尼，你彻底错了。经济的普希金从不会让两个人物发疯——那个老磨坊主和公爵。我续写的结尾跟俄罗斯所有与美人鱼、精灵相关的传说的一般结尾完全一致——比如，看看莱蒙托夫的《仙女》或 A. K. 托尔斯泰的《仙女》诗等。普希金从不会打折传统的骨架——他只是重新安排内部脏器——产生的结果不那么耀眼，却更有活力。我承认，让公爵在阵阵早发性痴呆中吼叫着回家——或者更好一些，让他蹑手蹑脚、含糊其辞地咕哝些呓语走向妻子——这一定更有趣，但那绝不是普希金的意图。

我想尽快见到你。你周六可以给我打电话吗？我儿子编造了一个他所说的“轶事”，是关于一个母亲的，她很善良，每当要打孩子的屁股时，都先给他点笑气。

你非常友好的

弗 · 纳博科夫[11]

1. 表示“她经营的公司”的两种俄语习惯说法。
2. 厄斯金 · 考德威尔 1942 年出版了一部小说《长夜漫漫》，背景是苏联，描绘的是游击战。
3. 用拉丁字母转写的俄语，你能想象得到。
4. “德国人”和“集体农庄”（kolkhoz）的俄文词，用拉丁字母转写。
5. 色彩强烈但无法翻译的俄语淫秽词语。
6. 神学家、文学批评家格奥尔基 · 费多托夫（1886—1951），《俄国宗教精神》的作者。
7. 查尔斯 · 皮尔斯，《纽约客》的诗歌编辑。
8. 表示“韵文”的古体、略带轻蔑的术语。
9. 《时尚芭莎》将于五年后改变主意（见第 40 封信，注释 1）。
10. 英文“ram”（公羊）和俄文表示“jackal”（豺）的词的组合。

11. 原文为俄语。

43

一九四二年六月三十日

佛蒙特

西沃兹博罗

卡尔波维奇教授　转

亲爱的埃德蒙与玛丽：

不得不拒绝你们的邀请，令人心碎，但周五越来越近了，我们
74 要在那天早晨去佛蒙特。[1] 有可能在那儿见到你们吗？

玉米天蚕蛾及其优雅的同伴在博物馆被标为“采集人：埃德蒙·威尔逊，科德角”。我们会在八月的最后几天回到这里。

祝你俩暑假尽可能一帆风顺（既然如此）。

我们始终是

你们非常 drujesky[2]

弗拉基米尔及薇拉·纳博科夫

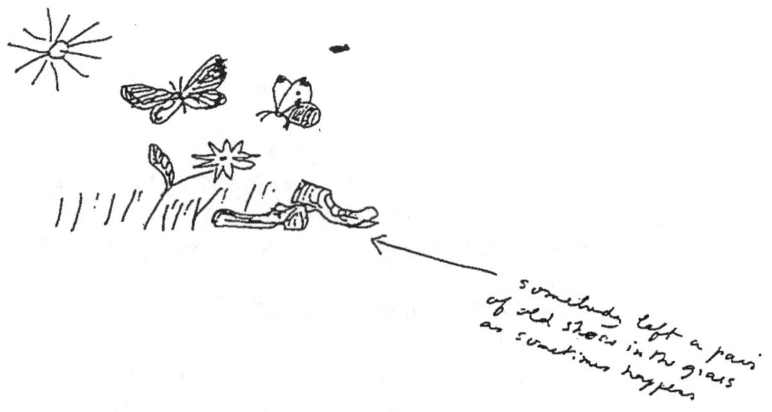

1. 受米哈伊尔·卡尔波维奇之邀，纳博科夫一家去了佛蒙特。他们的儿子德米特里大半个冬天都生病，这给了他一个在乡间康复的机会（参见博伊德《纳博科夫传：美国时期》，第45页）。

2. 古怪的半法语音译，友好的。

44

一九四二年八月八日

马萨诸塞州，韦尔弗利特

亲爱的弗拉基米尔：你们好吗？我一直怀着极大的热情阅读更多的普希金作品，真希望你在身边，可以交流——尼娜·恰夫恰瓦泽[1]在这些问题上力有不逮。我对《石雕客人》[2]感到失望，不太明白为什么米尔斯基认为它是杰作。不过《茨冈人》[3]是篇杰作。几个幽默作品，《努林伯爵》[4]和《科隆纳一人家》[5]在我看来绝对精彩，虽然它们似乎可读性不太强。（可是我在剑桥发现，暑期学校的俄语初学者被要求背诵《努林伯爵》。）关于《科隆纳一人家》，米尔斯基所说的理论是什么？是否有些奇怪？他在教堂看到那个伯爵夫人，而她又与故事没有明显联系，你知道这是什么理论吗？还有， 75
除了《加百列颂》[6]里显而易见的以外，你认为他还有其他意图吗？他是不是指，我们无法确定基督是加百列的儿子还是魔鬼或上帝的儿子？关于伊甸园的那部分非常漂亮——就相同的题材而言，我喜欢它胜过弥尔顿。

我们不管克利夫顿·法迪曼和珍珠港，照旧继续我们的活动。希望薇拉在乡下会好些。你们回来时，要让我们知道。

永远的

埃德蒙·威

1. 尼娜（娘家姓罗曼诺夫，俄罗斯格奥尔吉大公之女）和保罗·恰夫恰瓦泽（有着高贵的格鲁吉亚血统和俄罗斯文化修养）是威尔逊的邻居、朋友。保罗·恰夫恰瓦泽（1899—1971）是作家、文学翻译家。

2，3，4，5. 原文为俄语。

6. 原文为俄语。英译又名“加夫里利阿达”。

45

佛蒙特

一九四二年八月九日

亲爱的邦尼：

我已很久没有收到你的信了，Scoo-cha-you pa vass。[1] 谢谢你寄来《口音》的评论。[2]

我正在追踪果戈理生命中那段阴郁的迷宫，已选定作品的基本节奏，就是采取吃过路兵的步法（请记住这一点）。一八二九年八月，在吕贝克的一家（无名）膳宿公寓，果戈理跟“美国诸州的某个（无名）公民”一起坐在套餐餐桌边，我想是否全然可能追踪这个人。[3] 或者追踪那个聪明的英国人，他给普希金上过无神论课。[4] 这本书进展缓慢，主要是因为我对自己的英文越来越不满意。写完后我要放三个月假，跟我面色红润、体格健硕的俄语缪斯待在一起。

我恳请劳克林为我的《天赋》找一个翻译：性别♂，国籍美国，
76 俄语知识优秀，词汇量 richissime*，风格嘛，他自己的。劳克林问了克诺夫，克诺夫推荐了亚尔莫林斯基，可他的英文不比我好，他翻译的普希金（跟巴贝特·多伊奇合作）[5] 又比我糟。因此我还在找能翻译那五百页书的人，我只需把控意思和细微的差别。我知道一个人能做这件事，如果我在俄语方面帮帮他的话。这是一种绕圈子的说法，但恐怕你另有安排了，而我对劳克林所能付的数额也不抱幻想——起码要跟付给我的一样多，对其他人，数额或许要给得更大。

我八月三十一日回剑桥，因为我在比较动物学博物馆的工作九月一日开始。我们在那里租了一套房——克雷格环路 8 号。我设法进了哈佛，唯一的靠山却是蝴蝶，想到这一点就觉得有趣。我在这儿捉到了许多，主要是蛾子。这是我所知道的最美好的快乐之一——闷热的夜晚，窗户洞开，望着它们过来。每只都有自己的灯畔风格：一只安静地栖在墙上，舒服地等着被装进盒里；另一只对着灯罩冲撞过去，随后落到桌上，翅膀颤抖、眼睛灼热；第三只在天花板上盘旋不已。系统的做法是，准备几只平底玻璃杯，底上铺一层吸过“四氯甲烷”的脱脂棉，然后把杯子倒扣在虫子身上。待昏迷后，把它移到另外一只杯子里，留待后面针插。今天晚上我会给它们做糖，这样调制：一瓶馊啤酒，两磅红糖（或糖稀），一点儿朗姆酒（使用前再添加）。临近黄昏，（用干净的漆刷）把调制品涂在二十来棵树身上（最好是老的、长满地衣的树干），然后就等着。它们不知道会从哪儿过来，停在发光的树皮上，露出深红色的后翅（在手电筒光下特别绚烂）。你从下面几只开始，用玻璃杯罩住它们。试试吧，邦尼，这是世界上最高贵的体育活动。

向玛丽致以最美好的问候，薇拉跟我一起[6]。请给我（歪斜地）写几行。[7]

你的

弗·纳博科夫

1. 古怪的记音法，我想你。

2. 劳克林对玛丽·麦卡锡《她经营的公司》的评论，刊于 1942 年夏的《口音》。

3. 在 1829 年 8 月 25 日给母亲的信中，果戈理简要提到他在特拉沃明德的小酒店遇到一个美国人，他们都住那里。在《尼古拉·果戈理》中，纳博科夫对这个美国人做了一点想象：“因此，我们能够想象，1875 年波士顿的一个退休商人无意中会跟妻子说，夜里他梦见跟一个年轻的俄国人或 77
波兰人在一起，他们曾在德国见过，那时他还年轻，正在一个古玩店买钟和斗篷。”

4. 在一封日期为 1824 年的书信残片中（这封信可能是写给校友、诗人威廉·库切尔贝克的），普希金说到他在敖德萨遇见的一个上了年纪的英国人，正在写一篇一千页的论文，驳斥存在一个智慧的创造者这一说法。纳博科夫后来在《叶甫盖尼·奥涅金》的评注中指出，这个英国人现在一般被认为是威廉·哈钦森博士（他从俄国回去后，偶然成为英国教会的一个热情的牧师）。

5. 亚尔莫林斯基的妻子巴贝特·多伊奇是个诗人，她跟他合作翻译了普希金。

6. 原文为俄语。

7. 大多数时候，威尔逊的信中手写的添加部分及页边批注都是歪斜着写的。

* 法语，极丰富。——译注

46

一九四二年八月十二日

亲爱的邦尼：

这真有趣——我们同一天给对方写了信，都提到了普希金的无神论。我认为，关于《加百列颂》的含义，你是对的。当然，“用他们蔚蓝的翅膀遮住头”，或更好一些，“头包在他们湛蓝的翅膀里”（закрывь главу лазурными крылами）[1]，是一句无法逾越的天堂鸟类学的句子。你有没有注意到，在《科隆纳一人家》[2] 中，关于韵律与韵脚的那精彩的话语（巧妙地穿插了些例子），还有烟熏的舌头和餐馆老板科普那一节从 Жопа[3]（俄语中押韵 опа 的极少，这是最常见的一种）的死里逃生？[4] 但这里有一个奇怪的错误：普希金说他选择的是亚历山大体，一种六音步诗句，可他用的是五音步。我始终不明就里。[5] 我模糊地记得那个伯爵夫人，她出现在那里似乎只是为了以其浪漫与简单的芭拉莎形成对比（或许后者并不那么简单？）。

《石雕客人》是四部剧本中最完美的。我们见面时，我会让你看到它的美。比如，这一句“告诉我……不，我们以后说”，多么有趣！——这一句表达的是快速的话语和无法喘息的感情。或者，“在遥远的北方，在巴黎”[6]。实际上对普希金来说是南边，但从马德里来说就是北边。诸如此类，还有许多。

你的非常友好的[7]

弗·纳博科夫

1. 纳博科夫对普希金在《加百列颂》中描绘天国的段落引用与原文稍 78
有出入。他的第一段英文译文其实更接近普希金的原文：Архангелы в безмолвни сидат, / Главы закрыв лазурными крылами.（“天使长们则端然静坐，/ 用蔚蓝的翅膀遮住了脸。”［译者按：此处采用的是查良铮先生的译文，见《普希金文集》III，第 171 页，北京：人民文学出版社，1995 年。］）
2. 原文为俄语。
3. 俄语，屁股。
4. 这并没有出现在《科隆纳一人家》中，而是在被舍弃的早期诗稿中，学术版普希金集中常常作为附录刊印。因为它明显跟迄今仍不宜刊印的俄文词“臀部”或“屁股”押韵，彼得堡的科普餐馆至今仍在俄国污秽民间故事中被记诵。
5. 仍涉及被舍弃的早期诗稿。普希金其实并没有说他要用亚历山大体来写这首诗，只是说他考虑这种可能性。
6. 原文为俄语。两句都引自《石雕客人》第二场，是普希金写唐璜的剧本。
7. 原文为俄语。

47

马萨诸塞州，韦尔弗利特

埃德蒙·威尔逊

一九四二年四月［八月之误］二十日[1]

亲爱的弗拉基米尔：如果有空，我会很高兴翻译你的书。我乐意看到你的书被翻译，我自己或许还能学习许多俄语。可我有好多事要做，恐怕不能。我在写几本书，史密斯又给了我一份兼职，我得去做。此外，我的俄语其实很不靠谱，检查我的工作带给你的麻烦差不多跟你自己翻译那本书一样多。亚历山大·沃思怎样？他翻译过奥格尼奥夫的《共产主义学童》。不一定非得是个美国人，对吧？

我在纽约得到你的一本诗集《天路》[2]。我过去不知道有它，它像一本 oeuvre de jeunesse [*]。

很高兴你很快会回到这附近——我去波士顿时会去看你。

顺便说一句，我发现，亨利·斯威特在那篇关于《不列颠百科全书》语音学的文章中肯定了我的观点，即在俄语中，所有元音都趋
79 于拉长。我们对付长短，你们对付软硬。我想，我读普希金读得越多，越能理解我们在斯坦福德的争论背后的误解。米尔斯基谈到普希金一部剧本的诗律问题——我忘记是哪部剧本了——就像在展示莎士比亚后期剧本的灵活性一样。我读到那部剧本时，觉得这很可笑。比之于莎士比亚后期戏剧的诗体来，普希金似乎学究一般，很规整。他的抑扬格几乎不变，而在莎士比亚那里，任何代换都是可能的。我甚至不记得普希金的作品中出现过任何像《李尔王》中“永不，永不，永不，永不，永不”这样的诗句。也许你和米尔斯基都是受俄罗斯古典诗训练的，无法充分了解英语诗是怎么回事。我读法语诗多年，无法真正知道它们在干什么——可能还没有完全理解。

在《沙皇萨尔坦》里，有一个很好的处理软而长的 л 的例子：

Ты, волна моя, волна!
Ты гульлива и вольна —[3]

当然，这种东西我们英语里也有。但我的看法是，它在俄语里更重要。难道你不认为，在描写物体的运动时，普希金处理得特别好吗？——他用交替的 л 去写波浪的运动。л 不也像波浪吗？还有《叶甫盖尼·奥涅金》中的芭蕾舞女孩，*Graf Nulin*[4] 中猫跟踪老鼠的那个美妙的画面。

我俩向薇拉致以最美好的问候——希望她假期好些了。再次见到你会很开心。

永远的

埃德蒙·威

1. 这封信威尔逊写的日期是 4 月 20 日，本书第一版也照此印。但正如纳博科夫的传记作家博伊德（在一次私人谈话中）指出的那样，此信第一段显然是对纳博科夫 8 月 9 日来信的回复，纳博科夫含蓄地请求威尔逊动手翻译他的小说《天赋》。纳博科夫 8 月 24 日的信是关于普希金韵律的详细论文，针对的是威尔逊在此信中抱怨说普希金韵律规整（“他的抑扬格几乎不变，而在莎士比亚那里，任何代换都是可能的。”）。所有这些都表明，威尔逊写的“4 月”一定是“8 月”的笔误。

2. 原文为俄语。（柏林，1923 年出版。）

3. 关于威尔逊、纳博科夫对普希金《沙皇萨尔坦》中这两句各自的翻译和评论，可参见本集第 72 封信。

4. 即普希金的诗体故事《努林伯爵》。

* 法语，青春杰作。——译注

48 80

一九四二年八月二十四日

亲爱的邦尼：

我要从果戈理那里偷一个小时，彻底讨论一下俄语诗律法这件事，因为你彻底错了。[1] 语音学跟俄语诗律法没有关系。俄语元音趋长、趋软或趋硬，这跟普希金的韵文结构了不相干。我不记得米尔斯基说过普希金像莎士比亚一样有灵活性，但我知道，普希金的抑扬格肯定不是中规中矩的，也不是呆板的。差不多除了《鲍里斯·戈都诺夫》（一次失败之作）外，普希金始终在改变抑扬格，几乎打乱了这种形式。你所谓的“代换”不过是另一种变化形式，如此而已。在莎士比亚（或总体来说，古典英语诗）的作品中，你只能零星地发现俄语里大量存在的节奏变化（我接下去会讨论）中的一小部分情形，同样地，你所提到的代换（一个假的抑抑格）在俄语诗歌中也只是初步的形式。你说你不记得普希金有任何诗句像《李尔王》中的那五个“永不”，难道你是想说，你记得莎士比亚的其他作品有类似的句子（说吧，说吧，邦尼）？顺便说一句，我们，米尔斯基和我，接受的不是俄罗斯古典诗歌的训练，而是勃洛克、安年斯基、别雷等人的诗歌训练，他们革新了俄语诗律法的陈旧观念，把中断、代换、杂交的韵律引入俄语，甚至比丘特切夫所梦想的更具有中音省略特征。我的英语诗律法知识只是“shapochnoye znakomstvo”[2]，但我非常、非常肯定，对一个英语诗人来说，从俄语诗律法与英语诗律法的模糊相似出发，去谈俄语诗律法，要比从两种语言的迥然区别出发去谈，更能把问题说清楚。我已经试过一两次，跟你讲俄语诗的韵格变异，还有俄语抑扬格的常项结构中贯穿的变项的节奏流，因为事情的关键横竖就在这儿。要理解五音步抑扬格诗句的多种旋律，就需要研究这些节奏的更简单的形式，它们出现在八音节诗句中。

我们约定，把抑扬格音步标为∪–́，把包含这些音步的八音节诗行标为 R^0，指某个特定诗行不包含节奏变化（Ritmicheskiye Khody），也就是说，所有韵句的四个重音都跟这些词的正常重音重合，例如：Да вой волковъ. Но то-то счастье[3] 可以译为“And howling wolves. But oh! the rapture”（还有嚎叫的狼。可是啊！狂喜）[*]（在这里以及其他地方，我主要关心重音的保留——而不是准确的意思差别）。

81 现在，由于一些词本身（也就是说，除了它们在一个抑扬格诗行中的节奏形式外）是抑抑扬格、扬抑抑格、四音节音步，或类似 neosmotritelneishi muzh[4] 的组合，其中第一个词是∪∪∪–́（所谓“第四个四音节音步”）加∪∪∪，同时由于其他主要是单音节的词（比如 и по на надь[5] 等）在说话时是不重读的，但又碰巧跟诗歌的韵律重音重合，由这些词构成的一个八音节诗行名义上保持其抑扬格体式，却在一两处地方得不到这个词相应的重读重音，比如 Воображенье очень живо[6]，我把它译为“Imagination’s brush is vivid（想象的画笔很生动）”，第一个音步的格律重音落在了非重读音节上（我标示了下划线）；这个轻读的位置被称为“半重音”音步，标为∪–（而不是∪–́），指韵律的波浪涌起，但没有软木塞蹦出（“软木塞”是词中的规则重音）。进一步说，显然，这样的半重音可以与任何音步重合（除了最后一个——虽然连这种形式也被马克斯·沃洛申在一九一八年尝试过，и неосуществимая 是为了跟 моя［或 твоя］押韵[7]——类似的情况也出现在英语诗律法中，某些以“ity”结尾的长单词被用于跟“sea”或“me”押韵），因此八音节诗行的三种韵律变化可以根据半重音出现在第一、第二或第三个音步上而形成，这些变化我分别标为 R^1，R^1 和 R^3。此外，由于一些长形容词的出现，比如 неугомонная забота 或 таи́нст венныя времена[8]，诗行会包含两个“第四个”四音节音步∪∪ ∪–́∪∪ ∪–́或者一个“第二个”四音节音步加一个“第四个”四音节音步∪–́∪∪ ∪∪ ∪–́（第三种可能的组合形式∪∪ ∪∪ ∪–́∪–́特别罕见，几乎无法发音），这样就出现了另外两种变化 R^{1+3} 和 R^{2+3}（附带说一句，前者格律也可以标为一个三音步的抑扬抑格加一个中间的半重音），即带两个半重音的诗行。当然，在这所有五种情形中，既可以从“四音节音步”的角度（这仅仅考虑到重音的绝对字面价值），也可以从“半重音”角度（这带入了格律体式的痕迹）来标记诗行，那么 неугомонная забота[9] 诗行就可以标为∪∪∪–́∪∪∪–́［∪］或者∪–∪–́∪–∪–́［∪］，但第二种标示法更清楚，因为它显示了一句具体的诗行与其抽象的基本韵律的节奏关系。

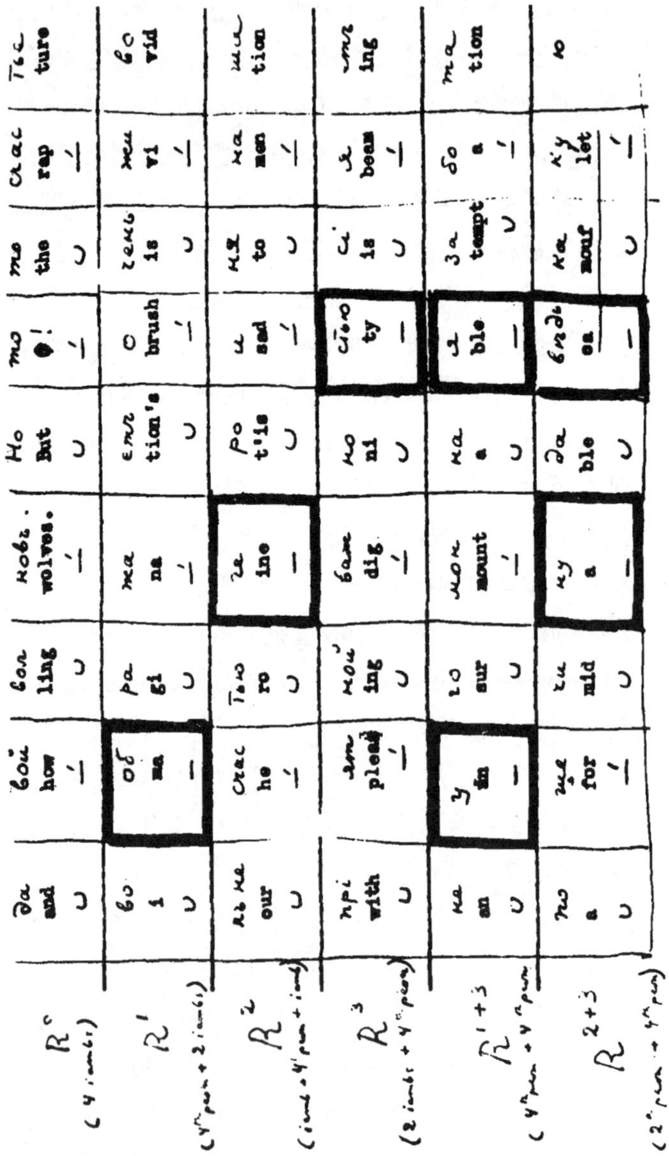

R^0 (4 iambs)	да and ∪	бой how ´	бол ling ∪	ковь. wolves. ´	Но But ∪	мо ●! ´	мо the ∪	стас rap ´	Тьс ture
R^1 (4th peon + 2 iambs)	во i ∪	об ma —	ра gi ∪	жа na ´	етл tion's ∪	о brush ´	тень is ∪	жи vi ´	во vid
R^2 (iamb + 4th peon + iamb)	къ не our ∪	стас he ´	Тою ro ∪	ле ine —	ро t'is ∪	и sad ´	ня to ∪	на men ´	ща tion
R^3 (2 iambs + 4th peon)	npi with ∪	эт pleas ´	ной ing ∪	бам dig ´	но ni ∪	стою ty —	сі is ∪	я beam ´	шл ing
R^{1+3} (4th peon + 4th peon)	не an ∪	у im —	ро sur ∪	мон mount ´	на a ∪	я ble —	за tempt ∪	бо a ´	ма tion
R^{2+3} (2nd peon + 4th peon)	по a ∪	ще for ´	ти mid ∪	ку a —	да ble ∪	вндь ea —	ка mouf ∪	ку let ´	ю

现在，请研究 R^0，R^1，R^2，R^3，R^{1+3}，R^{2+3} 的六个例子，它们都来自《努林伯爵》，译文试图译出英语的节奏。我再说一遍，这不是把外语的节奏强加于英语诗律，而是想表明，相似的节奏变化可以——有斧凿之嫌——通过英语诗行彰显，尽管笨拙；换句话 83
说，理解俄语诗律法，根本无需求助于语音学。[参见第 94 页图]

普希金的八音节抑扬格诗显示的是这些诗行非常独特的组合，诗行的奔流造成节奏上非凡的丰富性与多样性，同时明显是 R^0 的堤岸则让涌流能持续数节诗而不断，进而构成节奏系列（普希金的一个独特之处就是，相邻的诗行 R^2 和 $R^{1\,(+3)}$ 形成美妙的音乐般的组合）。如果我们用黑圈标示半重音音步，用白圈标示全重音音步（因此，比如 R^{1+3} 诗行∪–∪–́∪–∪–́ [∪] неугомонная забота，就会像这样：●○●○），然后仅与毗邻的诗节中的半重音音步接合，通过从一节到另一节的那些诗行，我们就得到下面的节奏图或曲线（每个俄国诗人在一些组合的重复方面都有独特之处）。[参见第 96 页图]

我只能稍稍提一下跟俄语节奏有关的令人头痛的英语诗律问题。我手头没有书本，无法举例阐明我的看法，我的记忆是不可信的，说到底，我还没有彻底弄清楚这个问题。首先，很明显，由长单词造成的半重音在英语诗中很少出现，因为英语单词要短许多。如果英语中表示“人”或“树”的词像俄语相应的单词那样长（而且长出变格变位的尾巴），那么英语诗的面貌就会改变，就像帕斯卡尔说到的克里奥佩特拉的鼻子一样。但如果我们把“on”“in”“with”“as”之类的小品词也考虑进去，它们相当于俄语中类似的非重音小品词，那么某些初步的半重音类型节奏在英语中也能找到；如果你承认，比如，“the flush of morn, the sunset calm”（破晓的红霞，日落的平静）和“while westerly, along the hills”（朝着西方，沿着山岗）之间的区别（请注意，是

Она Тарквинію съ размаха
Даетъ пощечину — да, да —
пощечину, да вѣдь какую!
Сгорѣлъ мой Нулинъ со стыда,
обиду проглотивъ такую.
не знаю, чѣмъ бы кончилъ онъ
досадой страшною пылая,
но шпицъ косматый, вдругъ залая,
прервалъ Параши крѣпкій сонъ.
услышавъ графъ ея походку
и проклиная свой ночлегъ
и своенравную красотку
въ постыдный обратился бѣгъ.
Какъ онъ, хозяйка и Параша
проводятъ остальную ночь
воображайте, воля ваша,
я не намѣренъ вамъ помочь. 9

slap

slap stile echoes

pause on tiptoes

hurried retreat

troubled night

区别，而不是这些诗句本身），相当于 разсвѢта блескь заката тишь 和 на западь по склонамь горь[10] 的区别，也就是说，R^0 和 R^2 的区别——只要你承认这一点，我这里所说的一切在数学上都是正确的。

下面是一个小小的丑八怪（我绞尽脑汁写出来的），包含了两种语言的四种节奏变化：

R^{1-3} Вдоль по аллеѢ и вь тени
R^0 （Амурь скамью поставиль тамь）
R^2 слоняюсь, и меня Нини́
R^0 французскимь учить тамь словамь.
R^3 Учебникь сьѢхаль на траву,
R^0 ромашка смотрить, словно ждеть,
R^1 и на жилеть ко мнѢ главу,
R^0 зардѢвшись вся, Нини́ кладеть.

R^{1-3} Down in the garden, in the shade 85
R^0 where Cupid placed an artful bench
R^2 I linger with the little maid
R^0 who daily tries to teach me French.
R^3 The grammar flutters to the grass,
R^0 a daisy nods a knowing head,
R^1 and on my breast a little lass
R^0 outflushes all the rose's red.

（R^{1-3} 在花园深处，在树荫中
R^0 丘比特的长椅放得狡猾

R^2　我和那个小女子在随意走动

R^0　她每天要教我法国话

R^3　语法飞到草地上

R^0　雏菊点头说懂

R^1　我怀中一个小姑娘

R^0　奔涌的尽是玫瑰红）

相反，尽管我所谓的“跷跷板”词语（比如，“whether t'is nobler”［哪一个更高贵］），其数量和概率都远远超过俄语中出现的类似情况（因此，加上含糊的音节，英语语调中的语词浅凹及其他特殊的变化完全弥补了跟俄语节奏的丰富系列相比而形成的匮乏），但确实存在一些俄语单词，能够完成这种跷跷板游戏。比如 между、передь（当然不是перёдъ[11]）、полу（半–）、какъ-бы[12]之类的词，还有其他一些通常在第一个音节重读的词，就像“never”“under”“whether”（顺便说一句，我常常奇怪，为什么小品词、副词和以“er”结尾的双音节词会构成最好的跷跷板），通过跟四音节音步的∪∪甚至音步的∪–重合，改变了重读平衡。因此 передь окномь возникшей дракой[13] 从韵律上可以译成“under the window started fighting”（在窗下开始打斗），полу-влюбленный полу-сонный[14]则译成“rather enamored, rather sleepy”（相当迷人，相当困倦）。我仍强烈地主张，这类跷跷板词语并没有把一个扬抑格带入抑扬格诗行（就像不能把诗行的阴性结尾说成是要将最后的音步变成抑扬抑格，或者就像 R^3 这样的诗行不能说成是要构成抑扬格、抑扬抑格及四音节音步，俄国老派的教师在学校就是这样教我们的），而只是形成一个受到抑扬格影响的抑抑格，或者更准确些，一个半重音音步，也就是说，在抑扬格音步的刺激下，第一个音节稍稍下沉，第二个音节稍稍上翘。俄语的五音步抑扬格比八音节更复杂，因为可以有更多的节奏变化（R^0，R^1，R^2，R^3，R^{1-3}，R^{2-3}，R^{1-4}，R^{2-4}，R^{3-4}，R^{2-3-4}，R^{1-3-4}），还因为停顿的穿梭提供了许多可能。普希金的最后一部戏剧（在致命的决斗那天，他做了最后的润饰）有着杂技般的连续跨行、爆炸式的停顿、非凡的节奏棱角等，就其更为丰富的节奏结构而言，跟《鲍里斯·戈都诺夫》有所不同，就像《李尔王》跟《罗密欧与朱丽叶》不同一样，虽然丰富的俄语诗律和丰富的英语诗律当然不受相同的规则支配。

不过，下面来自《石雕客人》的一些例子，我认为英语中有对应。

Чтó за бѣдá хóть и узнáють! Только 86
Whát of it, pray? lét them expóse me! Only
（什么，祈祷？让他们揭发我！仅仅）

Ведь я не госудáрстнный престýпникь
for am I a polítical offénder?
（难道我是一个政治犯？）

Развѣ ьы винóвны
Are you réally guílty?
（你真的有罪吗？）

пéредо мной
Vérily so?
（真的如此？）

我们所谓中规中矩的五音步抑扬格（R^0）是 ~~убиль~~ его родного брата. Право, жаль [15] 。我打赌，这样的例子你在《石雕客人》

中不会发现许多。那部杰作节奏的丰富性特点可以从下面几行产生的图表中获得——第三场开头，从 Все къ лучшему...[16] 到 любовной пѣсни[17]。

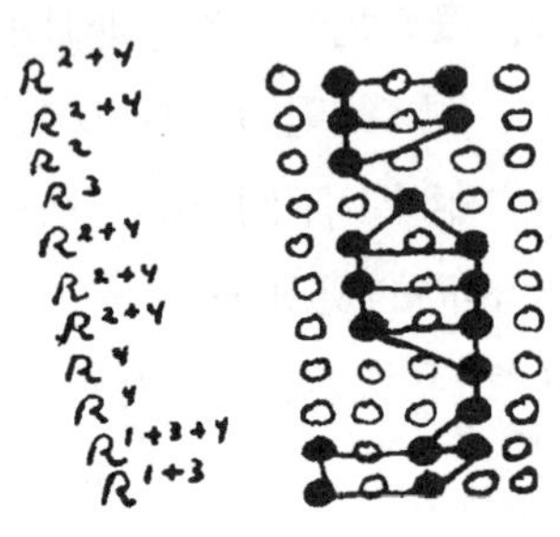

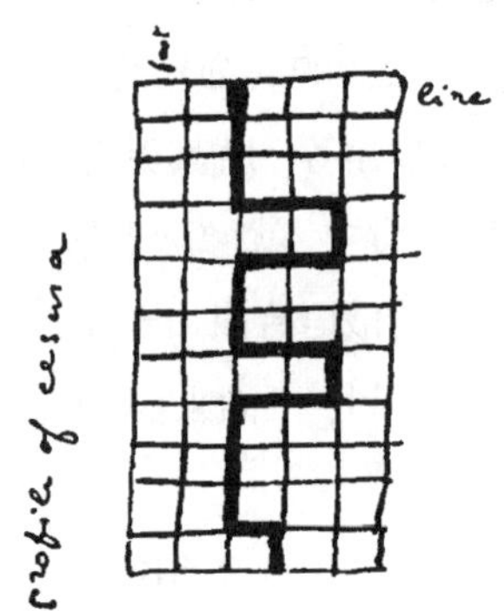

我真的希望，我已经把俄语抑扬格的变化情况说清了，目前不想把事情复杂化，因此就不细致讨论 piatistopnyi（还有 shestistopnyi[18]）半重音的变化情况了。但如果你坚持提及语音学而混淆事态，跟我说“dignity”（尊严）或“insurmountable”（不可逾越的）比“vazhnostiu”或“（ne）ugomonnaya”[19] 短（这很对，但了不相干），或者如“The unforgettable, unforgotten”（难忘的，牢记的）插入抑扬格的八音节中间这样的英文变化在俄语中没有对应，或者一个扬抑格的句子可以出现在它们中间，或者我的译文节奏对英国人来说不顺耳，那我会很失望，会建议你仔细阅读安德烈·别雷的那篇诗学论文，它可能是任何语言中关于诗歌的最伟大作品。[20] 我希望你做的是，忘记软音和硬音，只要无论俄
87 语诗律还是英语诗律都无关乎音节，那就用英语诗提供的模糊相似性去研究“半重音”问题吧。我就是不信非要借助语音学来解释不可，其实根据格律体式和节奏图的关系就可以满意地，还要加一条，优雅地，表达。要让讲英语的人更好地理解俄语诗律（事实上它借自德国和英国，而不是法国，像康捷米尔[21] 努力尝试的那样），需

要的只是假设不同语言在重音方面基本相同，而不要管那些导致俄语、英语听起来如此不同的特殊特征。

我很高兴你买到了 *Gorny Put*[22]，不过它非常微不足道。其中的诗篇是我仅十几岁时写的，深受乔治时代诗人的影响，鲁珀特·布鲁克、德·拉·梅尔等，我那时可着迷了。如果我记得准确，它还包括一篇拙劣的翻译，《无情的妖女》。想想这些都是二十五年前的事，真有趣。斯大林在他最疯狂的梦里也不会想到，他会在丘吉尔先生的陪伴下发出愉快的喧闹声——就像我不可能猜到，有一天我会在亚利桑那的荒野发现新的蝴蝶，或者你会买我的《天路》。我非常同意你关注普希金的头韵，还有对运动的处理。其中最好的一例是在他的《模仿但丁》的结尾，那首诗的开头是"在我生命的开端，我记得一所学校……"[23]。史密斯的讲座听上去很不错。沃思（他最近那本关于俄国的书特别棒）一定很忙，我想。

薇拉和我向你俩致以衷心的 privety[24]。

弗·纳博科夫

附几段我翻译的《哈姆莱特》引文[25]，pour la bonne bouche。[26]

[以普通写法加在第一页顶部的]

九月一日后，我们的地址是：剑桥，克雷格环路 8 号，35 单元。

1. 由于误导，威尔逊将英语诗律系统用于普希金的韵律，这封信是纳博科夫就此所作的详细回复。参见本书导言，第 16—17 页；另参见 G. S. 史密斯对这封信的讨论文章《韵律学笔记》，见于《纳博科夫研究指南》，弗拉基米尔 · E. 亚历山大罗夫编（纽约与伦敦，1995）。
2. 用拉丁字母转写的俄语，点头之交。
3. 为证明韵律图而引用的几乎所有俄语例子都来自普希金的诗体故事《努林伯爵》。出自该诗人《石雕客人》的少数例子都在文中指明。
4. 用拉丁字母转写的俄语，一个很轻率的丈夫。 88
5. 俄语，在……上 / 随着 / 过去 / 由，在……上，过去 / 上面。

6. 在《努林伯爵》中，普希金写的是 Воображает очень живо，“他想象得很生动”。
7. “1918 年内战期间，我记得在雅尔塔一家咖啡馆，一个出色的、博学的诗人马克西米里安·沃洛申，给我读了一首很好的爱国诗篇，代词 moya 或 tvoya 跟 i nepreodolimaya 押韵。那是一个寒冷、昏暗的夜晚，海水砰然越过护墙，溅落到人行道上。”（《叶甫盖尼·奥涅金》，纳博科夫译自俄文并评注，第三卷，第 534 页。）Moya 和 tvoya 意思是“我的”“你的”（阴性，单数）；i neosushchestvimaya（在信中）指“且没有认识到”，i nepreodolimaya（在《奥涅金》的评注中）是“且不可逾越的”。这两个形容词也是阴性单数形式。
8. 俄语，难以抑制的关心或神秘的时代。
9. “她挥手给了塔昆涅斯一巴掌——是的，是的！——怎样的一巴掌！努林伯爵羞惭得面红耳赤，忍气吞声地咽下了这番侮辱。我不知道，如果鬈毛狮子狗斯匹兹没有叫，芭拉莎没有从沉睡中醒来，气急败坏的他能做什么。伯爵听到她的脚步声，骂着他黑夜中这借宿的地方，还有那个喜怒无常的娇娘，可耻地逃了回去。* 女主人，芭拉莎和他，如何度过当夜的剩余时光；诸位，请尽管去任意想象——我可不打算来给你们帮忙。”直到星号那里，译文都是威尔逊的手笔（译者按：后文中译采自郑铮翻译的《努林伯爵》，见《普希金文集》III，第 292 页，北京：人民文学出版社，1995），他在《俄国文学笔记》中关于普希金的部分引用了这一段，后来以《普希金》为题收入《俄国之窗》。威尔逊对这一段的评论是纳博科夫在这个例子右侧所作旁注的反映。
10. 俄语，“黎明的熹微，日落的宁静”和“在山坡的西边”。
11. 俄语，“在……之间”“在……前面”（不是“前面”）。
12. 俄语，好像。
13. 俄语，在窗前出现的打斗。
14. 俄语，半迷恋，半困倦。
15. 本来，纳博科夫引用的诗行是很不寻常的六音步诗句，嵌于抑扬格的五音步诗中：Убил его родного брата? Правда：жаль/[Что не его].（“他杀了他兄弟？是的，我很抱歉 / ［他没有杀他］。”）引了此句后，纳博科夫划掉了第一个词，使它成为一个五音步诗句，以便举例说明。
16. 俄语，所有的都是为了最好……
17. 俄语，情歌。
18. 用拉丁字母转写的俄语，“五音步”［……］“六音步”。
19. 用拉丁字母转写的俄语，“重要性”或“难以抑制地”。
20. 事实上别雷并没有以此为标题的论文。纳博科夫想说的一定是别雷那划时代的关于音步与节奏关系的系列文章，收在他的著作《象征主义》（1910）中。
21. Prince Antioch Kantemir（1708—1744），以音节节律诗写俄语讽刺作品，效仿的是博略的法语诗。

22. 用拉丁字母转写的俄语，《天路》。
23. 原文为俄语。
24. 用拉丁字母转写的俄语，问候。
25. 纳博科夫翻译的《哈姆莱特》片断刊登在1920年代的侨民期刊上。
26. 法语，作为甜点。

* 涉及诗律的阐述，保留英文原文，以利读者理解。部分中文译文以括号形式附于其后。——编注

49 89

马萨诸塞州，韦尔弗利特

埃德蒙·威尔逊

一九四二年九月一日

亲爱的弗拉基米尔：你关于诗律法的信部分是基于错误的假设，我在信中想说的不是那回事。我并不是说长俄语元音造成了不同于英语的韵律，这跟韵律了不相干。

现在谈谈韵律：你用的术语——抑扬抑格、抑抑格等——英语已经淘汰了。我们现在只是在分析希腊戏剧的合唱时，才会说到这类音步——因为希腊诗歌是数量性的，有由长短音节组合构成的音步，需要特殊的名称来标示。因此在《阿伽门农》这一句中：

πĕρῐ́βᾰλōν / γᾰ̀ρ οῑ̆ / πτĕρŏφŏρṓν / δĕ̆μᾱσ / Θεοί [1]

περίβαλον 和 πτερόφόρον [2] 是四音节音步；但一个说英语的读者朗读它们时，他对每个词的第一个音节都重读，把自己的韵律系统加诸诗行（似乎没有人知道希腊人本意如何，因为似乎没有人准确地知道，书写的希腊文重音指什么）；由于英语在韵律法和语法方面已经避免落入古典语言的窠臼，我们于是把我们的韵律简化成五

种音步。在英语中，我们不可能有以∪∪∪–开头这样的句子，因此我们无须讨论第四个四音节音步。（如果上学时他们教你那些其他音步，那么对俄语诗的分析——从韵律角度说，我认为基本上就像你说的英语诗一样——俄语的诗律法讨论就仍是一种落后状态。）

我们英语的五个音步是这样的：扬抑格，抑扬格，抑抑扬格，扬抑抑格，扬扬格。我们不需要更多了。我们所用的记号跟用于希腊语、拉丁语的相同，不过那些小曲线是指非重读音节而不是短音节，连接号指重读音节而不是长音节。（有时他们划一个 / 代替连接号，但我已经习惯写成另外一种样子。）这五个音步足够用于分析任何英语诗。在我们的韵律学中，

or ⌣⌣

Ĭmāg / ĭnā / tiŏn's brūsh / ĭs vīv / ĭd

就是这样标示，而

90 Dōwn ĭn / thĕ gār / dĕn īn / thĕ shāde /

则是这样。你的系统有优势，在像 imagination 这样的词中能够区别出主重音和次重音，但似乎不能显示第一句 Down in the garden 中由扬抑格造成的重音的转位。

在进一步讨论之前，我首先得承认，你的例子让我相信，我低估了《石雕客人》中诗体的灵活性，因为我不知道，在许多俄语单词中，重音落在哪里，于是倾向于都读成规则的抑扬格。不过，这里有一段著名的段落，来自莎士比亚《冬天的故事》：［见第 105 页图］

——写这封信时几次中断，曾试图跟你电话无果后，我现在在

                                        - Now, my fair'st friend,
I would I had some flowers o'the spring that might
Become your time of day; and yours, and yours,
That wear upon your virgin branches yet
Your maidenheads growing: - O Proserpina!
For the flowers now, that frighted thou lett'st fall
From Dis's waggon! daffodils, daffodils
That come before the swallow dares, and take
The winds of March with beauty; violets dim,
But sweeter than the lids of Juno's eyes
Or Cytherea's breath; pale primroses,
That die unmarried ere they can behold
Bright Phoebus in his strength, a malady
Most incident to maids: bold oxlips and
The crown-imperial; lilies of all kinds,
The flower-de-luce being one. O, these I lack,
To make you garlands of, and my sweet friend,
To strew him o'er and o'er.[5]

my corrections V.N.

贝勒维旅馆继续写完。我准备从莎士比亚作品中引一些更复杂的段落，但准备等见到你后再这样做。但请注意，在上例中，两个节拍在以 From Dis’s wagon 开头的那一行中脱落了。我认为，它造成了这样的效果：花儿从马车里掉落了。用 daffodils 的第一个音节把节奏拉起来，就像把它们捡起来一样。

Madame Sostrosis famous clairvoyante
Hās ā / bād cōld ˘/ nōne / thělēss
Is the wisest woman in London with a wicked pack of cards, —[3]

节拍漏掉的地方形成了一个留给鼻音或鼻子喷气的停顿。这一切显得相当自然：你起先不会注意到少了两个音节。普希金做到了这个程度吗？

在我看来，你的韵律系统是传统、陈旧的俄语教学和一些原创性发现的结合，你发现了普希金是如何根据某些体式安排诗行中的主要重音而取得效果的，你在这方面的展示非常有趣。对关于《努林》扇耳光一段的图解让我更能欣赏它了。我希望你能对这整个问题有格外认真的考虑，希特勒被打败后，持久和平的缔结会仰仗于它。

直到星期六上午我都会在波士顿。如果你在那里，一定要给我打电话——不过我想，你会在乡下待到劳动节以后。

永远的

埃德蒙·威

我还没有机会仔细比较《哈姆莱特》。我发现，帕斯捷尔纳克已经出版了一个译本。[4]

1. 希腊语，神把她藏进一个有翼的肉身。（埃斯库罗斯，《阿伽门农》，第 1147—1148 行［卡珊德拉关于夜莺的说法］。译者按：中译采用罗念生译本，见《罗念生全集》第二卷，第 235 页，上海：上海人民出版社，2007。） *92*
2. 希腊语，“藏进”“有翼的”。
3. 对托·斯·艾略特《荒原》第 43—46 行稍有篡改的引用。按照俄语诗律法，艾略特运用的韵律不是抑扬格，而是重音诗。俄语重音诗（dol’niki）为普希金同时代的人所熟悉和运用，尤其是茹科夫斯基。但到 20 世纪早期俄国象征主义诗人的作品中，它才真正兴盛起来。
4. 帕斯捷尔纳克翻译的《哈姆莱特》1941 年首次在莫斯科出版。
5. 《冬天的故事》，第四幕第四场潘狄塔的话。

50

一九四二年九月十三日

亲爱的邦尼：

我花了整整十分钟，创作了下面这篇小杰作，完全是由第四个四音节音步构成，即使在俄语诗体学中，也很少能发现这样的序列。

The complicated variation
of Lepidoptera affords
a fascinating occupation
for proletarians and lords.
（复杂的形变
鳞翅目昆虫给予
迷人的消遣
属于无产者和贵族。）

这是俄语中的等同物：

Разнообразное сложенье

Чешуекрылыхь мотыльковь
Уготовляеть услажденье
Для королей и бѢдняковь.

事实证明抑扬抑格的创作更难。[1] 我要努力避免滑入抑抑扬格，好比马从慢跑突然变为飞奔[2]。我运用多种跨行连续和将第三行缩短的办法，努力减轻韵律缓慢带来的单调。你会在附加部分看到。

我们真的非常高兴能够在这儿见见你，希望不久能再见。

我由弗吉尼亚、佐治亚到佛罗里达的巡回演讲看来会从十月一日开始，持续数月。

93 我儿子还在困惑，你的老鼠是从哪儿冒出来的。[3]

你的

B.[4]

附：我突然想起普希金的两个例子，与莎士比亚“水仙花”诗行相似的间隔。我认为，那首以 НѢть, я не дорожу мятежнымь наслажденьемь 开头的诗（我手头这个讨厌的本子没有收）中，所有的诗行都是六音步，只有一行是五音步：торопить мигь послѢднихь содроганiй（突然导致精液的喷射）。[5] 性爱加速非常自然地缩短了诗行，但唯有专家的注意力才能揭示这一点。

1. 纳博科夫的诗《抑扬抑格》，后将标题改为《流亡》（见第 52 封信），发表于 1942 年 10 月 24 日的《纽约客》。俄语的抑抑扬格是一个三音节的韵律单元，第二个音节重读，第一、第三个音节不重读。这样的韵律类似于英美的五行打油诗：“There WAS a/ young MAN from/ Nan-TUCK-et”（有一个 / 年轻人 / 从楠塔基特来）。
2. 原文为用拉丁字母转写的俄语。
3. 德米特里·纳博科夫记得，威尔逊常常变一种戏法逗他开心，把手帕变成老鼠。
4. В 是西里尔字母中的 V。

5. 见第 51 封信的注释 2。

51

一九四二年九月十九日

马萨诸塞州，韦尔弗利特

亲爱的弗拉基米尔：我认为，这首所谓的抑扬抑格诗是你迄今为止最优秀的一首英文诗，我想《纽约客》会用它的。最后一行“some”的用法我不太喜欢，你其实是指“others”。[1]“some”始终是固定表达“some... others”的第一个成分。“Eavesdropping”应该这样拼写。

在我看来，这就是一首抑抑扬格诗，第一个音步是抑扬格。即使根据你自己的韵律系统，每一行的结尾也有一个多余的非抑扬抑格音节，造成整个诗行有一种抑抑扬格的运动。根据你的系统，另外一首就是抑扬格的四音步诗。你在每一行中安置了两个主重音，这样它们就落在每第四个音节上；在一首真正的第四个四音节音步中，前三个音节都是等值的，这里的情况却并非如此——可能只会出现在希腊的定性诗歌中。

我周三得去剑桥，晚上可以去看你吗？到那儿时会给你电 94
话——大约在中午。

永远的

埃德蒙·威

在我的版本中，普希金的那句诗在韵律上跟其他句子是一样的：

Она торопит миг последних содраганий. [2]

不过，你的有关想法很有趣。在我看来，莎士比亚的翻译好极了。见面后会跟你讨论。

1. 《流亡》发表时最后一句是这样的："while others were grouped in a glade"（而其他人在一片空地聚成一团）。
2. 俄语，她催赶那最后战果的时刻。比起前一封信中纳博科夫过度直接的"精液的喷射"，这个翻译更接近普希金的措辞。这一句来自普希金的一首未题名诗歌，开头是"不，我不珍视那喧闹的宴饮……"。纳博科夫记错了，他引用的那一句应是以代词"她"开头的，威尔逊的引用是正确版本。

52

[薇拉·纳博科夫给埃德蒙·威尔逊的明信片]

一九四二年十月十三日

亲爱的埃德蒙：

非常感谢您的来信及介绍信，我今天终于可以把后者寄给弗：直到现在他的行踪仍不确定。由于行程的某些变化，他意想不到地在佐治亚一个"黑色韦尔斯利"[1] 待了一周，是为了食宿，但似乎很喜欢那儿。

你也许乐于听到，《抑扬抑格》（再次受洗后叫《流亡》）受到《纽约客》的热情欢迎，会在近期发表。

等弗一回来，我期待见到你俩。

你真诚的

薇拉·纳博科夫

1. 参见下一封信。纳博科夫指的是斯佩尔曼学院，亚特兰大一所全黑人女子学院。1942 年 10 月 8 日，他在那里做了一次关于普希金的演讲（强调这位诗人的非洲血统）。

53

95

马萨诸塞州，剑桥，
克雷格环路 8 号，35 单元
一九四二年十一月三日
我在这个“单元”里发现了一沓子这种贵族纸张

亲爱的邦尼：

我从我的乞乞科夫之旅[1] 回到剑桥已经几天，马上又要出去，这次是去伊利诺伊州的一些地方，明天。去过的学校有：靠近弗洛伦斯的科克斯，亚特兰大的斯佩尔曼，瓦尔多斯塔的♀♀佐治亚州立大学，西沃恩南方大学。我对美国教育的推崇又增一分——可能是由于我光辉灿烂的演讲得到了非凡的赞赏。我遇到了相当迷人、有才华的人们（尤其是斯佩尔曼的校长里德小姐，还有佐治亚州立女子学院的校长弗兰克·里德）。[2] 我游荡在长着美洲蒲葵的荒野、松林的荒地和沼泽地，追踪着最绚烂迷人的蝴蝶；我打网球，划独木舟，跳舞；我赚的钱很少。我没有经过路易斯维尔，也没有逗留，因此没有见到你的朋友，但仍要感谢。抑扬抑格诗歌赢得了皮尔斯[3] 的高度赞誉——你的认可，其魔力总是奏效。你或许已经接到古根海姆基金会的信函，我跟他们申请了一笔资助（我的经济状况开始变得糟糕）。我把我正在创作的小说（《来自波洛克的人》[4]）编了一个大纲或说明（恐怕很蠢），给你作参考。

从旅行间隙偷来的这有限的几天里，我都在博物馆拼命工作，我病了。我懒得改变这种慢跑的节奏。伊利诺伊和明尼苏达不会有什么鳞翅目昆虫。佐治亚的一个小孩把蝴蝶（butterfly）叫做“飞得”（flutter-by）——这差不多解决了那个词困惑人的起源问题（一个好的尝试是叫“良蝇”，也就是说，比其他苍蝇更大、更漂亮）。

我多次谈论了玛丽的书。

我们问候你们。

弗

1. 指果戈理的《死魂灵》。

2. 弗洛伦斯·玛蒂尔达·里德自 1927 年起担任斯佩尔曼学院校长。佐治亚州立女子学院校长弗兰克·里德在《普宁》第六章中也被提及。

3. 显然是查尔斯·皮尔斯（参见第 42 封信，注释 7）。

96 4. 《来自波洛克的人》是临时标题，最终名为“庶出的标志”。柯勒律治创作《忽必烈汗》时，“来自波洛克的人”打扰了他，导致他忘记诗歌的其余部分。

54

一九四二年十一月七日

马萨诸塞州，韦尔弗利特

亲爱的薇拉：

我刚接到弗拉基米尔的信，他说他又上路了。我们曾希望你们一起来这儿过感恩节的周末，这次有机会吗？

如果准确知道他去西部的地方，我也许可以给他寄几封信，给一些人。我当然乐意向古根海姆推荐他。

我们希望你们感恩节能过来。

永远的

埃德蒙·威尔逊

埃·威 /S

55

马萨诸塞州，剑桥

克雷格环路 8 号，35 单元

一九四二年十一月二十四日

亲爱的邦尼：

上周三我没有去弗吉尼亚，而是遭遇重感冒袭击，只好卧床。德米特里也一样。在俄国，这种病有个绰号“ispanka”（西班牙太太）。

以下是我旅行中收集的众生相的一些异型：

1. 教戏剧的妇女。嗜好：像温莎公爵夫人。惊人地相似。当公爵夫人（据新闻照片）改变发型，她也改变（跟她的模特儿保持一致，就像据说一些拟态的蝴蝶所做的那样）。把她遇到的人分成 a. 立刻说起这种相似的人；b. 需要一些时间才发现的人；c. 只对第三方说起它的人；d.（最好）当她的面，自动地说起沃利，无须有 97
意表明是联想；以及 e. 那些忽略的人——或没有看到的人。她是过去陪伴过几个温莎人的老姑娘，这种嗜好让生活值得过下去。

2. 小个子男人，长着温和、水汪汪的眼睛；有点儿牧师般的外貌。非常安静，沉默寡言，小小的假牙。以腹语者的口吻冒出某个平淡无奇的问题（“你在这个国家待多久了？”），又复归沉闷。职业：一些俱乐部的秘书。性生活要么仅限于时不时的可怜的小独奏，要么不存在。带我到林肯纪念堂。突然奇迹发生：忽地停下，紧盯旗杆，眼睛放光，鼻孔翕张，激动异常。盘问一个卫士：“那是你们竖立的新旗杆吗？”想知道（声音颤抖）准确高度。“七十英尺，我猜。”松了一口气。你看［,］他的热情在旗杆，他在后院里刚获得的那根新旗杆是七十五英尺高（他来年要用一根一百英尺的，他说）。拥抱镀银的球体，仰头看。是的，差不多七十。“可你注意到了没有，”我说，“上面有点偏。”现在可高兴了，因为它不很直，可他的立得笔直。小个子男人活泼欢快了起码半小时。第二天，我碰巧提到波兰（Poland）和极地（Poles）时，我注意到，他激动了一阵子。对那位维也纳巫师来说是好的案例（他可能还注意到，在俄语里，“pol”指“性”）。

3. 出色的黑人学者和组织者。七十岁，但看上去只有五十。黝黑的脸，灰色的山羊胡子，细密的皱纹，大耳朵——活像埃米尔·詹宁斯很契合地扮演的一个穿便服的白俄将军。花斑的手。才智横溢的谈话者，带有旧世界的气息。Trés gentilhomme.[1] 吸特别的土耳其香烟。其他更重要的方面，迷人，杰出。告诉我，他去英国时，在海峡渡轮上被列为“陆军上校”（Colonel），因为他护照上的名字附加有“Col.”。

4. 我旅馆里只穿衬衫的男人。当我晚上十点穿过过道回房间时，他伸出粉红色的头，提议睡前喝一杯。我不想得罪他，于是我们坐在他的床边，喝点威士忌。他显然厌烦得要死，想从我敷衍的陪伴中捞更多。开始跟我讲，絮絮叨叨地，都是他在佛罗里达的蔗糖生意，他来瓦尔多斯塔的理由（雇黑人劳力），还有他工厂的许多鸡零狗碎。我的整个身体就像一个大大的哈欠。我不停地偷看手表——想，再给他十分钟，我就上床睡觉。我在口袋里摸火柴，用
98 于在亮灯的门廊里采集蛾子的小药盒掉了出来，滚到地板上。他捡了起来，说道：“可能是我的，我用它们采集蛾子。”原来是昆虫学家，一度跟我工作过的美国自然历史博物馆有接触。我不再看表了。这是我第二次被如此愚弄（第一次是在波士顿的地铁，被福布斯教授骗）。

5. 大块头男人，学院校长。他做的第一件事是以最精微的方式讨论勃朗宁的《我最后的公爵夫人》《鹰的羽毛》。他让学生用教名称呼他——他叫我麦克纳博[2]，因为他发不准我的名字。他用一辆惨不忍睹、快要散架的小汽车去给罗斯福夫人接站，这是他工作日用的，却没有开他那豪华的帕卡德，整个社区为之震惊。妙趣横生地谈论他的祖父，一个邦联英雄——接着又让我读他就这个主题写的东西——你知道的，家庭回忆录——写得很差。此外却是一个

最出色的绅士，跟我一样自我中心。

6. 普尔曼“休息室”（其实是厕所）的老人。跟两个很能自我克制、不苟言笑的列兵滔滔不绝。主要的用词就是“天啦”“见鬼”和“操”，每一句收尾时都一股脑儿涌出来。可怕的眼睛，黑黢黢的指甲。不知怎的，让我想起俄国“chernosotenetz”[3]那种好战派。仿佛回应我一闪而过的念头似的，他开始对犹太人一阵猛攻。“他们和他们尿裤子的孩子。”他说，接着对着面盆就是一口痰，却差了好几英寸。

我收集的还有很多，但这够了。我喜欢在床上写作。非常感谢你邀请我们去过感恩节，但我筋疲力尽——我的经济也筋疲力尽。从欣赏等角度说，我的旅行（我会在十二月三日至十二日重新开始）是一次很大的成功，但经济上却是一次失败，因为我的学院没有支付旅费。

非常想见到你。有一天我见到威克斯了［……］他会在一月号上发表我的一篇小说和一首诗歌。

你的

弗

1. 法语，很绅士。此人是威·爱·布·杜波依斯。
2. “麦克纳博”将出现在纳博科夫最后一部完成的小说《看，那些小丑！》中，是叙述人主人公的绰号。
3. 用拉丁字母转写的俄语，黑色百人团成员。这是 20 世纪初俄国一个保皇反犹组织。

56 *99*

一九四二年十一月二十五日

马萨诸塞州，韦尔弗利特

亲爱的弗拉基米尔：明天你们过不来，我们很失望。演讲旅行之后倒下，我不奇怪。你能否请劳克林给更多的钱，这样你可以写你的书？如果我跟《党派评论》说，刊发你果戈理的部分内容，你觉得这个想法如何？关于蝴蝶的那篇东西有什么消息吗？我赞同那首法国教授诗的新的结尾——不过牺牲 askew[1] 很可惜。

你对你的奇遇的描写很令人着迷，都让我嫉妒了，因为过去我也有许多这样的旅行，往往都很享受。

尼娜·恰夫恰瓦泽和我一起一周读两三次普希金，她希望感恩节你能过来。我刚刚发现，俄语数字真讨厌，我想学习说这种语言，但它差不多消灭了我朦胧的希望。《大不列颠百科全书》关于数字的那篇文章很有趣，作者肯定吃过苦头。

在剑桥时没有去见你，很抱歉，我只过了一宿，事先安排了跟列文夫妇[2] 吃饭。

永远的

埃德蒙·威

1. 用拉丁字母转写的俄语，《流亡》（参见第 51 封信，注释 1 和 2）。
2. 即哈利·列文和叶连娜·列文。

57

马萨诸塞州，剑桥

克雷格环路 8 号，35 单元

一九四二年十二月十三日

亲爱的邦尼：

对你题献[1] 的小测验，我有两个答案：一个（你对此可能没有意识到——但绝对正确）涉及开头几行：

在写了，
读了很久后

其音调、节奏和气氛都堪与普希金的喃喃之语媲美： 100

我睡不着，
室内没有点灯[2]

（《写于不眠之夜的诗》）。

另一个答案当然是《莱斯比娅在地狱》，它以非常令人吃惊的方式模仿了普希金，模仿了他那些涉及死亡主题的韵文故事之欢乐气氛以及饮酒的即兴小调。

我既很喜欢你的诗歌，也很喜欢你的散文——这不是杜鹃赞美公鸡[3]。我喜欢关于语言的那一篇——不过我个人不会把 ж 跟蝴蝶相比[4]——是很相似——你看到的 ж 基本上是甲虫的象征，жукь，жужжанiе，жудь[5] 等。因此，当我盯着那封信看时，我看到的就是一只鞘翅目昆虫的背，腿张着——还没有下定决心，是装死呢，还是表演有助于它翻过身来的六肢戏法。我最喜欢的一首是《倒霉，倒霉》。

我刚从最后一次系列演讲中回来，发现薇拉肺炎住院了。医生说，她要在那里住两周。

关于麦克利什的那篇[6] 非常棒。“保罗—蒙哥马利—文森特—格林，是见过的最棒的小男孩”——来自某本童书，已经在我脑海里三十七年。我十分羡慕你，跟英文单词这么亲密，随意跟它们摔跤，因此给你寄诗就更蠢了，你会在另外一页看到。我在一家妇女俱乐部朗诵我的诗，那位主席抛着媚眼、情意款款地说："我最喜欢的就是破碎的英语。"打那以后，我就日渐萎靡了。我是在去华盛顿的路上写的，去那里的唯一目的就是找到我所描绘的几款蝴蝶（不是这里提到的那种，它在纽约，我也去过——还跟皮尔斯喝过一杯）。战争会过去，昆虫永停留。请用专家的眼睛审阅一下，因为我想给《纽约客》，急需钱。

你何时过来？

向你和玛丽"privet"[7]。

你的

弗

1. 显然说的是威尔逊的诗文集《夜的笔记》（科尔特出版社，旧金山，
101 1942），后补充了一些材料，以《夜思》再版。信中引用的《在写了》《莱斯比娅在地狱》《倒霉，倒霉》都是威尔逊的诗歌，收于《夜的笔记》。
2. 原文为俄语。纳博科夫把普希金诗歌的第一句拆成了两行。
3. 原文为俄语。此句来自克雷洛夫的寓言《杜鹃与公鸡》（1834）。像克雷洛夫的许多句子一样，这一句也已成为流行的习语。这则寓言的最后三句是："那，为什么，不怕责怪 / 杜鹃要赞美公鸡？ / 因为它赞美杜鹃。"
4. 威尔逊的短文《词语拜物教》（收于《夜的笔记》）提到，俄语的"zhe（ж）像蝴蝶一样振颤"。
5. 俄语，甲虫，嗡嗡，（低声地）嗡嗡——以 ж 开头的词，跟甲虫有关，模拟的是它们的声音。
6. 即《麦克利什的煎蛋饼》。
7. 用拉丁字母转写的俄语，致意。

一九四三

58

纽约，东 15 街 230 号

一九四三年一月十一日

亲爱的弗拉基米尔：

很遗憾，我没有机会在剑桥停留，直接到了纽约。上面是我的地址，我们的电话号码是格拉美西 7–4579。

我想，关于给你的著作找翻译的事，我或许找到解决问题的办法了。我在史密斯做讲座时，碰到一个非常聪明的俄国女子，她的英语读写绝对好。她差不多十一岁起就在这里，俄语一直没丢，曾在伦敦跟米尔斯基学习俄国文学。我读过她的博士论文，讨论陀思妥耶夫斯基在英语中的影响，很有趣，写得很好。她针对糟糕的英文翻译写过一些很好的东西，曾把《死屋手记》一段的多种英文翻译排印在一起，与俄文比较，证明它们都很糟糕。她跟我们过圣诞节，我们都很喜欢她。我把你的 *Podvig*[1] 给她看了，她印象很深刻。 102
需要提醒你的是，她专心于陀思妥耶夫斯基，却不以任何神秘或讨厌的方式思考。她叫海伦·马奇尼克，马萨诸塞州北安普顿，贝尔蒙特街 69 号。什么时候在波士顿见她一下，很值得。

你知道么，你无心之间成功地耍了我一把，胜于你过去的各种蓄意。你说普希金的那句关于夜间躺在床上的诗与我的诗句非常像，我以为那句诗是你杜撰的。我也跟玛丽等人说了，并以此为证，说你在编造文学骗局方面走得多么远。我发誓，无论如何也不让你得逞，我才不去查呢，免得扑个空。可一天晚上我还真查了，结果发现确有其事。我很愤怒。

希望薇拉已经出院回家，一切都正常了。如果你坐车到纽约，要告诉我们。

顺便问一下，你现在是美国公民吗？我相信，对古根海姆的人来说，这会有些不同。

我非常喜爱《大西洋月刊》的那篇[2]，写得漂亮。

来自我俩的最好问候——

埃德蒙·威

我发现俄语诗歌的一种惯例：

还有神祇，还有灵感，
还有生活，眼泪，爱情。[3]

夜，运河冰的涟漪，
药店，街道，路灯。[4]

这两者都以与之前诗节不同的顺序加以重复。[5] 你的诗歌《执行》[6] 是不是也有类似的情况？

1. 用拉丁字母转写的俄语，《荣耀》，是按原来的俄文标题《功勋》提及。
2. 即《O 小姐》，发表于 1943 年 1 月号的《大西洋月刊》，后来成为《说吧，记忆》的第五章。
3. 原文为俄语。普希金的诗《我忆起一个奇妙的时刻》的最后两行。
4. 原文为俄语。勃洛克的组诗《死亡的舞蹈》（1912—1914）的第二首，《夜，街道，路灯，药店……》的最后两行。
5. 威尔逊发现的惯例是，俄国诗人喜欢用两行列举的诗句收尾，把诗中提到的东西加以罗列。

103 6. 原文为俄语。纳博科夫的诗歌《执行》（1927）确实以类似的列举法结尾："俄罗斯，星辰，执行的夜 / 峡谷中到处都是总状花序。"该诗俄语及英语版本见于《诗与棋题》，第 46—47 页。

59

你的手写俄语绝对是俄国式的——我甚至要怀疑，这些句子是你自己写的。（不过，仔细检查后发现，你漏掉“ъ”了，它会让“любовъ”的收尾温柔一些。）

一九四三年一月十二日

不，魔术师同伴——你的玩笑我从来就开不了，也不想开。希望你现在会相信我。我很高兴你在研究勃洛克——但要小心：他是那种能进入人身体的诗人——接着一切都不那么勃洛克了，荡然无存。像大多数俄国人一样，差不多二十五年前我经历了那个阶段。关于那个惯例，你绝对正确——事实上，我在斯坦福上课时已经谈到这一点。“再见，眼泪，黎明，黎明。”[1]“你的岩石，你的海湾，你海浪的光、影与絮谈。”[2]——还有其他许多。

皮尔斯对那首昆虫的诗[3]充满热情。薇拉现在差不多好了，但那是一场把人掏空的病。行动缓慢地敲打着关于果戈理的稿子，劳克林很耐心。两年半以后，我会是一个完全合格的美国公民。

非常感谢有关译者的事，我会“联系”她。

加利福尼亚的红珠灰蝶（*Lycaeides anna* Edw.）被证明是古北地区的红珠灰蝶（*L. argyrognomon* Bergstr.）的亚种。一种未命名的茄纹红珠灰蝶（*cleobis* Brem.），一种西伯利亚蝴蝶，分布在萨斯喀彻温、阿尔伯塔、爱达荷、怀俄明和科罗拉多。它们是我研究了数百只♂器官后许多惊人发现中的两种。苹果红珠灰蝶（*Lycaeides Melissa* Edw.）当然肯定是一个单独的种。[4]

我很想见到你！

弗·纳博科夫

薇拉问候你们。

[在边上]

罗曼·尼古拉耶维奇[5]昨天来我们家了，我很喜欢他。（请在纽约见他）

104 1. 原文为俄语。费特著名的“无动词”诗《低语，怯生生的呼吸……》（1850）最后几行被广泛征引，但纳博科夫记错了。实际上，所引诗行开头是“接吻”，而不是“再见”。

2. 原文为俄语。普希金《致大海》（1824）的最后两行。

3. 即《谈发现蝴蝶》，载于1943年5月15日的《纽约客》。

4. 纳博科夫研究红珠灰蝶属，最终发表了三篇论文：《新北区红珠灰蝶的类型》（《普赛克，昆虫学杂志》，1943，50卷，3—4期）；《红珠灰蝶属形态学笔记》（同上，1944，51卷，3—4期）；《红珠灰蝶属的新北区成员》（《哈佛学院比较动物学博物馆学报》，1949，101卷，4期）。

5. 原文为俄语。即罗曼·格林伯格。

60

一九四三年三月七日

纽约，东15街230号

亲爱的弗拉基米尔：你好吗？我们想见你。史密斯学院的海伦·马奇尼克给我写信，事关你的《荣耀》[1]，我觉得很有见识和才智。我本想寄给你，但找不到了。什么时候一定要给她一个机会，让她翻译你的作品。一天我遇到一个很漂亮的俄国妇女，她给《新居》[2]写稿子：伊琳娜·库宁娜。你对她有了解吗？她邀请我们参加一个聚会，昨晚我们去了——离开时一个强烈的印象是，《新居》团体是一帮斯大林同路人，以多少有点“天真的方式”组成。实际上，整个演出就是文章和诗歌，是对保卫列宁格勒的美化。“指示”显然已过时，因为演说基本上千篇一律，简单粗糙，连玛丽都明白了他们在说什么，就靠那些专有名词和加强语气。个个都像疯了一样引用《青铜骑士》[3]，有时非常不恰当。库宁娜发言的基调是翻来覆去的一句：彼得堡–列宁格勒[4]。我非常失望地离开了。

你有古根海姆的任何消息吗？你现在还在韦尔斯利任教吗？请给我们写信。

我已通读了丘特切夫，确实非常出色——跟我所知道的任何诗人都不同。但他不够开阔，对吧？我已经把普希金的长诗都读完了。我对那首爱国主义的《波尔塔瓦》[5]很失望，不过我看得出，写得不错。我认为，《强盗兄弟》[6]和未完成的《塔济特》[7]更有趣，更是 105
真正的普希金。向薇拉致以最好的问候。

永远的

埃德蒙·威

1. 原文为俄语。
2. 原文为俄语。这是 1942 年至 1950 年间纽约出版的一本有些亲苏的俄语文学杂志。
3，4，5，6，7. 原文为俄语。

61

约一九四三年三月十日[1]

亲爱的邦尼：

关于那场小型 soirée littéraire（文学晚会），你的描述棒极了。这就是无论在巴黎或其他地方，我都不靠近任何诗歌兄弟会的原因。关于《波尔塔瓦》，你说得完全正确。顺带说一句，《波尔塔瓦》在普希金的创作中，跟 *Podvig*[2] 在我的创作中处于同样水平。我是在二十年前写它的——你知道大家如何看待自己的呕吐物[3]。

但我非常希望马奇尼克小姐翻译我的《天赋》，不过我想先给她一则短篇小说。关于“–列宁格勒”[4] 的那一点真逗。在巴黎，它或许就是“世界是空的–普鲁斯特”[5]。我仍然无法不对你的俄文书写感到惊讶。

噢，我现在兴味盎然地教一百个女生俄语。我告诉她们的第一件事就是，在发元音“а，э，ы，о，у”的时候（“姑娘们，请把你们的镜子拿出来，看看你们的嘴里怎么啦”——在那个班上，二十五个女生只有一面小镜子），你们的舌头要收住——超然独立——而在“я，е，и，ё，ю”中——受挤压的元音——它自己冲挤着你的下齿——一个囚犯自己撞着他牢房的栅木。然后，邦尼，我告诉她们你当然知道的事：在俄语里，所有元音比起英语元音来都要短（例如 бой[6]，跟英语或美语中长长的、懒散的“boy”比，就是个弱小、活泼的小家伙），等等。

希望你喜欢看我关于鳞翅目昆虫的新文章，我附在信里。尽
106 量阅读描述性文字之间的东西——不过这些文字本身也有不少好东西。我刚给《大西洋月刊》写好一则短篇（继《O 小姐》之后，威克斯给我打了四次电话，再要一篇——我又接到另外一个学会的信函，叫“更佳言辞”什么的，他们的手册要采用《O 小姐》一个选段，想征得我的同意。我的不像凤凰不像鸡的英语正在长出有翼飞翔的脚、首席女歌手的胸）。

薇拉帮我打果戈理的书稿，已经差不多一百三十页了。四月中旬，我在弗吉尼亚州的“斯威特布莱尔”有一场演讲，去或回的路上，会在纽约待一天，我一定要见你们。非常想念你们。

古根海姆方面没有消息——希望渺茫。如果可以，我宁可不扎进那些俄语课里——虽然某种意义上来说很愉快。我每周去两次，午饭以后，半夜回来，每个女生一学期付十美元。“我想告诉你，纳博科夫先生，我太喜欢你在《哈珀杂志》上的那篇关于肖斯塔科维奇的文章了。”希望尼古拉也收到寄错地址的赞美。

普希金是一片大海，丘特切夫只是一口井，光滑但真实。勃洛克是有翼的船，兰波《醉舟》中的那个小孩将它放在街沟水流中漂流。一天我发现了我的一个旧剧本[7]，几年前在英国被翻译的。请你读一读，也许可以做点什么。英语非常呆板——并非我的。

致以深情的问候

弗・纳博科夫[8]

1. 原件日期为 3 月 7 日，应该是错的，因为这封信是对威尔逊 3 月 7 日来信的答复。信封上的邮戳日期是 3 月 11 日。
2. 用拉丁字母转写的俄语，《荣耀》。
3. 原文为俄语。实际上《荣耀》创作于 1930 年（见 1971 年英译本前言）。
4. 原文为俄语。
5. 原文为俄语（俄语押韵游戏）。
6. 无论是俄语表示“战争”的词，还是英语的外来词“男孩”，都指“侍候的男孩”或“送信的男孩”。
7. 即《华尔兹的发明》。
8. 原文为俄语。

62

一九四三年三月二十九日

亲爱的邦尼：

我获得了古根海姆基金，谢谢你，亲爱的朋友。你带来了好运[1]。我注意到，只要你介入我的事务，它们总是成功。

同时，我从纽约得到一个非常悲伤的消息：我想我跟你说过 107
我的一个好朋友——我父亲的战友[2]——他刚刚设法从法国逃过来——I. V. 赫森[3]。咳，他去世了。我用俄语写了篇小文，是给《新俄罗斯词语》[4]的，现在寄给你。

我四月十四日、十五日，即周三、周四经过纽约。你若告诉我电话号码，我周三下午会给你打电话。

我给了威克斯一个新的短篇《助理制片人》，他干得很起劲（在短促的、断断续续的“哈哈”中间），会在五月号发表。我想，热情应该有报酬。他为《O 小姐》开的稿酬我不满意（这个亲爱的国家不同地方的聋子太太不停地给我写信：纳博科夫先生，如果你明白，耳聋意味着什么，你就会带着更多的同情去描绘 O 小姐的），才二百五十美元。新小说差不多长，但更带劲。我想起码得五百美元。你什么意见？

你看过最新一期（“俄罗斯”）《生活》周刊吗？[5] 十足的白痴[6]！戴维斯[7] 那张可恶的图片！普希金肖像下的传说！[8] 那种风格！彼得大帝“单枪匹马引导俄国进步”！

你的

弗

1. 原文为俄语（字面意思为“你有出色的巧手”）。纳博科夫获得过两次古根海姆基金（1943、1952），这是第一次。

2. 原文为俄语。

3. Iosif Hessen（1865—1943），著名法学家、出版人，跟纳博科夫的父亲合作，共创立宪民主党，革命前后一起编辑了数种自由派期刊。

4. 一份纽约俄国侨民的报纸。

5. 1943 年 3 月 29 日《生活》周刊“俄罗斯号”出版，其时美苏二战期间的合作正值巅峰。封面是和蔼的斯大林照片，玛格丽特·伯克-怀特拍摄。主打的是颂扬列宁的文章（“现代时期最伟大的人”），还有俄罗斯历史、文化概述，反映的是苏联的宣传。

6. 原文为俄语。

7. 即约瑟夫·爱·戴维斯（Joseph E. Davies），驻莫斯科前任大使，在照片上手持一本他的亲苏畅销书《出使莫斯科》，背景是一个巨大的博古架，有俄罗斯瓷器、古董和其他艺术品，是他任职期间收藏的。

8. 上面写着：“普希金，贵族诗人，参加军官们反对沙皇的密谋，被流放到高加索，死于决斗。”（既歪曲了历史，也把事件顺序搞错了。）

63 108

一九四三年四月一日

纽约

东 15 街 230 号

亲爱的弗拉基米尔：听到有关古根海姆的消息，我很高兴——不过你可能不想跟弗拉基米尔 · 波兹纳[1]分享，他也获得了资助。

我很高兴阅读那部剧本、回忆赫森的文章，还有蝴蝶论文。最后一种对我来说有些专业，但我喜欢黄褐色、烟灰色之类的词。第 71 页靠近底部，你弄错了时态：has been repeated 应是 was repeated。关于剧本：玛丽和我都读了，我们认为，它不是你最好的作品。我怀疑你能否把它搬上舞台。开头几场令人愉快，但我认为，这个想法不足以持续三幕——还有，读者在明白这一切不过是疯子脑中的幻想前，每件不真实的事都会让他心烦意乱；弄清之后，又有被愚弄之感。

最近我见过格林伯格夫妇多次，我们在一起很愉快——不过我已想好，以后最好在罗曼完全清醒时见他，索尼亚也不要在场，就像一天下午我见他时那样。有一天晚上，我们跟他俩在一家餐馆吃饭，相谈正欢，她递给他一面小镜子，他于是看到正在衰颓的脸——晚餐过程中，很惹眼——过量饮酒的结果。他顺从地看着自己，显得十分沮丧。我还跟他们一起去了一个俄国人的场所，与我跟你描述过的那个斯大林拥护者之夜 tout autrement intéressant[2]：一系列的演讲，第一个话题是抵制安德烈 · 梅森的诽谤，拯救《伊戈尔远征记》[3]——我想，这是爱国主义的责任问题。讨论妙趣横生，你肯定觉得开心。维尔纳茨基[4]说，法国人对在莫斯科烧毁了手稿还不满意，如今又要让他们丧失史诗本身。[5]法国拜占庭学者格雷瓜尔主持，看来被俄国人惹恼了，会议以一场争辩结束，我觉得非常激烈。[6]

我想玩一次失踪，也许独自去科德角，去把某个东西写完——这样，我会匆匆路过波士顿，去看你。不然就在纽约或附近，那就指望四月中旬见到你。你要我给你办一张加入普林斯顿俱乐部的卡吗？这样你可以在那里花二点五美元得到一个很不错的房间，还有许多方便，不要任何条件。

另外，你可能不久会收到一个叫韦尔登·基斯的来信，他在编
109 一本讽刺作品集，想把你《纽约客》上的两首诗收进去。你该跟他要每首十美元的选集费。

全家向你俩致以最美好的问候。

永远的

埃德蒙·威

我从未能因单篇文章而跟威克斯要过高于三百五十美元的稿费，他说不会再多付了。不过，你当然应该试着争取一下。

1. Vladimir Pozner，1920 年代苏联作家组织“谢拉皮翁兄弟”成员，后移居法国，加入法国共产党，成了一位法语作家。他法语创作的基本主题是美化苏联。二战期间波兹纳生活在美国。
2. 法语，大异其趣。
3. 《伊戈尔远征记》，英语常称《伊戈尔故事》（威尔逊对俄文标题的转写表明，他混淆了西里尔字母的 в［v］和拉丁字母的 b）。自 18 世纪末手稿被发现以来，这部据说写于 12 世纪末的伟大史诗之真伪，就成为俄罗斯文学史上最令人头痛又让人着迷的问题。被普遍接受的观点——大约在公元 1187 年，一个无名的歌手创作了这部诗篇——在 19、20 世纪受到众多学者的质疑，他们试图证明，它是 18 世纪的伪作。1940 年，法国斯拉夫学者安德烈·梅森发表了一项研究成果，支持伪作说。威尔逊描述的那次讲演是系列讲演和讨论之一，由高等教育自由学院主办，旨在研究并驳斥梅森的说法。这些讨论的最终成果是 *La Geste du Prince Igor, Épopée russe du douzième siècle*（《伊戈尔王公之歌，十二世纪的俄罗斯史诗》），亨利·格雷瓜尔、罗曼·雅各布森和马克·斯捷夫特尔编（纽约，1948）。参见威尔逊 1948 年 12 月 2 日的信（本集第 189 封信）。

4. 即历史学家格奥尔吉·维尔纳茨基（George Vernadsky，1887—1973）。
5. 1812年法国人占领期间，《伊戈尔远征记》手稿在莫斯科大火中遗失。
6. 纳博科夫对《伊戈尔远征记》争议的贡献是，把这部诗译成了英文，并撰有导言与评论（纽约，1960）。

64

一九四三年四月五日

亲爱的邦尼：

我很想见到你——十四号周三晚上，八点半，怎么样？谢谢关于普林斯顿俱乐部的建议。我想我会像往常那样待在威灵顿。请告诉我你的电话号码。

威克斯为那篇小说付给我三百块，他还用敬畏的口吻说：“这 110
是我们付给邦尼的价，已经到顶了。（！）”

这是我寄给《新居》编辑的一首诗，作为他们乐观地跟我索稿的回报。

不管苏联的金丝线如何
在一场战役的背景上闪耀；
不管心灵如何在怜悯中融化，
我不会屈服，我不会停止

厌恶无声的奴役，那种龌龊，残忍
和无聊。不，不，我呐喊
我的心灵依然敏锐，依然渴望流放
我依然是一个诗人，我不在其列！[1]

我巧妙地散布谣言说，“弗拉基米尔·波兹纳”是我的笔名。

致以深情的问候

弗[2]

1. 原文为俄语。在《诗与棋题》和费尔得的书目中，这首诗的写作时间为 1944 年。英译版是纳博科夫为弗拉基米尔·马尔科夫的选集《现代俄语诗》（1966）准备的。
2. 原文为俄语。

65

一九四三年四月七日

剑桥[1]

亲爱的邦尼：

周三晚上去见你时，我会吃过饭，因此请玛丽不要再为我做饭。无论如何，我一到（大约下午四点）[2] 就给你打电话——不过，请 pas de frais[3]。

111 是的，那里很暖和。确实。但我的诗歌很巧妙地表达了那一点。[4] 结尾有一处带电的提醒，表明的是热学悖论，如果你明白我的意思。不幸的是，你明白了。

回头见！[5]

你的，弗

1，2. 原文为俄语。
3. 法语，别破费。
4. 见上一封信。
5. 原文为俄语。

66

一九四三年四月二十三日

亲爱的邦尼：

你曾说过，如果我们在新墨西哥遇到什么麻烦，你会告诉我们你所知的某个地方。请给我们详细信息。我们需要在丘陵地带找一间朴素但宜居的寄宿公寓。我记得在某个跟劳伦斯有关的地方进行过采集。这个夏天我们想去西部的某个地方——我不想再面对一整季的一枝黄花了。

见到你和玛丽，我很高兴。恐怕我的朋友赫森[1]很沉默寡言，不过这是他第一次出游。弗吉尼亚的天气真是糟透了，除了美洲蓝灰蝶（*everes comyntas*），其他什么飞的都没有。斯威特布莱尔倒是个好地方，我“与听众的接触”绝妙。

你的[2]

弗·纳

劳克林建议我们夏天去阿尔塔，你了解那个地区吗？他答应条件“公道”。

1. 即格奥尔吉·赫森（George Hessen）。
2. 原文为俄语（熟悉的第二人称单数形式）。

67 112

一九四三年六月十一日

亲爱的邦尼：

薇拉很理解，我们也十分乐意过来，但有太多小小不言的事要做，因为我们二十一号要去犹他州（我总想把它写成 Юта[1]——当然，所有那些可爱的西部州在战后都将归属俄国）。我们没有立即回复，威克斯告诉我，你这周会过来。邦尼，我很想很想见你，但这周没法再塞进一次科德角的出访，即使我坐上去，它也很难关上。

我刚又卖给威克斯一个短篇[2]，将刊登在九月号上，但我单独给你寄一份——也许你会给一些建设性批评[3]——属格，我想，跟在“一些”后面。提供一些面包[4]（一些面包）。如果我再教一学期，我很快会开始丢掉我的那些硬音符号和“yatjs”[5]。

我的《镜子中的果戈理》（这个标题好吗？）终于给了劳克林。它是一颗桃子，熟过了的桃子，一端细绒毛皮剥落，另一端有一块紫瘀——但仍是一颗桃子。一个叫古尔尼的译者准备翻译我的《天赋》[6]。我想知道，《出使莫斯科》[7]能否跟莫斯科的公众见面，如果不能，我们那位穿靴子、双排口袋的朋友怎样跟作者解释呢？

你在写很多东西吗？我喜欢你对学校的回忆。我想，不久后我也要写我的 Tenishevskoe Oochilishche[8]——你已经将那特别的阶段 declenché[9] 了——那个俄语教师弗拉基米尔·吉皮乌斯（一个出色的别雷派诗人），我曾朝他扔过椅子；那些可怕的斗殴，我极其喜欢，因为虽然比那两三个流氓头子弱小，但我上过私人拳击和法式拳击课（你用俄式拳拳面击打，为后摆拳打开其防御，接着漂亮的盎格鲁-撒克逊上勾拳就随时派上用场）；院子里的足球，噩梦一样的考试，炫耀他第一次花柳病的波兰男生，还有涅瓦河上迷人的蓝色春光[10]。

据说，克伦斯基看到我给你的那首诗后，流下了眼泪。我很乐意跟你一起阅读格利鲍耶陀夫的《聪明误》[11]。很棒的东西。老人在倒数九个月——而根据我的计算[12]——et pour cause[13]。疯狂地叫着要马车，要马车[14]，就是它载着俄国人去决斗，去外国，去流亡，去叶卡捷琳斯基运河[15]。它跟 *Revizor*[16] 是我们出产的仅有两部戏剧。

我肯定，你能理解我今天体验到的激动。一系列显微镜操作之 113
后，我证明 lotis 是一种 scudderi 而不是苹果红珠灰蝶（melissa）品种，七十年来人们都是这样认为的。

非常遗憾，出发前我不能见到你。我们会在八月底回来。

你的

弗

亲爱的埃德蒙和玛丽：

很抱歉，我们不能来，弗答应给你们写信说这件事，但他一直等埃德蒙过来，结果现在写信也太迟了。我们离开前你们能过来吗？

你们真诚的

薇拉·纳博科夫

1. 俄语，犹他。在俄文版《说吧，记忆》中，纳博科夫将它转写为“Ютаха”。

2. 即《“那曾是在阿勒颇……”》，发表于《大西洋月刊》1943年11月号。

3. 原文为俄语（属格形式）。

4. 原文为俄语。

5. 革命前俄语字母表上的字母，纳博科夫在私人通信中使用，但教学时得忽略。

6. 原文为俄语（事实上，该书直到 1960 年代才由迈克尔·斯卡梅尔译成英文）。

7. *Mission to Moscow*，一部好莱坞影片，根据约瑟夫·爱·戴维斯大使的书改编。

8. 用拉丁字母转写的俄语，圣彼得堡的捷尼谢夫学校。

9. 法语，释放。

10. 原文为俄语。

11. 亚历山大·格利鲍耶陀夫 1824 年的诗体讽刺作品。

12. 原文为俄语（连词“而”应该为“可”）。格利鲍耶陀夫戏剧的第二幕，那个显赫的老贵族法穆索夫告诉他的仆人，要记下本周末的一个约会：“也许星期五也许星期六 / 医生的寡妇孩子洗礼时，我要做教父。/ 她还没有生养，可根据我的计算 / 她差不多就是那个时候。”

13. 法语，而这合乎情理。这一段容易忽略的含义在于，法穆索夫对医生寡妇的怀孕应该负有责任。《爱达或爱欲》（第 257 页）中，德蒙·维恩巧妙地宣称，他是爱达的真正父亲，引用的正是格利鲍耶陀夫这一段。

14. 原文为俄语。戏剧以年轻主人公绝望地叫马车结束，他要离开莫斯科社交圈，他再也无法忍受。

15. 圣彼得堡的运河，在该运河码头，索菲亚·佩罗夫斯卡娅及其同谋暗杀了亚历山大二世。

16. 用拉丁字母转写的俄语。即果戈理的《钦差大臣》。

114

68

一九四三年七月七日

马萨诸塞州，韦尔弗利特

亲爱的弗拉基米尔：能说清楚下面两件事的任何一件吗？

（1）一个叫瓦·谢·雅诺夫斯基[1]的人给我写信，征求文学方面的忠告。他随信附了发在《新居》[2]上的一个小短篇，我觉得不差；还有一部长篇小说的荒谬提纲，看来要当成笑话写。了解这个人吗？他告诉我，他在法国的俄国圈子中有点儿知名度[3]。（请把提纲寄回。）

（2）多斯·帕索斯带来一只飞蛾，像这样：

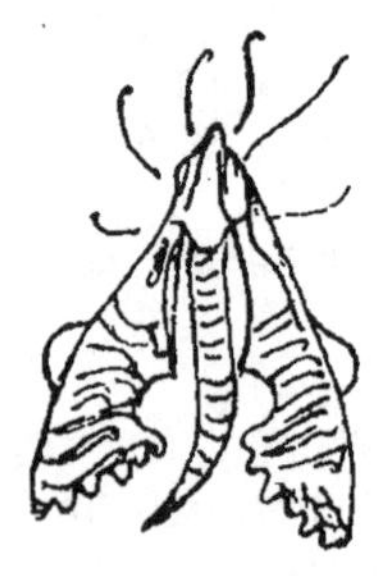

能告诉我是什么吗？我在我那本小小的飞蛾与蝴蝶书中找不到，它

显然在模拟枯叶。

昨晚我遇到一个叫卡尔利[4]的人，他跟尼娜·恰夫恰瓦泽待在一起，饶有兴味地跟我说了你在剑桥时的种种奇遇故事。

顺便说一下，那些对我的能力夸大其词的人邀请我去耶鲁讲俄罗斯文学。去纽约的途中，我下车见了他们，他们给了我一本油印的特拉格俄语课程讲义，你曾跟我说过这回事。真的让人毛骨悚然。他实际上杜撰了一种想象的斯拉夫语，像波兰语一样，用罗马字母书写，又让它们按俄语发音，在教学生俄语字母前，先让他们浪费时间学这个。最终到了语法时，他仅用了六节课，把所有的词形变化和动词一股脑儿倒给学生。你当时失望而归，我现在一点儿都不奇怪。我告诉他们，应该请你去讲文学。他们想在耶鲁做许多跟俄罗斯有关的事，但怎么做，毫无头绪。问候你们一家。希望你们过一个美好的假期。

永远的

埃德蒙·威

1. Vasily Semyonovich Yanovsky（1906—1989），物理学家、小说家，1930—1935年在巴黎期间出版了三部俄语小说。他在1940年代移居美国，用英语出版了几部著作，包括《轻重铜管》《维纳斯的幽暗田地》。 115

2，3. 原文为俄语。

4. 即罗伯特·路易斯·马加利–塞拉蒂·德·卡尔利伯爵（Count Robert Louis Magawly-Cerati de Calry），其母亲是俄国人，纳博科夫剑桥时的同学。

69

[邮戳日期为一九四三年七月十五日]

亲爱的邦尼：

我们的旅行非常舒适、便宜，十分愉快。我们在奥尔巴尼和克利夫兰过夜[1]，没有麻烦行李搬运工或出租车，因为那儿不多；火车上有许多站位。我一生中，甚至在亚洲的荒野，都没有像在这儿采集这么多。我轻松地爬到一万二千英尺高处，因为我们的

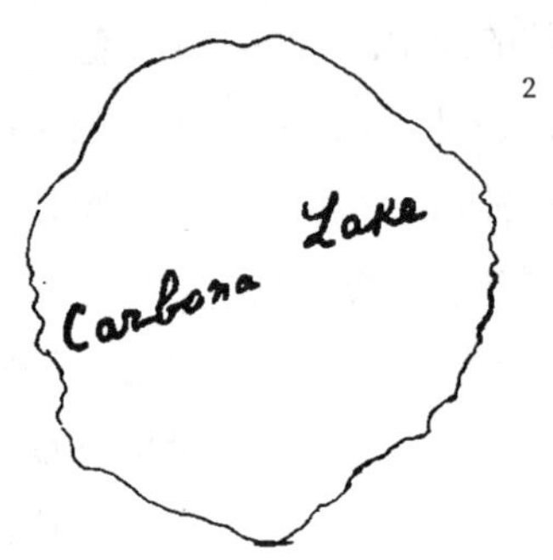

[2]

海拔是八千六百英尺（附带说一句，这对我的笔杆子造成灾难性影响）。当捉到我的第一只双眼蝶（*Cercyonis behri* Grin）时，我尖叫了起来。什么样的文学乐趣堪比追踪一只排卵期的谢里丹卡灰蝶（*Callophrys sheridaii* Edw.），一直到它的食用植物？或者，在J. 劳克林虽有些简陋但非常舒适的旅馆、门厅窗户上罩到未曾描述过的飞蛾？你寄给我的那幅图很好认，是一只天蛾（Sphyngid），属于目天蛾（*Smerinthus*）总属，可能是牙买加种（*jamaicensis*）。如果是，那它在次级飞羽（后翅）上会有眼状斑点，倏地从隐蔽的初级飞羽（前翅）下露出来，以便吓走那些没有被模拟树叶骗住的敌人。我非常喜欢玛丽在《党派评论》上的那篇关于怀尔德戏剧的
116 批评文章。[3] 我讨厌伊斯特曼那首关于洛特的诗[4]——我认为或许可以就从同样的角度批评（玩弄过时的东西等）。

关于雅诺夫斯基，我在巴黎经常见到他，是的，一些圈内人欣赏他的作品。他是一个雄健的男子［……］，如果你懂我的意思。他不会写作。我曾告诉阿尔达诺夫，我在这儿发表的作品都是你在

负责张罗，我想这个故事在四处流传，你将要从我可怜的同道那里接到更多的信。

关于鲍比·德·卡尔利。他真是一个怪人（准确地说，顺从的同性恋男子），可怜巴巴地喜爱有头衔的俄国人。他像飘忽的幽灵一样出没在我生活的犄角旮旯里。我很喜欢他，虽然他并不真正存在。我注意到，他那些关于我的故事随着时间大量地添油加醋。他是那种平庸地效仿普鲁斯特的产物，但我仍喜欢他。

你不能过来吗？从盐湖城过来只要一个小时的车程。那山坡上灰绿迷蒙的山杨中，成排成排、一望无际的冷杉，让我想起绘画中的所谓“俄罗斯”风格（比如涅斯捷罗夫[5]）。劳克林身上的地主和诗人身份激烈地争斗着——前者侥幸取胜。二十年前，这里是一处咆哮的峡谷，淘金者们在舞厅里拔枪相向，可现在那家旅馆孤零零的。一天我碰巧读到一本相当愚蠢但很迷人的书，一个牙医谋杀妻子——写于一九九〇年代，奇怪的是，风格上却像是译自莫泊桑的作品，总是结束于莫哈维沙漠。封套上写着“美国经典”，但我不信。你听说过吗？[6]

我一天步行十二到十八英里，只穿短裤和网球鞋。很有趣的是，除了鳞翅目昆虫外，我的大小说正令人满意地成形。薇拉对这里的天气有些失望——这个特别的峡谷总是刮着冷风。德米特里有大把的时间捉蝴蝶和囊地鼠，筑堤坝。那些周末游客来查看我的捕获物，问我蝴蝶是否生长。

保重，亲爱的朋友[7]

弗

薇拉向你俩致以最美好的问候。

1. 原文为俄语。这一段中“亚洲的荒野”并非指纳博科夫本人的旅行（他从未去过亚洲)，而是指《天赋》中费奥多尔的父亲的出行。

117 2. 这一斑块源自纳博科夫的碳酸清洗液（用来让蝴蝶昏迷），他洒在这封信的信纸上。原件中纳博科夫是围着斑块写的。

3. 在《党派评论》1943 年 1—2 月号上，玛丽·麦卡锡针对桑顿·怀尔德的《我们牙齿的外衣》写了一篇愤怒的评论，称这个剧本是“对历史的戏弄”，是一个“过时落伍的笑话，这个笑话既狭隘村俗又骄横武断”。

4. 即马克斯·伊斯特曼的叙事诗《洛特的妻子》，1942 年以单行本出版。

5. 原文为俄语。即米哈伊尔·涅斯捷罗夫（Mikhail Nesterov, 1862—1942)，肖像画和风景画家，有宗教及神秘倾向。

6. 纳博科夫一定想到了弗兰克·诺里斯的《麦克提格》(1899)，埃里克·冯·斯特罗海姆的著名电影《贪心》就是以它为基础的。

7. 原文为俄语。

70

[邮戳日期为一九四三年八月二十三日]

亲爱的邦尼:

你在纽约吗？因为我们回来的路上（九月五日至八日）想在那儿待三天，我没有你的地址。我们将住在 89 街 38 号。我们很想见到你俩。在西边。

我在沃萨奇山里跋涉、攀登了差不多六百英里，取得一些很棒的昆虫学发现。可爱的梅尔莫斯和面包黄油蝶[1]。一天，一个男子被一个嫉妒的探矿者在路边店枪杀。我有许多故事告诉你，请在纽约西 89 街 38 号给我留个便条。

你非常友好的

弗·西林[2]

1. 两个关于昆虫学话题的文学双关语。“梅尔莫斯”指查尔斯·马图林的小说《漫游者梅尔莫斯》(1820，四卷本)。爱丁堡初版后次年即译成法语，在法国、俄国家喻户晓。在评注版的普希金《叶甫盖尼·奥涅金》中，纳博科夫将在多个场合对《梅尔莫斯》进行评论。

“面包黄油蝶”出现在刘易斯·卡莱尔的《镜中奇遇记》第三章《镜中昆虫》中，纳特跟爱丽丝描述说：“它的翅膀薄薄的，像面包黄油，身子是面包皮，头是糖块。”纳特说，这种昆虫生活在“加了糖的淡茶里”，如果找不到什么，“它当然就会死的”。爱丽丝议论说，这“肯定经常发生”，纳特答道：“总是发生。”

2. 原文为俄语。

71

118

一九四三年十一月一日

马萨诸塞州，韦尔弗利特

亲爱的弗拉基米尔：这是我给《大西洋月刊》写的关于普希金的文章的校样。[1] 其中第一篇你也许读过，它跟你的短篇小说刊登在同一期。[2] 你可能觉得讨厌，但它们别无企图，不过是一个外国人的第一印象。我希望今后再扩充完善，形成一本小书。你对它们有什么想法，我乐于受教。请把校样寄回。我已经写信给威克斯，建议出版你的一组翻译作品，每篇都是关于诗人的。我认为这是好主意。

《纽约客》给了我写书评的工作，我决定干一年。（请下一年出几本书，这样我可以为它们写些文章。）因此，差不多十二月头上，我们要去纽约，冬季剩下的时间都待在那儿。在此之前，你们能过来吗？尼娜·恰夫恰瓦泽跟我们在一起，我们都渴望见到你。玛丽现在在纽约找房子，或许会给你写信。过来过感恩节如何——十一月二十五日——就像你们三年前那样（那时你酝酿了你伟大的冰箱诗）？请努力安排。我们想以一个节日结束我们在这里的季节，想给你安排某种难以对付的不便，这样今后你可以写点东西，好在《纽约客》发表。

我刚读完果戈理的《维》，无疑是此类创作中最伟大的一篇。小城边上那座木头建筑的教堂，周围吠叫的狗，妙极了。

永远的

埃德蒙·威

[……]

1. 威尔逊的《俄国文学笔记》由三部分系列文章构成，这是第二组（《普希金》），刊登在《大西洋月刊》1943年11月、12月及1944年1月号上。这些文章后来修订后收入《俄国之窗》。

2. 第一组跟纳博科夫的《“那曾是在阿勒颇……”》出现在同一期（1943年11月）。

119 72

一九四三年十一月九日

亲爱的邦尼：

我把你的校样寄给你。薇拉和我都特别喜欢这篇和另外一篇文章[1]。你会发现一些小改动，是我做的，但其中一处很重要。普希金对“volna”的使用没有转喻或提喻。[2] 无论是在俄罗斯民间故事还是普希金的诗歌中，海浪都是一种公认的形象。它光滑的凹面（朝着你，就像要倒塌一样），头顶装饰着泡沫流溢的凸面，滋养着武装的人鱼、桶中的婴儿[3]、我们着魔的“lookomorias”[4] 那哺乳类美洲肺鱼。它密集的多重性在于它一直反复出现的人类个体形象。在丘特切夫那里，它是后腿直立的骏马，将它绿宝石的前蹄撞碎在岩石上。[5] 在非人的海洋中，它是一个人。所有的俄国诗人都会这样或那样地写它。它自由流浪（因为 gulliva 是这个意思，而不是“懒洋洋”——它来自 gulyat，gulba，razgulny[6] 等）。

顺便说一句，我不相信英语扬抑格中的断音，比如“老虎，老虎，在夜的丛林中燃烧光芒”（尽管“丛林”某种程度上玩着叮当作响的“流浪”把戏）[7]，真能译出相应的俄语韵律的蜿蜒曲折——曲线与中断，原因我曾跟你讨论过。因此我建议：

海浪，噢海浪，噢你浪
永远的流浪者，不是谁的奴隶

或者，如果你想紧随韵律骨架：

噢我的海浪，流浪的浪
你　无物能奴役

你会注意到，我接近一个隐含的双关语了——噢，我的浪（Wave），我的浪（Wave）（W. A. V. E）。[8]

我对自己不经意的努力并不十分满意，但我非常确定，你那海军蓝的“大海—自由”和它很糟糕的暗示“海的自由”是大错特错的。[9] 我寄出的是第一批 * 译文，主要译自丘特切夫，因为剩下的普希金的还需要打磨。你会看出，我巧妙地玩弄了一两个意象——大大地完善了它们。

我们希望能够去过感恩节。你或许能围捕一些迟来的飞蛾。

我很高兴你加入了《纽约客》。 120

我们向你俩致以问候。

弗

* 想了想后，我把整本书[10] 寄给你，如果你随手予以必要的订正与完善，将感激不尽。这是一项艰巨的任务，特别是《我给自己建起了一座非手造的纪念碑》。[11]

弗

1. 即《俄国文学笔记》的头两组。

2. 在《俄国文学笔记》的普希金部分，威尔逊引用了普希金童话诗《沙皇萨尔坦》的两句诗：“Ty volna moya, volna!/Ty gul’liva I vol’ na.”他译成英文为：“噢你，我的海，我的海 / 如此懒散自由。”在评论这几行时，威尔逊写道：“普希金在这里是转喻式地运用浪和海……”

3. 在《沙皇萨尔坦》中，还是婴儿的吉东王子跟他母亲在一个桶里漂流，他呼喊海浪。

4. 即 Lukomorie，表示“海湾”的古老而诗意的词。普希金《鲁斯兰与柳德米拉》的开头句使用过，在俄国传统中广为人知。

5. 指丘特切夫的诗歌《海马》（1830）。

6. 用拉丁字母转写的俄语，欢宴，狂饮，［人们］过着疯狂的生活。

7. “丛林……玩把戏”当然是纳博科夫自己的添油加醋，因为布莱克的诗是“森林”而不是“丛林”。

8. “Waves”指二战期间“紧急服役妇女志愿队”（Women’s Appointed Volunteer Emergency Service）成员。

9. 尽管纳博科夫在有关海浪与大海的话题上雄辩滔滔，威尔逊在将这篇文章收入《俄国之窗》（1972）时，翻译和评论都没有改动。

10. 指《俄罗斯三诗人》。

11. 原文为俄语。

73

一九四三年十一月十日

马萨诸塞州，韦尔弗利特

亲爱的弗拉基米尔：我们非常指望你们来过感恩节。让我们失望将不可饶恕，因为我们要订一只火鸡，个头就是考虑到你们都过
121 来的。我们能坐下来，花时间斟酌那些译文，也很重要。迄今我所读到的译文都很出色——你的英文只是偶尔脱轨。

恐怕来不及再动关于普希金的那篇文章了——但我在给威克斯写信，想至少把“尊贵的”和“多么……”[1]改正过来。我非常同意，“Ty volna moya, volna”那段翻译太糟了。谢谢你费心仔细检查。

我有个想法想跟你讨论。我们合作做一本关于俄国文学的书如何？我提供这些文章（扩充一些），你提供译文。既然你还没有跟

[……] 劳克林签合同，你就可以用别的方式处理这些诗歌译文，或者你可以用散文译一些。我发现，像《维》这个作品，在我看来是一个杰作，但译文只是出现在选集中，还是多年前英国出版的，可能已经找不到了。我们可以分成，可以赚一笔，我相信，随着对俄罗斯的兴趣不断增长，会有些销路的。英语中没有这样的东西。你仍然可以写你的书，但请认真考虑考虑。

我发现两个很精彩的俄语动词，*примелькатъся* 和 *приедатъся*，如何翻译它们？[2]

永远的

埃德蒙·威

1. “尊贵的”原文是用拉丁字母转写的俄语，“多么……”原文为俄语。这两处出现在普希金《努林伯爵》的扩充段，威尔逊完整地引用并译成了英文。
2. 纳博科夫对这两个词的翻译和评论，见下一封信第二段。威尔逊一定在读帕斯捷尔纳克的历史叙事诗《1905 年》（*Deviat' sot piatyi god*, 1926—1927）的第五部分《海上的叛变》，这些动词出现在第一行。

74

亲爱的邦尼：

请不要订超大体积的火鸡，因为德米特里重感冒了，又发烧。我们讨厌最后一刻发电报说“不来”。

Èto mne prielos' 指我受够了，更为字面的意思是它让我的味觉厌倦。Èto primel' kalos' ——我已经看够了，或者由于重复而变得熟悉（对眼睛来说）。我已经对此习焉不察了。

我会乐于跟你一起去做那本书。我已把寄给你的那批诗歌寄给 122
劳克林了，料他要我给每个诗人增加一小段生平，那会给我变卦的好借口。你肯定我们能找到出版商吗？如果你对这项计划是很认真的，请立即告诉我［……］。

请把你的订正寄给我。

我随信寄上劳克林和我之间签的出色的合同（我还没有签字）。《塞巴斯蒂安·奈特的真实生活》（我现在已经签了）（俄国人讨厌签任何东西）也包含两条让人开心的条款。

亲爱的先生，我始终是您忠心耿耿的谦卑的仆人

弗

75

一九四三年十一月十二日

马萨诸塞州，韦尔弗利特

亲爱的弗拉基米尔：劳克林可能会在一月用你的一些译文配我的丘特切夫文章[1]，但我想最好先跟你一起把它们检查一下。我把我的文章清样寄给你，请务必寄回。我敢说，在评述十八世纪俄国诗歌方面，有点超出我的能力范围，它们大部分都是二手材料。我在研读杰尔查文[2]，尽量了解我的论述对象。

既然此前已写信跟你说起，我就一直反复思考信中跟你说过的那个计划。请认真考虑跟我一起做书的事。我们可以立即因此获得一笔可观的预付稿费。不过，同时不要露任何口风——你跟劳克林一切照旧。我相信，我会把这个想法推销给道布尔戴出版社，也会让他们出你的小说。所有这些事都明摆着，你要来过感恩节。

抱歉，来不及对我那糟糕的《沙皇萨尔坦》做什么了——这本书中我会用你的。

永远的

埃德蒙·威

1. 即《俄国文学笔记》第三组（《丘特切夫》）。

2. Gavriil Derzhavin（1743—1816），一般被认为是俄国 18 世纪最优秀的诗人。

76 123

一九四三年十一月二十三日

波士顿的剑桥[1]

亲爱的邦尼:

它们有些带着小小的红樱桃——脓肿——当它们全都出来，还有绯红的牙质时，那个白大褂男人很开心。我的舌头感觉就像一个人回到家，发现家具没了。假牙托下周才会好——我是个口头跛子。他说，我去科德角是不可能的。真太扫兴了。

我躺在床上呻吟着，药物的冰霜渐渐地让位于疼痛的炎热[2]——我无法工作，躺在那儿，盼望一部精彩的侦探小说——就在这当儿，《蜜的滋味》[3] 寄到了。玛丽是对的，我太喜欢了——不过昆虫学的部分当然都是错的（有一段，他把紫蛱蝶［Purple Emperor］跟帝王蛾［Emperor moth］混为一谈）。但写得真好。玛丽最终明白那个侦探名字的意思吗？我明白。

我如此沮丧，如此疼痛，以至于我都担心，我在你清样上的潦草笔记是某种牢骚。很有意思，任何人都能像你那样写俄文字母。不知怎么的，我仍不能像喜欢别人那样喜欢丘特切夫。你会在他去邮局的路上跟他交谈，或者“在某个 N-斯基的小公主家”[4]“五点钟的茶会”上，或者在某处欧洲温泉的粉红色栗树下——但你不会去他家做客，也不会彻夜长谈。

豪斯曼跟他有亲缘性——你说得很对——但为何又提那个灰墁一般的德·维尼呢？对一个其外套如今是地球——很字面上的——巨大外衣的死人而言，豪斯曼有些理解。那是跟土特切夫* 的又一联系。

可爱的老劳克林写信说，他给你写过信，建议你为这些诗写点文字。我仍然希望你安排另外那桩事。

请把你对我作品的订正寄过来。

当我的脸反映在某种球形的表面时，我常常注意到跟那个天使（摔跤者）的奇怪相似；但现在一面普通的镜子就产生了这个效果。

我俩向你俩致以最好的问候。

你注意到，报纸上标题把两个土耳其人混淆的事吗？

124 1. 原文为俄语。即剑桥。

2. 纳博科夫经受的牙医的折磨最终在《普宁》中变成文学艺术（第二章第四节）。下面来自小说的几行文字与这封信构成特别有启发意义的对比：

> 嘴里经过那一阵可憎的折磨，至今还在发麻，但是正有解冻的迹象，一股暖流渐渐取代了冰冷和呆板的麻木，使他觉得疼痛了［……］以往舌头就像一只又肥又滑溜的海豹，常常在熟悉的礁石当中欢快地扑腾，察看着一个破旧但还安全的王国内部，从洞穴跳到小海岬，攀上这个锯齿峰，挨紧那个凹口，又在那个旧裂缝里找到一丝甜海草；而现在所有界标全都荡然无存，只剩下一个又黑又大的伤疤，一个牙床的未知领域，恐惧和厌恶又叫人不敢去探察它。

3. 吉拉德·赫德（Henry Fitzgerald Heard）的侦探小说，初版于 1941 年，后更名为《谋杀滋味》。

4. 原文为法语。

* 即丘特切夫。见第 19 封信，注释 2。——编注

77

一九四三年十一月二十三日［之后］[1]

马萨诸塞州，韦尔弗利特

亲爱的弗拉基米尔：听说了你的牙科危险期后，我们非常难受。

不要让他们拔太多——在美国，他们往往会做过头。我有几颗牙，一直用得很好，可是几年前牙医就说，我应该拔掉它们。你不来过感恩节，人人都倍感失望。你下周什么时候能在我们离开前（星期天）过来吗？我想你和我确实需要谈一谈（1）你翻译的丘特切夫；（2）对付劳克林的办法以及我们计划的书。

他给我写了信，奉承我，要我写一个序言。如果我诱使你不把你的译文给他，他会勃然大怒，会拒绝出版菲茨杰拉德的书[2]——因此我想先把后面这件事搞定。不过，他也可能不管怎样都不出版它，那样就没有任何危险。你完全可以用你从其他出版人那里得到的预付稿酬返还他预支给你的稿酬。

非常感谢你对我文章的评论。我很受益，并作了修正。威克斯写信给我，他这周需要所有的东西，我会把你翻译的所有丘特切夫的东西都寄给他。他说他可以用两页，我希望都采用。有几句我觉得可以进一步完善——其中英文有些怪——不过你可以在校样上再 125
处理。除此以外，它们非常好，应该能够给英语读者首次关于丘特切夫真实面目的某种想法。

我刚刚读完 *Shinel*[3]，也想看看你对它的翻译。（见反面）还读了你的朋友霍达谢维奇论述俄国诗歌的一本小论文集[4]——出色。他有一篇文章追踪 *Domik v Kolomne*、*Pikovaya Dama* 和 *Medny Vsadnik*[5] 的关系，还有一个故事，是普希金在卡拉姆辛家讲的，其他人写下并发表了，后来成为一部杰作——类似的文学侦探故事我自己也想写。[6]

关于我们提议的书，我有许多想法——但希望跟你见面时讨论一下。如果你缺钱，都花在牙科上了，请允许我借给你盘缠过来。我平生第一次富了。

永远的

埃德蒙·威

[反面]

我认为，在果戈理笔下，даже 不是指“甚至”，而是像我们会说的那样，指“其实”或“实际上”。狄更斯也有这种情况。他用的“那当儿”和“总之”[7] 不也是同样的口气吗？狄更斯笔下的麦考伯和其他人物说话的口吻，就像那个讲述戈贝金大尉故事的人一样。[8] 果戈理的这些表达就是作者与那个喜剧叙述者的“可以说”[9] 对等的东西。因此，狄更斯本人的风格许多跟麦考伯的风格是一致的。果戈理本人希望造成一种印象，他跟他要描写的那些迟钝又啰嗦的人物很接近。

1. 这封信所具日期是 11 月 23 日，但既然是对纳博科夫同一天书信的回复，一定写于几天以后。
2. 即《崩溃》（见第 125 封信，注释 1）。
3. 用拉丁字母转写的俄语，《外套》（果戈理）。
4. 即弗拉季斯拉夫·霍达谢维奇（Vladislav Khodasevich）所作的《俄国诗歌散论》（1922）。
5. 用拉丁字母转写的俄语，《科隆纳一人家》《黑桃皇后》和《青铜骑士》。
6. 威尔逊后来在《普希金笔记》的第三部分讨论了这个故事的源起，最初发表于 1970 年 12 月 3 日的《纽约书评》，后收入《俄国之窗》。
7. 原文为俄语。
8. 即《死魂灵》中的邮政所长。
9. 原文为俄语。

126

78

一九四三年十一月二十八日

亲爱的邦尼：

如果可能，我会周五晚上过来（我口腔里已经用一副顶呱呱的假牙武装起来了）。

在威克斯的请求下，我已在你之前把我的东西寄给了他。我周二会跟我们温和的朋友共进午餐，我想提前知道，你是否跟他谈过这些诗歌的具体费用。你能告诉我吗?

关于 даже 的事，你绝对是对的——那些情况我没有想到——但这方面有些方法论的障碍，我会跟你探讨。

我非常高兴，你喜欢霍达谢维奇[1]。他为人非常出色，哪天你应该读一读他的《杰尔查文》[2]。

我在蓝灰蝶方面（珠灰蝶属，英语叫“镶银蓝灰蝶”）做了一些研究，把新北区和古北区的代表关联起来，一篇关于我部分工作的概述[3]一两周后会发表。投入的劳动是巨大的：我的索引卡片数量超过了一千条参考文献——为了六个品种（非常多形态的）；我解剖、描画了三百六十个样本的性器官，阐明了分类学的种种冒险，看上去就像一部小说。这在运用我们（如果我可以这样说）智慧、准确、弹性、漂亮的英语语言方面，是一次绝妙的训练。

请在周二上午前告诉我，周五是否合适？下午哪班火车？谢谢你慷慨解囊，不过我认为我可以对付。

弗

1. 原文为俄语。参见他的文章《论西林》，1970 年《三季刊》（17 期），纳博科夫和罗伯特 · P. 休斯论霍达谢维奇的文章见于《流亡凄风》，西蒙 · 卡林斯基和小阿尔弗雷德 · 阿佩尔编，1977 年。
2. 原文为俄语。这是一部关于 18 世纪诗人杰尔查文的精彩评传，1931 年出版于巴黎。
3. 即《新北区红珠灰蝶的类型》（见第 59 封信，注释 4）。

79

一九四三年十一月二十九日

亲爱的邦尼:

感激不尽。我会坐两点的火车，并带上果戈理和丘特切夫。

希望你能认出我——我手上会拿着你的电报。 127

我俩问候你俩。

Tvoi[1]

弗

1. 用拉丁字母转写的俄语，你的（用于熟人之间的第二人称单数形式）。

80

剑桥

克雷格环路 8 号

一九四三年十二月十日

亲爱的玛丽和邦尼：

我想你们现在到纽约了。那是一个最愉快的周末，不过我确信，那份与劳克林的合同仍躺在你的书房（或其他更适合的地方），因为我没有带回来，也不记得你曾给过我。这并不十分重要，但还是要提一下［……］我会另写一封信，说我终究不想在果戈理的书中包括《外套》。这样我们就可以把它用于我们的经典——因为其实，你知道，我重读了《维》[1]，产生不了任何热情——它是果戈理的败笔之一，相信我[2]！我觉得，德黑兰会议的一些细节很有趣，比如“斯大林通过翻译跟他的客人随意交谈”，或者“斯大林举起杯子，冷静地环顾四周”。根据照片判断，显然那不是真正的斯大林，而是他的许多替身之一——苏维埃人的天才之举。我甚至不敢肯定，这尊杜莎蜡像式的人物到底是不是真的，因为所谓的翻译，一个叫帕夫洛夫斯卡（？）的人，在任何照片中都是以某种 Puppenmeister[3] 的形象出现的，他显然负责那个穿制服的玩偶的各种动作。请注意三号展品那位假乔裤子上的皱褶，只有蜡像才有那种裤腿。我考虑就这件事完整地写篇文章，因为它真是美妙的独创——特别是那个傀儡来回颠簸着干杯 34 次。帕夫洛夫斯卡先生是个伟大的魔术师。

我接到《新共和》的信，要我评论一些书。其中一本是关于俄国幽默的，作者是库诺斯——我还没有读——另外一本是格尔尼的集子。我现在情绪很坏，希望两本书都糟得令人开心。[4]

玛丽，我并不喜欢《窥视孔》，它不是你的佳构。果戈理的母 128
亲非常非常地笃定，她儿子在世期间，每本出版的书都是他写的，他还负责发明创造了轮船、火车和磨坊。这令他抓狂，他写信给她，（仔细地）否认，非常有趣。通过锁眼的那幸运一击难以置信，你应该找到更好的东西。[5]

如果你见到格林伯格夫妇，请代我转达最温暖的问候[6]。希望你们没有在波基普西耽搁。

你们深情的

弗

1，2. 原文为俄语。

3. 德语，木偶师。

4. 纳博科夫对约翰·库诺斯编《俄国生活与幽默宝库》、伯·吉·格尔尼编《俄国文学宝库》的评论，刊于 1944 年 1 月 17 日《新共和》，标题为《白菜汤与鱼子酱》。

5. 尽管上下文似乎表明，《窥视孔》是玛丽·麦卡锡的一部作品，但她并没有如此标题的作品。《窥视孔》是约翰·迪克森·卡尔 1938 年发表的神秘小说的标题，用的是笔名卡特·迪克森。这部小说包含了这一段所描述的情况。（小弗朗西斯·M. 内文斯教授提供的信息）

6. 原文为俄语。

81

《纽约客》

西 43 街 25 号

一九四三年十二月十五日

亲爱的弗拉基米尔：给你那份要命的合同。道布尔戴出版社的人病了，因此直到下周头上我都无法见到他，也就不能给你任何准信。我希望，如果你能跟劳克林把其他两本书推掉，就该跟他签一份新合同，只涉及果戈理的书。这份合同当然也不应该有选择性条款。为了果戈理的书，我觉得你可以不管合同的其余部分。

我一直在考虑我们计划中的书，我现在想，你只翻译一组诗
129 歌，可能更好。《外套》肯定包括在你果戈理的书中，我们俩也许都有更好的事做，而不是孜孜矻矻地翻译果戈理。（库诺斯的选集中有《外套》的翻译，有一天我在书店里看到，我认为无疑属于“破碎的英语”。）在韦尔弗利特时我忘记跟你说了，我想翻译 *Gore ot Uma*[1] 的列毕季洛夫那一场，会很好。但我现在觉得，这也太费事了，不值得。在我跟道布尔戴出版社谈过以后，我会更详细地写信给你。

是的，德黑兰会议妙极了——特别是当罗斯福举起剑说：“真的，铁石心肠！”会议显然一无所获，除了某种老套的、对公众隐瞒的交易。

在乡下见到你们太好了。我们已经降落到这里，在一个舒适安静但空荡荡的寓所里安身。我一直想念我在韦尔弗利特的居所，而周遭的一切都显得空无，直接展现于星际空间。我认为，飞机在改变我们对人类居所之永恒性和权威性的看法，也在破坏我们那富于智慧和想象力的建筑。相较于上次战争后我第一次来此工作时的情形，这座城市已今非昔比了。我真的更习惯生活在科德角那所房子里，起码有种自我充实的错觉。诸如此类。

永远的

埃·威

到纽约后我们都病了，路上花了三天，有点儿像流浪历险记。

1. 用拉丁字母转写的俄语，《智慧的痛苦》。作者为格利鲍耶陀夫（见第 67 封信）。

82

马萨诸塞州，剑桥 38 号

克雷格环路 8 号

一九四三年十二月二十一日

亲爱的邦尼：

这是那嚎叫：

亲爱的纳博科夫——

我很想在翻译这件事上帮帮你，但不知道如何着手。你那一本 130
是丛书的一部分，我没别的可以替代。几个月前，这本书已经允诺给订户了，我真的不能做什么，唯有把书给他们。如果六个月前知道这种情况，那还可行，总可以准备别的东西来取代。

我想，如果这个出版商出这么多钱（我没有告诉他多少钱），他一定在考虑很大的销量。因此我们的小版次对他几乎不构成障碍。我会乐意让他在他的书中用这些诗，只要给我一点时间，让我们的书有个正常的销量。你何不让他给我写信谈谈此事？

我不愿妨碍你挣大笔的钱，但在这最后时刻，我真的不能停止出版。

万分抱歉！

詹·劳

我现在该做什么？他是否认为我受法律的约束？他这封信是什么意思？Na vsyakyi sloochay[1] 我刚给他去了夜间电报：“请暂停印诗句号我不同意你观点在写信”。

但我在收到你的信之前不会写信。薇拉会去纽约一天，十二月二十八日。如果你认为，比起信中的自言自语，你有更多事需要讨论，她可以跟你谈谈。此外，既然他屋子周围近处有些山杨，我最好干脆就不还给他那七十五件银器？

拥抱你

弗

1. 用拉丁字母转写的俄语，为防万一。

83

《纽约客》

西 43 街 25 号

一九四三年十二月三十日

亲爱的弗拉基米尔：我所接洽的道布尔戴出版社那个人复发疾病卧床了，因此要等他康复才能见他。此外，我们肯定能从他们那里得到一千五百美元，我们两人分。我认为，跟劳克林理想的安排
131 是，让他出版果戈理，你留下预付稿费（一定要为此书签订新合同），但把其他两本书转走，把他为此预付的稿费还给他。我想，只要你态度坚决，你可以让他这样做。照他建议的那样，把果戈理给他，他却不付预付款，这不合理。如果他坚持要翻译稿，没关系，只要他允许一年后重印——当然条件是，新的出版商不为此支付他任何费用。

口袋丛书编辑刚要我给他们编一本俄国短篇小说选集，我让他

找你。他想知道，你的政治观点是否导致你不愿意收入苏联小说，我告诉他，我不这样认为。如果你做此事，起码应该得到一千美元。

祝你们大家新年快乐!

埃德蒙·威

[添加在顶部]

你抄给我的劳克林的那封信在意料之中。

一九四四

84

纽约普林斯顿俱乐部

一九四四年一月一日

亲爱的弗拉基米尔：昨晚我遇到莱昂内尔·特里林，问他那本关于爱·摩·福斯特的书是如何跟劳克林谈的。他说，劳克林现付了二百美元，付版税却花了许多时间——我不确定，他究竟能拿到多少。他说，他接到的劳克林的信都是令人难以置信的。所以我认为，你不应该让劳克林出版果戈理却不坚持留下预付稿酬。否则你可能一分钱也拿不到。

新年快乐！

埃·威

85 132

马萨诸塞州，剑桥 38 号

克雷格环路 8 号

弗·纳博科夫

一九四四年一月三日

亲爱的邦尼：

在兜售我的书方面，你似乎做了一件非常出色的工作。Spassibo.[1] 我随信附了我给劳克林的回信的复本。薇拉就我的小说跟我认真地谈了一次。我闷闷不乐地把它从蝴蝶手稿中抽了出来，发现两点：第一，它不错；第二，二十页左右的开头起码可以打出来投稿。这很快就能好。偷情很久后，我跟我的俄语缪斯又睡在一起了，我把她生出的大诗[2]寄给你。或许会投给 *Novyi Journal*[3]。你会发现，它比我以前的东西更好读，请务必读一读。我也很快就会完成一篇英文小说。

一篇关于某些无名蝴蝶的无名文章将会刊登在一份无名的科学杂志上，这是纳博科夫文献汇编的又一样品，很快就会到你手上。

正确的程序是，在十五世纪末访问西班牙时，让你的主人公不要在那儿见某个热那亚的航海家。阿尔达诺夫总是做相反的事。这是我对亲密的朋友、一个天才作家的唯一怨恨。

我很嫉妒薇拉，她跟我讲了见你的情况。

我们祝你和玛丽新年如意。

弗

Papilio bunnyi

正准备寄这封信时，你的信来了。我已经把附信[4]寄给劳克林了，但我认为我已经足够坚决。或者并非如此[5]？谢谢你把我推荐给俄国短篇小说出版商。从苏联二十五年间生产的文学物事中，我能挑出十几篇可读的短篇（左琴科、卡韦林、巴别尔、奥列沙、普
133 里什文、扎米亚京、列昂诺夫——就这么多了[6]）。我想我对苏联好老弟的主要怨恨是，他们竟然写出这样恶劣的文字来，但正如我所说，带着点儿老练，我能从腐物中挑出几颗能吃的李子——虽然我会像乞丐一样，在垃圾桶里扒来扒去。

1. 用拉丁字母转写的俄语，谢谢你。
2. 即《巴黎诗篇》。
3. 用拉丁字母转写的俄语，《新评论》。《巴黎诗篇》在此发表（1944 年 7 月号）。英译后来收入《诗与棋题》。
4，5，6. 原文为俄语。

86

《纽约客》

西 43 街 25 号

一九四四年一月四日

亲爱的弗拉基米尔：道布尔戴希望，在签订任何合同前能够明确地知道，你跟劳克林关于那些诗达成的条件是什么。因此请尽快从他那儿得到确定的信息。

永远的

埃·威

他们还坚持要求，这本书标题应该是“某某作品由埃·威著，弗·纳译”，这样人们就不会认为，文章是我们合写的。你介意吗？我并不十分赞成这样，并已规定我们两人的名字应该以同样大小的字号出现。我逼着他们给出了真正难得的优惠条款，你签合同时会看到。埃尔德准备给你写信，谈你的小说。

87

一九四四年一月七日

亲爱的邦尼：

我希望他很快回复，但无论如何，如果那些诗有任何麻烦，我已做好充分准备，为我们的书翻译许多新东西。比如选自《鲍里斯·戈都诺夫》的一场，或者“旺-金”* 的一段，当然会有更多的普希金抒情诗。还有其他诗人。

134 你真好，为命名问题担忧，但我认为道布尔戴是对的。

[……]

我，或者更准确地说，薇拉，已经打出了十页的《来自波洛克的人》。

《有些人》[1] 始终是我的所爱，但他在俄国一章中，把莫斯科饭店“艾尔米塔什”跟彼得堡的艾尔米塔什博物馆混淆了。[2] 见面后，我会跟你讨论暴徒何时是暴徒这一诺斯替教问题。

你的

弗

1. *Some People*，哈罗德·尼科尔森的作品。
2. 见第 238 封信，注释 6。

* 即《叶甫盖尼·奥涅金》，纳博科夫谐谑的读音。具体含义见第 243 封信。——译注

88

[一九四四年一月初]

亲爱的邦尼:

我把你借给我的袜子寄给你，还有我翻译的“尤-金 旺-金”[1] 的样稿。一只袜子被我弄了一个洞，薇拉不敢确定，她极简单的缝补是否能让你满意，不过她注意到，玛丽在干自己的活儿时，同样用了花衣魔笛手的点子，因此她认为这样行得通。

劳克林还没有回复，不过就像我在前一封信里说的那样，他同

意与否都不十分重要。我给道布尔戴和多兰写了一封措辞得体的信，以回复同样得体的埃尔德的来信。我已经把我的小说清清爽爽地打印了二十多页，下周会给他们寄去总共近三十页。如果你有时间，可以先寄给你。

一天在教师俱乐部（一场昆虫学会会议上），我听到我平生听过的最好笑的故事。我很乐意讲给你听。

所附的译文是我在科学研究之后发现的新方法的样稿——我认为，这是翻译《奥涅金》的正确方法。这只是样稿，如果你同意，我会翻译更多的段落——告诉我你喜欢哪一种。

你的

弗

1. 见前页注释 *。

89 135

纽约普林斯顿俱乐部

一九四四年一月十五日

亲爱的弗拉基米尔：① [……]

②《奥涅金》片断很好。[1] 刊在《大西洋月刊》上的丘特切夫译文[2] 的第一首尤其好：你的押韵手法运用裕如（棱，eng），你在你的俄语诗中开发运用了更加精湛的技巧。你创造了这种手段吧?

③ 我已仔细阅读了那首俄文诗，赏识尿斗、月亮和（其他）愉快的笔触，但对它究竟写的是什么，我还似懂非懂。[3] 是谁? ——斯大林? 一天晚上我见到阿尔达诺夫，我想请他给我解释，但所获不多，只是说你在驳斥巴黎的某些俄国人。

④ 凯瑟琳·怀特[4]，《纽约客》的创办人之一，在缅因州生活多年后，又回来为这家杂志工作了。她回来后怀着的一个想法就是，请你给他们写小说。她把你在《大西洋月刊》上的所有文章都撕了下来——你来了，她会非常着急想见你的。我上班后，会把我们关于这个话题的纪要寄给你。也许值得用《菲雅尔塔的春天》试试他们。

⑤ 我刚接到尼古拉的信，说他下周突访纽约。

⑥ 你不告诉我这个昆虫学的故事，是在折磨我。

⑦ 谢谢你归还袜子，你本不必麻烦。

⑧ 你是否觉得近期应该来纽约，进一步洽谈我们的计划？

⑨ 我开始接到《纽约客》老订户怒气冲冲的信了。一个老太太对我本周对待凯·博伊尔小说的做法[5]非常愤慨，给我写了一封可怕的信，开头说："我不爱你，费尔博士！"（我想你知道，那个韵字来自《汤姆·布朗的求学岁月》。）[6]

向薇拉致意

永远的

埃德蒙·威

1. 纳博科夫对普希金《叶甫盖尼·奥涅金》三段诗节的韵文体翻译后来刊登在《俄罗斯评论》1945 年春季号上。

2. 纳博科夫翻译了丘特切夫的三首诗，译文随威尔逊《俄国文学笔记》的第三组（献给丘特切夫）刊登在《大西洋月刊》1944 年 1 月号上。

136 3. 《巴黎诗篇》第三、四行写道（采用纳博科夫自己的英译文）："考虑考虑那个流氓的需要吧：/ 他曾像你一样是个天使。"威尔逊把表示流氓的那个词（前置词形式）prokhvoste 误解为 poshlost'；不过他写成了 pokhost'，或者是由于跟 prokhvoste 错合而成，或者可能把俄语的 x 与希腊语的 chi 混淆了。

4. "最傲慢的作者，忆起跟《纽约客》的凯瑟琳·怀特和比尔·马克斯韦尔的友谊，也不无感激与愉快。"纳博科夫与赫伯特·戈尔德的访谈，见《独抒己见》，第 99 页。

5. 威尔逊对凯·博伊尔小说《雪崩》的评论刊登在 1944 年 1 月 15 日的

《纽约客》上，后重印于《经典与商业广告》。

6. 这要么是给纳博科夫安排的复杂陷阱，要么是威尔逊自己一次奇怪的混淆。“我不爱你，费尔博士”的说法并非出自威尔逊所说的那部一度流行的小说，即托马斯·休斯关于英国学生的作品，而是托马斯·汤姆（1663—1704）用英文改写的罗马诗人马提雅尔的讽刺诗 *Non amo te, Sabidi*（《我不爱你，萨比杜》）的第一行。改编如下：

> 我不爱你，费尔博士，
> 可是为何，我不能提。
> 但我对此了解彻底，
> 我不爱你，费尔博士。

90

一九四四年一月十八日

亲爱的邦尼：

1. 我寄给你好老J的一封大札。我想我们错了，粗暴地责怪了那个纯洁高贵的人。多好的家伙！（在弗吉尼亚的荒野，我们在男卫生间的一次文学谈话中，一个同行的旅伴无意中说出了一个双关语：“那个家伙莫泊桑……”[*]）

2. 我给你寄去：a. 我不久前寄给《纽约客》的诗歌；b. 另一段《奥涅金》，第一首歌的第一行是薇拉的意外收获——你会注意到，“优秀传统”回应 чесмныхъ правилъ[1]；还有 c. 我的小说《来自波洛克的人》中的三十七页，如果你认为可行，请审阅后转给道布尔戴（当然也给多兰）。其中有许多小东西我最终会清除掉，但总体上《来自波洛克的人》的开头几章就保持这样了。这本书会有三百一十五页，到结尾，一个从未有人探讨过的想法会逐渐凸显、发展。

3. 我在申请古根海姆基金的续约，把本年度所做工作的一些样例寄给莫。[2] 我最近经历了一段令人筋疲力尽的文学活动爆发期， 137
现在我要喘口气，回到蓝灰蝶。小说将在六月底前完成，随后开始采集之旅。我考虑去加州的门多西诺县，我想在那儿找红珠灰蝶（*Lycaeides scudderi lotis*），目前仅知道它有两种——♀正模标本和我在文章中研究过的♂新模式标本。

4. 代我向尼古拉问候，告诉他，我给他写过信，或准备给他写信，但他一封长信都没有回过。

5. 我独创了这种韵脚，是扬抑抑格和阴性结尾的结合——还有其他许多小花招。很遗憾，你跟朋友阿尔达诺夫讨论我的诗，二十年来，他一直怀着将信将疑的敬畏看待我的文学，抱着一种印象，觉得我的主要事务是摧毁兄弟型作家。我的诗歌当然没有这码事，也没有任何关于斯大林的内容，但阿尔达诺夫当然认为，文学是一种庞大的笔会或共济会会所，把有才能和没才能的作家人等维系在一起，沾沾自喜地遵守相互善意、关心、援助和赞许式评论的契约。永远不要跟他讨论霍达谢维奇。

6. “费尔博士”（Fell）与不能“提”（tell）押韵。如果你曾接触过波米亚罗夫斯基的 *Bursaki*[3]，你会发现跟《汤姆·布朗的求学岁月》的奇怪类似。

7. 我不久后可能会去纽约待几天。我特别喜欢见到你，我始终如此。

8. 几年前，道布尔戴和多兰出版了霍兰德的《蝴蝶宝库》[4]。我在最近的昆虫学论文中对那本书中的可怕错误多有诋毁。不过那些插图很好——我想——这是认真的——跟道布尔戴建议，我对最近一版（一九三一）作彻底修订——实际上把文本重写，更新所有的东西。它初版于一八九八年，已经卖出六万五千册。文字冗长啰嗦，歧义迭出，缺漏骇人，还有将近四百页的废话——可它是相对便宜的著作（十五美元，我想），对至少百分之九十的北美蝴蝶种群作了说明（尽管常常文不对题）。如果他们不了解，纽约美国自然历史博物馆的巴伯、班克斯或科姆斯托克[5]会告诉他们，我能胜任这项工作。你认为这个想法如何？

你忠心的

弗

[在边上]

不要跟阿尔达诺夫说起这部小说——他会认为我在驳斥谁谁谁。

[在天头，倒写] 138

是的，当然——你告诉我后，我会给《纽约客》寄一篇小说——已经好了，但需要打字等。

[在边上，几组数字，被划掉了]

1. “优秀”（best）回应的是 chestnykh pravil 的第一个音节，短语来自《叶甫盖尼 · 奥涅金》的开头句，在评注本中，纳博科夫译为“规矩真大”。

2. 威尔逊生动地描述过亨利 · 埃伦 · 莫在分配古根海姆基金奖金过程中的角色，见他 1938 年 8 月 20 日给罗伯特 · 科茨的信，收于其《文学与政治书信，1912—1972》，第 304—306 页。

3. 用拉丁字母转写的俄语，《神学院学生》。纳博科夫想到的是尼古拉 · 波米亚罗夫斯基的《神学院素描》（*Ocherki bursy*）。这部作品初版于 1863 年，对一所外省神学院的残酷生活作了生动揭示，一直是俄国文学的次级经典。

4. 即威廉 · 雅各布 · 霍兰德（William Jacob Holland）所著《蝴蝶宝库》。

5. 托马斯 · 巴伯（Thomas Barbour, 1884—1946），内森 · 班克斯（Nathan Banks, 1868—1953），美国著名的昆虫学家。这里提到的科姆斯托克不是写作《加州蝴蝶》的小约翰 · 亚当斯 · 科姆斯托克，而是美国自然历史博物馆的 W. P. 科姆斯托克。

* “家伙”原文为“guy”，与莫泊桑的名字“居伊”（Guy）同文。——译注

91

《纽约客》

西 43 街 25 号

一九四四年一月二十四日

亲爱的弗拉基米尔：① 我刚刚见过埃尔德，把你的手稿给了他。你很快会收到那本俄国书的合同。我希望你会欣赏它的许多美妙之处。你应该过来，跟埃尔德谈谈。他说他们准备（战后）改版他们的自然图书，或许对你的建议感兴趣。

② 我非常喜欢这部小说——很想读其余的部分。我在手稿上提了一些建议。我想，有三个英语动词，你处理得不那么很有把握："识别"（discern）、"达到"（reach）和"回避"（shun）（你有时把它跟"逃避"［shirk］混淆）。除此以外，写得很好。我唯一可能的批评是，有时你会写有些纠缠的句子——比如那个铁甲虫的例子——这跟其余的文风不尽一致。诗歌也写得漂亮。

③ 关于《叶甫盖尼·奥涅金》[1]：你的工作太出色了，不过你
132 不认为短一些的东西更整饬吗？我们不能发表整部作品，而且近来，已经多次被翻译了，虽然真差劲。

④ 尼古拉没有成行，但恐怕这个周末会出现。

⑤ 是的，我已经很不安地发现，阿尔达诺夫是十足的欧洲文人。我好奇，他这样是不是住在巴黎所导致的。他把我们逗乐了，他厌恶地告诉我们，在他看来，你肆无忌惮地轻率批评某些美国作家，他是如何对你谆谆告诫的。他认为，约·菲·马昆德很出色。他对一些事情的看法在我看来非常愚蠢；不过，在其他方面，正如《第五印》所示，他一定很聪明。

⑥ 玛丽让我提醒你注意，你在信的页边做的求和算得不准。[2]

永远的

埃·威

1. 原文为俄语。
2. 说的是纳博科夫 1944 年 1 月 18 日在信纸页边写的那一组数字。

92

一九四四年二月七日

亲爱的邦尼：

我接到《美国诗人》的来信，要我的俄国诗人（“尤其是当下的士兵诗人”）译稿。勃朗宁学会也邀请我去讲演，谈谈“文学所阐明的”俄国的“目标”。我感冒倒下了，给《美国诗人》写了一封气鼓鼓的信，说我不了解什么士兵的诗，除了一些顺口溜，比起其他国家士兵写的战争作品来，要低劣得多。我觉得自己说了些蠢话。不过不管怎么说，他们似乎不想付一分钱，因此我也就无可奉告了。你认识那些人吗？勃朗宁学会给我寄了他们的德国研究计划，结尾是这样的：“……在那清新、年轻的声音（格雷琴的，不是亨丽埃塔的）最后哀伤的音符中（舒伯特的《纺车旁的格雷琴》，由亨丽埃塔·格林演唱，考虑到她名字中的种族特征，她本该更明智些），在‘我的心情很沉重’（Mein hertz is sehr）（原文如此，应该是‘ist schwer’！）这样的话中，人们能想象，听到了沉没的、受折磨的德国悲伤的呼喊，那个温和、善良、友好的德国，祈求生存的机会。给一个机会，这对德国而言跟对其余的世界一样重要。 140
为了那个目标，我们必须期待，主持和平谈判桌的，不是仇恨与复仇的精神，而是智慧、理解、仁爱的精神——是的，理性自利的精神。”

我回信说，连衣裙已经给了格雷琴安慰，那是她的士兵朋友从波兰贫民窟带给她的——无论是阉割、孟德尔主义或驯养，都无法将一头鬣狗变成温顺咕噜叫的猫，等等。我或许又鲁莽灭裂地犯了大错——但我对他们全不了解，似乎也不喜欢他们。如果你有所了解，请跟我讲讲他们。

我反复仔细地读了合同，它真是你的一个杰作。我还收到道布尔戴的一张支票（七百五十元），我得说，这解决了许多经济上的烦恼。我要非常真诚地感谢你，亲爱的邦尼，谢谢你张罗这件事。你太好了——我真的时时觉得，我的贡献跟我的享受不般配。你或许喜欢《埃及之夜》[1]？请寄给我一份作品名列表（可能的话，不要散文）。

你喜欢我的礼物吗？它是我的一句诗的图解（在《乔尔布归来》[2]一书中，我想是《致缪斯》[3]）：“一串葡萄，一只梨，半个西瓜。”[4]

希望三月见到你。

你的

弗

1. 原文为俄语。普希金的作品。
2. 原文为俄语。纳博科夫的短篇小说和诗歌集，1930 年在柏林出版。
3. 原文为俄语。英译为《缪斯》，收入《诗与棋题》。这首诗没有收入《乔尔布归来》。
4. 原文为俄语。该诗的刊印本中，这一句的开头两个词是“一片葡萄叶”。

93

《纽约客》

西 43 街 25 号

一九四四年二月十四日

亲爱的弗拉基米尔：礼物深深地打动了我们，丰富、含蓄的象征。我也接到《美国诗人》同仁的信了，给他们寄去了附在这里的卡片[1]，我称赞你是一个模范。它或许也适合给你的那些勃朗宁学 141
会的人们。很高兴听说勃朗宁学会还在波士顿。他们的上一辈人常喜欢将他们放在美国格外重要的中心地位，但我认为它们已经过时了。向你们全家致意。你侥幸从我们这里逃脱了情人节。等到下个暑假我们再推敲那些俄语翻译吧——除非你被激发，想做点事。

永远的

埃德蒙·威

请告诉我们有关你的小说的消息。

1. 见《文学与政治书信，1912—1972》，第690页。其中有印刷的卡片的复制品，标题为"埃德蒙·威尔逊后悔他不能做:"，接着是一份文学活动、情景的列表。

94

《纽约客》

西43街25号

一九四四年三月一日

亲爱的维[1]！我刚见到唐纳德·埃尔德，他似乎有些担心，没有接到你关于那部小说的消息。我猜他们对它格外垂青。我认为你应该趁热打铁。你何时来纽约？尼古拉这个月会跟家人来一周。

永远的

埃·威

1. 原文为俄语。"维"是果戈理同名恐怖小说中的地神鬼。这种称呼形式也是对纳博科夫通常署名"弗"的双关。

95

美妙的押韵：夜间笔记——（Note-books of Night）

塞巴斯蒂安·奈特（Sebastian knight）

一九四四年三月二十六日

亲爱的朋友[1]：

我寄给你关于全北区蓝灰蝶形式分类的预印文一份。[2] 它在蝴
142 蝶专家领域引起轩然大波，因为它彻底颠覆了旧的概念系统。我在忙着准备出版我对这个种群的主要研究作品，需要画数百张图，这会占用我许多时间，将是二百五十页左右的专著。[3] 分类学部分读起来就像一篇冒险传奇，因为它涉及昆虫学家之间可怕的恶斗和各种有趣的心理内容。一九三八年，全世界只有五个人了解我正在讨论的这个特别的种群：一个现在死了，另一个阿尔萨斯人消失了，就是这样。

我喜欢你那篇关于魔法的文章[4]，不过我真的认为，你或许应该提及那位首要的俄国巫师，他彻底把科德角的魔法师迷惑住了。关于科德角：我们觉得，既然没有钱去想去的科罗拉多或加利福尼亚，那么七月和八月待在科德角会是一个好主意。薇拉和孩子甚至可以在六月中旬就去。你能教我如何在那儿找到一间小屋子吗？你知道有哪个（离你不远的）中介或私人住宅愿意在那个季节出租吗？或者一家寄宿公寓？（不要太贵。）我想在夏天完成我的小说。最近一期《纽约客》上有一首诗很美妙，是关于雪和夏洛克·福尔摩斯的。[5]

我在校对《尼古拉·果戈理》的清样，要是我不知道，你是多么紧张地在读书，我就会把它们寄给你，请你批评检查了。我向埃尔德描述了我的小说里发生的情况。好老古根海姆没有续发补助金，我经济上很狼狈。两周左右，我会给《纽约客》一则短篇。上周我

在耶鲁就俄国文学做了一场讲座，一百五十美元。劳克林退了一美元七十美分，我用来给他寄《尼古拉·果戈理》和支付影印件费用了。

琼跟“赤裸裸”的卓别林“玩亲近”的当儿玩弄着手枪，我特别喜欢其阴茎的含义。[6] 显然，那位“白发喜剧演员”必须在自己和要射的手枪间选择，他聪明地选择了最不危险之策。或者手枪可能扮演了催情剂？人们永远无法理解这些伟大的爱人……

我的那首关于华丽的苏联[7] 的即兴俄文小诗一直以抄本和再抄本手稿形式在跟从克伦斯基的那些俄国社会主义者中间流传，给他们以久违的传播禁诗[8] 的强烈刺激，正如他们在沙皇统治下所做的那样——直到这些社会主义者中的一个在《社会主义的报信人》[9] 上将它匿名发表，用一种特别仪式化的谨慎手法予以介绍，这是半个世纪前手抄的革命诗歌所采用的手法。两个精彩之点：1. 这类高贵的公 143
民诗歌是公共财产；2. 诗人的姓名不会泄露，否则他会被罗斯福总统流放到西伯利亚（或拉布拉多）。如果你熟悉一八四五年至一九四五年俄国左翼宣传家的习惯、背景和风格，就能够玩味这件事微妙的乐趣。

很想见到你

弗

1. 原文为俄语。

2. 即《新北区红珠灰蝶的类型》（见第 59 封信，注释 4）。

3. 即《红珠灰蝶属形态学笔记》和《红珠灰蝶属的新北区成员》（见第 59 封信，注释 4），两篇总共 100 页。

4. 即《约翰·马尔霍兰和幻象艺术》，发表于《纽约客》（1944 年 3 月 11 日）。后收于威尔逊的著作《经典与商业广告》。

5. 即《夏洛克乡下一日》，作者为肯尼斯·费林，跟威尔逊论魔法的文章刊于同一期。

6. 琼·巴里起诉卓别林的生父确认案当时媒体上沸沸扬扬。审理过程中，早先一段插曲曝光，巴里小姐曾用手枪威胁卓别林，他“随即央求并说服她”放下武器。

7. 原文为俄语。来自纳博科夫的诗歌《不管苏联的金丝线如何……》（见第 64 封信）。

8，9. 原文为俄语。

96

《纽约客》

西 43 街 25 号

一九四四年三月三十一日

亲爱的沃洛佳：我会乐于阅读你的蝴蝶论文。请把果戈理的书稿也寄来，我有许多时间读它。你的诗歌在地下流传，这很有意思。我们都很好，只是我患上了痛风，暂时得把酒停了。我们一直期待三月能见到你。尼古拉和他妻子来这里了，精神似乎很好。我有种感觉，他发达了，不过不知道究竟是怎么回事。他脸色无疑好多了。我们探究、讨论了你的个性。向薇拉、德米特里问好。

永远的

埃·威

144

97

《纽约客》

西 43 街 25 号

一九四四年三月三十一日

亲爱的弗：我忘了告诉你，韦尔弗利特的房地产中介是伊丽莎白·弗里曼小姐，海军上将尼米兹的小姨子，一个古怪但出色的老太太。我们的房子就是跟她买的——属于她的家族。我们很高兴，你们有去那里的想法，如果你们等到五月一日以后，那时我们有望回去，会帮你们找个地方。薇拉可以来跟我们住。顺便说一下，你的同胞切利切夫[1]也想去韦尔弗利特，不过我不希望这会令你却步。

埃·威

1. 帕维尔·切利特丘（Pavel Tchelitchew，更准确地说是切利谢夫［Chelishchev］），画家、舞台设计，一度跟纳博科夫的弟弟谢尔盖同住一个公寓房。帕克·泰勒给这位画家写过传记《帕维尔·切利特丘的神曲》（纽约，1967），简要提到 1944 年夏切利特丘在韦尔弗利特期间跟玛丽·麦卡锡、威尔逊和恰夫恰瓦泽的友谊。切利特丘可能是《天赋》中那个画家弗谢沃洛德·罗曼诺夫的原型；他的艺术跟纳博科夫的戏剧《事件》（1938）中主人公的绘画也有一目了然的相似之处。

98

一九四四年五月四日

马萨诸塞州，韦尔弗利特

亲爱的弗拉基米尔：我们现在回来了。请争取过来。你们可以都来，跟我们住在一起，再找房子。希望你把给《纽约客》的小说直接寄给怀特夫人，如果还没寄出，请直接寄到乡下给她：缅因州布鲁克林埃·布·怀特夫人收。

我从《纽约客》跑开了一周，因为没什么让我感兴趣的，除了一本关于灵媒丹尼尔·霍姆（他在俄国获得惊人成功）的书。我刚写过一篇谈招魂术和魔法的文章，便用简短的匿名笔记敷衍了事。顺便说一句，我有了个绝妙的主意。托马斯·曼的约瑟夫系列最后一卷很快要问世，它就像一大团生面团一样缠着我。我准备让我的助手来做，甚至或许交给法迪曼，他很崇拜曼——我就推说我在这个领域完全无能。

问候你们一家，希望不久能见到你们。 145

永远的

埃德蒙·威

99

一九四四年五月八日

亲爱的邦尼:

我们已经写信去科德角了，但由于这样那样的事，仍不确定能否成行。

你注意到了吗，手腕代表墨西哥，山羊胡子和脸代表美国，领带的东角是佛罗里达，东边那只眼是哈得孙湾，高顶黑色大礼帽是带北极星的北极。我是在说那张招贴画，山姆大叔将食指按在唇边，警告说:“不得讨论（discuss）……”士兵和水手（聪明地擦除后）将此变成“不得咒骂（cuss）”。

不过，我很清楚，我那羞涩的阮囊（正在银行融化的几百美元，我那菲薄的薄物馆薪水，还有下学期要在韦尔斯利挣的八百美元）是咎由自取，也就是说，我把太多的时间花在昆虫学上了（每天差不多十四个小时）。虽然我在这个行业做的事有着深远的科学意义，但有时还是觉得自己像个醉汉，清醒时才发现正错过各种绝好的机会。

计划是：从蝴蝶撤退到大西洋边的某间小屋，起码待几个月，完成我的小说（顺便说一句，道布尔戴和多兰告诉我，他们无法根据开头几章做决定。我给他们寄去了一份很糟糕的关于其余部分的描述，mais ils ne marchent pas[1]）。除了经济上的不确定外，还有德米特里的健康问题。我们决定在这里的儿童医院给他做检查，如有必要就由“强烈推荐”的格罗斯医生动手术。检查主要是基于纽约拍的片子，还有薇拉提供的大体描述。格罗斯在电话里说，他要“探索”德米特里，也就是说，大规模地做一个大手术（完全没必要），顺便把阑尾摘除。我们不能同意，在跟纽约医生（他拍了片子等）通信后，我们决定，要么争取将格罗斯的手术冲动仅限于摘除阑尾，要么去纽约做手术。看来，决定科德角的事务之前，得先解决这个问题。另一方面，在那儿待几个月，对他的整体健康等，要比待在剑桥好得多。这里没有任何户外玩耍的地方，邻居又是一 146
帮无可救药的小流氓。真棘手。

我没有把果戈理的清样寄给你，因为我被这本书折腾腻了，已经寄还劳克林。

本月二十五日左右我要去康奈尔，在一场酒会（“书与钵”）上发言。如果俄语读书会[2]能安排在二十七日，我就去纽约。

我断断续续写了几个月的小短篇正在打字，下周末寄给《纽约客》。

我特别想见你，我们衷心地问候你俩。[3]

弗

我没有收到你在最近一期《纽约客》上的文章。为什么？

1. 法语，但毫无用处。
2. 原文为俄语。
3. 原文为俄语（俄语表示“问候”的词语“privet”可能包含双关，在英语中是一种植物名称——正如纳博科夫在以前几封信中所做的）。

100

[邮戳日期为一九四四年六月九日下午][1]

亲爱的邦尼：

我在医院接到你的信，由于下面这些奇怪的情形，我住到了这里：

在进攻日[2]那一天，某种“杆菌”误把我的内脏当作了登陆场。在靠近哈佛广场的一家小型香肠店[3]里，我吃了某种弗吉尼亚火腿，然后在博物馆愉快地研究一只标本的生殖器，那来自加州克恩县的哈维拉。突然我感到一阵恶心。告诉你，我那时身体相当好，我还带了网球拍，准备跟我的朋友克拉克[4]（棘皮动物——如果你知道我想说什么）在傍晚时分打一局。突然，正如我所说，我的胃叽里咕噜地往上泛酸。我设法跑到了博物馆外面的台阶上，想把前面那块草地作为我可怜的目标，可还没来得及到那里，我就在台阶上呕
147 吐出杂七杂八的东西来：几片火腿，一些菠菜，一小块土豆泥，几口啤酒——一共八十美分的食物。剧烈的痉挛折磨着我，我勉强挨到厕所，一阵棕色的血污又从我悲惨身体的另一头喷泻而出。我有一股英雄气，强迫自己爬上楼，锁好实验室的门，又在克拉克的办公室留了字条，取消了网球比赛。然后，我三步一吐、五步一晃地往家走，路人看了很开心，心想我这对进攻的庆祝也太过分了。

亲爱的邦尼和玛丽，你们该注意到，前一天薇拉带德米特里去纽约了，德米特里要做阑尾炎手术（原计划安排在七号星期三，今天是星期四，没有任何消息，我非常担心[*]）。如此，当我终于爬到家里时，我是多么孤独无助。我模糊地记得：我脱掉了衣服，上面全是上吐下泻弄得一塌糊涂的污秽物；我躺在房间的地上，对着我的废纸篓又吐了一阵火腿和血污；在一阵一阵的痉挛中，我想去打个电话，可它在那架高得出奇的钢琴上，似乎遥不可及。我设法把那玩意儿刮到地上，这一最终成就让我有了点精神，于是拨起了卡尔波维奇家的电话号码。

还有一点：那天早晨卡尔波维奇夫人[5]给我打过电话，说她刚把丈夫从他们在佛蒙特的农场带过来，他们在那儿过周末，然后他就生重病了。此外，回来后他们才想起，多布任斯基[6]（画家）和妻子要从纽约过来，在他家过夜，他们忘得一干二净。她想知道，我是否了解多布任斯基一家，又絮絮叨叨地描画悲惨的景象，担心多布任斯基跟他的妻子把一个空房子弄得底朝天。我告诉她，跟克

拉克打完网球后我就去。

所以，当她听到我对着电话筒喘气、请求帮助时，她说：请不要扮小丑（не валяйте дурака[7]）——这是幽默大师们经常遇到的事——我费了老半天说服她，我要死了。顺便说一句，我还对着话筒吐了一次，我想这种事情以前从未发生过。她终于意识到出事了，于是跳进汽车，十多分钟后，她见到了瘫在房间角落里的我。在整个一生中，我从未经受过如此剧烈而丢人的痛苦。她叫了救护车，转眼间出现了两个警察，他们想知道：1. 这个女人是谁，2. 我服的是何种毒。这种浪漫情调对我来说太过分了，我狠狠地
骂了他们。然后他们着手把我弄下去。那担架跟我们的楼梯间不 148
配（美国效率），于是我在大呼小叫、歪歪扭扭中，被两个男人和卡尔波维奇夫人架下了楼。几分钟后，我到了一个可怕的房间里，坐在一张硬椅上，旁边一个黑人婴儿在一张台子上嚎叫——这正是剑桥市立医院。一个医学院的年轻学生（也就是说，仅仅学医三个月）采取的是荒谬的中世纪的方法，他把一根橡皮管插到我的鼻子里，试图给我洗胃。结果是，我的左鼻孔里面太窄，什么也没法通过，右鼻孔又是S形的（这是一九二〇年剑桥大学拳击比赛的结果，我进了半决赛，然后被击倒——一根软骨严重受损）。因此，一点也不奇怪，管子没法进去——同时我当然疼痛万分。我明白了那个不幸的年轻人绝不称职，便坚决要求卡尔波维奇夫人把我带走——去哪儿都行，事实上还签了字保证承担拒绝救助的一切后果。之后，我经受了最严重的呕吐和别的——滑稽的是，你在厕所里不能同时做这两件事。于是上吐下泻轮番进行，一刻不停。

卡尔波维奇夫人想起来，傍晚六点钟（已经快到点了）有医生要去看望她生病的丈夫。于是她叫一个瘦小的、老大不情愿的员工把我送上出租车，又经过一番难以置信的折磨，我发现自己躺在卡尔波维奇家客厅的沙发上，正在五条毯子下发抖。我彻底崩溃了，

那个医生（不错的家伙）到来时，他既摸不到我的脉搏也测不到我的血压。他开始打电话，我听到他说“十分严重”“一分钟也不能耽搁”。五分钟后（可怜的卡尔波维奇给晾在了一边，而迷路的多布任斯基夫妇则在梦魇般的陌生街上漂泊）他安排好了一切——瞧！我被送到马修·奥布里医院[8]（薇拉去年住过，肺炎），半私人病房——另“一半”是位老人，因严重的心脏问题奄奄一息（我整夜睡不着，他一直哼哼唧唧 ahannement[9]——在跟某位不知是谁的“亨利”说了诸如“我的小乖乖，你不能那样对待我。好好待我”之后，他死于黎明时分——这一切很有趣，对我很有用）。在医院，两三夸脱的盐水注入了我的静脉——我躺在那里，吊针一直插在前额，过了一整夜和昨天大半天。医生说，这是食物中毒，并叫它“出血，结肠炎”[10]。与此同时，德米特里正在纽约开刀，我跟薇拉说过要立即把情况告诉我，因此我担心，她联系不上我会怎么想。也许电话压根儿就没法工作——若是昨天接到我音讯的卡尔波维奇夫人（我忘记问她了）没有把它复位（它躺在地板上，散架了）。这
149 里的事情停当后，我刚给薇拉写了一封详细的信，我想她最好要知情，免得没完没了地误解和瞎猜。一通注射后，昨天下午，医生看我状态好了，我告诉他我饿了。五点钟，给我送来了以下晚饭：一杯菠萝汁，浓汤，意大利烩饭（如果我拼写正确），培根（培根！），还有漂在罐头奶油里的罐头梨。这也是美国（医院）效率的一个方面。虽然我觉得，对前一天差点死于中毒的人——仍在床上便盆里便血——来说，这样的食物是最不应该碰的，但我太饿了，于是吃了个精光。此时我被转到普通病房（不顾我的反对），那里的收音机喋喋不休地播放着节奏强烈的音乐、香烟广告（声音发自肺腑地嗲）和种种插科打诨，直到（晚上十点）我对护士咆哮说，把那玩意儿关掉（让医务人员和病人又惊又恼。这是美国生活中一个很奇怪的细节——他们其实并不听收音机，每个人实际上都在说话、干

呕、狂笑、跟［非常迷人的］护士打情骂俏——一直如此——但显然那玩意儿发出的不可思议的声音［除了在别人家里以及旅行时在车厢里偶尔听过一阵外，这确实是我第一次听到收音机］某种程度上构成了病房里的人们的“生活背景”，因为声音一停止，立即完全安静下来，我很快就睡着了）。今天早晨（星期四，八号）我感觉很好——吃了一顿很不错的早餐（当然啦，鸡蛋煮得很老），还想洗个澡，却在走廊上被逮住，强行按到床上。现在我被用轮椅推到了阳台上，我可以在那里抽烟，享受我的死里逃生[11]。我希望明天能够回家。

好了，就是这样。我亲爱的[12]，谢谢你安排五百美元的事。我会给怀特夫人写信，我（三四天前）已寄了一则短篇[13]给她。五月二十五日康奈尔的“酒会”上，我朗读了这篇小说，相当成功。这笔钱来得 un moment très propice[14]。我不得不跟援助作家[15]协会——纽约的一家俄国机构，阿尔达诺夫老弟筹备的，还有津济诺夫[16]——借了二百美元。针对阿尔达诺夫在 *Nov[yi] Russk[ii] Journal*[17] 上的最新一篇文章，我写了批评文章，他很大度地接受了。

我现在又精神抖擞地写小说了，希望两个月后完成。我非常喜欢你关于俄国妇女著作的文章[18]。最新一期的《纽约客》有一篇很棒的佩雷尔曼的作品——还有那首关于夏洛克·福尔摩斯和雪的诗歌。[19] 近来我特别喜欢魏尔伦——“Mes hôpitaux”[20] 之类的作品。 150
~~可薇拉对这些事容易焦虑，因此如果你联系得上她，叫她不要赶回剑桥——完全没有必要，因为我很好——她那样太费事了。卡尔波维奇夫妇或许会为我准备接下来两三天的食物。~~

［被纳博科夫划掉］

［在页边］

不对，我看到你的信是从韦尔弗利特发出的。我想你们已经回纽约了。向你俩致意。我们还不能确定暑期的计划，但我预感很快会见到你们。你的身体怎样？你还不碰酒，酒，酒吗？以前我担心你的身体，后来接到你的信，我猜你已经好了。对吧？

你温柔的　弗

~~薇拉跟安娜·费金住一起，西104街250号~~

[被纳博科夫划掉]

1. 本书初版时，这封信在拜内克图书馆被归错了档。博伊德发现了它，并在《纳博科夫传：美国时期》第73—75页予以发表（有删节）。
2. 盟军在法国登陆，决定了第二次世界大战的结果，发生在1944年6月6日。
3. 那家餐馆仍在原来的位置。
4. 即乔治·克拉克（George Clark），哈佛动物学教授，1944年在比较动物学博物馆做研究。
5. 即塔季扬娜·卡尔波维奇，哈佛教授米哈伊尔·卡尔波维奇教授的妻子。
6. Mstislav Dobuzhinsky（1875—1957），艺术家、舞台设计师，曾给孩提时代的纳博科夫上绘画课。多布任斯基曾为莫斯科艺术剧院、纽约大都会歌剧院和美国芭蕾舞剧院等提供设计作品。1941年4月，多布任斯基为纽约版纳博科夫戏剧《事件》（俄语版）设计布景，纳博科夫得以有机会与之续谊。
7. 俄语，不要扮小丑。
8. 即剑桥的奥布里山医院。
9. 用拉丁字母转写的俄语，气喘吁吁。
10. 即出血性结肠炎（出血性腹泻）。
11，12. 原文为俄语。
13. 显然是写于1944年5月的《被遗忘的诗人》。
14. 法语，正是时候。
151 15. 原文为俄语。
16. 关于弗拉基米尔·津济诺夫，参见第182封信，注释7。
17. 指的是《新评论》。纳博科夫把这家文学杂志的名字跟纽约的那份日报《新俄罗斯词语》的名字弄混了。阿尔达诺夫当时在《新评论》上连载的小说叫《起源》，事关1881年亚历山大二世的暗杀事件。后以英文出版，名为《大洪水之前》。

18. 威尔逊对马尔库莎·费舍尔《我的俄国生活》的评论，刊于 1944 年 5 月 13 日的《纽约客》。

19. 西·杰·佩雷尔曼的《困倦时的额外费用》，对美国夫妇睡眠习惯调查的戏拟（穿睡衣的比例、在床上吃东西的比例等），刊登在 1944 年 5 月 20 日的《纽约客》上。关于夏洛克·福尔摩斯和雪的诗歌，见第 95 封信，注释 5。

20. 指保罗·魏尔伦对他住过的医院的回忆，写于他生命的暮年。

* 原文如此。1944 年 6 月 7 日是星期三。这封信写作时间可能从星期三延续到星期四，故有此处的日期混乱。——译注

101

[邮戳日期为一九四四年六月十五日]

亲爱的邦尼：

可怕的体验之后，我出院了，不过仍很虚弱。我在那里给你匆草了一封信，不知是否已寄出。怀特夫人的计划很可以接受——非常感谢！

我的翩翩飞蝶在我生病期间已经失控，我再次埋头于我的小说。德米特里的手术非常成功。我若能积蓄足够的精力，这周末也许会去纽约。

向你俩问候

你的弗·纳

102

一九四四年六月二十九日

亲爱的朋友[1]：

就像通常会发生的那样，见过威尔逊夫妇之后（德米特里仍在冲着你的明信片咯咯笑——他特别喜欢定冠词缺失的情形），我

就有了源源不断的灵感，我的小说又写了一大章。我想九月就能完成。我还翻译了普希金的三首诗（1.《冰霜与阳光——可爱的一天……》，2.《“我的名字对于你有什么意义……”》，3.《“我梦见你们事出有因……”［仿〈古兰经〉］》）[2]。最后一首就像在今天写
152 的一样，影射了那些突击队员和某些欧洲小国。我们在南站等出租车时，我患上感冒（现在传染给了薇拉和德米特里），导致我跟我的那些小虫子隔开了。你还没有告诉我，你喜欢我的灰蝶论文的程度。它们长得就像这样：

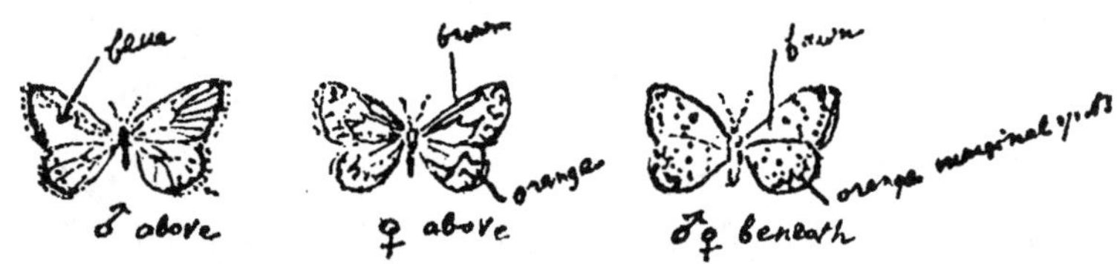

（接近实际尺寸）

我收到了《纽约客》的支票（三百元加二百元），已经谢过怀特夫人。希望不久能见到你们。我现在几乎可以肯定，我的小说将命名为“游戏到炮铜”。威克斯怀着一阵喜悦抢下了我的短篇[3]。Veuillez agréer, cher Maître, l'expression de mes sentiments dévoués.[4]

弗

1. 原文为俄语。
2. 原文为俄语。纳博科夫翻译的普希金这几首诗并没有发表记录。
3. 显然是《被遗忘的诗人》，刊于 1944 年 10 月的《大西洋月刊》。
4. 法语，亲爱的主人，请接受我忠诚的表达。（法国书信礼仪的戏拟性用法。）

103

[爱德华·威克斯致埃德蒙·威尔逊，
边注为威尔逊致纳博科夫]
《大西洋月刊》

一九四四年六月三十日

亲爱的威尔逊：

纳博科夫刚给我们寄来一个短篇，你读了会笑的。它最具他的特色——灵巧，浑然天成，通篇讥讽的飞矢与睿智，构成他特有的独创性。

我昨天在阿加西斯博物馆见到他，我们交流了一些新的普希金 153
译文，我想下周他会给我看的。夏天在即，我们现在有望复刊你的
系列文章吗？如果行，我可以让他关注你考虑的那些诗人。

你真诚的

爱德华·威克斯

埃德蒙·威尔逊先生
马萨诸塞州，韦尔弗利特

[在左上方边缘，一个箭头指向“让他关注”]

我想，你会高兴读到这封优雅的短信。他以为，他可以在我俩间扮演和事佬。我喜欢他这样。

[在威克斯来信的底部]
马萨诸塞州，韦尔弗利特
一九四四年七月四日
我们从该死的英国人那里解放出来的永志不忘的日子

普希金的译文已经到了。我非常喜欢——不过有一些漏洞，我会告诉你如何补上。我刚读完《埃及之夜》[1]，在我看来很令人失望。我并不认为这首诗特别好、需要翻译，如你之前建议的那样。如我们所说，他在其中安排了一个紧张的情节，却没有发展。你的蝴蝶论文对我来说太专业了，我相信内容丰富，但我不能全部领会。

永远的

埃·威

1. 原文为俄语。

104

一九四四年七月十六日

亲爱的邦尼和玛丽：

德米特里去北佛蒙特的一处营地了，我们跟我弟弟帕维尔[1]待了一周，他在缅因州某地教马术。现在我们想去科德角过周末。我
154 们可以这周来吗，周五晚上直到周日晚上？你们能提供住宿吗？如果不能，能否在你家附近找个房间？我们想四处看看，是否有合适的地方能待得久些——一个月左右。

是的，我喜欢威克斯的短信。我收到过一封措辞非常相似的信，不过他用的是“矛”而不是“矢”（事涉幽默）。你应该记住：1.《埃及之夜》表示的仅仅是事情的开始——其中的想法是，让女王爱上三个爱人中最年轻的，饶他一命；2. 整首诗据说是一个意大利打油诗人轻率的即兴创作（参见这个故事）。不过我承认，那并不太值得翻译。

我在努力写我的长篇。太火热了——我是说天气。帕维尔娶了一个美国姑娘，她曾跟玛丽一起在修道院。真有趣——那些小小的

巧合。

希望很快见到你

弗

1. 这是一个恶作剧。纳博科夫没有名为帕维尔的兄弟或近亲（俄语仍可以叫“兄弟”）。这里说的是纳博科夫小说《“那曾是在阿勒颇……”》中女主人公那个可能并不存在的叔叔及其美国妻子。

105

一九四四年七月二十三日

亲爱的邦尼：

如果很便当，我们周五过来时会带捕虫网，请直言不讳。很抱歉，我写信的时间安排得很糟糕，信用特快专递寄出。

今天夜里，我梦见跟霍达谢维奇和温德姆·刘易斯（一部十分单调乏味的作品《上帝之猿》的作者）在一起，正察看诺曼底一座遭兵燹的城镇，然后看到了你，不知怎的，你同时既是你又是丘吉尔。

我们过来时，要找一间带私人淋浴间的公寓房，以便最终可以在海边待上两周左右。你们附近有这样的地方吗？

握你的手

你的弗

106

155

马萨诸塞州，剑桥

一九四四年八月十六日

亲爱的邦尼：

我从未听说过海斯勒这个人，我怀疑他是否存在。这整个儿有第五纵队主义的味道，应该交给联邦调查局。那个关于“合成”了俄国和德国“丰富的文学遗产”的句子，是对前者的一种侮辱。非常可疑。[1]

谢谢你给了我如此美妙的时光。见到你俩真好。我又写了辉煌的一章，还创作了一首小诗[2]，附在信里。我也把它寄给了怀特夫人。我的果戈理著作出来了，已让杰伊老弟寄你一本。露珠般晶莹的文法小错误增添了它的光辉。

艾伦·泰特给我写信，要一篇对考恩[3]著作的评论。我说不。随后我发现，可怜的考恩去世了。Il fait disblement chaud, ce qui n’est pas khorochaud.[4] 薇和弗问候你们以及拉凯[5]。

弗

我也很喜欢韦尔弗利特。我想补充的是，我很遗憾没有机会详细地告诉你，我是多么喜欢《黛西》[6] 中的许多东西，比如，她舒适的乡下小屋的岌岌可危，严寒已然无可阻挡地步步紧逼，还有她唯一的幸福日子里让人心碎的故事。

薇拉

1. 作为哥伦比亚大学出版社分部，国王王冠出版社 1944 年 8 月宣布，出版《亨利·冯·海斯勒，一位俄德作家》，作者是安德烈·冯·格罗尼茨卡，哥伦比亚德语及俄语助理教授。在推销本中，这位鲜为人知的海斯勒被吹嘘为“俄国和德国文学间最伟大的中介之一”，他的创作“代表了两个国家丰富的文学遗产的独特合成”。（根纳季·巴拉布塔罗好意提供的信息。）

2. 即《梦》，后发表于《大西洋月刊》（1946 年 9 月）。

3. Alexander Kaun（1889—1944），加州大学斯拉夫语言文学教授。他的写作广泛涉猎俄苏文学，与许多重要的俄罗斯作家保持友谊和通讯联系。他的最后一部作品是四卷本的《高阶俄语读本》，1943—1944 年由加州大学出版社出版。

4. 法语“热”和俄语“好”的双关语，热得像地狱，这不好。

5. 拉凯是威尔逊家的狗的名字。 156

6. 即威尔逊的早期小说《我想起黛西》，初版于1929年。

107

《纽约客》

西43街25号

马萨诸塞州，韦尔弗利特

一九四四年八月三十一日

亲爱的弗拉基米尔：我们很喜欢你谈果戈理的书。精华部分神思飞扬（对庸俗[1]的阐述绝妙，很有价值）。不过在我看来，有些方面你犯糊涂，问题弄巧反拙了。我给《纽约客》写了一篇评论[2]（因为我还没有收到天天盼望的那一大篮水果），尖锐地斥责了你。但它并非真正的评论——不然就不可能发在《纽约客》上了。我希望什么时候跟你认真推敲一下这本书，仔细讨论一番。有件事我没有提，我认为对此你真应该反思，就是你那不寻常的断言，说普希金可能压根儿没有帮助或鼓励过果戈理。因为这恰恰不是影响问题——影响是你用的词。即使认为普希金有时跟果戈理很接近（在《青铜骑士》和《黑桃皇后》中，以及——我认为当时我们在这里畅谈时，你是承认的——《戈留欣诺村史》中）[3]——跟你的说法相反——的看法不是真的，普希金的一个突出特点无疑是其文学兴趣的广泛而多样。因此，他肯定是那种给过果戈理建议的人。他和其他作家的关系——比如密茨凯维奇——表明，他富有同情心。还有，莫里哀的《恨世者》和《唐璜》中难道就没有超过二维的东西吗？当然，莫里哀不是果戈理那样的诗人，但这些作品绝不是热狗。[4]你为我澄清了许多段落，这些都是我不太能得其三昧的——比如为纸牌取的诨名，还有那个试穿新靴子的中尉。[5]起初这个中尉让我困惑，后来觉得纯属多余，直到看了你对这一段的讨论，才理解了这种笔法的丰厚之美。

我们跟切利谢夫一直相处得很融洽，最近不时能见到，渐渐开
始喜欢他了。他对果戈理很在行，所谈的看法跟你多少有些相似。
157 不过他告诉我，他认为《维》[6] 是果戈理最伟大的作品——我同意。
我觉得，你很武断地忽略了果戈理的大部分作品。我在读《狄康
卡近乡夜话》[7] 等，希望对它们的看法跟你不尽相同。向薇拉问好。
我们想念你们。

永远的

埃德蒙·威

1. 原文为俄语。在《尼古拉·果戈理》中，纳博科夫详细讨论了这个表示陈腐、平庸的俄文概念，有助于普及这个词及概念（英语有时写成“poshlust”）。可以说，现在它已进入英美文学批评语汇。关于纳博科夫更新过的庸俗观，以及对这个概念可能被误解的阐述，参见赫伯特·戈尔德的访谈，《独抒己见》，第100—101页。

2. 即《尼古拉·果戈理——希腊教化》，发表于1944年9月9日的《纽约客》。评论的部分内容后来收入《经典与商业广告》一文（《纳博科夫论果戈理》）。“大篮水果”可能指纳博科夫的朋友阿尔达诺夫养成的一个习惯，据传他会给可能为他写书评的美国评论家送果篮。

3. 书名原文为俄语。

4. 这里针对的是纳博科夫《尼古拉·果戈理》中关于莫里哀的如下说法：

> 比之于莎士比亚或果戈理创作的复杂得匪夷所思的戏剧来，一部拙劣的戏剧更适合被称为优秀喜剧或优秀悲剧。从这个意义上说，莫里哀的东西（不论好坏）是“喜剧”，亦即容易吸收的东西，就像看足球赛时吃的热狗一样，是某种一维的东西，绝对没有巨大的、沸腾的、奇妙的诗性背景，后者才构成真正的戏剧。（第55页）

5. 指《死魂灵》第七章的结尾。

6，7. 原文为俄语。

108

一九四四年九月十日

亲爱的邦尼：

照玛丽那样，为了写一则短篇[1]，两周前我也隐退到另一个小镇（对我来说，是韦尔斯利）。我寄了一份给《纽约客》（最新一期以凡尔赛条约的梦做封面，真棒），现在也给你寄一份，供个人玩味。它看上去简单，却错综复杂。你会注意到，我的那位老人回忆的事很少出错。

这是我们科德角假日的一种延伸，还要算上德米特里，他从营 158
地回来了，黝黑、结实。我们游泳、打网球。我有十八个学生，他们已经掌握了发音。伯基特[2]其他都不错，却把比如 ы 在 былъ[3]中的发音说成是“bwyl”，很糟糕——还说，英国人说俄语时会噘嘴，就是要发那个倒霉的字母。十一日我们一家都将回剑桥。你们会去海外吗？你们会马上到波士顿吗？

你的

弗

1. 即《时间与落潮》（译者按：中译本《纳博科夫短篇小说全集》译为《似水流年》）。
2. 即格奥尔吉·阿瑟·伯基特，见《现代俄语教程》，第二版，伦敦，梅修因有限公司，1942。
3. 俄语，是（相当于英语的“was”）。

109

《纽约客》

西 43 街 25 号

一九四四年九月二十九日

亲爱的弗拉基米尔：我非常喜欢你的小说（还有在《法国来信》上关于博物馆的那篇[1]）。我在这儿听说，他们拒稿了。恐怕他们认为，它超出了《纽约客》读者的理解力，因为一些编辑就不理解。不过，威克斯当然应该采用它。[2]

我们已经到城里了，在老远的东河弄了一套小住宅，希望最终能在那儿见你们。我们要到十月十日才能搬进去，同时准备回韦尔弗利特几天。向薇拉问好。

永远的

埃·威

1. 即纳博科夫俄文小说《博物馆之行》的法译版本，刊于布宜诺斯艾利斯的《法国来信》（1944 年 7 月 1 日）。
2. 见下一封信，注释 9。

159 110

一九四四年十月十一日

亲爱的邦尼：

为了出版，我花了一个月准备我的蝴蝶著作[1]的第一部分，那些图画费了很多事。今天就给出版商，树是绿色和锈褐色的，层层延伸，像哥白林挂毯。Enfin—c'est fait.[2] 未来二十五年左右，它都将是出色的、不可或缺的，之后会有其他人指出，我这儿那儿错得有多离谱。这就是科学与艺术的区别。

Le New Yorker a eu le toupet de me renvoyer mon conte accompagné d'une lettre pleine d'un fatras d'inepties. Étant de mauvaise humeur ce jour-lá, j'ai assez rudement engueulé la pauvre Mrs. White.[3] 有一天，在韦尔斯利的阅览室，我随手拿起

一本叫《作家》之类的期刊，很不错，一篇关于《安营扎寨》[4]的文章，其中一段十分精彩。作者讨论了一个作家的悲哀困境，他无法“安营”，“弄得十分气馁，以至于认真考虑放弃写作”。我非常喜欢你论述侦探小说的文章。阿加莎当然难以卒读——不过塞耶斯写得不错，你没有提及。试试读《罪行广告》[5]。有趣的是，你对侦探小说的态度就像我对苏联文学的态度，因此总的说来，你正确无疑。我希望你哪天碰一碰二十五岁的 sovetskovo molodnyaka[6]文学——我会津津有味地看着你晕厥、呕吐——而不是你经历过的轻微晕船：

“他脸色镇定，带着那种一旦兴趣被猛然唤醒（或‘热切激起’）都会有的模糊表情。”“这个女孩盯着那衔着烟斗的瘦长男子好一阵子。”（R. T. M. 斯科特，《龙头鱼》）“高个子侦查员微微耸了耸肩。”（同上）“明天早上，九点，我们去做一次小小的讯问，很不正式，你知道……也许会让你觉得很有趣，罗布先生。”“他仰靠在椅子上，两手指尖相对，凝神蹙额，我无法捉摸。”“不，罗布飞快地说，凶杀案刚好是二十二分钟之后发生的。”“我有路易斯叔叔的嗓音？”她很快地猜到了。“他嗓音的侄女，可以说，他承认。”（欧内斯特·布拉默）“‘晚上，科尔顿先生，’警长说，‘恐怕有麻烦事。’”（理查德·康奈尔，《黄蜂的刺》）“你的另一把手枪呢？”“那是普通的五发自动手枪，知名的美国制造商。在我灰色西服裤子的后袋，挂在壁橱里。”（同上）（下面是我搜集的珠宝——注意那些漂亮的巧合。）

我一脸茫然地盯着他。“你是说——”我开始说。 160
“她压根儿就没有被杀。”他补充说。
（J. D. 贝雷斯福德，《人工胎痣》）

他迅速拿出谈到的照片，用来跟大为震惊的警长对质。“贝雷斯福德，老兄！贝雷斯福德是凶手，他自己妻子的凶手。”

（安东尼·伯克利，《复仇的机会》）[7]

我已经校对了普希金—莱蒙托夫—丘特切夫的校样[8]，返还给劳克林了。《时间与落潮》卖给了威克斯。[9]迫切想见到你。

弗

1. 即《红珠灰蝶属形态学笔记》。
2. 法语，终于——做好了。
3. 法语，《纽约客》厚颜无耻地退回我的小说，还附了一封充斥着胡言乱语的信。由于那天情绪很糟糕，我很粗鲁地数落了怀特夫人一顿。
4. 即多萝西·B. 奎克所作《看来你想安营扎寨》，《作家》，1944 年 8 月。
5. 纳博科夫指的是多萝西·L. 塞耶斯的《罪行必须广而告之》（1933）。
6. 用拉丁字母转写的俄语，苏联新生代的。
7. 所引侦探小说都收于选集《世界百部最佳侦探小说》，尤金·特温编，1929 年出版。威尔逊讨厌阿加莎·克里斯蒂、雷克斯·斯托特、达希尔·哈米特的侦探小说，他在《纽约客》（1944 年 10 月 14 日）的《人们为什么读侦探小说》一文中表达了这个看法，后收于《经典与商业广告》。
8. 即《俄罗斯三诗人》。
9. 发表于 1945 年 1 月的《大西洋月刊》。

111

《纽约客》

西 43 街 25 号

一九四四年十月二十六日

亲爱的弗拉基米尔：我另外给你寄了一本精彩的小书，它可能是追求现代文学道路的代表。你读的时候要知道，萨拉·哈特是亨·路·门肯的妻子——这样解释后，你会觉得一切都清楚了。[1]

我跟你说过吗？我们在东 86 街一处很不错的小宅子里安顿下

来了。亨德森广场 10 号。希望你马上能来城里，我们想念你。我喜欢你从侦探小说中采集的那些文字。我接到侦探小说迷的几十封 161
信，对我的文章表示抗议，目前只有三封赞同我。我近来完全陷在工作中了：我的书，那本菲茨杰拉德的校样[2]，加上《纽约客》的工作。

向索尼亚问好[3]

埃·威

1. 这里显然指萨拉·哈特的《南方相册》，亨·路·门肯作序（纽约，1936）。这是一本短篇小说和回忆文章集，门肯的序言说它是“虚构与事实的混合物”。

2. 即《崩溃》（见第 125 封信，注释 1）。

3. 笔误，威尔逊写的是罗曼·格林伯格妻子的名字，而不是纳博科夫夫人的名字。

112

“阁下，我的英语讲得跟你一样好，
因为我是在英国宫廷教养长大的；
我在年轻的时候，就会把许多英国的小曲
在竖琴上弹奏得十分悦耳，
使我的歌喉得到一个（an）美妙的衬托。”[1]

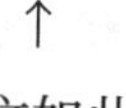

原文如此！

《亨利四世》

第三幕第一场第一百二十一至一百二十五行

一九四四年十二月二日

亲爱的邦尼：

我已经很久不给你写信了，今天给你寄一首稍长的诗歌[2]。《纽约客》绝不可能用它的，因此我也就没有单独给他们寄，但他们一定要看看，你可以拿给他们吗？顺带说一句，如果你喜欢，可以把它收在我们的道布尔戴的书中。你也可以从英语角度写一首，作为补充。我们可以彼此献给对方！

我太喜欢你寄过来的那本小巧的良种登记册了。设想一下，由于某种巨大的灾难，我们所有的书都毁了，只剩下那本。再想象一下，二五七二年，它被发现。一个消失了的文明的唯一纪念物。一座大型的学术著作图书馆围绕它慢慢发展起来。所谓的莱因德纸草书——如此称呼是因为莱因德一八五八年从几个阿拉伯人手中购得，他们宣称是在拉美西斯神殿附近一些小建筑物的废墟中发现
162 的——开头就承诺："所有的秘密，所有的神秘……"结果其实是一个课本，书卷空白处还有公元前十七世纪某个不知名的埃及记账员或农夫的细账。可是，有些人要幸运得多。小普林尼，一个干劲十足的律师（一口气能说七个小时），全然缺乏文学才能，一生就像一只老鼠要在后人心目中建立自己的名声，他成功了。完美的 poshliak[3]。

我还没说过，我很喜欢你关于戴维斯风格的那篇小文[4]（刊在《党派评论》上，我想）——美妙绝伦，你的一篇上等 morceaux[5]。

我在干许多活。经济上有困难，在找一处稳定的教席。Ipse quid audes？ Quae circumvolitas agilis thyma？[6] 你读过动物学家翁德曼（Ondemann）[7]的《海蛇》吗？

你的

弗

1. 引文是《亨利四世上编》奥温·葛兰道厄的台词（译者按：中译采用

朱生豪先生译文），保留了纳博科夫的大写字母和标点符号。许多现代版莎士比亚剧本将“an helpful”拼写成“a helpful”。

2. 即《俄罗斯诗歌之夜》。《纽约客》的反应与纳博科夫的猜想大相径庭，如第 117、118 封信所示。

3. 用拉丁字母转写的俄语，俗物或庸俗的代表。

4. 即《散文风格大师约瑟夫·爱·戴维斯先生》，刊于 1944 年冬 11 期《党派评论》。后收于《经典与商业广告》，题目为《作为文体家的约瑟夫·爱·戴维斯先生》。

5. 法语，篇目。

6. 拉丁语，你自己在尝试什么？旋舞在怎样的百里香丛中？出自贺拉斯《书信集》，第三首，第 20—21 行。（译者按：中译采用李永毅先生的译文，见《贺拉斯全集：拉中对照详注本》上册，李永毅译，北京：中国青年出版社，2017，第 597 页。）

7. 即默尔曼（Merman），来自法语的“onde”（波浪）和德语的“Mann”（人）。纳博科夫的这种幽默对他的小说读者来说并不陌生。例如《天赋》第二章，费奥多尔的父亲跟舅舅奥勒格有一段谐谑的谈话（“你从没有见过波波夫斯基的马被波波夫的苍蝇叮咬吗？”这里是指普尔热瓦尔斯基的马——普尔热瓦尔斯基野马，父亲这一形象某些方面是以这种马的发现者之著作和游记为基础的）。另外一个类似的例子出现在《普宁》的第二章：“他在绿绿街阿克萨考夫研究所有个小差事，还在格莱赛街索尔·巴格罗夫开设的一家俄文书店里兼差，就以此为生。”这里提到的谢尔盖·阿克萨科夫两部关于巴格罗夫家族的作品（《家庭纪事》《巴格罗夫孙子的童年岁月》，在《爱达或爱欲》中也发挥了作用，成为那部小说的副标题）跟 18 世纪一部流行的小说混在一起，格莱赛的《绿绿》，一只出逃的鹦鹉历险记，以表明普宁侨居所处的法俄氛围。

113 163

《纽约客》

西 43 街 25 号

一九四四年十二月十八日

亲爱的弗拉基米尔：我很高兴，你的诗歌通过了。我昨晚刚回来。鲁埃尔[1]很喜欢德米特里送的那辆小汽车——他感冒卧床，这下来劲了。我把你作为车尔诺赫沃斯托夫的朋友（你在欧洲结识了他，你们的关系很暧昧）带进了我的书[2]中，他对自己名字起源的解释会误导人。

祝你们圣诞节快乐

埃·威

1. 即鲁埃尔·威尔逊，玛丽·麦卡锡和埃德蒙·威尔逊的儿子。

2. 即《赫卡特县的回忆》。小说最后一部分《布莱克本夫妇在家》，叙述者描述了他通晓多种语言的邻居埃德·布莱克本（他可能就是那个鬼）。布莱克本有多个国别身份，德国人叫他施瓦茨考夫，俄国人叫他车尔诺赫沃斯托夫（“黑尾”）。叙述者说：“一个聪明的俄国小说家告诉我，他似乎在欧洲结识了他，但我将信将疑，说他是个毛皮商，跟苏联人做生意，他属于某个古老的莫斯科商人家庭，革命后离开了，他的名字应该跟西伯利亚某种动物的皮有关，那个家族就是靠它发家的。”

一九四五

114

埃德蒙·威尔逊夫人

新泽西州红岸，维斯塔广场 36 号

一九四五年一月十九日

亲爱的弗拉基米尔：你会很激动地获悉，我已准备阅读你的俄
语作品，现在正津津有味地阅读《玛丽》[1]。一些意象很好：第一
个场景，他们被滞留在电梯里的那一幕，还有他在电影中看到自己
的那一段。不过，我没理解错吧，加宁和柳德米拉据说是在出租车 164
的地板上进行他们第一次 étreinte[2]？我想，你肯定没有这样的亲
身经历，否则你就会知道那根本办不到。

《纽约客》派我去英国和法国，我一个月后或再晚些出发。为了防止数不清的疾病，我接种了各种疫苗。

向薇拉问好

埃德蒙·威

1. 原文为俄语。
2. 法语，拥抱。

115

一九四五年一月二十日

我亲爱的邦尼：

那样行得通，事实上有过，是在柏林的出租车里，一九二〇年

的款式。我记得我曾问过许多俄国出租车司机，都是很不错的白俄，他们都说对，那是正确的姿势。我恐怕对美国技巧一窍不通。一个叫皮奥特罗夫斯基[1]的人，一个 à ses heures[2] 诗人，告诉我，一天晚上他的乘客碰巧是一个著名影星及其跟班；他想表现得彬彬有礼（流亡贵族之类的），于是车到目的地后，他轻快地打开门，那交媾的一对猛然抬头，迅速从他身后溜走，像“双背”龙，他说（他读过《奥赛罗》）。

读我的《玛丽》时得记住，我是二十一年前写它的——是第一次写小说。那个女孩真的存在。

劳克林写信说，他在尽力把那本诗集出出来，但负责排版的人便秘了。[3] 我跟他的合同有一则条款写道，如果一九四五年一月一日图书未出版，他将丧失出版权——还有他付给我的钱。我会等到二月一日。我们道布尔戴的书进展如何？

你走之前我想见到你。二月十日至十一日，周六晚和周日我会在纽约。那位老前辈[4]怪罪于希腊的托洛茨基分子，你怎么看？

你的

弗

你怎能把那个江湖骗子曼跟普和乔[5]相提并论？

165 1. 即纳博科夫的朋友，流亡诗人弗拉基米尔·考尔温·皮奥特罗夫斯基。
2. 法语，应景的。
3. 原文为俄语。
4. 指斯大林。
5. 即普鲁斯特和乔伊斯。

116

一九四五年二月

亲爱的邦尼：

我们度过的是一个愉快的夜晚。感冒未痊愈，讨厌的肋间神经痛又发作，我忍着疼痛、一瘸一拐地回到剑桥，在床上躺了一个星期。疼起来既像肺炎又像心脏病，还有根铁手指一刻不停地在你的肋骨之间戳来戳去。这种病很罕见，就像我遇到的所有事情一样。我一生中已经发作了两次，现在很好。

你到达欧洲时会是打烊时间[1]（这是基于人们找帽子[2]的一种说法，也就是说，在俄国，人们离开教堂时——一堆农民的帽子在角落里得去找，就是这类事。我们用这个说法，意思相当于“pour la curée”“在演出结束时”），不然我可能就不让你去［……］。

关于稿费，如你好心建议的那样，你跟《纽约客》说过吗？如果很方便的话，说一下吧。

一流水平——那篇谈夏洛克·福尔摩斯的文章。[3]

你的

弗

1. 原文为俄语（字面意思是“在找帽子的时候”）。
2. 原文为俄语。
3. 即《福尔摩斯先生，它们是一只巨型猎犬的脚印》，最初发表于 1945 年 2 月 17 日《纽约客》，后收入《经典与商业广告》。

117

一九四五年三月六日[1]

亲爱的邦尼：

随信附上一份一九四五年一月二十七日的《泰晤士报文学增刊》，供你一乐。[2]

166 谢谢为《纽约客》稿费操心。他们加了三十美元。我很不安，跟你说的数字是错的——我压根儿忘了是多少，也忘了我跟你说了多少，在金钱方面我是个彻底的白痴。我现在弄清楚了，差不多两百四十五美元。

我的诗歌[3]获得了很大的、应有的成功。你何时出国？会经过波士顿吗？

请告知我你的近况。我很喜欢你。

弗

1. 原件日期写为“6 III I”。
2. 这一期是一组关于俄国事务的文章。不清楚纳博科夫为威尔逊选的是哪篇。
3. 即《俄罗斯诗歌之夜》，最终发表于 1945 年 3 月 3 日的《纽约客》。

118

《纽约客》

西 43 街 25 号

一九四五年三月十二日

亲爱的沃洛佳：

这儿一方面是对你的诗歌[1]的巨大热情，另一方面则似乎有股令人沮丧的力量。当我首先提出你的稿酬问题时，罗斯和怀特夫人都说，他们觉得支付给你的酬劳还不足。罗斯跟我说，他要给你再寄将近六十美元。可结果他们才寄了三十美元，因此应该再寄追加的支票。此时你应该收到第二笔了。

我周三坐船出国——一艘挪威小轮船，把我捎到英国。我出去四到六个月。祝你这期间好运。顺便说一句，如果你真的要一份学术工作，你可以写信给刘易斯·琼斯，本宁顿的校长，说你就是我几年前提到的那个人。我很抱歉，这个冬季没有机会与你多见面。过去这些年里，我们的谈话是我文学生涯中为数不多的慰藉——我的那些老朋友要么玉树凋零，要么越来越神经质，而整个事态对过去所谓的人文科学来说又是如此令人气馁。问候薇拉和德米特里。希望秋天能见到你们。

永远的

邦尼·威

弗拉基米尔·纳博科夫先生 167

马萨诸塞州剑桥

克雷格环路 8 号

埃·威-f

1. 即《俄罗斯诗歌之夜》，发表于 1945 年 3 月 3 日《纽约客》。

119

一九四五年五月三十一日

罗马

西斯廷大街

城市旅馆

但信件应寄至：

AFHQ，PRO，A 分队，APO512

亲爱的沃洛佳：一天，走在苹丘的小街上，我的旅馆在那儿，我好奇地打量着那成排的 hôtels borgnes[1]。那些暗门晚上打开，好让士兵们带女孩子进去。我惊奇地发现，其中一扇门（虽然我猜它是一户相对体面的公寓房）上有一块大理石匾，是浅浮雕的果戈理头像，铭文说他在这里创作了《死魂灵》[2]——是俄国侨民于一九〇一年立的。我在街的对面发现了邓南遮的房子，在下一条街发现了司汤达的房子，在西斯廷大街的尽头发现了济慈的房子，他死于西班牙之阶的脚下——而德国的庸人[3]歌德的房子也离得不远。可是我认为，我在这里还没有写出像《死魂灵》或济慈的优秀诗篇那样好的东西——不过（全仰仗盟军占领支付的费用以及仁慈的安排）我在下一条街的顶楼拥有一间漂亮的卧室，还有一个阳台，我每天都在那儿待上一阵，饱览罗马城。

每个人、每件事都能说上很多，我无法在一封信中一视同仁。因此，我想摘抄在特鲁罗的波利·博伊登[4]的一段来信，我刚从美国收到——我肯定，这段文字会满足你无餍的、自恋的虚荣心：“我读了纳博科夫的《果戈理》，”她说，“实属偶然，我太喜欢了，于是我买了《塞巴斯蒂安·奈特的真实生活》。我想，比起我亲身遭
168 逢的那些人来说，纳博科夫是更不容忽视的艺术家。当我阅读那些非凡的作品时，我打了一个激灵，觉得自己其实见过他——就像‘看到普通的雪莱’那样；尽管事实上我认为在《塞巴斯蒂安·奈特的真实生活》的最后一段，他变得太浅显了。我觉得，他突然认输不干了，就仅剩下一段了！”还有一则罗马的最新消息要告诉你，也会让你满意的。马里奥·普拉兹，那位博学而有些古怪的作家，写有 *La Carne, la Morte & il Diavolo nella Letteratura Romantica*[5]，在学俄语，刚读完《外套》[6]，热情洋溢地跟我说起你的果戈理著作，他想方设法搞到一本，我在一家书店也见过一册。除此以外，恐怕现在的欧洲状况很糟糕，你一定已经猜到。跟我见过的其他任何东西比，残垣断壁的意大利激起我更多的厌恶，厕身其间，我的主要感觉就是想尽可能逃离它们。居民们不停地求你，把他们都带到美国去（他们的许多朋友和亲属已经去了），或者设法把意大利并成

美国的一分子。罗马几乎没受影响，很宜人——但我发现，尼娜托我看望的她的一个表姐妹住的地方被炸了，街对面的房子毁了，可怜的老太太的窗玻璃都碎了，取而代之的是毛玻璃，或者干脆空着。[7]在这里，意大利法西斯主义的墓地上混合着形形色色的国籍，耐人寻味，我想试着就此写点什么——可能以小说形式发在《纽约客》。

希望你的事业繁荣兴旺。代我向薇拉和德米特里问好。在意大利明净的阳光里，在这条让人欣悦的小街上，果戈理居然虚构[8]了乞乞科夫，真是匪夷所思——《死魂灵》的整个世界似乎远在天边。你的蝴蝶怎么样了？你的小说怎么样了？

永远的问候

埃·威

1. 即“隐蔽的旅馆”。
2. 原文为俄语。果戈理在罗马的公寓如今坐落在西斯廷大街 126 号。
3. 原文为俄语。指纳博科夫在《尼古拉·果戈理》中的说法：“《浮士德》渗透着可怕的庸俗气。”
4. 波利·博伊登跟丈夫普雷斯顿（“巴德”）、一个富有的芝加哥律师，在特鲁罗拥有一座大房子。她创作了小说《粉色的蛋》，一个同时代的人说它“有点儿超现实主义，有点儿共产主义”，“只有她的朋友读”。
5. 法语，《浪漫主义文学中的肉体、死亡与魔鬼》。该书在英语世界以《浪漫的痛苦》知名。
6. 原文为俄语。
7. 更详细的描述，参见威尔逊《旅游指南外的欧洲》第六章。 169
8. 原文为俄语。这个分词的短形式应该更符合表达习惯，更能表达威尔逊的意思。他用的是长形式，表示贬义的“策划”“编造”。

120

部队地址：AFHQ，PRO，A 分队，APO512

一九四五年六月三日

罗马

西斯廷大街

城市旅馆

亲爱的沃洛佳:

这是我日前那封信的附言。我在这里的一家书店发现了一本巴尔尼作品，便买了下来，据说普希金模仿过他。我在读《圣经的诱惑》(*Les Galanteries de la Bible*)，它明显影响了《加百列颂》。我想，这就是它的萌芽:

Le galant et beau Gabriel,
Feignant toujours quelque message ,
Allait de village en village
Parler d'amour au nom du ciel.
Voyez sa complaisance extrême:
Il annonce avec un souris
A l'épouse , à la vierge, un fils
Qu'obligeamment il fait lui-même. [1]

其中一些措辞非常优美有趣，但巴尔尼没有一丝普希金的感情、人道与趣味。他去世后不久，有人写了关于他的精彩传记。他似乎爱上了一个年轻姑娘，与她有一段情事，她被安排嫁给了某个更富有、更高贵的男子。巴尔尼为她写了四卷哀歌，他因此以“Le Tilbulle français”[2] 知名。后来女子的丈夫去世，她给巴尔尼写信，愿意与他一起度过“les derniers jours qui lui seraient comptés sur la terre”[3]，但诗人尽管“sensible à ce souvenir de sa maîtresse, s'écria,‘Ce n'est plus Eléonore!’ et ne répondit point (isn't that *point* perfect?) à la femme tendre et dévouée qui revenait à lui”[4]。后来他得到三千法郎的年金，因此生命的暮年他能够“goûter une douce médiocrité”[5]。他还创作了一首关于英国人的长诗《该死》。

有一天，在阅读了许多意大利文后，我在看一本随身带的俄文 170
书。毫无疑问，俄语的变格变位让这种语言的句法缜密有力——像拉丁语——加上它大量的习惯用法，进而让俄语成为一种非凡的文学媒介。意大利语是退化的拉丁语，真正伟大的意大利语诗人只有但丁、莱奥帕尔迪等人，他们通篇都是或接近古典拉丁语。我不相信，一个十九世纪的意大利诗人（除了莱奥帕尔迪）能写出堪与丘特切夫最次的抒情诗相比的作品来——能把精致与韧性的风格罕见地结合在一起。顺便说一句，在这儿，有时一个可怕的怀疑会向我袭来，在整个西方的崩溃中，经典英语最终注定要衰败下去，一种基础的、洋泾浜式的美语会出现，就像拉丁语衰落后出现意大利语一样。如果大众宣传和机械化战争进一步加剧，那剩下的就只有这些——也许还有现在、五年计划[6]之类的几个俄文词，以及allrightnik[*]（你知道这个奇妙的词吗？它在纽约东边使用）。英语中仅存的那点儿语法似乎也要在美国公立学校中被丢弃了。有人告诉我，那里有时会教育学生，如下这种说法是对的：“He took she and I to the movies.”门肯《美语》中令人毛骨悚然的搭配——“I was, you was, he was; we was, you was, they was”或许会成为标准。如此一来，你我之流最终会成为被抛弃的老学究，就像从维吉尔那里寻章摘句拼凑成诗的奥索尼乌斯一样。

衷心的问候，永远的

埃·威

1. 法语，勇敢英俊的加百列，总是假装有消息，走过一村又一村，以天国的名义说着爱。想想他是多么热心：他面带微笑告诉那个妻子，那个童贞女，他会亲自帮着给她一个儿子。在普希金研究界，巴尔尼的这段诗确实一直被认为是《加百列颂》的来源。比起其故国法国来，埃弗瑞斯特·巴尔尼（Evariste Parny，1753—1814）在俄国文学传统中更著名，因为普希金和 19 世纪初俄国的其他诗人喜欢他的作品。他出名的原因还在于他那本伪造的非洲民间故事书《马达加斯加歌谣》，其选段被莫里斯·拉威尔谱上音乐。

2. 法语，法国的提布卢斯。

3. 法语，派给她在尘世的最后日子。

4. 法语，被情人的这段回忆感染，他叫道："这不复是埃利奥诺！"对想回到他身边的那个温柔、忠爱的女人，他一言不答。

5. 法语，享受舒适的平庸。

6. 原文为俄语。

* 主要在犹太人中使用的词，指暴发户。——译注

171 **121**

马萨诸塞州，剑桥

克雷格环路 8 号

一九四五年六月十七日

亲爱的邦尼：

就在我开始为你担忧时，我接到了你两封优雅的信。但我其实（从怀特夫人那里）知道，你在意大利。"啊，布伦塔……亚德里亚的波澜！"[1] 还有霍达谢维奇精彩的回答："布伦塔——锈色的小溪。"[2] 勃洛克和蒲宁[3] 也有写意大利的精彩诗歌。

意大利，一切大吉大利[4]——可你什么时候回来？顺便说一句——尼古拉也在欧洲，以陆军上校头衔奉命派往德国。真神奇。[5]

两三周前，我给了《纽约客》一则短篇[6]——稿酬很不错。不幸的是，一个叫"罗斯"的人动手"编辑"它，我写信给怀特夫人，告诉她我无法接受那些荒唐恼人的任何改动（插了些鸡零狗碎，为的是衔接"思想"，让"普通读者"明白）。我一生中从未发生过这样的事，我都准备取消这笔交易了。他们突然作出让步，只保留一段小"桥"，怀特夫人要求给她一个面子，这样小说基本上没有动。我一直很乐于接受语法上的纠正——但现在我跟《纽约客》说

得明明白白，dorénavant[7] 不得有任何“修订”和“编辑”。我非常生气[8]。怀特夫人给我写了几封信，又打了两次电话，最后到这儿来看我（在她去缅因州的路上）。现在我们和好了。[9]

我喜欢你对那个没有得到资助的苏格兰人[10] 的报道。我们的朋友劳克林准备娶凯泽的女儿——列文夫妇说的。我把烟戒了，觉得特别难受。我们七月份可能会去新罕布什尔的某个地方。就此跟我们通信的对方原来很善于启发。“摩登舒适”就是有抽水马桶，但没有浴缸。“基督徒客户”要更有趣——简直就是引诱。

请再来信，噢我的朋友[11]（这是朋友的呼格[12]）。

薇拉问候你[13]，德米特里出水痘了。

你的

弗

1. 原文为俄语。出自《叶甫盖尼·奥涅金》第一章第 49 节。
2. 原文为俄语。霍达谢维奇一首诗的第一句，描绘的是这条不起眼的意 172
大利河流的真实面貌。因为名字响亮，许多诗人都吟咏它。
3. 前文提到三位诗人名字原文为俄语。
4，5. 原文为俄语。
6. 即《含糊其辞》，后改为《谈话片段，一九四五年》。
7. 法语，从此以后。
8. 原文为俄语。
9. 两年后，纳博科夫给了《纽约客》又一则短篇《符号与象征》，遇到同样的麻烦。威尔逊给凯瑟琳·怀特写了一封措辞激烈的信（见《文学与政治书信，1912—1972》，第 409—411 页），强调纳博科夫创作的重要性和独创性，使他免遭编辑没完没了的干涉。
10. 即罗伯特·麦金太尔博士，苏格兰议员，无法得到下议院认可，威尔逊 1945 年 6 月 2 日在《纽约客》刊文《战争结束之际伦敦笔记》，描述了他的困境。后成为《旅行指南外的欧洲》的第一章。
11，12，13. 原文为俄语。

122

《纽约客》

西 43 街 25 号

一九四五年九月二十七日

亲爱的沃洛佳:

我回来已差不多一个月了。你最近有空来纽约吗?我很想见你。我也许会去科德角,得便在波士顿停留,但还没确定。

你可能知道了,我有许多家庭的痛苦[1],现在孤身一人住在纽约的房子里,你或你们一家过来,都可以住这里。

你跟《纽约客》的事不要多虑,这是他们的规定程序,你不必接受他们的任何建议。他们待作者其实很得体,不像其他编辑。未经作者允许他们不会妄加修改。

我离开任何地方都不像我离开欧洲那样高兴。我们生活在美国,真的很幸运,但我认为,目前这里的文化生活根本不值得骄傲。

173 在罗马时,我把你的几部小说借给一些俄国老太太,还有尼娜的亲戚朋友。我以为这些小说会让他们困惑,可他们都说写得很好。

向薇拉和德米特里问好。

永远的

邦尼·威

1. 指威尔逊与玛丽·麦卡锡在闹离婚。

123

马萨诸塞州,剑桥

克雷格环路 8 号

一九四五年九月二十七日［之后］[1]

亲爱的邦尼：

得知你 de retour[2]，我们非常高兴。没有你的日子十分乏味。谢谢邀请，我们很想去，但要去只能在哥伦布纪念日的那个周末，就连这也不太确定。如果你能来波士顿，就太好了。

我听说了你们家的事，是上次我们纽约见面后不久（当时我们还谈到尼卡婚姻的困难；他现在是纳博科夫上校了，在德国肩负着文化使命），我们一个热心的共同朋友说的。我希望整件事情某种程度上应该解决了[3]，但由你的信推断，还没有。我不知道该对你说什么，只觉得这一切让我“非常”难过——特别是，我没有听你亲口说过，只能从各种谣言捕风捉影。

暑假里我们大部分时间都待在韦尔斯利。我已经戒烟了，变得相当胖。巴黎一家拍电影的公司取得了我一部小说的拍摄权（《暗箱》，又叫《黑暗中的笑声》）。我欧洲的两个弟弟，最小的[4]原来是美军在德国的翻译；他通过我《纽约客》上的小说追踪到我。另一个弟弟[5]被德国人抓到一个最糟糕的集中营（汉堡附近），死在那里。这消息让我极度震惊，在我想象中，他最不该被抓（因为“盎格鲁–撒克逊的同情心”）：他是个不怀恶意、懒散而感伤的人，茫然地往来于拉丁区和奥地利的一处城堡，他跟朋友合住在那儿。

我在做去年做的那些事：在博物馆解剖蝴蝶，在韦尔斯利教女 174
生俄语。我已忘却很多了，Cynara。写作冲动很强，既然无法用俄语写，干脆啥也不写。Cynara 是俄语，不是女人。

我们已经通过公民资格考试，我知道所有的修正案。

你写希腊的那篇文章最有意思，尤其是风景部分。[6]不过你是在哪里看到冷杉的？我一九一九年在那儿过了几个月，在基菲西亚及别处捉蝴蝶。所有那些上过色的大理石柱和雕像必定都十分扎眼。我是根据橄榄来感知希腊的，仅此而已。

好了，邦尼，真希望很快见到你。请再来信。

弗

［顶部，倒着写］

你平安回来了，真高兴！马上过来看我们。

薇拉

1. 既然这封信是对威尔逊1945年9月27日来信的回复，时间应该推后。
2. 法语，回来了。
3. 原文为俄语。指威尔逊与玛丽·麦卡锡闹离婚的事。
4. 即基里尔·纳博科夫（Kirill Nabokov, 1911—1964）。
5. 即谢尔盖·纳博科夫（Sergei Nabokov, 1900—1945），像父亲一样，对音乐尤其是瓦格纳有狂热的兴趣，他的哥哥弗拉基米尔则不然。两次世界大战之间，他是欧洲音乐和戏剧圈内的知名人物。二战初，他跟奥地利的伴侣赫尔曼·蒂姆住在奥地利因斯布鲁克附近的施洛斯·维森斯泰因城堡中（赫尔曼家族所有）。1943 年去柏林时，他因同性恋被捕。被捕 5 个月后，谢尔盖（及弗拉基米尔）的堂姐妹索菲娅·法索特（娘家姓纳博科夫）通过关系将他安全释放。他找到一份办公室的工作，并公开表示对希特勒的蔑视，认为德国没有胜利机会。他被同事告发，被捕后被送到汉堡附近的努恩冈姆集中营。1945 年 1 月 10 日，谢尔盖死于未得到治疗的食物中毒。《说吧，记忆》有一段动人的悼念文字（第257—258页），结尾说："他的人生是那些无望地要求得到迟来的什么东西的人生中的一个——同情，理解，不管是什么——仅仅承认这样一种需求是不能代替这些东西，也是无法加以弥补的。"
6. 即威尔逊《希腊日记》的第一部分（《解放了的雅典笔记》），刊于1945 年 9 月 15 日的《纽约客》，后成为《旅行指南外的欧洲》第十一章。

175 **124**

《纽约客》

西 43 街 25 号

一九四五年十月三日

亲爱的沃洛佳：

我读了你的小说[1]——不知道已发表，直到你告诉我。它太有趣了，居然是这种情形，近来人们会有身临其境之感。

你弟弟的去世让我很难过。[2] 今天的欧洲，人命如草芥。在希腊和意大利，他们仍在以惊人的速度互相射杀。我认为，盟军应该做的是，宣布不得杀害任何人——哪怕是里宾特罗普、戈尔林及其同伙，否则就没完没了。

我们一定要尽快聚一次。我很想见你。

永远的

埃·威

1. 显然是《含糊其辞》，写于 1945 年 3、4 月，发表于 1945 年 6 月 23 日的《纽约客》。后更名为《谈话片段，一九四五年》。
2. 即谢尔盖·纳博科夫。参见前一封信。

125

一九四五年十月三十日

亲爱的邦尼：

一天晚上，我偶然读到《崩溃》[1]，那是一流的、健康的文学。我太喜欢了——跟你的诗一样。我很想拥有一本，比如作为圣诞节礼物，有你的签名。丰富的东西，清醒、实在的东西。

你好吗？准备来波士顿吗？

我翻译了莱蒙托夫的一些东西，长篇小说写了一大部分。

我有许多事告诉你，给你看，跟你讨论。

弗

比起过去二十六年俄国出版的垃圾来（始终不包括奥列沙、帕斯捷尔纳克和伊尔夫-彼得罗夫），西蒙诺夫的书[2] 既不很好，也不很坏。

1. 即弗·斯科特·菲茨杰拉德所著《崩溃：其他未收录文稿、笔记及格
176 特鲁德·斯泰因、伊迪丝·华顿、托·斯·艾略特、托马斯·沃尔夫致菲茨杰拉德未刊书信，保罗·罗森菲尔德、格伦韦·韦斯科特、约翰·多斯·帕索斯、约翰·皮尔·毕晓普、埃德蒙·威尔逊的散文与诗歌》。埃德蒙·威尔逊编，纽约，1945 。有关威尔逊编辑《崩溃》的经历，参见《文学与政治书信，1912—1972》，第 344—351 页。

2. 康斯坦丁·西蒙诺夫关于被围困的斯大林格勒的小说《日日夜夜》，差不多就写于此时。

126

《纽约客》

西 43 街 25 号

一九四五年十一月十七日

亲爱的沃洛佳：我想把《维》[1] 中的这一段作为我的著作卷首语，你看如何翻译？我扩充了尸体[2]，以表明那具尸体是个女孩子。

在波士顿没有见到你，我很失望。希望有借口再去那儿。

永远的

埃·威

你没有把那首戏拟马雅可夫斯基的作品[3] 寄给我。我好像无法找到《新评论》[4]。

1. 原文为俄语。这里是指对果戈理超自然的小说《维》的摘录，威尔逊用于《赫卡特县的回忆》卷首语（见后文第 140 封信）。

2. 原文为俄语。在英译卷首语中，威尔逊把果戈理的 mertvets（尸体，阳性）扩充为“去世女孩的尸体”。

3. 即纳博科夫的诗《关于统治者》，其表达形式戏拟了马雅可夫斯基的风格。诗歌发表于 1945 年第 10 期《新评论》，重印于《诗与棋题》，第

128—133 页。

4. 原文为俄语。

127

一九四五年十一月十七日[1]

亲爱的邦尼:

你关于克里特的文章太棒了，但我认为，你关于牛的形状的说法是错的。[2] 我不知道这座岛的最高海拔，但肯定不会超过八千五百英尺——从我的爱灰蝶系列标签等来判断。1. 没有一座山峰高到足以一览整座克里特岛；2. 不管它多高，周边的山都会干扰视线； 177
3. 即使有人爬到足够的高度，看到整个克里特，它也绝不可能像现代地图上的那种轮廓（确实酷似一头公牛——这一点我同意）。公牛来自亚述和埃及。我一直认为，长春花（asphodel）是黄水仙苍白的亲属，而不是植物学家所说的阿福花属（*Asphodelus*），不过可能我错了。[3] 一天，在查看关于有色思维（如色彩听觉等）的几篇文章时，我发现，我和我的同类被称为"有色思维者"（黑人哲学家）。[4]

你去科德角途中我们未能谋面，真令人失望。

我很惊讶，你没有亲自就阿尔达诺夫的新书写篇文章。打听一下，巴索是否收到了感谢信，还有菠萝 + 愤怒的葡萄 + 坚果。[5] 你的欧洲文章应该可以合成一本好书。[……]

你的　弗

[添加在顶部]

寄这封信时，收到你关于《维》[6] 的来信。我下次再给你寄去我的俄语诗，找不到那本书。

1. 既然纳博科夫已经收到11月17日威尔逊关于《维》的信件，此信的写作日期一定稍晚。

2. 在《希腊日记》的第四组，《牛头克里特岛的观点》（1945年11月17日的《纽约客》，后为《旅行指南外的欧洲》第14章）中，威尔逊推测，米诺斯文明对公牛的迷恋可能归因于现代地图上克里特岛的形状与古代壁画中公牛的相似。纳博科夫针对的是这样一段：“我不知道，在米诺斯时代，绘图处于何种状态，但我想，只需登上克里特岛的最高山峰，其形状就尽收眼底。”

3. 所说的是威尔逊一笔带过的植物：“一种稀奇的小植物，紫色的茎，苍白、蜡一般、没有香气的花，原来是长春花。”

4. 威尔逊在《希腊日记》第一组谈到古希腊人和现代人在颜色感知方面的差别（同一个部分，威尔逊提到冷杉，纳博科夫反驳过）。纳博科夫在《说吧，记忆》中描述过，他能听到字母表中的字母的颜色。在小说《天赋》中，他将这种能力赋予了主人公。

5. 阿尔达诺夫创作了关于拜伦和维罗纳议会的历史小说《勇士的坟墓》，英译后的标题为《给最好的你》。汉密尔顿·巴索写了一篇有点儿不冷不热的评论，刊登在1945年11月17日的《纽约客》上。关于阿尔达诺夫与水果篮，见第107封信，注释2。

6. 原文为俄语。

178 **128**

《纽约客》

西43街25号

一九四五年十二月四日

亲爱的弗拉基米尔：我似乎想跟你交流交流。告诉我：在你看来，为什么《哈姆莱特》在英语国家的舞台上始终能大受欢迎？（过去它在俄国流行，人们更容易理解。）当然它很不错，但这不是理由。莎士比亚的其他几部剧本应该更有戏剧性效果。是的，它让演员能够发挥才能，但必定有比这更多的东西。去年春天，我在英国跟人们提出这个问题，却得不到任何令人满意的答复。哈姆莱特是内省的，一个知识分子，作为行动的人没有成功——英国小说中没有其他这样可爱的形象（通常的类型是汤姆·琼斯、鲁滨孙·克鲁索、格列佛、伊丽莎白·班纳特、奇境中的爱丽丝、坎特伯雷的朝圣者、匹克威克先生）。请就这个问题发表你的高见。

埃·威

129

《纽约客》

西 43 街 25 号

一九四五年十二月十日

亲爱的弗拉基米尔：① 谢谢你对我果戈理那段译文的修改。[1]我准备采纳你的大部分建议。

② 我喜欢那首关于斯大林的诗[2]，但不能完全理解——可能是因为我没有读过马雅可夫斯基。我们再次见面时，你一定要读给我听。

③ 我给德米特里寄去了一本新译的阿法纳西耶夫[3]的童话故事——但我不能确定，是否适合他现在的年龄。出版商给我寄了多册，是我请他寄的。

④ 关于克里特岛：我认为，结合多个高处的印象，就能对它的轮廓有很好的了解。驾车在北部海岸向上走一段，你会看到海岸线——它的锯齿状和岬角——非常清楚。

⑤ 阿尔达诺夫的书[4]我错过了，当时我陷在希腊文章的写作 179
中，不过我准备读一读。你看到了吗，在《先驱论坛报》上，那个查尔斯·奥·比尔德（我想）说它是本年度最伟大的书之类的？[5]

⑥ 长春花的要点在于，希腊人把它放在了彼岸世界，因为它是这样的小植物，苍白，如死一般。这是我在希腊发现的许多东西之一，它们跟原先的事物没有实际联系，而变成了文学财产。“长春花的田野”指的是有着迷人品质的花卉，比如百合花或水仙花。

最美好的问候

埃·威

1. 见第 126 封信，注释 1。
2. 即《关于统治者》，见第 126 封信，注释 3。
3. 《俄国童话故事》，民俗学家亚历山大·阿法纳西耶夫（Alexander Afanasiev, 1826—1871）搜集。威尔逊在 1945 年 11 月 24 日的《纽约客》发表文章《非凡与可笑的故事》，评论的是霍·菲·洛夫克拉夫特，结尾部分谈到阿法纳西耶夫搜集的《俄国童话故事》英译本（威尔逊称之为俄国的格林）。这篇文章后来收入《经典与商业广告》时，阿法纳西耶夫的部分被删。关于阿法纳西耶夫搜集的作品与纳博科夫《荣耀》的出色比较，参见埃迪泽·C. 哈伯，《纳博科夫的〈荣耀〉与童话》，《斯拉夫与东欧杂志》，21 卷 2 期，1977 年夏季号。
4. 信中讨论的阿尔达诺夫的小说 1939 年首先在法国以俄语发表，标题是 *Mogila voina*（《勇士的坟墓》）。1945 年秋由尼古拉·雷登翻译成英文出版，标题是《给最好的你》（斯克瑞伯纳出版社）。
5. 乔治·惠彻评论《给最好的你》的文章发表在 1945 年 11 月 4 日的《纽约先驱论坛报书评周刊》上。威尔逊想到的是该刊 1945 年 12 月 2 日的圣诞节专刊，在“我喜欢的书”主题下，许多名人被要求列举过去一年最喜欢的三本书。查尔斯·比尔德的回答是：“三票投给一本杰作——阿尔达诺夫的《给最好的你》。”（约翰·E. 马尔姆斯塔德好意提供的消息）

130

《纽约客》

西 43 街 25 号

一九四五年十二月十八日

亲爱的沃洛佳：作为一个昆虫学家，你或许有兴趣看看大韦伯斯特辞典对 nigger bug 的定义。[1]

180 祝你们全家圣诞节快乐！

埃德蒙·威

1. 1937 年版《韦伯斯特新国际英语辞典》将“nigger bug”定义为“一种黑色小虫”。“黑色小虫”的释义是：“隆背蝽科，尤其是 *Corimelaena pulicaria* 族的许多细小的凸面黑虫，通常出现在黑莓和树莓上。”

131

一九四五年十二月二十四日

亲爱的邦尼：

无论对那些吃鱼子酱的还是那些买后排站票的观众，《哈姆莱特》（哪怕是当今舞台上胡编乱改的版本）都有吸引力，有几点理由：1. 人人都喜欢看到舞台上的鬼魂；2. 国王和王后也很有吸引力；3. 致命情节的数量和种类无与伦比，因此特别令人满意：a. 误杀；b. 毒药（在哑戏中）；c. 自杀；d. 洗澡和爬树的意外；e. 决斗；f. 又一次毒药——还有后台其他吸引人的东西。顺便说一句，评论家们从未想到去指出的是，在戏剧的中途，哈姆莱特真的杀了国王；结果杀的是波洛涅斯，但这并不改变这样一个事实，即哈姆莱特已经着手并且做成了这件事。凶杀案集。

不管怎样，我们希望你这几天来这儿。[……] 我在疯狂地写小说（很急于给你看几章新的）。我讨厌柏拉图，我厌恶拉斯第孟*和所有完美的城邦。我的体重是 195 磅。

你真挚的，

弗·纳博科夫[1]

谢谢那本可爱的阿法纳西耶夫！

圣诞节快乐，幸运满满！

薇拉

1. 原文为俄语。

* 斯巴达的别称。——译注

一九四六

132 181

一九四六年一月五日

亲爱的邦尼：

非常感谢你的《崩溃》！[1] 我给你寄了七首莱蒙托夫的诗歌，请批评并加标点。请尽快审阅——英国的一个出版商急不可耐地要出版它们。

为什么所有这些英国的幽默大师、半幽默大师都成了天主教徒？

你的，弗

1. 见第 125 封信，注释 1。

133

《纽约客》

西 43 街 25 号

一九四六年一月十四日

亲爱的弗拉基米尔：我认为，莱蒙托夫的译文不如你的普希金、丘特切夫那样成功。莱蒙托夫的真实意象，其效果可能更难用英语传达，因为它更含糊、更常规，但我认为，那类似警句般的节拍如“孤独的白帆”[1] 应该能译出。《天使》我看来最不成功——你不该用“悲伤与冲突的世界”，尤其是跟“生活”押韵，即使对三十年代的英语诗歌来说，那也会被认为是很陈腐的。那些短小的两节诗稍好些。我做了一些订正和建议。希望能详细地跟你谈谈这些诗。

听那些见过你的人说，你胖了，乐观又和善——换句话说，美国化了。我想，在你的来信中，我也留意到这些迹象，我不能确定我是否完全赞同。

永远的，埃·威

1. 原文为俄语。《帆》的第一句，莱蒙托夫的一首早期诗歌。这第一句
182 诗是俄国诗歌最著名的诗句之一，实际上是对亚历山大·别斯图热夫·马尔林斯基一首无名诗歌的引用（见第 187 封信，注释 1）。
威尔逊篡改了诗句，在表示“帆”的那个词（parus）词尾增加了一个软音符号，并把“odinokii”（孤独的）拼写为“odinakii”，为“相同的”一词的废弃形式。

134

一九四六年二月一日

亲爱的邦尼：

谢谢你的评论（不过我不明白说我“美国化”的那一点）。莱蒙托夫是陈腐的，“悲伤与冲突的世界”[1] 是老套的（而且同义反复），我对他无感。我没有越位去处理你所说的那一段，让它增色。不过，你所标注的每一处都很正确。顺便说一句，在最初一稿中，我实际上拥有的是那匹鬃毛乌黑发亮的马儿。

本月十号，我准备参与（还有厄内斯特·西蒙斯[2] 和一位剧作家）一场（哥伦比亚）广播讨论，谈果戈理的 *Revizor*[3]，那是一档名为“号召学习”（我想）的系列节目。为此我得去纽约，因此很高兴见到你。我会在九号下午去。我不知道我在哪里可以找到 un gîte[4]。两个晚上，我周一回。

见面后，我会跟你谈许多事，披露我学术生涯的迷雾：我在当下任教的学院里位置非常不稳，薪水也很少，由于种种原因，特别

急于找到某个更稳定、更赚钱的工作。比如，听说普林斯顿有个不确定的空缺。我经济上非常拮据，尤其是基本上不能指望自己的小说（几个月后就可以完成）能卖钱；我是说，我不能指望任何文学收益。据那十四位闹着要版权的经纪人说，我的俄语小说似乎在欧洲受到愚蠢的欢迎，这特别让人气恼，因为都是法郎或里拉，翻译也惨不忍睹。

你关于柴可夫斯基的文章很好，不过你该就歌剧脚本的事踢一踢他和他的兄弟，一记漂亮的飞腿。[5]

希望马上见到你。

弗

1. 原文为俄语。
2. Ernest J. Simmons（1903—1972），美国著名的斯拉夫学者，对托尔斯泰、陀思妥耶夫斯基、契诃夫都有著述。
3. 用拉丁字母转写的俄语，《钦差大臣》。 183
4. 法语，住所。
5. 威尔逊关于《柴可夫斯基日记》的文章（《老鼠，头痛，彩排：柴可夫斯基的日记》，刊于 1946 年 1 月 19 日《纽约客》）讨论了《黑桃皇后》的脚本与改编所依据的普希金的故事之间的关系。像许多俄国文人一样，纳博科夫认为，《叶甫盖尼 · 奥涅金》《黑桃皇后》的歌剧脚本都是对普希金原作的庸俗处理和背叛。

135

《纽约客》

西 43 街 25 号

一九四六年二月四日

亲爱的沃洛佳：你过来后，如果没有更好的地方待，我乐于为你提供住所。请直接给我发电报或来封短信，家里没有电话。地址是亨德森广场 10 号，东 86 大街旁的一条小街，就在米塞里科迪亚医院边上，约克与东端大街之间。能见到你，太好了。

我在列宁格勒看过梅耶荷德制作的《黑桃皇后》[1]，他们重新编排了歌剧，有新的脚本，更像普希金。[2]

永远的

埃·威

1. 原文为俄语。

2. 弗谢沃洛德·梅耶荷德在列宁格勒马利剧院排演的《黑桃皇后》首演于 1935 年 1 月 2 日。这是他最后的作品之一，他的剧院于 1938 年关闭，后来他被捕并最终遭迫害致死。

为了让歌剧更接近普希金的原著小说，梅耶荷德委托诗人、翻译家瓦伦廷·斯特尼齐写了新的脚本，舍弃了莫杰斯特·柴可夫斯基原先脚本的歪曲与低俗。在普希金笔下，丽莎是一个没有防备心、遭虐待的人，富有的伯爵夫人的养女，格尔曼自私、一心想发财，他假装爱丽莎，以便从伯爵夫人那里获得三张魔牌的秘密。柴可夫斯基兄弟把丽莎变成富有的女继承人，伯爵夫人的孙女，而格尔曼是虚假的歌剧爱好者。他们把情节搬到 18 世纪，因为帝国剧院的管理部门有一些新的 18 世纪的服装可用。

斯特尼齐—梅耶荷德的脚本把情节还原到 1830 年代，那是普希金描写的年代。它还舍弃了丽莎和格尔曼最后自杀的情节。被伯爵夫人的鬼魂欺骗后（她的死是他造成的），格尔曼的最后露面跟普希金在故事结尾的
184 安排一样——在一个疯人院。那个男低音角色——莫杰斯特·柴可夫斯基杜撰的叶列茨基大公，丽莎的贵族未婚夫——则被删除，其他角色用新歌词演唱他的唱段。

这部作品以及新的脚本获得巨大成功。德米特里·肖斯塔科维奇宣称，梅耶荷德的作品是配得上柴可夫斯基音乐的第一部歌剧作品。可是梅耶荷德被捕，成为一个无足轻重的人，斯特尼齐的脚本不再被接受。如此，柴可夫斯基最伟大的歌剧仍旧以歪曲、廉价的原歌词上演。

136

我星期六从这里乘上午

十一点的火车，估计到你

那儿差不多四点

一九四六年二月七日

亲爱的邦尼：

看得出来，我明显的暗示奏效了！非常感谢。我给你发了电报，但有一个“罢工”啥的，因此电报可能延误或丢失。

噢，可是你应该看看过去的《黑桃皇后》[1]，去马林斯基剧院！服装等都是十八世纪初的（因此，说得客气点儿，八十岁的老太太对凡尔赛皇宫和玛丽·安托瓦内特的那种怀旧态度有些古怪），脚本也令人憎恶。不过一九一二年左右，音乐剧[2]分别在几部歌剧中带来不少变化（我记得，《卡门》最后一场，许多英国游客厚颜无耻地大声嚷嚷，煞有介事，拍着照片，墙上还有一张真的斗牛海报）。

很高兴能马上见到你

弗

埃勒里·奎因的杂志二月号上有人攻击你。[3]

[在边上]

一个谜：在哈勒威的《卡门》脚本中，竟有普希金《茨冈人》中一支歌的完美的法语翻译[4]（？可能是在梅里美的文稿中发现的）。

1. 原文为俄语。
2. “音乐剧”。纳博科夫想说的是音乐剧院，一个有创新精神的歌剧公司，1912—1919年在彼得堡很活跃。
3. 《埃勒里·奎因推理小说杂志》1946年2月号上，侦探小说家霍华德·海克拉夫特将其专栏“犯罪谈”用于驳斥威尔逊在《纽约客》上的文章， *185*
他在其中否定了侦探小说这种类型（见上文第110封信）。海克拉夫特的主要观点是，既然威尔逊承认，他既不喜欢这种文学，也从不读它，他就没有资格判断。
4. 在比才歌剧的第一幕，卡门的歌“Coupe-moi brûle-moi, je ne te dirai rien（杀了我，烧死我，我一句话也不会说）”（乐谱第9首）的歌词是对普希金《茨冈人》中真妃儿的一首歌的翻译。《说吧，记忆》第二章，纳博科夫提到，他年轻时经常去看歌剧，包括《黑桃皇后》的多场演出，但他仅对歌剧作品的视觉部分感兴趣。

137

[电报，接收时间为一九四六年二月七日，上午十一点四十二分]

西联

BB 2126 ＝ TDB 麻省，剑桥 71134A

埃德蒙·威尔逊＝

纽约亨德森广场 10 号＝

周六四点抵很高兴谢谢＝

弗拉基米尔·纳博科夫

138

一九四六年二月十六日

亲爱的邦尼：

我仍在床上，“舒服地歇着”。到家时，我的体温差不多一百零二华氏度。

见到你很愉快。“结识一个美国人始终是件开心事。我属于那样的人，他们相信，多年前一个君主的愚蠢和一个大臣的过错，不会妨碍子孙们有一天成为同一大国的公民，生活在米字旗和星条旗相交织的国旗下。”（《贵族单身汉案》，第 341 页）[1]

顺便说一句，我过去说《夏洛克》中没有俄国人，我错了。除了《身份案》中的两三个故事外，我通读了整部作品，奇怪的是，我居然忘了那个丢失单柄眼镜的女虚无主义者，或者这样一个可爱的句子："他是个上了年纪的男子，瘦削、严肃、普通——绝不是人们心目中的俄国贵族。"（第 493 页）"犯罪学学者会记得与小俄罗斯的格德诺（格罗德诺？）类似的事件。"这出自《巴斯克维尔的猎犬》（第 884 页），你也许会觉得有趣，为了纪念这部小说中化 186
名为斯特普尔顿的恶棍昆虫学家旺德鲁尔，我把一只新蝴蝶命名为旺德鲁尔。"我在大英博物馆得知，他是这方面公认的权威，旺德鲁尔的名字已经永久地跟某种飞蛾联系在一起，是他在约克郡时第一个描述的。"（即陆夜蛾［Luperina berylae Vand］）（第 893—894 页）

我注意到一颗小珍珠（第 271 页）："……一阵突然的喷射让我醒来。"Cp.[2] "... qui tordent sur leurs lits les bruns adolescents"（波德莱尔那首——哆嗦着的黎明的粉绿色罩衫）。[3]

这一大本是很好的陪伴——不过编得有些粗心；例如，显然《身份案》应该在《红发会》之前（而不是像这一卷里的这种顺序）（参考前作的女主人公，第 195 页）。

近来人们不再像过去那样，经常脸色变得煞白了，不过小说中还如此。当罪犯其实并不是坏蛋，但严格依照法律必须面对谋杀指控时，通常情况下他会被打发到美洲，而且他的船只往往不会全员遭殃。就特别可爱的杀手而言，坏心肠总派得上用场。

回顾我愉快逗留的种种细节，我惊恐地注意到，在和奥登聊天时，我把他跟艾肯弄混了，并用第二人称对后者的诗歌说了许多恭维话。我现在懂了当时他眼里流露的愤怒神情。真蠢，但我以前就干过这事儿。

你太好了，做了那些小订正。我会把剩余的部分给你，但多少是定稿，免得你因如此种种笔误、语法错误生气，起码将它们降到最低。

蛋和深红的袋子在德米特里那里大获成功——我们——我们

仨——向你致意。

1. 《贵族单身汉案》是柯南·道尔的短篇福尔摩斯小说，跟此信稍后提到的《身份案》《红发会》一样。作者著名的短长篇《巴斯克维尔的猎犬》应该无须指认。

2. Cp.（西里尔字母形式）是表示“参阅”的俄语。

3. 法语，……引起黑发青少年在床上蠕动。这是对波德莱尔诗歌“Le Crépuscule du Matin（《黎明》）”的误引。这是纳博科夫喜欢的一首诗，他别的作品中也提及，最主要的是《洛丽塔》和《爱达或爱欲》，一个叫
187 道恩（Dawn）的次要角色就得名于此。在波德莱尔的诗中，引文的措辞及上下文是：“l'essaim des rêves malfaisants/Tord sur leurs oreillers les bruns adolescents（密集的、不卫生的梦 / 导致黑发的青少年在枕头上扭动）”。

139

马萨诸塞州，剑桥

克雷格环路 8 号

一九四六年三月二日

亲爱的邦尼：

谢谢，行动如此迅速。很遗憾，最近我不会去纽约，因此无法访问普林斯顿、见你朋友。[1] 当然，如果你觉得，那样或许事情就可以有些眉目，我会为此专程 [2] 过来。我很消沉，因为在韦尔斯利长久的职位没有指望，我也厌恶做一个报酬太低的教员。下一年（他们强调说，这是一年期的职位）我每周十小时，三千美元——一共三十七周。我的主要焦虑是全无安全感。

这都是私底下的话，我不想让任何朋友听到。

我希望这个春天把小说完成。去年《纽约客》退回的一首莱蒙

托夫的诗和那首关于噩梦的诗将在《大西洋月刊》发表[3]，其余的莱蒙托夫译诗已经给了《俄罗斯评论》[4]。

你给予我的纽约美好时光依然令我怦然心动。

保重[5]

1. 在 1946 年 2 月 12 日给克里斯蒂安·高斯的信中（《克里斯蒂安·高斯文稿》，纽约，1957，第 346—347 页），威尔逊表达了对纳博科夫（“我的密友之一”）经济处境的关心，他在韦尔斯利教俄语，一年 2 000 美元，第二份工作是“在皮博迪博物馆采集蝴蝶”，“报酬更低”。威尔逊认为，纳博科夫的政治立场“导致他在一些圈子中晋升困难”，他说他既反沙皇又反苏（因此在美国当时的政治气候中无可理喻）。他把纳博科夫推荐给高斯，希望普林斯顿如果可能，就选他开设俄语或俄国文学课程。
2. 原文为俄语。
3. 纳博科夫的诗《梦》和他翻译的莱蒙托夫的《感恩》分别发表于该刊 188
1946 年 9 月、11 月号。
4. 刊于《俄罗斯评论》5 卷 2 期，1946 年春。
5. 原文为俄语。

140

一九四六年三月八日

亲爱的邦尼：

我已 d'un trait[1] 读完你的书[2]。里面精彩之处很多（顺便说一句，你经常使用“精彩”一词，生活中亦如此）。你对你那个“我”的交媾伙伴严加防护——皮带、钢管、淋病、马齿——以至于读者（至少是本读者，因为在你的单人小后宫中，我会阳痿的）从主人公的做爱中获得不了任何刺激。我宁愿试着用我的阴茎去开一个沙丁鱼罐头。结果相当贞洁，尽管很坦率。

我很遗憾地发现，открыл[3] 的错误拼写原封不动。открыл 是指“开的”，但果戈理写的是 от крыл ＝“从（或属于）翅膀”（крыло 有两个复数所有格：крыль 和 крылъевь）。另外：чстка 不是爱称。[4] 它跟 выставка（展览）、выпивка（痛饮）及 покупка（购物）一样是动名词。它不是像 картинка[5]（或实际上 чисточка[6]）一样是昵称。不过，既然我的理论是“魔鬼的盔甲上始终有道裂缝”，这种语言错误也很欢迎。

我认为，我喜欢的是埃伦·特休恩部分（有小木头娃娃的，一个比一个小）[7] 和最后一部分（精彩的露天一段）[8]。

同时，我还在阅读 J. 拉蒂默的东西（他对擦擦屋也有一流的描写）[9]，还有《故园风雨后》，不时有迷人有趣的地方，但总的说来是垃圾（结尾太 voulu[10]）。你对它的批评十分到位（你的预言也是正确的）。[11]

何时再见你？你会来波士顿吗？

弗

[薇拉·纳博科夫的笔迹]

太谢谢那本书了。我非常喜欢威尔伯！[12]

1. 法语，一口气。
2. 即《赫卡特县的回忆》。
189 3. 《赫卡特县的回忆》卷首语是摘自果戈理《维》的一句俄文，其中单词 ot kryl（“从翅膀”）在第一版中排在一起，成了 otkryl（“开的”或“发现的”）。
4. 威尔逊著作的最后一部分（《布莱克本夫妇在家》）一大段法语提到俄语表示政治整顿的词“chiska”是委婉说法，是爱称，实际上都不对。
5. 俄语，小像。
6. 俄语，漂亮的小清洗。在小说后来的版本中，威尔逊加了一个脚注，把俄语爱称的混淆怪罪于他的人物埃德·布莱克本。

7. 《赫卡特县的回忆》第二篇《埃伦·特休恩》结尾是埃伦和她母亲的掠影，她们不断退向过去的纵深。

8. 《布莱克本夫妇在家》的开头。

9. 乔纳森·拉蒂默是一个侦探小说家，纽约日晷出版社 1940 年将他的三部作品合成一卷，以《拉蒂默大三篇》出版。“擦擦屋”在《赫卡特县的回忆》中被提及，是 1920 年代的俚语，指“廉价的舞厅”。

10. 法语，做作。

11. 在对伊夫林·沃小说的评论（刊于 1946 年 1 月 5 日《纽约客》，后收入《经典与商业广告》，题为“伊夫林·沃的光辉与痛苦”）中，威尔逊概括了几点理由，认为这本书在艺术上是失败的，随后又预言，它将是作者创作的最成功的作品，是畅销书。

12. 根据纳博科夫夫人的说法，这指的是诗人理查德·威尔伯，而不是《赫卡特县的回忆》第三篇《威尔伯·弗里克的瞥视》中的主人公。

141

《纽约客》

西 43 街 25 号

一九四六年三月十三日

亲爱的$\sqrt{2}$：

谢谢你的来信。不过你的意思似乎是，我试图写一部类似《范妮·希尔》的作品，却没有成功。冰冷、不满意的性关系，是这部作品中心思想很重要的方面——如标题所示——我不确定你是否把握了。那个俄文错误我很抱歉。Открыл[1] 是俄文印刷商的错，那一段是他排的，六个月后，我已经忘了它的意思了，再试图将这个错误换一种表述，却不理解你纠正我的意图了。我会在未来的版本中换掉。希望下个月底能去科德角，去看你。

永远的

埃·威

1. 俄语，打开。

190 **142**

一九四六年三月二十四日

亲爱的邦尼：

非常感谢你那些鳞翅目昆虫。[1] 他们大多数属于 Ebriosus ebrius[2]，但颇有少量的 vinolentus[3] 品种。黑暗中透过一杯（杜松子酒）看，起码有一只看来是真正的月形天蚕蛾（*A. Luna*）。画这些昆虫的人拥有如下特征：

1. 不是一个昆虫学家。

2. 模糊地意识到这样一点：一只鳞翅目昆虫有四只翅膀，而不是两只。

3. 就其同样模糊地摸索的方式看，更熟悉（当然只是比较而言）飞蛾（异角亚目）而非蝴蝶（锤角亚目）。

4. 后一点表明，某个时候他可能在六月（因为潜藏在他记忆深处的月形天蚕蛾只在初夏出现）纽约州的一个乡下房子里度过；温暖、幽暗、毛茸茸的夜。

5. 他不吸烟，如果不久前他用过这只雷金特香烟盒，那么装素描的空烟盒会有些烟丝；它一定是搁在那儿的，他随手拿了。［在页边］这里的推断嘛，哼，就别当真啦。

6. 可能是跟一位女士同行：她借给他剪刀，从卷烟纸上剪出 Vino gravis[4] 的样本；那是把尖头小剪刀（因为在纸巾上剪其中一只飞蛾时，就剪了一剪子，没有连着剪）。

7. 盒盖上有一块淡淡的口红渍。

8. 他没有吃饭就开始画素描了——因为第一幅（那只伪月形天蚕蛾）是画在餐巾纸上的，还没有打开。

9. 他不是画家，可能是作家；不过这倒不是由于有自来水笔；很可能他的笔是跟那位女士借的。

10. 整个素描可能是始于一种花饰，但进一步的演变很明显。

11. 这些飞蛾一般而言都带点儿 cherteniata 或 diablotins 的特征。[5]

12. 他以为飞蛾身体就是腹部：解剖时是从尾梢到头部；这或许意味着，他更信任肚子而不是心脏：例如，他会倾向于根据物质而非感情的理由来解释这样那样的行为。

13. 这位女士在充当代言人。

好了，华生，差不多就这些。我迫切想见你！你的著作在我这 191
儿的文学朋友中间引起了相当大的“轰动”。马里恩·布卢姆的“甜美的甜瓜”或是阿尔贝蒂娜的“bonnes grosses joues”都吸引不了我；但我愉快地跟随罗道尔弗（“Avançons! Du courage!”），他领着爱玛走向蕨丛，走向她金色的厄运。[6] 我的意思是，正是从那纯粹生理的意义上，我批评了你的主人公的 prouesses[7]。

1. 威尔逊给纳博科夫寄了一些蝴蝶素描画，这封信大部分内容都与此有关，其描述是对福尔摩斯探案的戏拟。
2. 拉丁语，喝醉了的酒鬼。
3. 拉丁语，醉酒。
4. 拉丁语，酒囊。
5. 用拉丁字母转写的俄语和法语，小鬼，淘气。
6. 也就是说，纳博科夫喜欢福楼拜《包法利夫人》而不是乔伊斯《尤利西斯》及普鲁斯特《索多玛与蛾摩拉》中的色情描写。第一处法语引文的意思是“可爱的胖脸”，第二处是“来，鼓起勇气”。
7. 法语，武艺。

143

《纽约客》

西 43 街 25 号

一九四六年四月六日

亲爱的弗拉基米尔：画蝴蝶的那个人不是画家，但是一个雕塑家——你或许应该能够猜到，因为他将其中一只刻了出来。情况是这样的，那天晚上，唐·鲍威尔和露易丝·康纳[1]离开我家后，去了一家格林尼治村酒吧，碰到了那个人，他们谈到你和你的研究，那个人就画了蝴蝶。希望不久能见到你。

埃·威

1. 小说家唐·鲍威尔是威尔逊的朋友，威尔逊很欣赏她的小说，见文章《唐·鲍威尔：五十年代的格林尼治村》，收于其文集《我齿间的嚼子》（1962），还有《文学与政治书信：1912—1972》中给她的信。露易丝·康纳，娘家姓福特，威尔逊的老友，见威尔逊《四十年代。选自这个时期的笔记与日记》，利昂·埃德尔编（纽约，1983），第298页之后。

192

144

马萨诸塞州，剑桥

克雷格环路8号

柯克兰24-58

一九四六年五月二十五日

我亲爱的埃德蒙[1]：

近来如何——我曾指望你会短暂来访波士顿，但没有你的踪影……我们何时能相互见面？

我的小说完工了。我刚刚写完长篇。[2]我将你看过的那几章做了修改，部分是重写，准备再花一两周，去掉那些累赘。我用了四年的时间创作，如今舒服地歇下来，那个橡皮红的婴儿就在身边。我想我跟你说过，道布尔戴把第一部分（还有你精彩、有益的订正）退了回来。我准备现在把打印稿寄给他们，看看如何。我不知道这作品是否讨喜，但无论如何它是真诚的，也就是说，它尽人力所能接近我一直怀有的那种想象。我真希望道布尔戴或其他哪个人能够买下它，因为我太缺钱了——实际上，因为这个原因，我都无法休假，而我迫切需要休息。不过我很高兴，痴迷与负担过去了。这也意味着，我可以给《纽约客》写点东西（对无能的我来说，它真的很温柔）。

我剪了（更准确地说，是凯利小姐[3]寄给我的）一张漫画，描绘的是两个人奇怪地问，你怎么有这么可恶的朋友。你见过吗？[4]

有人告诉我，《赫卡特县》在畅销书榜上排第十三。

你好吗？一切都好吗？我喜欢那篇关于托洛茨基的文章[5]，但我认为，许多人分不清杜马和国家杜马。后者当然是自由的、完全畅所欲言的议会。可一个读者误解了你的评论。[6]

《塞巴斯蒂安·奈特的真实生活》在英国卖得非常好，多亏了你那篇可爱的推介的帮助。在开曼群岛（西印度群岛）收集的东西（牛津寄来的！）中，我发现了一款新蝴蝶。[7]

给我写信[8]，

你忠心的

弗

1. 原文为俄语。
2. 即《庶出的标志》，先前以《来自波洛克的人》被提及，一度还有临 193
时的名字《孤王》（不要跟早先的俄语短篇《单王》混淆）。
3. 即埃米·凯利，纳博科夫在韦尔斯利的同事，著有《埃莱诺传》。
4. 关于这张漫画的复制品，见《文学与政治书信：1912—1972》，第434页。
5. 即威尔逊对托洛茨基《斯大林》的评论，刊于1946年5月4日《纽约客》。
6. 在评论托洛茨基著作的文章中，威尔逊写道："现在，民主真正之所依，让这个词成为现实的唯一做法，就是责任分配，在一个不知民主为何物的国家，政府不会比沙皇时代的杜马更民主。""杜马"（duma）一词，如果不大写，可以指彼得大帝以前俄国沙皇宫廷中的议会，大写后则指自由选举产生的议会，1905—1917年期间的国家杜马。

7. 纳博科夫的文章《一只新种凯灰蝶（鳞翅目，灰蝶）》对这款蝴蝶进行了描述和图解，见《昆虫学家》，伦敦，81 卷，1027 期，1948 年 12 月。

8. 原文为俄语。

145

《纽约客》

西 43 街 25 号

一九四六年六月四日

亲爱的弗拉基米尔：我没有如我所想的那样尽早去韦尔弗利特，因为我母亲得入院，她眼睛要再做手术，所以她出院之前我都无法离开。后来又太迟了，我就径直从普鲁维登斯走了，没有经停波士顿。我周五回去，但因为要带鲁尔，我就开车了，因此届时也不去波士顿。（我刚买了一辆气派的汽车，一款一九三一年的凯迪拉克，它本来是加州一个老太太的，放在车库若干年，因此保存得绝好，就像西伯利亚冰冻中的猛犸。它体型巨大，看上去有点儿滑稽，因为它有一扇直上直下的前挡风玻璃，现在他们不造了。你若坐在或倚靠在后座，那高高的、装了厚坐垫的座位上，俯视驾驶员和经过的世界，这整个儿会给人一种印象，就像阿尔达诺夫以为的那样，对有 réputation mondiale[1] 的成功文人来说，这很般配。顺便说一句，《赫卡特县》将要译成法语、意大利语、西班牙语、丹麦语、瑞典语和德语。迄今我被翻译的唯一一种语言是日语。）

194 我很抱歉，你的书到道布尔戴时，唐纳德 · 埃尔德[2] 出国了。我已经跟肯 · 麦考密克谈过，会对他强调你的重要性。如果有进展请告诉我。

我无疑会去波士顿，但同时你能否来科德角看我们？我认为我们应该坐着我的凯迪拉克出去兜兜。（刚刚有人告诉我，在那里的砂石路上，这种家伙总是会抛锚。）

向全家致意，

埃·威

1. 法语，世界声誉。
2. 即肯尼斯·麦考密克，道布尔戴出版社总编辑。

146

马萨诸塞州，剑桥

克雷格环路 8 号

柯克兰 24-58

一九四六年六月二十一日

亲爱的邦尼：

我特别想看你驾驶的样子——坐得笔直——在那辆古老的汽车里。谢谢你请我去科德角。我已经把小说寄给道布尔戴了，它叫（临时的）“孤王”（孤身黑王）——一个棋题术语。谢谢你让他们为这次震惊做好准备。我想，你还跟泰特提过。有个问题：在收到道布尔戴的回复前，我可以给霍尔特再寄一份吗？在文学圈内，这是否 bien vu[1]？或者这样不对？我的书都是由声名狼藉的代理处理的，我对这些事了解甚少。

由于我觉得，1. 心脏有问题，2. 多处溃疡，3. 食道癌，4. 浑身结石，便去一家大医院做了彻底的体检。医生（某个叫西格弗里德·唐豪塞的教授）发现，我的体质很好，但由于昆虫学—韦尔斯利—小说的三合一作用，我的神经严重衰竭，建议休假两个月。因此，我们在新罕布什尔中部（纽芬兰湖）租了一间小平房，准备下周中间去那儿。我从威克斯那里得到一些预付稿酬。

我觉得自己坚决反英。请给德米特里推荐一些好书。

你的

弗

195 劳克林问我："《俄罗斯三诗人》将来有什么打算？"显然他把那一版都卖掉了，而不管怎么说，我给他定的期限也到了。关于我们那本道布尔戴的书，有什么计划？我会做你决定的一切事。如果在我们的道布尔戴那本出版前还有一年半到两年的时间，劳克林可能会重印此书。

1. 法语，受认可。

147

我在房间里捉到一只漂亮的小飞蛾，像这样：

一身黑，除了一些白点子。在一年中这个时候出现、长着猫头鹰眼、中等大小，这只黄色的蛾子叫什么：帝蛾？

《纽约客》

西 43 街 25 号

一九四六年六月二十五日

亲爱的弗拉基米尔：不，你每次只能把手稿寄给一家出版商。你有我尚未读过的部分的多余副本吗？我想看一看。一定要休息。我很遗憾，你不能来科德角，但我们一定要在九月份安排点活动。可以让劳克林重印俄国诗人。关于德米特里：我不知道他已经读了什么——见到时跟他谈这事吧。他读过《汤姆·索亚历险记》《哈克贝利·芬历险记》吗？他是否很大了，可以读狄更斯？我这封信写得匆忙。到纽约三天了，想处理许多事。向你全家问候。书有进展请告诉我。

永远的

埃·威

148 196

马萨诸塞州，剑桥

克雷格环路 8 号

柯克兰 24-58

一九四六年七月十八日

亲爱的邦尼：

我正在新罕布什尔（其实是从“神经崩溃”之中）“康复”。这个地方很糟糕（高速公路，店主，bourgeois en goguette[1]，含有“非犹太顾客”字样的广告——让这个地方喧嚣嘈杂）。但我们预付了费用，无法走，只好待到八月十八日。然后我们会去韦尔斯利待一个月。

道布尔戴还没有回复。我认为，他们不会要我的小说，一旦他们寄回手稿，我就寄给你，并再寄一份给霍尔特。

如常，很想见到你。

你的

弗

1. 法语，狂欢的资产阶级；薇拉·纳博科夫指出，纳博科夫使用“资产阶级”一词，是福楼拜而非马克思主义的意义。关于纳博科夫提到的“喧嚣嘈杂”的描述，参见小阿尔弗雷德·阿佩尔编著的《〈洛丽塔〉注释本》，第423—424页。

149

《纽约客》

西43街25号

一九四六年九月十日

韦尔弗利特

亲爱的沃洛佳：你现在在哪里？刚好有个机会，我可以在波士顿逗留一会儿。你过来怎么样？数周前在纽约时，我给麦考密克打电话——他说他正准备读你的小说。我这个夏天忙得不可开交，见面时再跟你解释。这次只是跟你见一下。你把自己弄得这样筋疲力尽，我很难过——希望你现在完全恢复了。我想你应该看到《塞巴斯蒂安·奈特的真实生活》在英国得到的好评了——似乎比这里好多了。

永远的

埃·威

197

150

一九四六年九月十三日

亲爱的邦尼：

谢谢你好意的来信。我又好了——事实上，好过以往任何时候。趁我还记得：如果任何人指责你写作“不道德的”东西，请让他们注意以下内容：

《岛屿插曲》，《读者文摘》，一九四六年九月，25：123

以及

《狂风吹哪里》，《国际文摘》，一九四六年九月，3（2）：95

这是真的淫秽。请你的律师在法庭上把它们拿出来。“岛屿”的故事是，水手们通过望远镜看女护士们洗澡，故事的关键点是其中一个女孩阴部的一颗痣。“狂风”主要是关于爱斯基摩人的交媾（特别参见：第 106—107 页），他们的孩子“模仿父母的行为，而父母对小孩子们的像模像样咯咯发笑”。第 108 页有一幅插图，描绘两个小孩子试图交媾，而他们的父母在“咯咯发笑”。这些“文摘”在所有学校都被如饥似渴地阅读。或许这两个例子迟早有用。[1]

我很想见到你。我每天上午九点到十二点在博物馆，周一、周三、周五去韦尔斯利（直到下午五点半）。如果你周二、周四、周六来，那就太好了。

劳克林想重印《三诗人》，但需要五年的“保护期”。如果你能肯定，一九五一年前，我们道布尔戴的书都不需要这作品，我就给他。他很快要去欧洲，你能否立刻给我回个短信？

我已经写信催道布尔戴（布拉德伯里[2]）：他们五月就在读我的小说，想必要把它背下来。你还没有看过整部作品，我迫切地想给你看看。有一天我去纽约，见到罗曼：我们在他房顶上晒日光浴，我跟亚诺夫斯基下棋。

我在重读托尔斯泰和陀思妥耶夫斯基。后者是一个三流作家，他的名声不可思议。

紧握你的手[3]

弗

1. 纳博科夫给威尔逊这些例子，是作为斗争的弹药，防止《赫卡特县的 198
回忆》作为淫秽品被禁。《岛屿插曲》当然是托马斯·赫根那部极为畅销的小说《罗伯茨先生》的一章。

2. 即沃特·布拉德伯里，当时道布尔戴的高级编辑。
3. 原文为俄语。

151

[邮戳日期为一九四六年九月二十三日]

亲爱的邦尼：

昨天我接待了到访的麦考密克。他告诉我，关于“独裁者”的小说现在没有吸引力，大众要的是关于“逃避者”的书，因此我的书会出现在“错误”的时刻。不过，他想知道，我是否有兴趣签一份像一个叫斯通[1]的人签的那种合同（每年提供一笔钱，只要作家在写）。你知道，我是多么厌恶教学的苦差事（或更准确地说，无法把它跟写作结合起来）。我说我很乐意接受这份工作。他问我，在韦尔斯利拿多少钱（三千元），我告诉了他（三千元）。当然，既然放弃韦尔斯利，就意味着放弃了一个“副教授头衔”的所有机会，还有其他种种，我要的数目多少会高一些。我们还谈到修订他们出版的霍兰德《蝴蝶宝库》[2]的可能性问题（上一版是一九三一年）。麦考密克问我在写什么，准备写什么，我觉得，把我酝酿的新小说跟他 tout de go[3]解释清楚，有难度，于是今天写给他了（告诉他大致的想法）。

我得重复一遍，我非常非常想把所有这一切都安排好，但我也急于尽快让我的克鲁格小说[4]出版。你觉得这一切会有什么结果吗？

还有别的。我以私人对私人的方式给泰特看了我的手稿（我的意思很明确，我不是把手稿给他的公司霍尔特）。泰特给我写信、打电报，要我去纽约（费用都包）。我告诉他，在道布尔戴明确答复之前，我不能做任何事。

我们——我和麦考密克——同意，他十月一日星期二要见“他的主任们”，那时他们将开会做决定——得知我同意他们的计划后。

请一定给我写信。我相信，在这件事上，你一如既往地帮助了我，但我觉得仍需要你的建议。

你的

弗

我焦急地想了解更多有关你的“审判”的情况。我提供的材料 199
适用于辩护计划吗？那些（“玩味”啦、“眨眼”啦、“窥视”啦，等等）是真正的违法者。《赫卡特县》像外科实验室的冰块一样纯洁。

1. 即欧文·斯通，从1940年起跟道布尔戴签约。
2. 见第90封信，第8项和注释4。
3. 法语，立即。
4. 即《庶出的标志》。

152

《纽约客》

西43街25号

一九四六年九月二十四日

韦尔弗利特

亲爱的沃洛佳：上周在纽约时，我见到了麦考密克，跟他谈了你的书。他们似乎认为，在这个时候，销售一本讲法西斯主义生活的书很难；不过麦考密克说，他到波士顿时会去见你，看看能否帮你张罗一下。这个说不清，他可能建议就其他某本书给你预付稿酬。可能你最好让一切都待定，直等到十一月一号唐纳德·埃尔德回来。

如果道布尔戴确定不出这本书，我想你应该给霍尔特的泰特。如果道布尔戴不出这本书，就不要再跟他们签任何合同。如果他们要你的其他作品，那就坚持让他们出这一本。如果他们拒绝，那你就在其他地方看看能做什么。如果跟其他出版商谈不拢，再跟埃尔德谈整件事。

我希望你并没有着手把一本你的短篇集给劳克林，他的一份广告似乎有所暗示。至于那些诗人，只给劳克林两年的版权保护期。我准备整个儿放弃《纽约客》的工作，来年开始可能每月只写一篇文章，这样可以回到我的其他工作中去。

我很高兴，听罗曼说，你第一次读陀思妥耶夫斯基。

我接到国务院的一封信，要我报告你的能力和性格，我不打算提及你的双关语和恶作剧癖好。[1]

200 我想五号以后跟罗莎琳德[2]驾车去波士顿，鲁尔回他母亲那儿，我会给你电话，让你知道。顺便说一句，我现在有电话了：韦尔弗利特 172 接 11。我十分急迫地想见你。

永远的

埃·威

1. 纳博科夫在韦尔斯利的教职是临时的，每年都得续约。为了找更稳定的工作，他向国务院申请了新创办的美国之音俄语部主任一职。在拜内克图书馆的威尔逊档案中，有一封是特别代理R. D. 克拉克给威尔逊的信（日期为 1946 年 9 月 20 日），要求评价纳博科夫的“家庭和教育背景、婚姻状况、总体声誉、个性、忠诚度、能力等”。还有一封威尔逊予以高度赞美的推荐信。

正如博伊德所说：“他［弗·纳博科夫］还找尼古拉·纳博科夫写过推荐信，但后者自己把这份工作揽入囊中，纳博科夫吃了个闭门羹。”（见博伊德《纳博科夫传：美国时期》，第 113 页。）

2. 威尔逊与第一任妻子玛丽·布莱尔生的女儿。

153

马萨诸塞州，剑桥

克雷格环路 8 号

柯克兰 24–58

一九四六年十一月一日

亲爱的邦尼：

我不知道你在哪儿。纽约的审判结果如何？就在你来之前，我在纽约（泰特做证）。我的小说将给更好的出价人——霍尔特。

我最终把约翰·威尔逊的《鼠疫城》跟《鼠疫流行时期的宴会》[1]作了比较，后者是对前者非常贴近的翻译，除了两首歌，那是大不相同的（普希金要优秀得多）。我本人对《鼠疫流行时期的宴会》的英译有一部分像威尔逊的原作，这让人不适，不过总体上超过了它。

请给我写短信。

你的

弗

霍尔特的预付稿酬是两千，道布尔戴才给了一千。霍尔特喜欢这本书，道布尔戴则漠然。

1. 原文为俄语。普希金作品，见第 21 封信，注释 3；第 22 封信，注释 4。

154 201

《纽约客》

一九四六年十一月十七日

内华达州，明登

明登酒店

亲爱的沃洛佳：听到你的书的消息，我太高兴了。你跟他们有约定，要资助你写作其他书吗？

我到了这里，一个小而美妙的乡村旅馆，过着安静、勤奋、健康的生活。我在读马尔罗的早期作品，认定他很可能是当代最伟大的作家。你看过 *La Condition Humaine*[1] 吗？我想知道你的反应。

我会在这里结婚，去旧金山几天，然后回东部——十二月十日离开内华达，十八日到纽约。然后去韦尔弗利特过圣诞节，还有残冬。我真心希望你们过来看我。我要娶的那个姑娘叫埃琳娜·桑顿——娘家姓芒穆，生产香槟酒的人家的女儿。她妈妈是俄罗斯人——姓斯特罗威。她是尼娜和尼古拉的朋友，你或许认识她。这件事太幸运了，我担心会发生糟糕的事——或许旧金山会地震。

我的案子是十一月初听证的，判决二十七日宣布。请寄信到这里，我很想读到你小说的结尾。向薇拉问好。

永远的

埃德蒙·威

1. 法语，《人的命运》。

155

一九四六年十一月二十七日

亲爱的邦尼：

接到你的内华达来信，我万分欣喜。薇拉和我一起祝愿你和你的妻子拥有许多许多最灿烂的幸福[1]。我们期待不久能见到你俩。

我的小说最终标题为《庶出的标志》，已经交给印刷商了。手稿的第二份多少被拆散了（部分会在杂志上发表，我想），因此我

仍然无法给你寄《庶出的标志》。我骨子里有点坚持，我给你评判 202
的只能是最终形式，或起码是清样，特别是我对开头几章改动很多，因此你根本还没有看过这部小说。我希望它完整地呈现在你面前，一个漂亮、坚实的惊喜，一份结婚的礼物。

Et maintenant—en garde！[2] 我困惑不解，你竟然喜欢马尔罗的书（你在跟我开玩笑吧？或者，文学趣味是如此主观，以至于两个有辨别力的人，居然在这么简单的问题上也相互龃龉？）。他完全是一个三流作家（但是一个好人，一个很正派的家伙）。J’ai dressé[3] 一份小的问题清单（涉及《人的命运》）[4]，建议你回答。

1. 那些女人、孩子和老人（天啦，什么样的组合——什么样的第一万次的组合！）都裹着的有趣的毯子是什么？作者究竟在哪个鬼地方见过，人们暴露在霜冻里就会打喷嚏？[5]

2. 什么是中国之夜的庄严宁静（尝试替换为：美国之夜，比利时之夜[6]，等等。看看会发生什么——请注意，中国包括了许许多多不同的生物地区）？从童年起，我就记住了一行金色的铭文，它令我着迷：“欧洲国际卧车及特快列车公司”。马尔罗的作品属于“特级陈词滥调国际公司”。

3. 蟋蟀（那只蟋蟀——该死的有着地方特色的小蟋蟀——被一个人物的到来 éveillé[7]，第 20 页）和蚊子（第 348 页）会在成虫阶段，在早春的上海出现？我表示怀疑。

4. 你从没有注意到吗，糟糕的作家总是给人物强加上某种说话的花招（就像高尔斯华绥、休 · 沃波尔或英国某个 seredniak[8] 给他们的某个人物的那种蹩脚货，而且那个人每次出现时，都必须得不停地提及），通过这种办法试图给他们（非驴非马、无可救药）的文学形象以个性？我简直不能相信，你竟然能忍受陈不停地说“bong”[*]，加托夫（Katow）的 absolument[9]，还有其他 soi-disant[10] 习性，它们让我浑身不自在（对像马尔罗这样骨子里缺乏幽默的作家来说，这都非常典型）。俄（苏）作家可怜巴巴地大量运用这种特别的技法，要给他们描绘的虔诚的、刚强沉默的共产主义者某种独创性或古怪魅力。

5. 究竟是什么原因，他要给他的俄国 bonhomme[11] 一个以“w”结尾的名字，且是源自——他当然不知道（我称之为 la vengeance du Verbe[12]）——古老的俄文词 kat，恰巧是指刽子手？可能他的“Schatow”来自陀思妥耶夫斯基小说的德语翻译（或采
203 用了德语音译法的法语翻译），用卡利亚耶夫的 K 代替了开头的辅音。[13]La vengeance pure du Verbe bafouillé. [14]

6. 一个 Russe du Caucase[15]（第 101 页）（指那个资本家—利己主义者—洛蒂式—德哥派拉式[16] 法国人的十分讨厌的情妇）究竟是什么样的人（种族的？政治的？外表的？或者就其他而言）？你如何看待 beau visage d'Américain un peu（比如 3%）Sioux[17]（第 197 页）？

7. 加托夫无意间提到的 quand j'étais encore socialiste-révolutionnaire[18]（就像一只青蛙会说：当我还是蝌蚪时）当然不管从系统发生说还是个体发生说的角度而言都是错的。但为了那个可怜的目的，即说他倾向于恐怖手段，可能是必要的。

8. 你是否真的在说，你认为《人的命运》（还有他的 *Temps du Mépris*[19]）不是一坨陈腐的结块？那就琢磨一下下面句子中无以复加的陈腐节奏吧：jamais il n'eut cru，等等（第 202 页），或 il fallait revenir parmi les hommes[20]，还有其他数不清的陈词滥调（幽暗、干脆、断音的陈词滥调，是那种现代风格的当代机关枪节奏的 simplicité héroique — qu'il mourut[21]）。

9. A chevo stoiat odni èti zagolovki: Minuit，Trois Heures du Matin[22]，等等！

10. 你读过皮利尼亚克、利金、弗谢沃洛德·伊万诺夫以及萨

文柯夫和安德烈耶夫的后裔吗？他们都是苏联第一个十年的作家，喜欢用中国背景，在这方面做得更好。

11. 你尝试问过一个有文化的中国人如何看待《人的命运》中的那些嚎叫者吗？（当然，最差的嚎叫者是对一个正确的地方特色的错误强调。）那个垂死的英国人想起了多佛的白色岩石。有这种可能，但他会这样吗？

这基本上概括了我的立场。我罗列得越长就越相信，文学中唯一重要的事情是，一本书（多少非理性）的 shamanstvo[23]，也就是说，优秀作家首先是一个魔法师。

但一个人绝不应该像马尔罗那样不停地让东西从袖口中散落出来。

我紧握你的手，我的朋友。

你的[24]

弗

1. 原文为拉丁语及部分语音转写。
2. 法语，现在——小心！
3. 法语，我编了。
4. 参见第 154 封信的第二段。
5，6. 异体字在原文中为法语。 204
7. 法语，唤醒。
8. 用拉丁字母转写的俄语，庸人。
9. 法语，绝对地。
10. 法语，所谓的。
11. 法语，家伙。
12. 法语，词语的报复。
13. 沙托夫是陀思妥耶夫斯基《群魔》中的一个人物；伊万·卡利亚耶夫是一个社会革命党恐怖分子，他参与了几次政治暗杀，于 1905 年革命中被处决。谢尔盖·亚历山大洛维奇大公曾让纳博科夫的叔叔康斯坦丁坐他的车，他谢绝了，几分钟后，卡利亚耶夫用炸弹炸了那辆车，大公被杀。（《说吧，记忆》，第 60 页。）
14. 法语，咕哝着的词语的纯粹报复。
15. 法语，来自高加索的俄国人。
16. 原文为法语。暗指皮埃尔·洛蒂和莫里斯·德哥派拉垃圾般的法国畅销书。

17. 法语，美国人的英俊的脸，有一点像……苏人。[编按：苏人（Sioux）是北美印第安人的一个部族。]
18. 法语，当我还是一个社会主义革命者时。
19. 美国版为《愤怒的日子》。
20. 法语，他本永远不会相信或一个人得回到人群中。
21. 法语，英勇的素朴——他就那样死了。
22. 用拉丁字母转写的俄语及法语，更不要说那些荒唐可笑的标题了：午夜，凌晨三点。
23. 用拉丁字母转写的俄语，萨满教（即魔力）。
24. 原文为用拉丁字母转写的俄语。

* 陈为小说中的人物，他将法语的“bon”（好）念作“bong”。——译注

156

《纽约客》

西 43 街 25 号

一九四六年十二月一日

内华达州，明登

明登酒店

亲爱的沃洛佳：我知道会让你恼火——但关于马尔罗，我是绝对真诚的。你针对《人的命运》的有些观点我很难接受，有些则无足轻重。至于魔力，自从我读了 *Les Conquérants*[1]，他就始终令我着魔（尽管我并不喜欢《蔑视的时代》）。在我看来，《人的命运》是我读过的作品中最上乘地表达其所处阶段的危机和感情的小说——写于战争期间的、*La Lutte avec l'Ange*[2] 的第一部，某些方
205 面甚至更出色。（我承认，他没有幽默感：*La Voie Royale*[3] 虽然是一部激动人心的书，只是无意间有些幽默的方面。）他无疑是普鲁斯特以来法国产生的唯一的第一流的想象天才。不准确、陈词滥调及笨拙本身并不能否定一个作家。此外，你我不仅在马尔罗问题上

存在根本分歧，对陀思妥耶夫斯基、希腊戏剧、弗洛伊德，还有其他许多东西，我们也大相径庭——我相信，在这些方面我们永远无法调和；因此我认为，我们最好盯着那些更有益的讨论，比如普希金、福楼拜、普鲁斯特、乔伊斯等。（顺便说一句，在我看来，你对《南风》[4] 的热情就是一个过分的例子，说明某人对某种特殊事物——这个例子中是恶意的幽默——的喜欢暴露的是他的趣味，却不必跟一流的文学相关。）

你对西洛内有任何了解吗？我也在阅读以前未读过的他的作品。我认为，他和马尔罗正在崛起，是这种政治—社会—道德的半马克思主义小说派大师，这是自分析性心理小说之后该领域的重大发展；不过他们的观点截然不同。你可能更喜欢西洛内的作品——可他真的不如马尔罗伟大。[5]

我很想看到你自己的作品。请让他们把清样寄给我。《赫卡特县的回忆》在纽约以二比一的投票结果判为有罪。道布尔戴准备上诉。表示异议的法官写了一份非常有智慧的意见，另外两位——很不寻常地——不做任何解释就投票说有罪。这完全是一件讨厌的麻烦事，让我的收入缩水。

在这里，我过着非常安静但并非不愉快、甚至是涤罪的时光。这是一个古怪、荒凉的乡村——与其说浪漫，不如说陈旧、阴森。一天晚上，我在轮盘赌上赢了一些钱，后来又挥霍一空。赌博是俄国大作家们的缺点，在我却不可理喻。作为一个业余的魔术师，我多多少少能够看出，轮盘赌的转盘、骰子和 vingt-et-un（二十一点）的发牌是怎样被操控的。他们在这里找到的那些在纸牌游戏中发牌的姑娘们手指妙极了，一定经过了几个月的前期训练。我喜欢进去看她们。

我想回到韦尔弗利特，希望你们能过去看我们。[……]

永远的

埃·威

1. 法语，《征服者》。
2. 法语，《与天使摔跤》。
3. 法语，《皇家之路》。
206 4. 诺曼·道格拉斯创作。在《独抒己见》（1973）中，纳博科夫列举了《南方》等作品，说他年轻时喜欢，而且仍旧喜欢。威尔逊对这部作品的否定意见在《旅行指南外的欧洲》中占了三页（第212—214页）。
5. 在《旅行指南外的欧洲》的一章《两个幸存者：马尔罗与西洛内》中，威尔逊将马尔罗和西洛内进行了平行比较。

157

马萨诸塞州，剑桥

克雷格环路8号

柯克兰24-58

一九四六年十二月十九日

亲爱的邦尼：

你回东部了吗？我们可以稍后见你吗？

近来我读了亨利·詹姆斯的许多东西，想写一篇文章，叫《国王（这里是亨·詹）光身子》。还有T. S. E[1]。

把《南风》带入是不公平的，不过我不生你的气。Nong。

我们都很好，我们仨问候你。

Bong。[2]

你的　弗

1. 即托·斯·艾略特。

2. “Nong”和“Bong”是马尔罗《人的命运》里中国人讲法语单词“不”和“好”的说法。见第155封信。

一九四七

158 207

《纽约客》

西 43 街 25 号

一九四七年一月九日

亲爱的弗拉基米尔：我们在科德角过了圣诞节，现在纽约待几天，准备明天返回韦尔弗利特，这个冬天的其余时间都在那儿。等我们安顿下来，希望你能过来看我们。现在尼娜和罗莎琳德跟我们住在一起。

一天晚上，在一个俄罗斯圣诞晚会上，我遇到你过去的室友卡拉什尼科夫[1]，带着显然是西班牙裔的妻子。他说他想跟你联系。我试图让他聊聊你在剑桥的经历，但能从他那儿获得的一切不过是，你是个古怪的家伙，你写英文诗，这一点给他留下了印象。

关于亨利 · 詹姆斯：正如埃兹拉 · 庞德所说，如果你从阅读错误的东西开始，你可能对他不会有什么印象。可一旦你读了最好状态的他，了解了他的文学发展，他写的几乎所有东西都变得有趣。我认为，他几乎所有的长篇小说都会在第二卷陷入困境，一些篇幅稍短的更令人满意。在纽约版中，一定要读包括了《梅茜所知道的》《在笼中》[*]和《学生》的那一卷。这些小说都是我喜欢的。

艾伦 · 泰特似乎被你的小说迷住了。我迫不及待想看到清样。他说你就下一部作品跟他们签了一份有选择性条款的合同，没有预付稿费。你究竟是为什么？这样的事应该永远不要做。

永远的

埃 · 威

1. 参看下一封信，注释 4。

* 原文为 *In the Café*，疑为 *In the Cage* 的笔误。——译注

208 **159**

一九四七年一月二十五日

亲爱的邦尼：

nakonetz-to[1] 我把我的小说寄给你了。“作者本”已返还出版商。我只是将一些大的修改誊了出来，因此你不要管从句前那些遗漏的逗号及其他小问题。不过，如果你发现一些真正可笑的错误，请 prishcholkni ikh[2]。尽管你已经看过开头几章，请再次从头开始，因为我做了一些微妙的完善，碰巧又添加了一轮神奇的月亮。不用说，你对《庶出的标志》的意见—— no vprochem ty vsio znaesh sam[3]。我希望，你和我会一点一点地一同转向俄语。

你撞到了我的过去的又一条死鱼，这很有趣，尤其是，你似乎在按我对待塞巴斯蒂安的那样，很大程度上用同样的方式试图对我重构。那个卡拉什尼科夫过去是——可能仍旧是——一个典型的俄国法西斯分子，属于那个老学派，chernosotenetz i durak[4]。谢天谢地，他只跟我做了一个学期的室友，因为他第一年末考试不及格，只得离开剑桥大学。他自以为特别饱学，但他读过的仅有的两本书是 *Sionskie Protokoly*[5] 和法雷尔的 *L'homme qui assassina*。[6] 后来他在这份书单上增加了《圣米歇尔岛》[7]。我们共用一个破旧的客厅，当我想读点什么时，他就朝我扔东西，或者把壁炉的火熄灭。他的试卷有关于民主的题目，他头一句话就立即决定了他的命运。这个句子是：“民主是一个拉丁词。”此外，他是一个十分讨厌的势利小人，但女士们认为他机智诙谐，特别有魅力（不要把这一切告诉尼娜·恰夫恰瓦泽，她笃定地认为，我们过去是愉快的伙伴。我们确

实一起打过许多次网球，诸如此类，以及 1920 年代早期，我差点儿娶了他的一个表亲，仅此而已）。

我想跟你咨询有关在《纽约客》写书评的事。这是个微妙的问题，因为我并不想看似在以任何方式、从任何角度插手你自己的安排。如果你再次接手整个事务，那当然很好。但如果在“威尔逊之间”还有空隙，我寻思我是否可以填进一些评论。你要不要在《纽约客》nashchupat’ pochvu[8]一下？或是我给怀特夫人写信谈此事？我的意思是，请直言不讳地告诉我，你对我这个孤注一掷的计划是怎么想的（因为我必须做点什么来改善我的经济状况）。今年秋季，我将放弃博物馆职位，它对我的文学工作干扰太多。在薇拉的帮助 209
下，我重写了差不多三十讲的俄罗斯文学讲稿，会在韦尔斯利一周讲两次。克罗斯去世后，我曾希望，哈佛的某些安排或许会落到我头上，en fait de[9]俄语系。但显然我不是他们的选择。俄语广播计划也没有下文。老伙计尼卡得到了那份本来许给我的工作。[……]

好了，该是让你舒服地安顿下来、阅读《庶出的标志》的时候了。我俩都很迫切地想见到你们，遗憾的是，我们无法离开剑桥。春天某个时候我或许会去纽约。

你在写什么？我已经读了（更准确地说，重读了）《梅茜所知道的》，很糟糕。或许另有一个亨利·詹姆斯，而我不断遭遇的都是错的那个？

弗

1. 用拉丁字母转写的俄语，终于。
2. 用拉丁字母转写的俄语，淘汰它们。
3. 用拉丁字母转写的俄语，但你无论如何都知道。
4. 用拉丁字母转写的俄语，反犹分子［字面意思是“黑色百人团成员”］和白痴。关于纳博科夫剑桥大学的室友米哈伊尔（米什卡）· 卡拉什尼科夫，参见博伊德《纳博科夫传：俄罗斯时期》，特别是第 169—179 页。正如博伊德指出的那样，纳博科夫跟“米什卡”住一个寝室的时间不是一学期，而是两年。

5. 法语，《锡安长老会纪要》。

6. 在《天赋》中，纳博科夫把克洛德·法雷尔的垃圾小说（《凶手》）和《锡安长老会纪要》作为小说女主人公、一半犹太人血统的济娜·默茨那个讨厌的继父最喜欢的读物。俄文版《说吧，记忆》简要提到这两本书，说它们跟纳博科夫在剑桥的临时俄国室友相关（《彼岸》，第 221 页）。

7. 即阿克塞尔·蒙特的《圣米歇尔的故事》（原名为“圣米歇尔山”）。

8. 用拉丁字母转写的俄语，实地考察。

9. 法语，关于。塞缪尔·哈泽德·克罗斯（Samuel Hazzard Cross，1891—1946）是美国斯拉夫文学研究先驱。

160

一九四七年一月三十日

马萨诸塞州，韦尔弗利特

亲爱的弗拉基米尔：

我对《庶出的标志》非常失望，当初我在阅读你给我的那些部分时，我就有些疑惑，现在我想把意见告诉你，因为值得这样做。其他人或许完全是另外的想法，比如我知道，艾伦·泰特就为
210 此特别激动——他告诉我，他认为这是“一部伟大作品”。但我觉得，尽管它塞满了好东西——有才气的文笔、好笑的讽刺——却不是你最伟大的成功之作。首先，在我看来，它跟那部关于独裁者的戏剧[1]一样，存在同样的缺陷。你对这种主题不擅长，它涉及政治及社会变革问题，而你对这些东西毫无兴趣，从不耐烦去理解它们。对你来说，像托德这样一个独裁者就是庸俗可恶的人，他欺侮像克鲁格那样严肃、优异的人。你不明白，托德是为什么、怎样让自己得逞的，他的革命意味着什么。这导致你对这些事件的描绘非常令人不满。你现在不要跟我说，真正的艺术家跟政治问题无关。一个艺术家可以不把政治当真，但如果他真要处理这类事务，他就应该明白就里。没有谁比沃尔特·佩特更爱默想、更为冷漠、更有志于

纯艺术，我正在读他的《加斯通·德·拉图尔》。但我要说，他对十六世纪盛行的天主教和新教之间的斗争有许多洞察，比你对二十世纪的冲突的洞察多得多。

我还认为，你虚构的国家对你没有特别的用场。你的长处很大程度上在于你准确的观察，而把德国和斯拉夫的东西结合起来，就构成了某种似乎不真实的东西——尤其是，人们始终会把它跟丑恶的当代现实相比。你那不幸的教授的冒险有某种可恶的滑稽表演的气息。我从一开始就对他不很信任，也从没有被他的妻子、儿子打动；但我认为，你准备最终将他翻个里朝外，把整个东西撕碎，以表明我们关于不公、悲剧的想法纯粹是主观产物或类似的东西。（我感到可惜的是，你放弃了让主人公面对他的创造者的想法。）实际上，你想着手处理的是对某些糟糕事情的讽刺，而它们其实是不能加以讽刺的——因为为了讽刺某事，你得将它变得比本来的样子更糟糕。

另外一点，《庶出的标志》是（除了那部剧本外）你唯一让我觉得冗长乏味的作品。我一直欣赏的是，你的作品有着普希金式的迅疾，这个作品的进展却不然。我知道，你在这里追求的是比《塞巴斯蒂安·奈特的真实生活》更厚密的散文组织，作品的某些地方确实也精彩，但不少地方——不要给我来自地狱的武器！——让我想起了托马斯·曼。

不过，跟上次我看到的手稿比，你确实改进了很多。我期待拿到书后再重读，发现许多我未能领会的方面。顺便说一句，我发现， 211
我在校样上对 derriére 的词性的订正是错的——不知怎么的，我总以为它是阴性。我想，我有一处忘了修改，那个女子说，那个男人有“不折不扣的幽默感”[2]，这是不可能的。她本该说，他有出色的幽默感或他是个不折不扣的怪人（我认为，你在这儿根本不需要用“不折不扣”）。

关于《纽约客》，我会跟他们商量。这事要找的是威廉·肖恩，不是怀特夫人。你要做的事是给他写封信，我也会在下次打电话时跟他说这件事。我认为这个主意很好。汉密尔顿和我现在是每人一个月写一篇评论，按照我去年的合同，我还欠他们几篇，这样情况很快就会大不一样。

现在做广播的是尼古拉吗？我不知道他从欧洲回来了。

在放弃亨利·詹姆斯前，试一试读长篇小说《卡萨玛西玛公主》，还有他的自传第一卷《小男孩和其他》吧。它们代表他创作的两种门类，你或许还没有尝试过。

我们住在韦尔弗利特。岁月变得很单调，但我们静静地为文明而劳作。尼娜跟我们住在一起，直到保罗从中国回来。到三月下旬前，我们都不想去纽约。我还在忙于我那本关于欧洲旅行的书。等到下个秋季出版时，它会过时的，仿佛胡言乱语。

是的，我跟劳克林彻底断绝了关系——很久以前给他写过信，他要我帮他，我跟他说了我对他的所作所为的看法。他在出你的小说集[3]，我认为这是一场灾难。应该试着让霍尔特接过去。

我希望，你给我写信时，不要转写你的俄文，那样对我来说很费事。我总得转写回去，才能弄明白它的意思。

向薇拉致意。我不喜欢克鲁格教授，还有你创作的其他一些东西，希望她能够原谅我。

永远的

埃·威

1. 即《华尔兹的发明》。
2. 《庶出的标志》第十六章，玛丽艾特跟他的妹妹琳达说："我得说，你的新对象有不折不扣的幽默感。"尽管威尔逊予以苛责，纳博科夫在后来的版本中仍旧保留了这种说法。
3. 即《九故事》，1947 年由新方向出版。

161 212

一九四七年二月九日

亲爱的邦尼：

Spasibo za pismo i zamechania[1]——抱歉，我本想，插入那些俄文词，是给你开非正式的俄语小灶——但我的方法看来是错的。

L'égorgerai-je ou non（生存还是毁灭）的意思当然是那个著名的假设，是哈姆莱特用他独白开头几个词表达的意思："我杀害国王，是生存还是毁灭？"[2]

"警告灾祸临头"是对的——莎士比亚那里就是这样的。

"幽灵般的猿猴"等等，当然不想听起来像莎士比亚，这种韵律不是他那个时代的。

"Lower and belowed"是想表明在用英语印刷传单时常见的德文错误。[3]

"反曲"广泛用于动物学著作（"克鲁格在幼虫阶段……"）。例如，可以在韦伯斯特辞典查看"野山羊"一词。

"Froonerism"是弗洛伊德的口误与首音误置（spoonerism）的组合。

我自己也怀疑，你是否能领会我作品的气氛，特别是你还在赞美马尔罗的时候。在历史和政治事务方面，你对你认为是绝对的某种解释是有偏爱的。这就是说，我们将有许多愉快的扭打，谁都寸步不让。

我在写另外一部作品，希望你更喜欢。

薇拉和我一起问候你。

你的

弗

[草草地写在信头]

谢谢你宝贵的修正。

1. 用拉丁字母转写的俄语，谢谢你的来信和评论。威尔逊一定给纳博科夫又寄过一封信，评论了《庶出的标志》的文体，这封信没有保存，纳博科夫此信是对它的回复。

2. 《庶出的标志》第七章包含对莎士比亚《哈姆莱特》的详细注释，夹杂了克鲁格的朋友恩伯对该剧的翻译，他译入的语言主要是俄语，但包含一些奇怪的添加物（接下去提到的“警告灾祸临头”“幽灵般的猿猴”是注释的一部分）。哈姆莱特的独白头三行被恩伯译为：

213 Ubit' il ' ne ubit'? Vot est' oprosen.
Vto bude edler: v razume tzerpieren
Ognoprashchi i strely zlovo roka —

（或者，一个法国人会这样：）

L'égorgerai-je ou non? Voici le vrai problème.
Est-il plus noble en soi de supporter quand même
Et les dards et le feu d'un accablant destin —

通常的俄语版“生存还是毁灭?”是：Byt' ili ne byt'？纳博科夫对这些词的双关转换意思是“杀还是不杀?”，引文的其余部分是标准的俄语，除了“oprosen”是一个不存在的名词，派生自动词“oprosit'”，指“游说”“进行民意测验”。“vto bude”是很一目了然的对“chto budet”的变形，“那会”（“bude”是俄语“budet”在乌克兰语中的对等词）。“edler”是德语的“高贵”；“tzerpieren”是半意第绪语的不等式，源自俄语的“terpet”，表示“忍受”“容忍”。整个回译为英文是：“杀还是不杀? 这是一个问题。/ 哪一个更高贵：内心忍受 / 邪恶命运的暴虐毒箭和投石器。”

法语版将恩伯对哈姆莱特问题的俄文翻译变成：“我该不该撕裂他的喉咙?”接下去是对莎士比亚英文原文合情合理的忠实翻译。

3. 1964 年版的《庶出的标志》中，纳博科夫把“lower and belowed”改成了“lover and beloved”。

162

《纽约客》

西 43 街 25 号

一九四七年二月十二日

马萨诸塞州，韦尔弗利特

亲爱的沃洛佳：我跟肖恩谈了给《纽约客》写书评的事。他说今年什么都没法做，因为他已经跟几个人签了合同，差不多每人每个月写一两篇评论。不过他似乎抱有好感——他读过你的《果戈理》。如果我年底完全退出，我会跟他再商谈一次——不过我担心，《赫卡特县》重印还需要很长时间，如果真有这么一天。我准备努力为你的书找一篇好书评——我自己不愿意写，因为我不想说，你是伟大作家，但我不认为《庶出的标志》展示了你的最佳状态。（我一直想最终给《大西洋月刊》写篇文章，论述你的整体创作。）

我说你操起俄文，你误解了我的意思：我不反对俄文，反对的 214
是你用罗马字母写它，那就好比我经常这样做一样讨厌。[1]

我认为，你阐述的那些花招是蠢得无法形容的低级趣味，但我想责备也没有用。我真希望你能在场，这样我们就可以谈论——我很好奇，你是否能够说服我更喜欢〇教授[2]一些。这个小小的贵族之家[3]在凄冷的风、酗酒的邻居中间过着沉默寡言、极具创意的生活。叶连娜在悄悄地改变着屋子，一部分看上去已经像屠格涅夫了，我只好撑起一块美国之翼。尼娜退居到她冬日的生活中，有点儿冬眠的成分。他们轮流吃饭，彼此比拼厨艺，我则放着留声机。这对我来说完全是大大放松，我想给每个人送情人节礼物。

永远的

埃·威

1. 原文为用不太可靠的西里尔字母转写法写的英文。
2. 《庶出的标志》主人公克鲁格的名字在俄语中指“圆圈”。
3. 原文为俄语（屠格涅夫一部小说的名称）。

163

一九四七年二月二十二日

亲爱的邦尼：

你太好了，弄清了书评的事务。总体说来，我非常喜欢你的信，你经过这里时我没能见到你，太遗憾了。

我最近创作了一首俄文诗[1]，现在寄给你。我附上非常完整的翻译，还有注释。顺便说一句，它帮我发现了在翻译我想翻译的东西时所能达到的准确和完整的程度，差不多百分之九十七。

你永远的

1. 很可能是《致 S. M. 卡丘林大公》。

215

164

一九四七年四月七日

亲爱的邦尼：

我已经很久没有你的消息了。你好吗？收到我的俄文诗没有？罗曼最近来看我们，他的评价很高。他跟我的朋友格奥尔吉·赫森飞过来过周末，我们很愉快——如果你过来，那就更愉快了。

我的小说应该在六月初面世，什么时候你要再读一次。他们寄给我一份荒谬透顶的介绍，一番电报往来后，泰特写了一份新的。他一直待我很好。在韦尔斯利的课上，我已讲到托尔斯泰；下学期会重复讲，但我的位置仍然不稳，薪水也菲薄——我基本上不指望《庶出的标志》能给我挣多少钱。我在写两个作品：1. 一部小长篇，一个喜欢小女孩的男人的故事——准备叫《海边王国》[1]——还有 2. 一部新型的自传——一种科学尝试，试图揭开、追溯一个人个性的所有纠缠的线头——临时标题是《成问题的人》[2]。

我已经完成我主要的昆虫学论文[3]，蝴蝶多少会束之高阁一年左右。今年暑假我们考虑去科罗拉多或某个地方，如果好运临头。德米特里这学期在学校表现很好，成绩单很出彩，我们希望他能得到一所好的寄宿学校的助学金。他六英尺高。我听说，法语文学爱好者不喜欢 bong 和 'bsolument 的作者。我重读了你的《伤与弓》，关于海明威的那篇很棒——除了一点，你用市场的波动来解释他创作的波动。我还读了《天使望家乡》，我一直怕碰它——我是多么正确！时不时有吉光片羽，但总体上是劣等货。我重读了《美国的悲剧》——没有特别的看法。

春天溜着旱冰鞋来了，我们何时能见到你们？

你永远的

弗

1. 即《洛丽塔》的临时标题（来自爱伦·坡的《安娜贝尔·李》）。
2. 未来的《说吧，记忆》。
3. 即《红珠灰蝶属的新北区成员》（参见第 59 封信，注释 4）。

165 216

［一九四七年五月初］

A.［写在威尔逊的组诗《运用艰深词语的轻松练习》[1] 打印稿上］

五月十六日周末能有机会请你过来吗？我们在张罗一个小聚

会，希望能请到你。叶连娜在给薇拉写信。

埃·威

B.［写在诗歌《有趣词语的扼要评论》[2] 打印稿上］

如果你十六号的那个周末过来，款待你的将会是横溢的才华，这是样品。

埃·威

1. 见《夜思》，第202—204页。
2. 同上书，第205—206页。

166

《纽约客》

西43街25号

一九四七年七月十八日

亲爱的弗拉基米尔：

关于我们俄国计划的下一阶段，我逐步有了以下想法：我一直在跟牛津出版社洽商，准备出版我的两本旧的批评著作，还有一本新著，他们中一个叫沃特林的人——能够读俄文，对俄国有些了解——跟我说起，他有意劝你为他们做一本勃洛克的诗歌翻译。我也很乐意从写俄国书的事务中脱身，因为俄国题材的书已经出了很多，同时我更有兴趣在美国创作的某些领域做点事，这方面实际上还没有研究过。因此我问牛津出版社，他们是否愿意向道布尔戴支付后者已经支付给我们的预付稿酬，跟我们签两份新合同：我的是一本杂文合集，把我《大西洋月刊》上的文章包括进去；你的是你
217 建议我们一起做的一本书，但你要一个人做：一本翻译诗选，贯穿

整个俄国诗歌史，加上导言，或许还有评论。沃特林很想这样做，道布尔戴在劝说下也同意了。问题是，你是否愿意做这样一本书。我跟沃特林说得很清楚，在我们两人每人七百五十美元之外，还要再预付稿酬，那是为我们的合作图书支付的。请告诉我，你对此怎么想——寄到韦尔弗利特来。

我们在韦尔弗利特完全安顿下来了，这是个庞大而复杂的家庭。除我外，每人都像疯了一样下象棋，一天，叶连娜的儿子跟当地一个专家下了几个小时，晚饭都错过了，结果他打败了那个专家。如今他们嚷嚷着要你来，他们从罗莎琳德那里听说了你的才华。

我希望你在那儿度过一段“有回报”的时光。《纽约客》的杰弗里·赫尔曼是一个业余的鳞翅目昆虫学者，今年暑假来了科德角，但就像你说的那样，发现这里令人失望。

问候薇拉和德米特里。

永远的

埃·威

马萨诸塞州，剑桥

克雷格环路 8 号

弗拉基米尔·纳博科夫先生

埃·威：pf

167

科罗拉多州，埃斯蒂斯公园

落基山国家公园

哥伦拜因旅社

一九四七年七月二十四日

亲爱的邦尼：

很遗憾，我们的连体关系要分开了，不过除此之外，你的计划很可以接受。你如此巧妙地安排了这笔交易中有关我的部分，我非常感激。

我已经有了一定数量的译稿。告诉我，这本书多大容量：八十页？一百一十页？越少越好。你认为，我何时能拿到增加的钱款？越快越好，我此刻相当窘困（夏天总如此）。

218 我在这里采集蝴蝶，过得非常惬意，尽管有点艰苦。我们拥有一个极舒适的屋子，都归我们。植物群简直美不胜收，我身体的某个部分一定生于科罗拉多，因为我不断地带着美妙的剧痛认出了一些事物。你那份有趣的名单中漏掉了奥列沙（关于马奇尼克著作的评论）。[1]

九月的第一周你会在纽约吗？回家途中，我们会在那儿逗留三四天。

我乐于跟你的家人来一场象棋厮杀！

你永远的，

弗拉基米尔

1. 在对海伦·马奇尼克《俄国文学导论》的书评（《海伦·马奇尼克：变身批评家的教师》，刊于 1947 年 6 月 21 日《纽约客》）结尾，威尔逊建议，再写一本关于整个当代俄罗斯作家的概览，“不管住在哪里，属于何种党派，1917 年以后成长起来的即可”。在应该包括的主要作家中，他列举了托洛茨基、肖洛霍夫、西蒙诺夫、阿尔达诺夫、纳博科夫，还有“被消灭的”帕斯捷尔纳克。

168

《纽约客》

西 43 街 25 号

一九四七年八月十日

马萨诸塞州，莱诺克斯

亲爱的沃洛佳：如果你九月去纽约，一定要给牛津出版社的沃特林打电话，为翻译书的事见见他。你若想再获得预付稿酬，我认为你就得答应，要做一本多于一百页的书：所有主要诗人的代表作，加上评论和导言。九月第一周我可能不在纽约，但我们去波士顿稀松平常，希望能在那儿见到你。

我们到莱诺克斯来了，离家过一个星期的假，这里有伯克音乐节。你要喜欢音乐，我就跟你说说它了。

永远的

埃·威

周三在纽约时，我见到了埃尔德，他直言不讳地告诉我，我“跟道布尔戴没有未来”。他劝我，把跟他们签的两份合同（一份是那
本俄文著作）转给别的出版商，对我著作的市场推广更有兴趣的人。 219
两周前，他接到正式通知，道布尔戴对他寻找有才华的严肃作家不再感兴趣，那以后，他只专注于销量会很大的图书。这就是说，我们不必为我们的书操心了，但可以等着碰到其他真心要这本书的出版商。

向薇拉问好，

埃·威

169

科罗拉多州，埃斯蒂斯公园

落基山国家公园

哥伦拜因旅社

一九四七年八月二十九日

亲爱的邦尼：

很遗憾，我不能在纽约见到你。我们准备在那儿待一周左右（九月五日至十日），然后回剑桥。希望不久后能在那里见到你俩。

非常感谢你，没有跟我说起坦格尔伍德的音乐。我在这儿刚跟一个叫米特罗泼洛斯的先生过了一个糟糕的夜晚，他是中西部某个地方的弦乐队指挥[1]，他有一种印象（起码在刚开始），我跟尼古拉一样懂音乐。

至少有四位鳞翅目昆虫学家来看我，对我表示敬意，带我去遥远的采集地。我把两则短篇卖给了《纽约客》，第二篇[2]（一篇自传文，写的是我的一个舅舅）经过了某种“编辑”，令我恼羞成怒，几乎想放弃这种谋生方式了。这只在你我之间说说，因为我不想伤害怀特夫人的感情。她已经尽力了。[3]

我喜欢你关于卡夫卡和萨特的文章。[4]

你的

弗

1. 即德米特里·米特罗泼洛斯，明尼阿波利斯交响乐团指挥。
2. 即《舅舅的肖像》，后为《说吧，记忆》第三章。
3. 关于威尔逊对这个消息的反应，参见他给凯瑟琳·怀特的信，《文学与政治书信，1912—1972》，第409—411页。
220 4. 即《对卡夫卡的异议》（《纽约客》，1947年7月26日），《让-保罗·萨特：小说家与存在主义者》（《纽约客》，1947年8月2日）。两篇文章都收于《经典与商业广告》。

170

《纽约客》

西43街25号

一九四七年十月十五日

马萨诸塞州，韦尔弗利特

亲爱的沃洛佳：也许，我们先暂时把那本俄国书留着。出版商都疯了，变着法儿降低版税等，牛津看来也不会给我们很好的条件。如果我们等一等，可能会更好。周一没能见到你，很遗憾，不过不久有机会见你。我们希望一月的大部分时间，还有二月、三月待在波士顿（叶连娜二月中旬左右要生产[1]）。

永远的

埃·威

1. 海伦·米兰达·威尔逊，生于 1948 年 2 月 19 日。

171

一九四七年十一月七日

亲爱的朋友[1]：

我沮丧地发现，我（算上薇拉）没有感谢你的书[2]，我喜欢它——尽管我断然不同意你的一些政治、历史概括。

你家很快要添丁[3]，我俩向你俩祝贺，期待不久你们能在我们附近。

一个问题：劳克林准备把《黑暗中的笑声》插图以七十五美元的价格卖给我。霍尔特想买它们，但不知道我能这么便宜地从劳克林那里弄到它们。如果我以两百至三百美元的价格卖给霍尔特，这光明正大吗？

我的新书进展顺利。我想《纽约客》会刊发一部分——这个月就会有一篇。[4]

像往常一样，我的姑娘们和虫子们占用了我许多时间。 221

你的

弗

1. 原文为俄语。
2. 即《旅行指南外的欧洲》。
3. 原文为俄语。
4. 1948 年 1 月至 1950 年 6 月,《说吧，记忆》多个部分在《纽约客》连载。1951 年初版时，书名是《确证》。

一九四八

172

一九四八年二月二十三日

亲爱的邦尼:

你天真地把我（还有“老一辈的自由派”）对苏联政权的态度（sensu lato）[1] 比作某个“破败、蒙羞”的美国南方佬对“邪恶”的北方的态度。你一定对我和“俄罗斯自由派”了解甚少。你或许没有注意到，我是怀着开心和蔑视看待那些俄侨的，他们对布尔什维克的“憎恨”是出于一种经济损失或阶级地位丧失[2] 的感受。认定一个俄国自由派（或民主党、社会党人）拒绝苏维埃政权的根本动因是种种物质利益，这是荒谬的（尽管跟苏联关于这个问题的种种说辞如出一辙）。我真的想让你注意到这样一个事实，我对新政权的看法不但跟立宪民主党人一致，也跟社会革命党及形形色色的社会主义组织相同，而且俄国文化是由自由派的思想家、作家建立的，这对你那“北方与南方”的巧妙比喻伤害很大。为了彻底地摧毁你的比喻，我还想补充一点，北方和南方的这种非常地方性的、特殊的区别更像是第一代堂兄弟姐妹的区别，而不是天悬地隔的思想体系之间存在的鸿沟。

顺便说一下，不过很重要：美国人所用的“知识分子”一词（比如，拉夫在《党派评论》中的用法）跟在俄国用这个词时所指的意
思是不一样的。有意思的是，这里知识分子只限于指先锋派作家和 222
艺术家。在旧俄，它还包括医生、律师、科学家等，还指属于任何阶级或职业的人们。事实上，一个典型的俄国知识分子会带着怀疑

的眼光看待某个先锋艺术家。俄国知识分子（从别林斯基到布纳科夫[3]）的主要特征是：自我牺牲精神，深度参与政治事业或政治思想，对任何民族的下层民众怀有强烈的同情，狂热的正直，绝不苟且，真正的国际主义责任精神……当然，通过阅读托洛茨基而了解俄国文化信息的人是不能指望知道所有这一切的。我还有一种直觉，在列宁、托洛茨基统治下，先锋文学大行其道，这个笼统观念主要归功于艾森斯塔德[4]的电影——“蒙太奇”——类似的东西——大滴大滴的汗珠在粗糙的脸颊上滚落。[5] 革命前的未来主义者入党，这一事实也助长了那种（非常错误的）先锋气氛，美国知识分子认为布尔什维克革命与之相关。

我不想关心他人的私事，但我这样来解释你的态度：在生命的激情阶段，你和美国一九二〇年代的其他知识分子怀着热情与同情认为，对远方的你们来说，列宁政权振奋人心地实现了你们进步的梦想。如果把位置对调一下，很可能就是，俄国的先锋派青年作家（比如说，生活在一个美国一样的俄国）会带着同样的热情与同情看待将白宫付之一炬的行径。你们对苏维埃之前的俄国的看法，对其历史和社会发展的观念，都是通过亲苏棱镜获得的。而后来改进了的信息，更成熟的判断力和不容忽视的事实的压力，让你们的热情减弱，同情干涸，但你们却不愿意麻烦去审视关于旧俄的固有观念，另一方面，新政权的魅力又为你们保留着你们的乐观主义、理想主义和青春所提供的那种感情虹彩。

我要说出一些我认为是真的、我想你也无法反驳的事情。相形之下，沙皇治下（尽管他们的统治笨拙而野蛮）热爱自由的俄罗斯
223 人有着无与伦比的、更多的表达自我的可能与手段。他受到法律的保护，而俄国有独立无惧的法官。亚历山大改革后，俄国的 sud[6] 是一个庄严的体制，绝非纸上谈兵。不同倾向的期刊、应有尽有的政党，合法的、不合法的，都盛极一时，所有政党在杜马都有代表。

舆论始终是开明的、进步的。

我想最终我要对这封信进行完善，将它发表。[7]

你的

弗

1. 拉丁文，广义上说。这封信很可能是对威尔逊如今已丢失的来信的回复，或者是两位作家私下讨论所涉话题的回应。此信稍后将威尔逊的名字跟菲利普·拉夫和约翰·多斯·帕索斯相联系，说明纳博科夫也可能针对的是《发现欧洲》这本书（纽约，1947），拉夫编辑，多人供稿，尤其是威尔逊和多斯·帕索斯。该书是从 18 世纪到第二次世界大战初美国人对欧洲的印象文集。

关于俄国的条目有，安德鲁·迪·怀特记载的他跟托尔斯泰的谈话，亨利·亚当斯乏味透顶、不学无知的关于 1901 年俄国景象的书信（在他眼里，这个国家冰封在中世纪），约翰·里德和林肯·斯蒂芬斯关于列宁和十月革命的印象，威尔逊的《在莫斯科边缘》（他的旅行记录选段，载于 1936 年的《两个民主国家之旅》，后增补收于 1956 年的《红色，黑色，金色与橄榄色》）。

2. 1920 至 1930 年代，生活在西方的俄国作家最沮丧的感受是，他们无法让西方的同仁明白，他们对苏联体制的反对，不是因为失去财产或社会地位，而西方人却无一例外地这样想。关于对这一切的精彩描述，参见尼娜·别尔别罗娃的自传《斜体字是我用的》，纽约，1969，第 229—237 页。

3. 维萨里昂·别林斯基（Vissarion Belinsky, 1811—1848），常被称 224
为“俄国知识分子之父”，是浪漫主义时期激进的文学评论家。伊利亚·布纳科夫（Ilya Bunakov, 1880—1942），真名丰达明斯基，革命前社会革命党领袖。革命后，丰达明斯基编辑优秀文学杂志《当代纪事》（*Sovremennye zapiski*），在巴黎出版，纳博科夫的许多早期作品都刊登于此。他死于德国集中营。

4. 即谢尔盖·艾森斯坦。

5. 《天赋》第二章，费奥多尔的母亲来柏林看他，他们“去了一家电影院，一部俄国电影正在上映。影片生动地展示了工厂工人油亮的脸上滚落的汗珠——工厂主则一直在抽雪茄”。

6. 用拉丁字母转写的俄语，法律体系。

7. 后来此信一部分内容被吸收进《说吧，记忆》的第十三章。

225 **173**

一九四八年四月七日

马萨诸塞州，韦尔弗利特

亲爱的沃洛佳：你那本英文小册子里的译文看来真棒[1]——不过“孤独的白帆……”[2]最后一行显然表明，你还没有掌握英语虚拟句式。

萨特刚出了一本书，叫《境遇》，有一篇短文是谈你的，涉及 *La Méprise*，[3]看过吗？顺便说一下，凯瑟琳·怀特告诉我，是她向康奈尔推荐了你——莫里斯·毕晓普告诉她，他们在找人。[4]

不要忘了过来做客，问薇拉好。

埃·威

1. 即《俄罗斯三诗人》的英文版，1947 年由伦敦林赛·德鲁蒙德出版。
2. 原文为俄语，莱蒙托夫《帆》的第一行（参见第 133 封信，以及该信注释 1）。纳博科夫译文的最后一行是：“仿佛在风暴中才有安详。”
3. 让-保罗·萨特论《绝望》（法文版题名是 *La Méprise*，即《错误》）的文章最初写于 1939 年，后在《境遇》中出版。萨特认为，纳博科夫彻头彻尾地模仿了陀思妥耶夫斯基，称《绝望》是“一部流产小说”（roman-avorton）。在萨特看来，纳博科夫是失败的艺术家，原因在于他没有根基，不像他同时代的尤里·奥列沙那样，得苏联社会有用一员之利。与奥列沙相比是合适的——在写作风格上他确实是与纳博科夫最接近的作家，也是苏联同时代作家中纳博科夫最推崇的一位——但如果知道了下面一点，萨特的说法就有了讽刺意义：就在萨特将奥列沙确立为纳博科夫的榜样时，奥列沙其人正在被蹂躏，而作为一个作家，他几乎被无法忍受的意识形态压力毁灭。

226 纳博科夫对萨特作为一个小说家的鄙薄，可以在他对《恶心》的评论《萨特的初次尝试》中看到。该文最初发表于 1949 年 4 月 24 日的《纽约时报书评》，后收于《独抒己见》。

4. 莫里斯·毕晓普温情脉脉的回忆文章《纳博科夫在康奈尔》（《三季刊》第 17 期，纳博科夫专题，1970 年冬季号。后以《纳博科夫！》为题出书，查尔斯·纽曼和小阿尔弗雷德·阿佩尔编）描述了纳博科夫被康奈尔大学聘用的情形，他 1948—1959 年间在那里任教。

174

一九四八年四月十日

亲爱的邦尼:

因为严重的支气管炎，我已经卧床数周。离开剑桥前，我必须要把博物馆那海量的工作完成，这个病却在拖后腿，真让人气恼。此外，我要面对的雪崩般的工作，恐怕也让我们无法去科德角。那个访问有某种宿命——我们十分想去看你们——但现在我们不得不第三次或者第四次放弃那个念头。

我喜欢你那首精力充沛的诗歌。[1] 那处法文 sera du genre humain 似乎有误——这样的词语组合没什么意思。

《帆》[2] 最后一行的“was”是有意为之，因为“there were”在我看来有些刺耳，且变得松弛。

我已经读完《三月十五日》[3]，还算有趣，但总体上肤浅。这样的东西太容易了——英国人已经写过很多回了。莫里斯 · 巴林特别拿手。最近一期的《纽约客》上，康诺利关于“父辈作家”写了一些可恶的弗洛伊德式的蠢话。[4]

我们向你俩问候。

弗

[加在顶端]

对我的肺拍摄了一整套的图片艺术品（X 光片），下周我要接受可怕的支气管镜检手术。

Не было печали, такь черти накачали. [5]

(本无伤心事，魔鬼送几桩。)

1. 即《梅利 · 德尔 · 瓦尔红衣主教》(《夜思》，第 187—191 页)，其中 227

一句是 L’Internationale sera du genre humain…（《国际歌》应该是人类……）。

2. 见第 173 封信，注释 2。

3. 作者是桑顿·怀尔德。

4. 在关于弗吉尼亚·伍尔夫批评写作的论文（《作为批评家的小说家》，《纽约客》，1948 年 4 月 10 日）中，西里尔·康诺利认为，亨利·詹姆斯、詹姆斯·乔伊斯和菲茨杰拉德受欢迎，因为他们是原型，而弗吉尼亚·伍尔夫则不是：“亨利·詹姆斯和詹姆斯·乔伊斯是高级牧师，老部落的魔法师——特别是某些选定的部落。[……] 菲茨杰拉德是另外一种原型：在荣耀中被杀死的年轻人……”

5. 一句流行的俄语说法，纳博科夫逐字逐句地译成了英文。

175

[薇拉·纳博科夫寄给叶连娜·威尔逊的明信片]

一九四八年五月九日

亲爱的叶连娜：

你和埃德蒙真好，邀请我们做客，我们也很想去看你们还有小海伦。遗憾的是，弗拉基米尔又病了。问题很严重，他要卧床很长时间。这一切都很令人痛苦。

请告诉埃德蒙，弗拉基米尔喜欢他的诗歌。

你衷心的

薇拉

176

马萨诸塞州，剑桥

克雷格环路 8 号

弗·纳博科夫

一九四八年五月三十日

亲爱的邦尼：

你太好了，让《纽约客》关注到我的困境。我希望夏天结束前能够知道决定是什么。他们提供的岗位会给我很大帮助，让我接受医生认为最适合我的决策。

我刚给他们寄去第六则短篇[1]，如果他们采纳，接下去的两三个月里我就有了保障，前提是我的身体不会变糟。

你的来访特别让人振奋，我们真心希望，去伊萨卡前能在这儿 228
再见到你俩。我们准备六月底或七月初去那里。

你的

1. 即《科莱特》，后为《说吧，记忆》第七章，刊登在 1948 年 7 月 31 日的《纽约客》。

177

一九四八年六月一日

马萨诸塞州，韦尔弗利特

亲爱的沃洛佳：我给你寄去萨特，还有哈夫洛克·霭理士的性杰作。[1] 请务必将它们寄回，霭理士那本不是我的。

你认为，在伊萨卡过夏天真是好主意吗？那里或许会炎热、冷酷又沉闷。那儿的人一定了解你的情况吗？我不知道，除了那儿我还能建议你去哪里。如果你愿意，我会设法帮你找。恰夫恰瓦泽夫妇需要夏季房客。

在纽约，我们见到了尼古拉，还有他的新娘，酷似康妮，令人吃惊。[2] 他看上去很愉快——说要去欧洲参加音乐节，要拯救流离失所的文化人。

永远的

埃·威

229 1. 霭理士以附录方式收入其论文集《性心理学》法文版第六卷的《一个南方俄国人的性忏悔，约 1870 年……》。这是一个匿名的乌克兰人 1912 年左右用法语写的，似乎没有英文版。这篇自白有 106 页，对当时俄国社会文化现实非常熟稔，是一篇真实、趣味盎然的记录。作者出生于一个富有但激进的乌克兰家庭，12 岁就开始他异常活跃的性生活，被他这个年龄的几个女孩子勾引，还有一些成年妇女。12 岁到 20 岁期间，他沉湎性事，因此学业荒废，没有任何职业前途。家人把他送到意大利，叙述者开始禁欲，恢复学业，并从一个工程学校毕业，准备娶一个受过很好教育的意大利青年女子，他爱上了她。但 32 岁的他去那不勒斯出差时，听说了雏妓这回事，叙述者于是故态复萌，被两个 11 岁、15 岁但经验老到的雏妓勾引。不同的是，如今的他无力自拔地想找那些刚过 10 岁、能够到手的女孩，且在露天小便处向她们暴露自己。他的婚姻告吹，全部收入都为了满足那强迫性冲动。叙述者在结尾带着绝望的口气自白说，他没有能力控制他的性冲动，因为到处都有急迫的、愿意合作的、性早熟的性感少女，他看不到未来有任何控制冲动的希望。

在《说吧，记忆》第十章，纳博科夫一笔带过地提到这个自白，但在这部回忆录的俄语版本《彼岸》里，说得更为明确，其中写道：

> 鉴于来自同时期又被哈夫洛克·霭理士引用过的各种各样的自白，如今我觉得我们那时的无知几乎是骇人听闻的。它们说到所能想到的各种性事的小娃娃，犯下希腊罗马的每一个罪行，时时处处，从盎格鲁-撒克逊的工业中心到乌克兰（在那里能够得到一个地主特别淫荡的报告）。（《彼岸》，第 184 页；参见《说吧，记忆》，第 203 页）

这份自白结尾几页的主题——一个男子被年轻的女孩迷住，被他未来的牺牲品引领、勾引，这些牺牲品结果在性事方面比他更有经验——明显影响了《洛丽塔》的某些部分。在《关于一本题名“洛丽塔”的书》一文中，纳博科夫写道，他在毁掉那个包含《洛丽塔》胚芽的短篇故事后，这本书的灵感的下一次“脉动”“大约在 1949 年”。尽管在这本书信集中，《洛丽塔》已经在 1947 年 4 月被提及（第 164 封信），但 1948 年 6 月纳博科夫阅读霭理士出版的性感少女捕猎者的自白，或许为这部小说发展到下一个阶段再次提供了强烈的刺激。威尔逊后来并不喜欢《洛丽塔》，而恰恰是威尔逊（如我们在《州北》所看到的，他还在其他场合给纳博科夫提供色情文学）提供了这一次的刺激，想来耐人寻味。

2. 威尔逊说的是尼古拉·纳博科夫的第二任妻子康斯坦斯·霍拉迪和第三任妻子帕特里夏·布莱克的相似。

178 230

一九四八年六月十日

亲爱的邦尼：

非常感谢那些书。我太喜欢那俄国的爱情生活了，真是妙趣横生。作为一个男孩，他似乎特别幸运，能够遇到反应特别迅速又丰富多样的女孩子。结尾非常陈腐。

你提出要在科德角为我们找地方，真太好了。但出于种种原因，我想伊萨卡的计划应该不错。我们已经租了过夏的房子，似乎很舒适。我们可能六月底出发。

《纽约客》采用了我的第六则短篇。

我“舒服地歇着”，忙着准备出版一本蝴蝶著作[1]，然后会把蝴蝶丢开起码一年。

罗曼来电话了，很不错。

务必再来。

你的

弗

1. 即《红珠灰蝶属的新北区成员》,《哈佛学院比较动物学博物馆学报》,101 卷,波士顿,1949。

179

一九四八年六月十三日

马萨诸塞州,韦尔弗利特

亲爱的沃洛佳:你在《纽约客》上那篇写蝴蝶的文章[1]很精彩——是你英文写作的最佳作品之一。祝伊萨卡好运。

永远的

埃·威

1. 《蝴蝶》,后成为《说吧,记忆》第六章,刊于 1948 年 6 月 12 日的《纽约客》。

231

180

一九四八年七月二十日

马萨诸塞州,韦尔弗利特

亲爱的沃洛佳:我在写一篇文章,涉及托尔斯泰妻妹的回忆录[1],想从托尔斯泰日记翻译一些段落。下面一句说的是他婚前跟那个农民情妇的关系:不再是雄性动物的感情,而是丈夫对妻子的感情[2]——我认为这没有什么深文大义,就是指“这不再是发情的雄性动物的感情,而是丈夫对妻子的感情”。但恰夫恰瓦泽夫妇似乎认为,这里的 оленъ 就像我们的“stag”在“stag-line,a stag party”(没有舞伴的一群男子,只有男子参加的舞会)中一样,有某种特别意思,即单身爱人。你能就此解释一下吗?我在任何俄语词典中都找不到类似的意思。

你们好吗？在伊萨卡过得好不好？

永远的

埃德蒙·威

1. 威尔逊对塔季扬娜·库兹明斯卡娅《我所知道的托尔斯泰》（原名：《我在家、在亚斯纳雅波良纳的生活》）的评论《托尔斯泰的娜塔莎原型》发表于 1948 年 8 月 28 日的《纽约客》，也可在《经典与商业广告》中找到。
2. 原文为俄语。

181

纽约州，伊萨卡

州东街 957 号

电话，伊萨卡 7746

一九四八年七月二十三日

亲爱的邦尼：

是的，оленъ 在上下文中就指发情的雄性动物或随意闲逛的动物。它当然没有美语用法中“没有舞伴的一群男子”等意思。可能有某种暗示，指无男伴的几个女子围着一个男人转，但我要看到那个段落。

我想念你。这个夏天没有网球，也没有捕蝶活动。我们拥有一座非常舒适的房子，还有可爱的花园。重读了许多俄国书。高尔基的小说是 C+，但他关于托尔斯泰的回忆录等几乎得到 A−。

我们向你和叶连娜问好。我的身体似乎好了，但整个事业令我沮丧。

你的

弗

232

182

伊萨卡

州东街 957 号

（直到九月十日）

一九四八年九月三日

亲爱的邦尼：

非常感谢你寄来毕晓普的两本书。[1] 我饶有兴趣地读了——主要因为他是你朋友。

我舒适地专注于你的坦格尔伍德文章[2]，直到音乐那部分，随即将它像烫手山芋一样扔了。

重读了高尔基非虚构的作品（关于托尔斯泰的等等——顺带留意新的音译），结果，увы（唉），发现跟他的其余作品一样差劲——虽然我记得，年轻时我喜欢关于托尔斯泰的那些文字。一九一八年，我住的房子（“加斯普拉”，帕宁娜伯爵夫人在克里米亚的住所）就是高尔基、契诃夫经常拜访托尔斯泰的地方，后者在那里养病。对六卷的学院（苏联）版普希金进行了彻底研究和检查，一些来自法文的译文荒谬透顶。发现巴尔尼一七七七年一首很精彩的诗，Epitre aux Insurgents（美国的）。就《庶出的标志》（我几年前出版的小说，你哪天应该读一读）惨不忍睹的德译文跟军方愉快地通信。我跟《纽约客》的蜜月依然如胶似漆——把在这儿写的两篇再次寄给了他们。一篇谈的是我创作第一首诗的情况（一九一四年）——我不确定罗斯会受得了。[3] 多亏了康奈尔的教练，德米特里的网球姿势棒极了，不过他的国际象棋还只是凑合。薇拉买了一辆车，很快就学会开了。我见过一只很罕见的、迁徙的蝴蝶（*L. bachmanni*），却没有抓着。我的身体很好。我们租了一套很大、装备很不错的房子（注意，从九月十日起新地址是：塞尼卡东街 802 号），欢迎做客。你读过一个叫海曼的人写的一本书吗？他指责我借鉴你，而你则借鉴我（一个漂亮的共生案例）。[4] 几年前我写过一篇很有趣的文章，是说一个人把马克思主义和弗洛伊德主义相结合，现在我看，海曼推崇的一些评论家正在认真地做此事。我们为什么不一起弄一本学术性《叶甫盖尼·奥涅金》的散文翻译呢，加上大量注释？

你好吗？叶连娜[5] 好吗？薇拉问你们好。你又写了活泼的“伏尔泰”类型（俄语意义上的）诗歌吗？

你的

弗

[顶上，倒写] 233

我想问，道布尔戴有兴趣出版我的一本译文集（《三诗人》和一些新译作）吗？

[第一页边上]

在另一个出版物（《口音》，我想）中，他（海曼）称我是“沙皇自由派”[6]——就像莫洛托夫称津济诺夫和温鲍姆[7] 是“白匪”一样。

[在第二页边上]

我希望有人能说明，何以三十年里（一八三〇至一八六〇）俄国没有诞生一个伟大作家。你是怎么想的？

1. 威尔逊的朋友、同学约翰·皮尔·毕晓普的两本遗作集出版于 1948 年：《约翰·皮尔·毕晓普诗集》由艾伦·泰特编辑，并撰有前言和个人回忆文章；《约翰·皮尔·毕晓普文集》由威尔逊编辑并撰写导言。

2. 即威尔逊的《库塞维茨基在坦格尔伍德》，刊于 1948 年 9 月 4 日《纽约客》。

3. 纳博科夫的疑虑证明很有道理，《第一首诗》，后来的《说吧，记忆》第十一章，被《纽约客》拒绝，后发表在 1949 年 9 月的《党派评论》上。

4. 斯坦利·埃德加·海曼《武装的视力》（1948）专章评价了威尔逊作为评论家的重要意义，总体上是有敌意的。他指责威尔逊利用别人的洞见，却又不归功于他们：“在谈论俄国文学时，威尔逊利用米尔斯基的两卷本文学史及其普希金研究成果，德·沃居埃的《俄国小说》，还有纳博科夫的许多独特洞见，他帮纳博科夫一起翻译多年。（威尔逊在《大西洋月刊》发表了关于普希金的文章，对普希金一首诗的音乐性做了出色的、特别非个性化的细致分析，这很可能受惠于纳博科夫。这样的分析似乎表明，威尔逊对俄语非常熟悉，同时又很有纳博科夫的特色。）”

5. 原文为俄语。

6. 海曼在 1948 年春《口音》上发表一篇评论，研究的是几个批评家，他指责大多数现代批评家极度主观主义，倾向于把讨论的作家变成他们的自我复制品，并补充说：“我们时代最糟糕的［例子］很可能就是纳博科夫那种流亡的沙皇自由派和超现实主义的尼古拉·果戈理。”关于后续情况，参见第 203 封信，注释 2。

7. 弗拉基米尔·津济诺夫是革命前著名的社会革命党活动人士，革命后成为侨民编辑和评论员。据尼娜·别尔别罗娃的《斜体字是我用的》，津济诺夫劝说《当代纪事》的编辑将车尔尼雪夫斯基传从《天赋》中删除，1930 年代这部小说在该杂志连载（其他编辑附和这种独特的“来自左派”的政治审查制度，他们过去也是社会革命党人。除此之外，该杂志倒是令人尊敬的自由派开明侨民杂志）。马克·温鲍姆是纽约的俄语日报《新俄罗斯词语》编辑。

234 **183**

《纽约客》

西 43 街 25 号

一九四八年九月九日

马萨诸塞州，韦尔弗利特

亲爱的沃洛佳：我查阅了巴尔尼的那首诗，着实让我吃了一惊。你在约翰·毕晓普的散文卷中看过“格言与笔记”部分吗？我认为，其中包含了本书最好的内容。你知道一部名为“一盘象棋”的戏剧吗，伊丽莎白时代的戏剧家托马斯·米德尔顿创作的？我正在读他，我认为，他被艾略特、史文朋等人难以置信地高估了。这是我所读到的他唯一一部让我感兴趣的戏剧——不过我觉得，其思想有很大的可能性。它可能会激发你的兴趣，因为整个剧本是一盘棋，所有的人物都是棋子，表演了一出政治寓言。它在布伦版的《米德尔顿作品集》第七卷，对寓言和这个剧本趣史的介绍在第一卷导言中。不过，比起布伦所提供的来，它需要更多解释。在阅读这个作品时我犯愁的是，有时棋子移动了，却不表示我从情节中所能把握的内容。某个在或曾在康奈尔的人据说编过更好的版本。米德尔顿对象棋特别感兴趣，他的《女人防女人》中也有一盘著名的象棋赛。

八月七日《新政治家》上有一篇关于你的翻译的评论。[1] 我没有读过海曼的书——只是在书店瞥过一眼。我认识他，对他评价很低。对高尔基我所知道的就一两部戏剧，还有他对托尔斯泰、契诃夫和列宁的回忆，对这些人的印象当然非常生动。我在用回文体写一首很长的诗，写完我会寄给你。[2]

下周叶连娜要去欧洲一个月，在瑞士帮助家庭事务的重组。她害怕看到过去发生在德国的事，怕跟她的兄弟姐妹谈战争，他们大部分时间都生活在那儿。我跟宝宝和保姆待在这儿。

我对海地小说家索比·马塞兰很感兴趣。我想你可能喜欢他的书：*Canapé-Vert*和*La Bête de Musseau*[3]。我不知道有什么与之类似。第一本我觉得有人类学的魅力，但当我现在读第二本时，我明白，他无疑是杰出的、可能甚至是重要的作家。马上要出第三本，据说非常棒。它完全是对道德的一次批判，采取的是渗入伏都教和基督教的视角。如果你第一次读到，你绝对想象不到如此独特的地方趣 235
味。海地似乎在产生一种相当非凡的文化。我考虑争取让《纽约客》派我去那里参观。

薇拉真行，学会了开车。我想，跟道布尔戴要做的事就是回到我们原来的想法。我刚写信给埃尔德谈及此事。书可以在一九五〇年出来。我现在有更多时间阅读当代以外的东西，准备今年秋季回到俄国作品。

大家都问你好。很高兴，你的身体好了，你在伊萨卡舒适地安顿下来了。

永远的

埃·威

1. 这是菲利普·汤因比对《俄罗斯三诗人》的英文版《普希金，莱蒙托夫，丘特切夫》的评论，发表在1948年8月7日的《新政治家与民族》上。汤因比对纳博科夫的译文质量予以首肯（“纳博科夫先生是一个机敏、忠实的译者，他没有因为自己是一个诗人就投机取巧。”）。但由于他对奥利弗·埃尔顿译的《叶甫盖尼·奥涅金》也充满热情，其判断对纳博科夫来说几乎就不足挂齿。

2. 这首诗是《逆转，或更甚，转变》（*Reversals*，*or Plus ca change*）（《夜思》，第185—186页）。双头蛇（Amphisbaena）是神话中的蛇，两端有头，可以向其任意一个方向移动；回文诗（Amphisbaenic verse）的特征是韵字中的音节可以倒过来。

3. *La Bête de Musseau* 翻译成了英文版本《海地山中的野兽》。关于威尔逊对菲利普·索比-马塞兰及其联手写作的兄弟皮埃尔·马塞兰的热情及私人关系，参见《文学与政治书信，1912—1972》中的《海地与马塞兰兄弟》部分，第461—470页，《红色，黑色，金色与橄榄色》中的海地部分，还有威尔逊为他们后来的两部小说英译本《上帝的铅笔》（1951）和《所有的男人都疯了》（1970）写的序言文章。

184

一九四八年十月一日

马萨诸塞州，韦尔弗利特

亲爱的沃洛佳：你和薇拉曾跟我抱怨说，看不出福克纳有什么好的，对吧？我刚刚读完他的《八月之光》，觉得真是精彩绝伦，我有一本多余的，现在寄给你。请一定要读它。

有一周的《纽约客》上你我都出现了，我觉得非常好。[1] 你的文章是你最优秀的一篇。如果你还没有读到本期《大西洋月刊》上关于托尔斯泰博物馆的文章，应该找来看看。[2] 它很有趣，但令我深感沮丧。曾经产生过托尔斯泰的民族，后来知识分子生活居然如 236
此堕落，要说清这个问题，你应该找寻别的解释。[3]

1. 威尔逊在 1948 年 9 月 18 日《纽约客》上的投稿是《弗朗西斯·格里尔森：木屋与沙龙》，在“图书”版块。纳博科夫在同期以《我的俄语教育》出现，即后来《说吧，记忆》的第九章。
2. 1948 年 10 月《大西洋月刊》米哈伊尔·科利雅科夫的《苏维埃手中的托尔斯泰》。
3. 这封信的其余部分缺失。

185

康奈尔大学

俄文系　　纽约州，伊萨卡

戈尔德温·史密斯楼

纽约州，伊萨卡

塞尼卡东街 802 号

弗拉基米尔·纳博科夫

一九四八年十一月一日

亲爱的邦尼：

你的信花了一周多的时间才抵达（我指的是你告诉我你跟道布尔戴已了结的那封），此前我给你写了一点关于福克纳的批评文字，很棒。[1]

我迫切想跟你写那本书，部分原因在于，我最近翻译了许多东西。例如，我新译了《伊戈尔远征记》[2]。我会把初稿寄给你，因为我想，你应该喜欢这部一一八七年无名氏创作的精彩诗篇。

我非常喜欢你那篇关于托尔斯泰的文章[3]，除了那些离题的关于经济—社会[4]的部分（居然出自你的手笔，太不合常理，让人痛心）。但你对福克纳的态度让我惊骇。你居然认乎其真地对待他，这不可思议。说得更准确些——你居然被他的信息（不管是什么）迷住了，进而宽宥了他艺术的平庸，这不可
237 思议。差不多十年前，你写了一篇值得称赞的关于你家庭的故事[5]——绝大部分都堪称一流，后来到结尾时，引入了社会—经济的[6]因素，大煞风景。另一方面，《赫卡特县》[7]关于斯拉夫女孩的那些章节美不胜收，因为你的艺术感完全吞噬、消解了你的社会经济的手法[8]。控制住它，控制住它（那种意识形态内容[9]），看在上帝的分上。

我跟威克斯有几通古怪的书信往来，我把它们寄给你，让你开心［……］。

这世上有很少几个人，我不见时就想得要命，你是其中之一。我的身体很好，比起韦尔斯利来，我的学术工作大为舒适也更少干扰。非常非常和善的怀特夫妇[10]来过这里，我们一起在毕晓普夫妇家——他们也是十分可爱的人——过了一个很迷人的夜晚。我的那篇蝴蝶大作[11]即将发表——会寄你一份。

叶连娜的欧洲之行如何？我俩向你俩致以最好的问候。

你的弗

1. 参见第187封信。
2. 原文为俄语。
3. 即《托尔斯泰的娜塔莎原型》。参见第180封信，注释1。
4. 原文为俄语。这里及注释6、8、9所注的那些条目，纳博科夫嘲弄了苏联批评强迫性的条条框框。
5. 很可能是《新泽西童年：“这些人应该尽责！”》，刊于1939年11月18日《纽约客》，后以《在劳雷尔伍德》为题重印于《夜的笔记》（威尔逊曾寄给纳博科夫）和《夜思》。
6. 原文为俄语。

7. 原文为俄语。此处所说是指《赫卡特县的回忆》中《金发公主》一篇的安娜形象。

8，9. 原文为俄语。

10. 即凯瑟琳·萨金特·怀特，纳博科夫的《纽约客》编辑，还有其丈夫埃·布·怀特。

11. 即《红珠灰蝶属的新北区成员》。

186

一九四八年十一月十五日

马萨诸塞州，韦尔弗利特

亲爱的沃洛佳：① 这是我的回文（往回押韵）诗。

② 你真的给我写过谈福克纳的信吗？[1] 最近我们会丢信。我好奇地想知道，你读过《八月之光》吗？他当然没有信息（除了附在 238
这最近一本书上的宣传材料），只是对将生活戏剧化感兴趣。我近来一直沉迷于读他的作品。我认为，他是当代最出色的美国小说家。

③ 我从没能明白，一方面，你总设法根据蝴蝶的栖息地来研究它们，但另一方面又假装说，可以不顾任何社会、环境问题而写人。我得出的结论是，你只是在青春时期接受了十九世纪末的“为艺术而艺术”的口号，从没有彻底反思过。我马上会给你寄一本我的书，或许可以帮你澄清这些问题。[2]

④ 请把威克斯的通信寄给我。你读过他在《大西洋月刊》封底那篇回忆短文吗？

⑤ 我在学习下象棋。这个游戏太好了，我喜欢，但我怀疑能否下好。

⑥ 叶连娜从欧洲回来后就病了，不过现在好多了。看来她去德国看望家人时，心里很不好受，她在那里得了感冒，不得不离开，恢复后又去了瑞士，挣扎着收拾一件事务，主要跟她利益相关。

⑦ 她巴黎的一个俄国表兄弟是作家[3]，给我寄了许多书，包括一个叫波普拉夫斯基[4]的俄国诗人的许多书。他是谁？我该读他吗?

⑧ 凯瑟琳·怀特跟我说了你许多好话。我很高兴，你在那里安顿了下来。我们去波士顿时会想你的。你知道吗，哈佛那边找了海伦·马奇尼克帮他们处理俄国文学。

⑨ 请把伊戈尔的翻译寄给我。我刚刚收到一本精致的册子，是纽约高等教育自由学院出版的《伊戈尔王公之歌》，雅各布森等人赞助。[5]你读过吗？它包含多种语言的翻译情况，是为了证明《远征记》的真实性，还有评注等。

⑩ 稍后去纽约时，我会为我们那本俄文大作活动活动。

向薇拉问好。如果可能，你何时再过来?

永远的

埃·威

239 1. 参见下一封信。

2. 即新修订的 1948 年版《三重思想家》(初版于 1938 年)。关于纳博科夫对此书的反应，参见第 190 封信。

3. 即皮埃尔·巴拉切夫。

4. 鲍里斯·波普拉夫斯基（Boris Poplavsky，1903—1935）是诗人、小说家和批评家，他昙花一现的文学生涯仅仅六年。但他给巴黎的俄国侨民界留下重要印象，那些在 1930 年代认识他、读过他的作家，他们的记忆和回忆录经常出现其名其人。侨民批评家往往称他是“俄罗斯的兰波”，他在诗歌中将起源于勃洛克的俄国象征主义传统与拉福格、阿波利奈尔、布勒东等人的法国影响结合起来。威尔逊在《阿克塞尔的城堡》中论述过科比埃、拉福格和兰波，对他们了然于胸、褒奖有加，他只要读一读，一定会喜欢他们的这位俄国后代。1990 年代初，随着过去遭禁的侨民作家的走红，俄国出现了波普拉夫斯基出版潮，包括他的两部小说《阿波隆·别佐布拉佐夫》和《从天国回家》，过去仅有连载选段为人知晓。

5. 参见第 63 封信注释 3 的末尾。

187

康奈尔大学

俄文系

纽约州，伊萨卡

戈尔德温·史密斯楼

纽约州，伊萨卡

塞尼卡东街 802 号

弗拉基米尔·纳博科夫

一九四八年十一月二十一日

这是我过去一封信的复本，按理应该在新信之前。

亲爱的邦尼：

我仔细读了你好心寄来的福克纳的《八月之光》，它无法改变我对他的作品及类似其他（无数）作品的低下看法。我讨厌这些陈腐的浪漫主义的吹嘘，从马尔林斯基[1] 和雨果一路过来——你记得后者那僵硬与夸张的可怕组合——l'homme regardait le gibet, le gibet regardait l'homme[2]。福克纳迟来的浪漫主义和很不堪忍受的圣经式的隆隆声与“僵硬”（根本不是僵硬，而是瘦骨嶙峋的陈腐），还有其他种种的夸大其词我都觉得令人作呕，我只能说，他在法国的流行是由于他自己国内最近几年流行的平庸小说家 240
（包括马尔罗）也在尝试他们的 l'homme marchait, la nuit était sombre[3]。你寄过来的那本是陈腐、乏味的文类中最陈腐、最乏味的例子之一。情节和那些过度“深刻”的谈话对我的打动就像那些糟糕的电影一样，或者像列昂尼德·安德烈耶夫那些最差劲的戏剧和小说，福克纳跟他倒是像得要命。我想，这类东西（穷苦的白人，平和的黑人，还有《汤姆叔叔的小屋》情节剧中的那些猎犬，一直在成千上万的沼泽地小说中叫个不停）从社会意义上说是必要的，就像俄国描写被压迫农民和凶恶的 ispravniki[4] 的那些成千上万的长篇小说、短篇小说，或者 narod[5]（一八五〇至一八八〇）的那些神秘历险故事，虽然有社会效应，伦理上也值得推崇，但不是文学。我简直无法相信，你这样有知识和审美趣味的人，福克纳小说中“正面”人物之间的对话（尤其是那些十分可恶的斜体字）之类的东西竟然不让你局促不安。你没有发现吗，尽管在风景等方面有所区别，它基本上就是冉·阿让从上帝的好人那里偷烛台的翻版？坏人就十足是拜伦式的。这本书的伪宗教节奏我简直无法忍受——虚假的阴郁也毁了莫里亚克的书。恩典也降临福克纳身上了吗？也许，你劝我读他，或者无能的亨利·詹姆斯、艾略特牧师，是在开我的玩笑？

我非常期待我们的俄国书。我们应该更明确地计划这一本。

↓ 你忠诚的

我收到你的一封信（奇怪地耽搁了），说你跟道布尔戴已经了断。这封信是在此之前写的。

一九四八年十一月二十一日

这是我新写给你的信

亲爱的邦尼：

我当然读了《八月之光》，当然写信跟你说了它（见附件）。

我对马奇尼克小姐的新任命有兴趣。我有时琢磨，哈佛那边很奇怪，他们不愿意雇用我，可能是我在关于果戈理的著作中，对某些学术老调（比如，歌德的《浮士德》）小试了牛刀。

“为艺术而艺术”没有任何意义，除非对“艺术”进行界定。首先给我你对它的定义，我们再讨论。

241 我还想请你注意这样一个事实，生物学与生态学的特征本身没有分类学的价值。作为一个系统论者，我总是优先考虑结构性特征。换句话说，两个蝴蝶种群可能是在截然不同的环境中繁殖的——比如，一个在墨西哥的沙漠，另一个在加拿大的沼泽地——但仍属于同一个种类。同样，一个作家是否写中国或埃及，或者格鲁吉亚、佐治亚，我根本不在乎，让我感兴趣的是他的书。中国人或格鲁吉亚人的特征属于种内特征。你要我做的是，优先考虑生态学而不是形态学。

我对《伊戈尔王公之歌》很了解——事实上，我在给《美国人类学家》写关于它的书评。总体说来，这是一本值得赞美的书，斯捷夫特尔和雅各布森的研究尤其精彩。关于维尔纳茨基的文章，有点儿 kvasnoi[6] 的俄国爱国主义。克罗斯的翻译虽在意义上经过雅各布森的修订，但他的英文表达干巴巴的，无可救药，因此许多意象被扭曲或丢失。[7] 如果你就此给《纽约客》写点东西，会很好。

波普拉夫斯基是个流亡诗人，二十年前年纪轻轻就在巴黎去世（海洛因过量）。[8] 他声音虽小，但不乏甜美，属于乡村的原始魅力。作为侨民文学的一个方面，他可能会令未来的学者感兴趣。[9]

听到叶连娜生病的消息，我们很难过。希望她现在康复了。

你下棋了，这是好消息。希望你很快成为好手，我好打败你。

下面是一首诗。

你的

弗

读其回文诗致埃·威

起初我的脑子有些懵
被你那些回文数字弄的，埃德蒙。
现在摆脱了那种恍惚（stupor）
我发现后者字母颠倒就是普鲁斯特（Proust）。

而托·斯·艾略特（Eliot）
倒蛮配公厕（toilets）。
啊，镜—韵（rime）
的埃米尔（Emir）！
我怕你嫉妒，
谦卑地署上：弗·纳

242 [在边上，薇拉的笔迹]

我俩都很喜欢你俩过来做客。德米特里的房间空着，我们有额外的床。

薇拉

1. Alexander Bestuzhev-Marlinsky（1797—1837），浪漫主义散文作家、诗人，他写作历险故事，在 18 世纪末的感伤主义散文和普希金尤其是莱蒙托夫的散文写作之间形成重要的文体联系。
2. 法语，那个人看着绞刑架，绞刑架看着那个人。
3. 法语，那个人在走，夜漆黑。
4. 用拉丁字母转写的俄语，警官。
5. 用拉丁字母转写的俄语，人民。
6. 用拉丁字母转写的俄语，沙文主义者。
7. 罗曼·雅各布森（参见第 189 封信，注释 5）为《伊戈尔王公之歌》一共写了六篇，实际上是这本书的主要作者。马克·斯捷夫特尔针对文本写了历史学的评注，格奥尔吉·维尔纳茨基的文章谈的是诗歌的历史背景，塞缪尔·哈泽德·克罗斯提供了一个现代英语译本。
8. 波普拉夫斯基之死的这种说法在巴黎的俄罗斯侨民中间广泛流传。实际情况是，他是被一个精神错乱的朋友毒死的。参见安东尼·奥尔科特，《波普拉夫斯基：蒙帕纳斯的假定后嗣》，西蒙·卡林斯基的《寻找波普拉夫斯基：一幅拼贴画》，两篇都收于《流亡况味：俄国作家在西方，1922—1972》，卡林斯基与小阿尔弗雷德·阿佩尔编，伯克利—洛杉矶—伦敦，1977。
9. 纳博科夫后来在《说吧，记忆》第十四章，以更为温情、欣赏的笔调写到了波普拉夫斯基：

> 我还遇见了其他许多俄国流亡作家。我没有见到过英年早逝的波普拉夫斯基，他是近处的巴拉莱卡琴中的一把遥远的小提琴。
> 睡吧，啊莫雷利亚，鹰般的生活多么可怕

> 我永远不会忘记他回荡的音调，也永远不会原谅自己那篇火暴性子的评论，我在其中因他尚未成熟的诗歌中的小毛病抨击了他。

纳博科夫对波普拉夫斯基的第一部诗集《旗帜》的评论，发表在 1931 年 3 月 11 日的侨民报纸《舵》上。

188

纽约州，伊萨卡

塞尼卡东街 802 号

一九四八年十一月二十六日

亲爱的邦尼：

上次信中，我问你是否愿意就 Slovo[1] 主题写点东西。现在我
发现，我自己关于《伊戈尔王公之歌》的文章太好了，埋没在《美 243
国人类学家》（免费）里可惜了。因此，如果跟你的计划不冲突，或跟你与《纽约客》的项目其实不相扰，我想把文章给他们。

我就此事也给怀特夫人去信。

我们过了一个安静的感恩节，愉快地回忆着去年跟你和你家人度过的愉快时光。

你的

弗

1. 即《伊戈尔远征记》。

189

一九四八年十二月二日

马萨诸塞州，韦尔弗利特

亲爱的沃洛佳：希望你能劝说《纽约客》让你写关于那个传

说[1]的文章。我认为，我提议没有戏，你却可以找个特别的理由说服他们。我今天下午给肖恩打电话，会跟他说起此事。不要告诉他们，说这本书主要是法文。我想，法国人质疑《伊戈尔远征记》的真实性，整个这件事就很有趣。我跟罗曼·格林伯格参加过自由学院为讨论这个问题而安排的系列活动之一[2]，那 trés mouvementé[3]，问题明显变成了爱国事务。维尔纳茨基宣读了一篇论文，他认为，法国人不满足于拿破仑入侵时毁掉了这个稿本，现在似乎又要剥夺俄国人创作这部史诗的荣誉。每次他在黑板上写字，证明古代作战或服饰的细节被后来的发现确认时，出席的俄国人就会爆出阵阵掌声。一个法国或比利时的拜占庭学者[4]回击他，态度圆滑，蓄着悉心料理的大胡子，以高人一等的口吻表示，《远征记》是一部伪作。罗曼·雅各布森[5]情不自禁，激动地解释了一番。最后拜占庭学者先生说："M. Jakobson, c'est un monstre."[6]一阵可怕的沉默，因为观众都想起可怜的雅各布森不寻常的外貌，担心会议要在暴力中结束。但发言人继续说"Je veux dire qu'il est un monstre de science—il est philologue, sociologue,
244 anthropologue"[7]，以及诸如此类的话。那个法国人灰溜溜扑通一声坐下去后，俄国人立即站起来，盯着那些德国人。俄国人偏爱利用文学界的事件做借口，制造跟当下政治有关的话题，这让我吃惊（你的反应或许是，身子侧转四十五度，否认文学跟社会体制有任何关系）。

我们很想去看你，但照目前的架势，哪怕去波士顿过一晚都难。

你还没有掌握回文的技术：stupor 不是配 Proust，而是 reputes，或更好一些，rope Utes——遥远西部印第安部落套索成员们采用的意思。

永远的

埃·威

1. 原文为俄语。

2. 威尔逊忘了，五年前，他在 1943 年 4 月 1 日给纳博科夫的信（参见第 63 封信）中，已经说到这次会议，不过不如这封信绘声绘色。

3. 法语，非常生动活泼。

4. 即亨利·格雷瓜尔，《伊戈尔王公之歌》编辑人之一（参见威尔逊先前对这次会议的描述）。

5. Roman Jakobson（1896—1982），俄美杰出的文学学者、批评家，1920 年代苏联形式主义批评方法和晚近西方结构主义的首要理论家，大部分的生命和精力都在确立并证明《伊戈尔远征记》的真实性。在剑桥和康奈尔期间，纳博科夫跟雅各布森私交很好，并认同他的批评方法，后来分道扬镳。在 1960 年版《伊戈尔远征记》注释中，纳博科夫写道：

> 1952 年，我第一次尝试翻译《伊戈尔远征记》。我的目的纯属功利主义——给我的学生提供一个英文本。在那个初版本中，我不加批判地追随雅各布森的校订本《伊戈尔王公之歌》。可后来我不但对自己的翻译不满意——太“可读”了，也不满意雅各布森的观点。那个废弃版的油印本仍在康奈尔和哈佛流通，如今应该销毁。（第 82 页）

因为纳博科夫的版本一方面倾向于承认作品的真实性，另一方面又给出了怀疑的根据，雅各布森为此抱强烈的否定态度。

6. 法语，雅各布森先生是一个魔鬼。

7. 法语，我是说，他是学问的魔鬼——他是语文学家，社会学家，人类学家。

一九四九

190 245

一九四九年一月四日

亲爱的邦尼：

我非常喜欢你的著作[1]——不过不尽然。你在认真处理所讨论作品的实质时很精妙，但一涉足社会问题就敷衍浮面。下面是一些批注：

1. 聚会时吟诗等并非苏联特有的特征；旧俄时期就如此，所有类型的人们都一样。[2]

2. 你谈到《奥涅金》时提及济慈，这绝对中肯到位。你会自豪地得知，在我的普希金讲稿笔记中，有摘自《圣亚尼节的前夕》的同一段落。[3]

3. 你对普雷德[4]的评论同样精彩。

4. 你对奥涅金—连斯基决斗的描述有着可怕的错误。我无法想象，你怎么会认为，那种事是电影和漫画所宣传的那样，"背对背—前进—转身—预备—开枪"。[5]这样的变体在普希金的俄国是不存在的。奥涅金的决斗是古典的 duel à volonté，属于法国标准，照以下方式战斗。我们要假设，一人已经"邀请"（call upon）（并非败坏的"call out"）另一人进行敌意的"会面"（表示"rencontre"的英文词）——易言之，挑战书（在英格兰、弗吉尼亚叫"挑战"或"信"）已发送和接受，所有准备仪式都已解决。助手以一定数量的步数在地上标记。例如，奥涅金—连斯基的决斗中，量了三十二步。端点之间会大声喊出一定的步数，中间地带留下比如十步的间隔（"la barrière"，屏障，一种无人地带，此界限内任何一方不得跨入）。

决斗者在端点 O 和 L 分别站定，当然是彼此面对，他们的枪口朝地。信号发出后，他们朝对方走去，可以在他们认为合适的任何时候开枪。当双方都前进四步后，奥涅金静静地举起了枪。他们又走了五步，连斯基被第一枪打死。现在，如果奥涅金开枪无效，
246 连斯基就可以走到屏障边界（B_2），慢慢地、静静地瞄准他。认真的决斗者，比如普希金本人，喜欢让对方先开枪，这是理由之一。如果交手之后，敌手仍然嗜杀，他们可以重新装上火药（或采用新的枪托），全部再来一次。这种决斗方式从一八〇〇年到一八四〇年间在法国、俄国、英格兰和南方州很流行，各有变化。[6]

5.（在旧俄）"对有想象力和道德热情的人来说，存在着基本的社会不适应"（第 46 页）。请问这样的人在何时、何地曾适应过社会？

6.《青铜骑士》的翻译是一流的，我们准备用到我的课堂上，告诉他们是我译的。

7. 为什么歪曲福楼拜意义上的"资产阶级"？你很清楚，从福楼拜的意义而言，它不是一个阶级范畴。换言之，在马克思眼里，福楼拜是马克思意义上的资产阶级，而在福楼拜眼里，马克思是福楼拜意义上的资产阶级。[7]

8. 涉及第 117 页。你真的认为，苏维埃政权的头几年，奠定了新人类的基础？[8]

9. 关于列宁在文学方面的趣味，你也大错特错。[9] 他说起"普希金"时，想到的不是我们（你，我等等）的普希金，而是一个平均的俄国混合物，a. 学校手册，b. 柴可夫斯基，c. 陈腐的引文，d. 一种安全感受，说普希金"质朴"而"古典"。这也可以用于他

对托尔斯泰的态度（他关于托尔斯泰的论述非常孩子气）。[10] 斯大林也喜欢普希金、托尔斯泰和罗曼·罗兰。

10. 你读过拉狄克论文学吗？很像戈培尔。我的笔记本里两人都有。

11. 俄国文学在一九〇五年至一九一七年间“衰落”的说法是杜撰。[11] 勃洛克、别雷、蒲宁等人在这段时间创作了他们最优秀的作品。诗歌从没有如此普及——甚至普希金的时代也没有。我是那个阶段的产物，我在那样的氛围中成长。

12. 你在苏联批评家面前为美国文学的辩护令人尊敬。我会再进一步，认为严格意义上的苏联文学几乎不及厄普顿·辛克莱尔的水平。

薇拉和我祝叶连娜和你新年胜意。（我，薇拉，还有沃洛佳最真诚地感谢你那本精彩的著作。）

你的

弗

1. 即《三重思想家》，一部文集。 247

2. 在文章《诗歌是垂死的技艺吗？》中，威尔逊写道：

> 我们或许可以看到，凡是音乐发挥主导作用的时期或社会，诗歌就会复兴。它在俄罗斯发挥了很大作用；在现在的苏联，你会发现，人们在喝酒或坐船、坐火车旅行时，会朗诵诗歌，就像他们面对手风琴或巴拉莱卡琴立即放声歌唱一样。他们像参加音乐会一样参加诗歌朗诵会。（第 29 页）

3. 在《纪念普希金》中，威尔逊将普希金的《叶甫盖尼·奥涅金》第四章第 40—42 节对冬天开始的描绘与《圣亚尼节的前夕》第一节相提并论。纳博科夫对《奥涅金》的评注版中，引用了《三重思想家》对这些诗节的散文译文（如他指出的，“有些小小的不确之处，我用斜体标示”）。

4. 即温斯洛普·马克沃思·普雷德（Winthrop Mackworth Praed, 1802—1839）。威尔逊认为，他对社会场景的描绘更接近普希金而非拜伦的描绘。

5. 作为对这封信的回应，威尔逊在后来的《三重思想家》版本中纠正了他对奥涅金—连斯基决斗的描述。（参见第 236 封信）

6. 在四卷本《叶甫盖尼·奥涅金》的评注中，纳博科夫将这一段扩充，对决斗和决斗技术做了充分的阐述。

7. 《福楼拜的政治》主要从马克思会怎么看的角度，对这位作家的全部作品尤其是《情感教育》进行研究。文章结尾写道：

> 这位资产者已经停止对资产阶级的说教：随着 19 世纪的结构开始出现第一批裂痕，他转而抱怨人性的无能，因为他无法相信或甚至设想任何非资产阶级的出路。（第 87 页）

8. 指的是《亨利·詹姆斯的含混》一文中的这样一句：“范·维克·布鲁克斯在他的《美国文学史》中已经指出，革命后的美国人被激励——就像苏维埃政权最初几年的俄国人一样——去奠定新人类的基础［……］。”

9. 威尔逊指出（《马克思主义与文学》，《三重思想家》，第 200 页），列宁“喜欢小说、诗歌和戏剧，他的审美趣味绝非教条主义”，并引用克鲁普斯卡娅说列宁喜欢普希金而非马雅可夫斯基，高尔基说他喜欢托尔斯泰的说法。

10. 同一篇文章中，威尔逊写道：“在他非常敏锐的关于托尔斯泰的文章中，［列宁］对待他就像恩格斯对待歌德——十分推崇托尔斯泰的天才，同时分析他的不抵抗主义和神秘主义，值得注意的是，列宁所基于的不是拥有土地的贵族的心理，而是托尔斯泰本人认同的宗法制农民立场。”

列宁关于托尔斯泰的七篇短文都写于 1908—1911 年间。合成一卷后，它们共计 36 页。其标题分别是《托尔斯泰作为俄国革命的镜子》《托尔斯泰与当代劳工运动》《托尔斯泰与无产阶级斗争》。像列宁革命前的大多
248 数文章一样，这些文章实质上是反对其他马克思主义团体、民粹分子或社会革命党的政论文。文章提到托尔斯泰的名字，是列宁借以针对当前问题进行说教。除了高尔基、克鲁普斯卡娅提供的非常可疑的证据，说他喜欢《战争与和平》外，有记录表明，列宁只喜欢托尔斯泰的两种作品——短篇小说《大师与人》（因为它是对贫苦农民被富人剥削的记录）和《卢塞恩》（因为它控诉了西方的议会民主）。

11. 纳博科夫针对的是威尔逊的这个说法：“至于伟大的崭新力量发酵其中的革命前的那些阶段，可能是伟大的文学阶段——就像 18 世纪之于法国，19 世纪之于俄国一样（不过 1905 年以后衰落）。”

191

《纽约客》

西 43 街 25 号

一九四九年一月十一日

马萨诸塞州，韦尔弗利特

亲爱的沃洛佳：谢谢你的来信。我很高兴，《叶甫盖尼·奥涅金》中的决斗技术得以澄清，但你所言并没有改变一个事实，即奥涅金偷偷抢了连斯基的先，因为他真的恨他——我记得，对此你否认过。你可以说，奥涅金静静地举起手枪，只是因为他更富有经验。但我认为，很明显，从普希金描写两个人举动的方式看，他想传达这样一个想法，即奥涅金一心要杀了连斯基。[1]

我在读托尔斯泰的《复活》[2]——我觉得，到目前为止，它比通常所说的要好得多。可惜在写那篇库兹明斯卡娅的评论文章时，我没有读到。我发现，它处理的主题恰恰是不同阶级的人们的悲剧性联系，我过去还抱怨，托尔斯泰别的小说遗漏了这种主题。

我们一切照旧。如果幸运，我们会在二月中旬去斯坦福德过几个月。

永远的

埃·威

1. 此处重申的是威尔逊在《三重思想家》中的一个主张，即奥涅金决斗中杀死连斯基是蓄意谋杀，因为他嫉妒连斯基对奥尔加的爱，嫉妒连斯基的诗人天才。这无疑是出于误读。细读普希金的文本既产生不了这个观点，对这部小说进行俄文注释的大量文献也没有任何支撑性材料。 249
2. 原文为俄语。

192

你还在琢磨这些组合吗，
比如“step”（脚步）和“pets”（宠物）
“Nazitrap”（纳粹陷阱）和“partizan”（党派）
“Red Wop”（红色意大利人）和“powder”（火药），“nab”

（抓住）和“ban”（禁止）？

弗·纳

一九四九年二月六日

亲爱的邦尼：

一切都好吧？

两周的假期中，我写得很顺利，假期明天就结束了。我想，红衣主教一定有小的间谍活动等，但同样可以肯定，他们在他出庭前虐待了他。[1] 顺便说一句，天主教会事后回想起来一定噬脐莫及，他们不知道审讯时那些派上了用场的药。务必为可怜的泰德·斯潘塞[2] 写点东西——他的一些作品自有格调，无论如何他比许多人强[3]。我创造了一种新的俄文音译法，很出色，但不敢给你看。

如果你俩能来做客，就太好了。我不知道何时能去看你们。

你的

弗

1. 1949 年 2 月 3 日，匈牙利天主教会大主教、红衣主教约瑟夫·明森蒂因被指控叛国、间谍和策划推翻政府在布达佩斯受审。审判时拍摄的照片中，他的相貌令人震惊，证实了他遭遇酷刑，被强制服药而自白的相关报道。

2. 即西奥多·斯潘塞，哈佛修辞与演讲博伊斯顿教授，诗人，著有《莎士比亚与人性》，1949 年 1 月 18 日突发心脏病，在剑桥的家门外出租车内去世，享年 49 岁。

3. 原文为俄语。

250 **193**

一九四九年三月二十三日

亲爱的邦尼：

我刚接到牛津大学出版社沃特林的下列来信：

> 你可能已听说，我们在跟威尔逊讨论出版其论文集的可能，那会包括部分谈俄国文学的文章，它们本是为你跟他合作的道布尔戴那本书写的。我猜，道布尔戴不会逼你们提供书稿，但在我们着手做威尔逊的这本新书前，道布尔戴当然首先要放掉他的俄国文章。这进而涉及你对道布尔戴的承诺。
>
> 我知道，道布尔戴向你和威尔逊各支付了七百五十美元，作为你们合作项目版税的预付款。考虑是否推进威尔逊的新书（关于俄国的文章是其中一部分）事宜时，我们必须想到，道布尔戴可能坚持要追回他们的一千五百美元，作为放弃威尔逊的条件。我们固然可以预付威尔逊版税，这样他可以返还道布尔戴他的那份预付稿费，却不知道能为你的那份做什么。我们认为，我们不能另出一本你本来为道布尔戴那本书提供的译文集（假设你有意为之），因为我们怀疑，基于纯粹的商业理由，市场能否买它的账。不过，或许你在考虑或准备其他我们感兴趣的计划，为此我们能提供预付稿酬，这样就能让你清偿道布尔戴的合同。比如，我知道你在康奈尔上俄国文学课，你可能有意把讲稿变成图书。我们对这样的项目非常有兴趣，或许还有你愿意让我们知道的其他东西。无论如何，你或许愿意告诉我们，你对我这里提到的整个问题的想法。
>
> 致以衷心的祝愿。
>
> 签名：菲利普·沃特林

我可不想让我们对道布尔戴的双重承诺干扰了你的计划。另一方面，我认为，我无法给沃特林某个作品，让他们一起把我们买下。我不可能出版讲稿，因为如果那样，我就无法继续讲它们了，再说这些讲稿编写时也压根儿没考虑出版。我所有的唯一可出版的材料 251

是 a）那些已经在英国出版过的译诗，准备补充一些给道布尔戴的；b）我自己的英文诗（太少，无法凑成一本）；c）我多年前翻译、以《绝望》为题在英国出版（一九三五年或一九三六年，我想）的一部小说（*Otchayanie, La Méprise*）。

我怀疑，哪一种都不会引起牛津出版社的兴趣。

或许能说服道布尔戴，在我的合约之外，单独把你的版权放掉？或者，如果你觉得可取，我给道布尔戴写信，建议他们出版我的译文集，而不是我们那本连体书中我那部分？新方向的那一版已经售罄，我常收到来信，问哪儿能买到那些译文（指的是那些要英国版的人们）。

我愿意尽我所能做任何事，以便帮你解套。如果你就此有任何想法，请告诉我。

罗曼告诉我，你胖了。

我俩向你俩致以最美好的问候。

你的

弗

194

一九四九年三月二十四日

康涅狄格州，斯坦福德

希尔克雷斯特公园

艾丁根转交

亲爱的弗拉基米尔：我们已经到了斯坦福德，会待到五月。罗曼告诉我，你四月某一天要去纽约，能在这儿逗留一个晚上吗？我在跟牛津协调，让他们接管道布尔戴的合同，给我们各自的图书新的合同，只要你同意这样做。沃特林说他给你写信。我想跟你讨论此事，还有其他事务。我在我的剧本[1]里剽窃了《庶出的标志》，进而让斯坦利·埃德加·海曼的事变得容易了。

问候薇拉

埃·威

1. 即《小蓝灯》。

195 252

一九四九年三月二十八日

亲爱的沃洛佳：谢谢你那篇蝴蝶论文[1]。我不知道，何以没有回复你最近几封信，也许它们不像往常那样精彩。（我不能肯定，一封是否丢了，我似乎只记得一封短的。）我刚接到你那封关于出版问题的信。等你过来时，我们讨论一下。不过，此前给你写信时，我忘记你已不在剑桥了，因此无法中途在斯坦福德下来。或许你可以过来，或者不管怎么说，我可以去纽约看你。叶连娜和我晚上会朗读契诃夫的作品，她能读出那些我不认识的词，但没有我的文学词汇量。我们真的需要有人教，因此，如果我们再次见面，希望你给我上一课。

永远的

埃·威

1. 即《红珠灰蝶属的新北区成员》。

196

纽约州，伊萨卡

康奈尔大学

戈尔德温·史密斯楼

[一九四九年四月中旬]

亲爱的邦尼：

我纽约的讲座推迟了——要在五月七日举行。罗曼邀请我四月十六日去，但现在取消了。你五月在纽约吗？我们很想见到你俩。谢谢你邀请我们去斯坦福德，可这也得推迟。

我很喜欢你那篇关于印第安人的文章。[1] 你看过多斯·帕索斯在《生活》上写的关于皮隆夫妇的那些文字吗？[2] 他疯了吗？还是某种新激进时尚——赞美埃维塔？还是意在讽刺？或者——想到这一点我的笔都在颤抖——他间或加入了真教会？

我想此前告诉过你，我们六月中旬可能会开车去犹他州，参加在盐湖城举行的一个七月作家会议。

在那之前，我们一定要见面。

你的

弗

253 1. 《记者在新墨西哥：沙拉考》，刊于 1949 年 4 月 9 日、16 日的《纽约客》，后成为《红色，黑色，金色与橄榄色》“祖尼”部分的几章。

2. 多斯·帕索斯的《访问埃维塔》刊登在 1949 年 4 月 11 日的《生活》上。它描绘的是美丽动人、广受欢迎、努力工作的皮隆夫人爱娃，帮助她坚定的、父亲般的丈夫管理阿根廷。

197

一九四九年四月二十三日

康涅狄格州，斯坦福德

希尔克雷斯特公园

亲爱的沃洛佳：五月七日恐怕我们已经走了，我们想尽可能在月初离开这里。你能去韦尔弗利特看我们吗？稍后会给你去信，谈出版事务。

埃·威

198

纽约州，伊萨卡

康奈尔大学

戈尔德温·史密斯楼

［一九四九年五月二十三至二十五日］[1]

亲爱的邦尼：

课间匆草数字。这是最后一个教学周，六月二十日左右我们将开始驱车西进——首先去犹他州参加一个作家会议，然后到怀俄明的蒂顿国家森林公园，去寻找一种我曾描述过、命名过、抚摸过——但从未实际捉到过的蝴蝶。

从未能接受你好心的邀请，让人十分伤心，我们太想见到你俩了！六月十五日左右，德米特里会从学校回来，这二十天的时间我都得差不多拼命地写作。我已把我的回忆录照现在这个样子[2]卖给了哈珀，安排得很满意，所有的事都在一年内办妥。我给了你那首出色的《埃米尔》，从未收到任何感谢：partizan（党派）-Nazitrap（纳粹陷阱）。[3]

我想我该给沃特林一本关于《奥涅金》的小书：完整的散文翻译，逐行注释，提供相关内容和解释——我备课时的那种内容。我很确定，不再做任何韵文翻译了——它们的独断很荒谬，无法兼顾 254
准确，等等。

没有人愿意发表（太长或“太学术”）我为《伊戈尔远征记》写的文章（差不多十二个打印页）。《纽约客》拒绝了，不知道《党派评论》是否 va marcher[4]。

薇拉开车带我纽约来回——一路风景优美，地势起伏柔和；我跟罗曼、格·赫森、鲍里斯·尼古拉耶维奇和采列捷利[5]下了几盘象棋，很有趣。非常想念你。

我俩向你俩问候。

弗

1. 原稿误写为“1945”。
2. 原文为俄语。纳博科夫用的是一个农业说法，指庄稼在收割或收获前卖掉。
3. 参见纳博科夫在第 187、192 封信中的回文诗。
4. 法语，可行。
5. 部分人名原文为俄语。即罗曼（格林伯格）、格奥尔吉·赫森、鲍里斯·尼古拉耶维奇和（伊拉克利）采列捷利。

199

[明信片，邮戳显示：一九四九年八月十八日怀俄明州杰克逊，下午六点]

怀俄明州，威尔逊

蒂顿走廊牧场

亲爱的邦尼：

我们在犹他州和怀俄明州有几次奇妙的历险，下周开车回去。我掉了许多磅肉，发现了许多蝴蝶。我们向你俩致以最美好的问候。我们要设法在哪儿彼此见一面。

弗

200 255

马萨诸塞州，科德角

韦尔弗利特

一九四九年九月二十八日

亲爱的沃洛佳：

很高兴收到你的明信片。我们刚刚结束一个非常忙碌的夏季，因为家庭——孩子们[1]刚返校——还有我的文学活动。我完成了我的戏剧[2]，准备排演，又把我二十年代写的文章结集成书。[3]

夏天格列布·司徒卢威[4]来看我们——带着他古怪、farouche的女友[5]——你认识她吗？我们就俄英诗律法交流了很长时间，澄清了几年前我们就此通信时的误解，我打算把我的觉悟说给你听。我从司徒卢威那儿弄明白的关键一点是，俄文单词不管多长，其实只有一个重音。我从未留意到，俄文词典只标一个重读音节，而英文词典则标次重音，因此俄语诗歌的重音强调跟英语不一样。在英语中，次重音像主重音一样用于构成节拍。在从莎士比亚到叶芝等伟大诗人笔下，英语诗的复杂性部分来自对这些重音的处置，俄语却没有与此相应的情况——所以，你没能把握我说的音步代换的实际情况。你不能在俄语中代换或中音省略。你无法在素体诗中写出这样的诗句，像《李尔王》中的“永不，永不，永不，永不，永不”，《马尔菲公爵夫人》中的“蒙上她的脸；我眼花缭乱；她死得年轻”。韵律的复杂性还有一途：俄语的音节数量常常很固定，这在英语中却很少见，不过还有许多较少的重音，你玩弄的就是这些。你试图要告诉我的就是这种花招，但你的错误在于，你认为我们英语里有同样的东西。我认为，你觉得，在一个抑扬格五音步的结尾，constitution 这样的词要发成 constitúshun，而实际上，一个受过读诗训练的演员会把它念成 con-sti-tú-ti-ŏn, ti-ŏn 是一个完成的抑扬格（稍古一些的英文中，on 是 oun）。事实上，俄语采纳了英语、德语诗歌的韵律形式，但用于不同的乐曲，结果就是你我之间的双重误解。你不理解我们的重音位移——因此，比如你我
256 一起翻译《莫扎特与萨列里》时，每次我建议修订，把抑扬格变成扬抑格时，总是让你感到困扰，在你看来是错的。你在特定情形下是对的，因为你用绝对统一的抑扬格来翻译，但没有一个优秀诗人会考虑用这种方式创作一首长篇素体诗。就我而言，我现在明白了，阅读俄语诗时，我从没弄清它该如何发音。对我来说，那总是过于单调、固定——就像一个学生的练习那样节奏呆板——对那些娴熟于各种变化的诗人来说，这种固定令人困惑不解。我希望哪天你能给我朗读一首俄语诗，将我忽略的那些效果解释给我听。（我还发现，你在《党派评论》上发表的那则小说里，对诗歌格式的讨论很有启发意义。）[6] 另一方面，我觉得，你在写英语诗时，弄得像俄语一样固定，没有发掘英语诗能有的一切资源。

什么时候能见到你？我们早已打算驾车旅行，去我在纽约州北部的老家，它需要修整，已经多年没人住了。我们或许可以走得更远，去看你，就像上次我和玛丽那样，那时尼古拉在威尔斯学院，我们去了那儿；但我们的经济前景目前很不好，无法动身。稍后我们可能去纽约过冬。你会从伊萨卡过来吗？

叶连娜问你好。薇拉好吗？请给我写信，保持联系，让我知道你的情况和想法。

你喜欢我的英—俄五行打油诗吗？[7] 某天在查阅达尔词典里那个四字母单词的所有对应词，结果写了那些东西。让我吃惊的是，我把它们都找出来了。它们的英语对应词有些连牛津大辞典都没有收入。

过去的这个夏天，我读了契诃夫的许多作品，印象十分深刻——想不到他覆盖的范围那么广，他描述的生活领域那么宽——

尤其感兴趣的是跟苏俄正在发生的一切相关的内容，因为他处理的许多典型形象——改进自身地位的农民，不满又无能的职员——是后来进入上层的同一批人。还重读了福克纳的许多东西，你无法看出其天才，对我来说是一个谜——除非你总的说来就不喜欢悲剧。读过《喧哗与骚动》吗？

永远的

埃德蒙·威

1. 即鲁埃尔·威尔逊和叶连娜·威尔逊的儿子亨利·桑顿。
2. 即《小蓝灯》。
3. 文集最终扩展为《光的海岸：二三十年代文学纪事》，1952 年出版。 *257*
4. 即文学学者格列布·司徒卢威（Gleb Struve, 1898—1985），纳博科夫自大学时代起的朋友，著有《列宁、斯大林治下的俄罗斯文学，1917—1953》和《流亡的俄罗斯文学》，后者是唯一一本全面概述俄国侨民文学的著作。他（跟鲍里斯·菲利普夫）在西方合编印行了奥西普·曼德斯塔姆、鲍里斯·帕斯捷尔纳克、尼古拉·古米廖夫、尼古拉·克留耶夫、尼古拉·扎波洛茨基和安娜·阿赫玛托娃等人的作品，其时这些诗人的全部或部分作品在苏联未能发行。
5. 即玛丽·克里格尔，后为格列布·司徒卢威夫人，此处“farouche”表示“怕羞”。
6. 即《第一首诗》（《说吧，记忆》第十一章），刊于 1949 年 9 月号《党派评论》。
7. 这些五行打油诗可以在《夜思》第 210 页看到，总标题为《给我的俄国朋友》。第一首是关于纳博科夫及其对蝴蝶的兴趣；不过，在刊行的五行打油诗中，威尔逊提到的“四字母单词”的俄语对应词（俄语三个字母）被文雅地以连接号取代。

201

一九四九年十一月九日

亲爱的邦尼：

我此前没有给你写信，因为我的书（那本自传性作品）花了许多时间。我一直跟你说，俄语单词只有一个重音。[1] 我肯定也在我们的通信中提到，长的英文单词常常是双重音（不过跟英语比，美语可能更如此）。我不明白“-ion”情形的意思，但无论如何，它跟相对应的俄语名词词尾 -ie 变成 -ье 没有什么不同，比如 zhelanie 变成 zhelan’e 。[2] 仔细考虑考虑。等到最终我去看你或你来看我时，我们要继续讨论——对此我似乎更明白了。

一篇关于我初恋历险的故事[3] 不久将刊登在《纽约客》上，而另外一篇，谈我学生时光的，得撤回，因为他们要我修订涉及列宁和沙皇俄国的某些段落（说读者会感到冒犯，起码是惊讶）。它其实跟我写信给你说起的美国激进派及其对列宁主义的态度一样，没有什么害处。[4] 悲哀啊。

这本书还有差不多五十页要写，我的小汽车跑得欢。恐怕你对它不在意，但我得一吐为快。

打倒福克纳！

你的

弗

258 1. 实际上，纳博科夫根本没有这样。

2. 俄语表示“欲望”的两个主格单数交替形式，容许两种词尾形式，一个是一个音节，另一个是两个音节；这两个后缀在此句的前面已经解释过。跟第 203 和 205 封信中讨论的阴性形容词与名词的工具格后缀一样，这些中性主格词尾可以任意选择。散文可根据文体的考虑进行选择，而诗歌则取决于适合韵律的是一个音节，还是两个音节。

3. 即《塔玛拉》（后为《说吧，记忆》的第十二章），刊登在 1949 年 12 月 10 日的《纽约客》上。

4. 《说吧，记忆》第十三章，将两种措施进行比较，同时包含的一些段落部分是基于纳博科夫 1948 年 2 月 23 日给威尔逊的书信（本书第 172 封信），被《纽约客》拒稿。它最终以《三一巷宿舍》为题发表在 1951 年 1 月的《哈珀杂志》上。

一九五〇

202

［薇拉·纳博科夫致埃德蒙·威尔逊］

一九五〇年四月八日

亲爱的邦尼：

弗拉基米尔生病住院了，他让我给你写信。我们从罗曼那里得知，你也得了流感，希望现在一切都好了。我的支气管炎已痊愈，而弗拉基米尔则引发了严重的肋间神经痛，就是剧烈疼痛，治疗没有任何反应。疼得很厉害，以至于医生起初并不相信，那“只是”神经痛。他们对他施展妖术[1]整整一周，如今勉强承认，终究就是神经痛。同时，疼痛也有所改善。

弗要我谢谢你那本*Furioso*。他非常喜欢你那顽皮的小戏拟（我也是），觉得这一期的其余内容也很有趣。[2]

他特别要我征求你对以下事务的建议。哈珀曾计划秋季出版他的那部回忆性作品，但现在想推迟，等到圣诞节后再出版，因为“秋季其他出版公司安排出版的回忆录、自传”种类繁多。他们说，一年中的头三个月“从整个销量的角度说，跟圣诞季前夕差不多一样好”，等等。弗觉得，这些说法不尽令人信服。他不相信，秋季过 259
量的自传以后，再过三个月，人们还能有新鲜的胃口。他还觉得，他的书可以有机会参赛。最后，他担心，圣诞后的季节根本不像哈珀所说的那样。在答复哈珀前，若能得到你的指点，他会非常感激。

这么长时间后，能在纽约看到你和叶连娜，真的太好了。你俩看起来都很不错，拉乌尔也是。关于孩子，我就不说了，我不想“喋喋不休”。

真诚的

薇拉

[添加在顶部，倒着写]

我附了一个小作品，供你收集纳博科夫文献汇编。这是威尔逊的又一小小贡献，还有出色的卷首插图。不要错过封底的作者画。

1. 原文为俄语。
2. *Furioso*（《激烈乐曲》）是一本文学杂志，1939—1953 年间在明尼苏达卡尔顿学院出版。1950 年春季号刊登了威尔逊的一封信，反驳保罗·古德曼针对玛丽·麦卡锡的著作《绿洲》的评论。“顽皮的小戏拟”是指，威尔逊假装说，保罗·古德曼根本不存在，归咎于他的那篇评论是个骗局。

203

一九五〇年四月十四日

新泽西州，红岸

维斯塔广场 36 号

亲爱的沃洛佳：我过来跟我母亲待在一块儿，她病得很重——住院了——不过现在好些。叶连娜电话里告诉我，薇拉寄来一封信，说你感冒生病了。《纽约客》聚会后的第二天，我也卧床了，因为喉炎彻底失声。那晚太多不愉快的事，funestes[1] 后果，我建议应该用约翰·赫西的《广岛》那种方式记录下来。会这样写，每个小的人类单元都在追逐自身的利益，从一桌跑到另一桌，从舞会跑到餐厅，压根儿不会注意到，有狼狈，有厌倦，有生气，有微醺，以为只是小小不言，也不会意识到，巨大的灾难将把他们统统消灭。[2]

260 我正准备给你写信，刚读完你最近那篇令人赞美的文章[3]。你提到阿巴齐亚，让我想起，我刚在契诃夫那里读到[4]，我想问你一个俄语语法问题。最近阅读契诃夫时，我注意到，他在使用阴性单数的工具格形容词时，有时用 -ой 形式，有时用 -ою 形式。起初我产生一种想法，-ою 是跟以 -ю 构成工具格的名词一起使用的。例如，我发现 длинною отборною бранью[5]，但后来我发觉，这种形式只是用在跟阴性主语一起的谓语中—— она[6] 或某个妇女的名字，而 -ой 形式用于跟 жизнь[7] 一起的谓语中。最后（在《我的一生》[8] 部分的第一段），我发现 с благотворительной челью 跟 с благотворительною челью[9] 只隔了几行。这如何理解呢？[10] 其中有真正的原则吗？保罗·恰夫恰瓦泽认为，当你需要另外一个音节时，就用稍长的形式，但在这一段中，我看不出个中缘由。（不要麻烦回复，除非你感觉好一些。我下周整周都在这里——之后，寄到韦尔弗利特会收到，不过除纽约外，我无法去更远的地方。）

我在阅读热内的作品，我想你知道他。他的书下流得让人毛骨悚然，直到现在才得以出版，正常销售。他是一个同性恋盗贼，在监狱待了很长时间。科克托曾设法让他出狱，据说跟当局说，他是法国健在的最伟大作家，我想这个观点有几分道理。我读过 *Notre-Dame des Fleurs* 和 *Journal du Voleur*[11]，都留下深刻印象——尤其是前一部。作为一个作家，他绝对非凡——很难理解，他怎么能如此出色地自学（他是一个来自弃婴堂的孩子，早年一直是小偷、流浪汉）、自我培养成一个天才。他的词汇和韵律像他奇怪的经历一样独特。当今世界非常明显的一点是顺从与主宰的含混心理——你自己也常常着迷于此——他在这方面的描写堪称独树一帜。如果你没有看过 *Notre-Dame des Fleurs*，什么时候我借给你。希望你现在好了。问候薇拉。

埃·威

1. 法语，灾难性的。

2. “我们参加《纽约客》举行的二十五周年聚会。场面巨大——邀请了
261 一千人——但远不如十五年前的那次更吸引人，那时成员规模小，作者少。《纽约客》应该像赫西的《广岛》那样把它记录下来。那些大腕们我不愿提及姓名，个个都凶狠野蛮，肆无忌惮［……］我病了，嗓子哑了，第二天进一步恶化。纳博科夫是从康奈尔来出席这个场合的，他听说斯坦利·埃德加·海曼在这里，便走上前去质问他，凭什么说他父亲是一个‘沙皇自由派’。海曼明显担心纳博科夫会对他动粗，便回答说：‘啊，我认为你是一个伟大作家——我很推崇你的写作！’纳博科夫带着严重的神经痛回去了，在医院住了很久。”见威尔逊 1950 年 4 月 28 日给莫顿·道·扎贝尔的信，《文学与政治书信，1912—1972》，第 480 页。

3. 即《完美的往昔》，刊于 1950 年 4 月 15 日《纽约客》，后为《说吧，记忆》第十章。

4. 契诃夫的小说《阿莉阿德娜》部分情节发生在阿巴齐亚（如今是克罗地亚的奥帕提亚），威尔逊在第 206 封信中有所引用。这个城市也是纳博科夫最早记忆中的场景，《说吧，记忆》第一章描绘过。

5. 俄语，一长串不堪入耳的骂人话。（来自契诃夫的小说《凶杀》第四节）

6. 俄语，她。

7. 俄语，生活。

8. 原文为俄语，契诃夫作品。

9. 俄语，怀着仁慈的目的。引用的是工具格中阴性形容词后缀两个可替换的变体。

10. 相关解释，参见第 201 封信，注释 2。

11. 法语，《鲜花圣母》和《小偷日记》。

204

一九五〇年四月十五日

新泽西州，红岸

维斯塔广场 36 号

亲爱的薇拉：你的信到达前，我昨天已经给沃洛佳写信了。关于出版问题：出版商为这个季节、那个季节出书而找出种种理由，我从不会认真对待。他们似乎在不停地改变想法，我认为，一本书何时出版，这没有根本的区别。无论如何，沃洛佳的书是文学作品，回忆录作品根本无法跟它竞争。如果他的合同要求秋季出版，他也

想秋季出版，他就完全有理由坚持这样。如果不在合同中，他仍可以坚持，但他可能无法迫使他们照他要的去做。

他病得这么严重，我很难过。请感谢他的书，我还没有读，叶连娜还没有寄过来。

顺便说一句，我儿子的名字不叫拉乌尔，而是鲁埃尔。英语 262
跟拉乌尔对应的名字是罗洛或罗兰。鲁埃尔是一个《圣经》名字，摩西的岳父叶忒罗的一个名字，指“上帝的朋友”（埃尔＝上帝）。它很不寻常（不过有一个诗人，叫鲁埃尔·邓尼），不过是我母亲家族的旧名。

衷心的问候，

埃德蒙·威

205

亲爱的邦尼：

大多数俄国作家不加区别地使用 -ой 和 -ою，我深感遗憾。这种情况似乎有点儿像一些英语作家使用“which”和“that”那样。托尔斯泰是最伟大的犯规者，他常常在同一组形容词和名词中随心所欲地使用两种词尾，За желтою нивой и за широкою сонной рѣкою[1] 是极端的例子。我猜恰夫恰瓦泽以为你说的是诗歌。我本质上是一个学究，我在散文中坚持用 -ой，除非有特殊的“悦耳”理由，要延长工具格的哼哼唧唧。

收到你善意的来信，薇拉和我很高兴。我在医院待了差不多两周，从三月底就一直鬼哭狼嚎、翻来滚去。我在那场有些黯然失色但用心良苦的晚会上患了感冒，转变成凶险的肋间神经痛，其症状是折磨性的、不停的疼痛和恐慌，很像心脏和肾的毛病，因此连续几天医生拿我做各种实验，尽管我告诉他们，我记得我的病，过去的生活里已经经历了四次一模一样的折磨。我还没有完全好，今天有点儿复发，我在家还躺在床上。薇拉在演讲厅出色地代替了我。

我在写书的最后一章（第十六章）。《纽约客》只再刊发一篇（第十五章），非常复杂的一篇，我刚给他们，写的是我儿子的幼年。我给了《纽约客》十五篇，他们总共买下十二篇。一篇发在《党派评论》，另外两篇都有政治佐料，还在我手中。我可能将其中一篇寄给《党派评论》，尽管他们稿酬很低。[2]

一定要把那本同性恋小偷的书寄给我！我热爱下流文学！下一年我要教授一门课，叫“欧洲小说”（XIX 和 XXc[3]）。你会推荐哪
263 些英国作家（长篇或短篇小说）？至少得讲两个。我准备侧重于俄国作家，起码五个宽肩膀的俄国人，还可能选择卡夫卡、福楼拜和普鲁斯特来阐述西欧小说。

我认为，你的诗歌是你照那种方式写得最成功的作品。我太喜欢那个皮夫卡—帕夫卡了——事实上，在医院疼痛时我就不停地重复它。[4] 我曾每夜让注射三针吗啡，但每次只能让我处于勉强可以忍受的隐痛状态一小时左右。翻阅了艾略特的多种作品，读了关于他的批评集，现在比以前更加肯定，他是骗子，冒牌货（甚至比滑稽可笑的托马斯·曼更糟——更有头脑）。

请再写一封有趣的信来。疼了这几个星期，我的神经都扭曲凌乱了。

我俩向你们大家致以最美好的问候。

弗

1. 俄语，一块黄色的玉米地和一条宽广沉寂的河流以外。这个例子中，形容词的工具格后缀跟名词的那些后缀不相称。

2. 《流亡》，后为《说吧，记忆》第十四章，刊登在 1951 年 1—2 月的《党派评论》上。第十五章刊登在 1950 年 6 月 17 日的《纽约客》上，题目为《花园和公园》。这本书的三个版本《确证》（1951）、《说吧，记忆》（也是 1951）和《说吧，记忆：自传追述》都没有第十六章。俄文版 Drugie

berega（《彼岸》，纽约，1954）一些地方跟英文版不同，只有十四章。

3. “十九和二十世纪”的一种俄语写法。

4. 一阵隆隆—得—嗡嗡，一阵皮夫卡—帕夫卡
   走来横笛和鼓乐的部队，列队走向卡夫卡。

摘自威尔逊的诗，发表于《激烈乐曲》第四卷，第 3 期（1949 年夏），题目为《公告第七号：停车场的弥撒曲》，后收入《夜思》（标题为《停车场的弥撒曲》），第 181—184 页。

206

马萨诸塞州

科德角，韦尔弗利特

埃德蒙·威尔逊

一九五〇年四月二十七日

亲爱的沃洛佳：① 我刚刚检查了《青铜骑士》[1] 那段，你认为我译错了。我的苏联本（本迪、托马舍夫斯基、谢戈列夫编[2]）写的是“我们的主人公 / 住在一个小房间里”[3]。我打电话给保罗·恰 264
夫恰瓦泽，请他查一下老版本，他发现是“在科隆纳”[4]，如你所说。据说苏联本恢复了曾因本肯多夫[5] 所迫而改掉的几个段落——例如一些写穷人的房子被洪水冲垮的悲惨细节。我一定要检查一下，看看是否还有其他情况。

② 俄语语法：关于工具格，我过去很讨厌其指暂时或非实际状况的特别用法——“当我是小孩子的时候。”“每逢她想到未来，总是把自己想象成一个大富大贵的人。”[6] 但我现在觉得那种细微差别很迷人。不过我还没有掌握的一点是形容词的表语形式。我在契诃夫那里看到这样一句：“天啦，你今天多么乏味！”[7] 为什么不是 скучен 或 скучны？[8] 难道所不同的不是 **какой**[9] 吗？

③ 我把热内的书寄给你了，我很想知道你会怎样看。我被语言迷住了，是黑话、日常口语、富有幻想的文学词汇和准确的专业

术语的混合。于斯曼们只能用合成的方式为之，他们一定会为热内疯狂。我想其中有那么点儿文盲的成分——你如何看待他喜欢用的一个词 sourdre[10]（有时他似乎写成了 soudre）？他看来为它杜撰了一个分词：sourdi，我想是根据 ourdi[11] 类推的，就像福克纳根据 driven 等生成了 surviven 一样。（作为作家，他们有一些共同点，热内的写作有些段落就跟你有点儿像——我不是说这些文法错误之类的。）

④ 我还给你寄了一小包我的作品。

⑤ 关于你的书：我不确定，你是否最好连同没有发表的几章一起出版，并且在腰封上告知这一点。事实已经证明，如果人们认为自己已经在杂志上读过全部内容，就不会再去买书。要让哈珀广告文案作者——最好你亲自写简介——说明，其中有谈论政治的新章节，没有在《纽约客》上发表过。你一定有拥趸，他们愿意买书读。

⑥ 你度过了如此可怕的日子，我很难过。我自己也没有彻底病愈——我的一根声带有问题——说得太多，声音太响，是老天的惩罚。医生还告诉我，必须瘦掉十五磅。因此我过着可怕的生活，轮番使用吸入剂和喷雾剂，葡萄糖片和糖精片，被迫低声说话，浴室里还放着体重计。

265 ⑦ 关于英国小说家：在我看来，两个无与伦比的最伟大的小说家是狄更斯和简·奥斯丁（乔伊斯不算，他是爱尔兰人）。试着重读一下后期狄更斯的《荒凉山庄》和《小杜丽》吧，如果你还没这么做过。简·奥斯丁值得通读——连她的片断也很精彩。

⑧ 我们仍可能去你那里——等亨利[12] 从学校毕业——或许可以驾车去看你。你在伊萨卡待到什么时候?

向薇拉问好，

埃·威

1. 原文为俄语。
2. 原文为俄语（苏联时期三位最杰出的普希金学者）。
3. 原文为俄语（威尔逊《三重思想家》对《青铜骑士》的翻译）。
4. 原文为俄语（比起“在一个小房间里”，对 v chulane 更贴切的翻译本应是“在一个储藏室里”）。既然所有晚近的苏联学术版普希金都是“在科隆纳”，就很难说存在恢复被沙皇审查制度压抑的一段的情况。
5. 亚历山大·本肯多夫伯爵（Count Alexander Benckendorff, 1783—1844），尼古拉一世统治时期政治警察首领。
6. 原文为俄语。第二个例子来自契诃夫的小说《阿莉阿德娜》。
7. 原文为俄语。来自契诃夫《我的一生》。
8. 俄语，形容词“乏味”的单数（阳性）和复数短形式。正如本通信其他地方所证明的，威尔逊在理解作定语的长形式俄语形容词和作谓语的短形式俄语形容词之区别方面有问题。他把契诃夫所用的句法结构混淆成同样意思的状语形式 kak vy skuchny，他认为后者应该用复数短形式（在这种情况下，单数短形式就要在数方面与主语一致，这在语法上是不可能的，因为主语是复数）。英语中相似的例子是“How boring are you”（你多么乏味）跟“What a bore you are”（你是一个多么乏味的人）的区别——你可以使用任意一种，但它们不能混杂。威尔逊所提议的是俄文式的“How a bore you are”。
9. 俄语，一个多么……（注释 7 中，根据上下文译成“多么”）。
10. 法语，涌出，喷出。
11. Ourdir 的过去分词，指“歪曲”或“密谋”。
12. 即亨利·桑顿。

207

266

一九五〇年四月二十八日

亲爱的邦尼:

非常感谢你借给我那本书——我读得津津有味，有些部分特别棒。我有这样一种印象，即这是一个 littérateur[1] 在安静的书房写出来的。那所有“暴徒—血—谋杀”的添加物则拙劣做作，有着拉斯柯尔尼科夫般的回声。对鲜花圣母的审判简直太糟，充其量是平庸的文学。可惜作者未能把主题限于对 tantes[2] 道德习惯的描写——这个部分极好。我无法理解，他为何用最不成功、最没有说服力的人物形象来给作品命名。主菜当然是迪维内啦，她一他的角色转换处理也很出色。其他几点：我喜欢给爱人们提供阴茎尺寸的笔法。想起来了，我对我的蝴蝶采用了同样的描述方式。[3] 另外一点：我认为，关于做爱的描写总的说来相当老套——一旦你掌握了它的套路——就是说，十八世纪色情文学加上那些苍白无趣的“assauts”“ébats”[4]，对性高潮计数，等等，这些都是老套。做作的方面因为下面一点而放大了，那些男人身体倍儿棒，这多少有些可疑（特别是有些人还是同性恋者），确实，法国男人起码有时会洗澡。我有点儿失望，里面没有女孩子。唯一的 jeune putain[5] 被夹在彼此接吻的两个男孩中间，两个白痴。

我把我一次课上用的关于英语诗律法的笔记奉送给你。琢磨琢磨。

问好，

弗

[附于第 207 封信]

下面五个变体在有阳性或阴性词尾的英语抑扬格诗句结构之中出现（尤其是五音步）。

1. 由于韵律重音落在一个弱重音的单音节（“to”）或一个延展了起码两个音步的长单词（“incalculable”）上，于是简单“抑抑格化”。

“And to forget incalculable chance”

∪ – ∪ –́ ∪ –́ ∪ – ∪ –́

这一句包含了简单“抑抑格化”的两个例子。在韵律上需重读的音节中，自然重音的缺乏被符号“–”标示（而不是“–́”）。

267 2. 一个双音节扬抑格单词（一般在句子的第一个音步）的抑抑

格化或"去扬抑格化"。

"Simply forget incalculable chance"

ˊ– – ∪ ˊ– ∪ ˊ– ∪ – ∪ ˊ–

这一变体标示为"ˊ––"，说明这个词的自然重读音节跟格律非重读音节重合（那个词第二个音节有简单的抑抑格化，跟上面一样，标示为不带重音的"–"）。

3."连读"，由一个音节的占位 / 同时（这一节或那一节）发音造成（"heaven"发成"heavn"，"fluttering"发成"fluttring"）

all heaven was full of flaming fluttering wings

∪ ˊ–(∪) ∪ ˊ– ∪ ˊ– ∪ ˊ–(∪)∪ ˊ–

4. 当"the"在元音前，许多非常现代的诗人（以一种新文艺复兴方式）不把它划分为音节。

The appointed time 等。

(∪)∪ ˊ– ∪ ˊ–

5. 扬扬格化。英语诗里表现得较弱。

Rise！ Follow me 等。

∪́ ˊ– ∪ ˊ–

这可以跟所谓的跨行连续很好地结合起来（例如前面一行以"Man"结尾的情况）。

一首抑抑格诗包含的变体越多，组合越丰富，就越令人愉快。

典型的抑抑格音步（∪ˊ–）的五种变体就是这些：

1. 简单"抑抑格化"∪–

2."去扬抑格化"∪́–

3."连读"∪ˊ–（∪）

4."不划分重音"（∪）∪ˊ–

5."扬扬格化"∪́ˊ–

但无论在哪，其结构框架是一致的，即抑抑格。

弗·纳博科夫

一九五〇年春季学期

1. 法语，文人。
2. 法语，大娘，指上年纪的男同性恋。
3. 纳博科夫的论文主要对四十六种雄性蝴蝶的生殖器官进行了图解与描述。
4. 法语，“进攻”，“调情”。
5. 法语，雏妓。

268

208

一九五〇年五月五日

亲爱的邦尼:

是的，关键的词是 какой，表语就变成 как。[1] 至于像 как ты мил 和 какой ты милый，[2] 并没有区别。但有些情况下，意义会受损，比如 какая она хорошая 指 comme elle est bonne[3]（我发现俄语译成法语要好得多），而 как она хороша 则指 comme elle est belle[4]（对比：elle est assez bien = она доволью хороша = 她非常好看）。Voilà（就是这样）。关于“当我是小孩子的时候”[5]等，你是对的。曾是小男孩，跟梦想有朝一日成为富有的老人一样美妙。

就我所知，正确的文本是“在科隆纳”[6]。苏联学术版普希金作品[7]便如此。

是的，我注意到你对老伙计让的那些说法（顺便问一下，我是否要通过邮局把书寄到韦尔弗利特？）。在我看来，soudre 的唯一意思就是“喷出”。他和我都读过兰波——吉罗杜——普鲁斯特，等等。

关于未发表章节的建议很好。我知道，你不是我那些“拥趸”

中的一员。

谢谢你对我小说课的建议。我不喜欢简，事实上我对所有女作家都有偏见，她们属于另外一个类别。从来看不出《傲慢与偏见》中有什么名堂。但关于狄更斯的建议很好。我要把两个人的作品都重读一下。我父亲是狄更斯专家，有一次曾对我们这些孩子们大段大段高声朗读狄更斯，当然是用英文。

我得就此搁笔，此外已一头扎进《荒凉山庄》，迄今为止都值得称赞。我会选斯蒂文森而不是简·奥斯丁。

希望你能恢复你过去的好嗓音（迫切地想再听到；五月底前我们都在这里，然后可能去波士顿两周——让牙医把剩余的牙齿都拔掉）。我们夏天的计划还没有明确。或许六月底飞到西部。亨利什么时候毕业？此前或之后你们会过来吗？

非常感谢《激烈乐曲》（恐怕不是每首诗都好：狗韵脚领着盲诗人）、小说集[8]（我喜欢《加拉哈德》——但我不能肯定，那性场景究竟 se passa entre eux[9]）和剧本。对话绝对一流，还有不少很开心的碎片（我喜欢彼得一家）。那个园丁的变形有点西林的 269
风格。[10]

薇拉和我向你和叶连娜问好。

弗

[边上是薇拉的笔迹]

现在我准备读剧本了。同时非常感谢美好的 dédicace[11]。

弗 $_2$

1. 参见第 206 封信，注释 8 和 9。这一段答复的是威尔逊那封信第二段的问题。纳博科夫在这里引用了几个例子，说明短形式和长形式形容词用法不同，但他忘了告诉威尔逊，这就是他俩都在谈论的内容，也没有解释如何不同。

2. 俄语，你太好了，分别用在状语短形式结构和长形式形容词结构中。
3. 法语，她多么好。
4. 法语，她多么漂亮。
5. 原文为俄语。
6. 原文为俄语（见第 206 封信第一段）。
7. 原文为俄语。
8. 收录了威尔逊小说《加拉哈德》的小说集是《美国大篷车：美国文学年鉴》，范·维克·布鲁克斯等编，纽约，1927。
9. 法语，他们之间发生了什么。
10. 威尔逊的戏剧《小蓝灯》背景是在“不那么遥远的未来”，彼得的孩子们（“彼得一家”）是一个狂热的右翼罗马天主教政治组织。神秘的园丁在剧中始终不停地改变自己的民族来源，结尾才弄清，他属于亚哈随鲁，流浪的犹太人。1923 年，纳博科夫用他流亡时的笔名西林，在柏林他父亲的报纸《舵》上发表一篇戏剧独白《亚哈随鲁》——因此，园丁的变形有“西林的风格”。《亚哈随鲁》就是安德鲁·费尔得不停地说到的《阿加斯弗》，后者源自对俄语的错误音译。
11. 法语，献词。

209

马萨诸塞州

科德角，韦尔弗利特

埃德蒙·威尔逊

一九五〇年五月九日

亲爱的沃洛佳：① 又一个问题。我在契诃夫那里读到下面一
270 句：“从敞开的门口可以瞧见寂静而荒凉的街道和在天空浮游的月亮。”[1] 我不明白为什么不写成“被瞧见街道……和月亮。”[2] 在我所了解的其他任何语言中，月亮、街道都是动词的主语，但在这里它们好像是宾语——这肯定完全说不通。这样的被动结构在俄语中很罕见，是吧？

② 关于热内：这个顽固的孩子杀人、背叛、始终不思悔改——《鲜花圣母》中的那个典型——代表了他的理想，并且出现

在我所读到的他的每个作品中。关于色情段落，我同意——不过它们属于色情幻想，与现实多少有些脱节，是服刑的人会产生的那种（就像巴士底狱的萨德侯爵那样）。它们只能这样来理解，即故事并不真是作者虚构的人物故事，而是热内在狱中试图把自己投射进一部小说的故事。人物都是梦幻的人，甚至迪万——我同意你的看法，此人稍微比其他人可信几分——某种程度上也是一个梦里的 tapette[3]。像热内在回忆录《小偷日记》中所说的那样，他的生活无疑是悲惨的。我认为，他本来是判终身监禁的，萨特和科克托把他从狱中救了出来。据说他曾这样评价纪德："Il est d'une immoralité douteuse.[4]"我觉得特别好笑。请把书寄到韦尔弗利特。

③ 我正在琢磨《包法利夫人》的初期文本，去年出版的。看福楼拜如何写作，让人印象深刻，我还有点儿吃惊。定稿中最出色的段落在这个版本中常常很单调乏味，甚至很愚蠢。看到以下两段的差距（查理·包法利小时候在卢昂沉思地望着窗外的场景），大吃一惊："Sous lui, en bas, la rivière, qui fait de ce quartier de Rouen comme une Venise de bas étage, coulait safran ou indigo, sous les petits ponts qui la couvrent."和"la rivière, qui fait de ce quartier de Rouen comme une ignoble petite Venise, coulait en bas, sous lui, jaune, violette ou bleue entre ses ponts et ses grilles."[5] 这就仿佛他先是收集种种资料，接着在特定时刻，音乐和魔法打开了。我对此特别感兴趣，因为它多少像我自己的手法。我认为，你更喜欢以词语本身开始。

④ 你关于简·奥斯丁的说法是错的。我认为，你应该去读一读《曼斯菲尔德庄园》。她的伟大恰恰在于她对待作品的态度像男性一样，也就是说，是一个艺术家的态度，与那种典型的女性小说家截然不同，后者挖掘的是自己的女性白日梦。简·奥斯丁以非常客观的方式接触材料。她的每一部作品都是对一种不同的女性类型的

研究，简·奥斯丁能够全面地打量她。她并非要表达她的渴望，而
271 是要做出完美的经得起考验的东西。在我看来，她是六个最伟大的英国作家之一（其他几个是莎士比亚、弥尔顿、斯威夫特、济慈和狄更斯）。斯蒂文森是二流的，我不明白你为何如此推崇他——不过他确实写过一些很不错的短篇小说。几年前的一个夏天，我试图把我曾喜欢的、有限的斯蒂文森的作品读给亨利和鲁埃尔听，那是《新天方夜谭》，结果根本激不起他们的兴趣。这令我吃惊，进而发现这些故事在文字表达方面相当单薄贫乏，人物形象甚至不如童话那般实在。当时我们还在读福尔摩斯，它们某种程度上来自《新天方夜谭》，但比起那些故事来，倒是结实的作品。孩提时代我就不喜欢《金银岛》。

⑤ 关于英语诗律法，你像往常一样都错了，但我已懒得争论这个话题了。

⑥ 你说我不是你的拥趸，我不明白你的意思。

⑦ 我又给你寄了一包阅读材料。（a）又一期《激烈乐曲》，其中有斯科特的又一个滑稽剧。[6] 他的法语不好，但我觉得对纪德的戏拟很有趣——很像他的最后一组日记。（赞恩·格雷是写浪漫西部的作家，你可能从未听说过。）（b）《大骗子》[7]，一个黑社会研究权威的一本很奇特的书。我觉得它比热内更令人厌恶，但值得阅读，它深刻揭示了美国生活的某些方面。正如作者所说，以赢得受骗人信任而骗取钱财的骗子只不过在犯罪和认为是合法的交易的分界点稍稍越界。书中有许多有趣而难以置信的故事——尤其是关于扒手的，还有那些想成为骗子而不得的人们。作者是非常奇怪的人——一个语言学教授，专长是黑社会语言。他最近换到另外一所大学去了——我想，是新奥尔良的杜兰。校长问他，为什么要到那儿，他答道："坦率地说，先生，新奥尔良有南方城市中最大的红灯区，我现在研究卖淫。"他白天做学术事务，晚上待在妓院，伪

装成拉皮条的。（c）《斯奎格尔斯先生的回报》——一些不知名的人寄给我的许多古怪物中最古怪的一本。[8]（你把这本跟热内的书一起寄回，其余的可以留下。）

⑧ 亨利的毕业日期是六月十六日。我们差不多会在此前一周开始我们的行程。如果你那时在波士顿，我们可以逗留一下，去看你。这样的安排很理想，请随时通知我。

⑨ 我的日子过得非常艰辛，一周一周在新泽西和此地穿梭往
来。母亲病了，而我同时也有声带的麻烦。上周动了个小手术，希 272
望就此了结。你我最近都在生病，唯一的好处就是，我们有机会再续文学通信。

永远的

埃·威

1. 原文为俄语。来自契诃夫的小说《农民》第六节。

2. 原文为俄语。威尔逊用的 vidni 不存在，不清楚他是指阴性形式 vidna 还是复数形式 vidny，在这个例子中，二者无论从上下文还是语法来看都可行，不过第一个需要动词单数。威尔逊感到困惑，因为契诃夫用的是非人称结构，把“街道”“月亮”放在了宾格，因为它们是直接宾语，而没有让它们做主语。两种情形在俄语中都非常普遍。

3. 法语，同性恋男子。

4. 法语，他有可疑的不道德行为。

5. 法语，“在他底下，小河流过覆盖这个地方的小桥下面，颜色橙黄、靛蓝，把卢昂这一区变成一种低级的威尼斯。”“小河在他底下流过桥和栅栏，颜色发黄、发紫或者发蓝，把卢昂这一区变成一个破旧的小威尼斯。”（译者按：第二句采用李健吾译文。）

6. 即《加埃唐·菲尼奥勒，日记数页》，作者 W. B. 斯科特，刊于 1950 年冬季号《激烈乐曲》。斯科特不仅戏拟了纪德的日记，还聪明地讽刺了法国人，喜欢盯着美国文化中的鸡毛蒜皮，把它们吹上天。虚构的法国作家菲尼奥勒发现了赞恩·格雷（当然随即把他加上连字符，写成赞恩-格雷），他拿定主意，这是一个跟埃斯库罗斯、但丁相当的文学家，略逊于拉辛（“人们怀疑，在这部奇怪的作品中，美国人发现了令人震惊的准确陈述。哎，这些野蛮的清教徒！”）。

针对 1970 年《三季刊》的纳博科夫专辑，斯科特提供了一封戏拟的书信，是荣休教授铁莫菲·普宁写给“阿普尔教授”（即小阿尔弗雷德·

阿佩尔）的，其中菲尼奥勒的教母日娜伊德·弗洛瑞奥短暂出现，后者在他《激烈乐曲》的日记中被提及。

7. 即戴维·W. 莫勒所作《大骗子：骗子与骗局的故事》，印第安纳波利斯—纽约，1940。1950 年 4 月 3 日给玛迈恩·凯斯特的信中（《文学与政治书信，1912—1972，第 485 页》），威尔逊描述莫勒为“离奇古怪的语言学教授，他恐怕是美国黑社会方面最伟大又无犯罪记录的权威，他对骗子的态度充满艳羡，其反常一如他对那些他心爱的罪犯的态度”。

8. 这部作品不但古怪，而且特别冷僻，因为任何索引或图书馆都找不到它。1998 年，不屈不挠的纳博科夫研究者 D. 巴顿·约翰逊费力找到了一册。书名是《P. 斯奎格尔斯先生的回报》，作者为邓尼斯·麦凯利布，该书 1948 年由加州帕萨迪纳的阿利印刷所出版。

273

210

一九五〇年五月十五日

亲爱的邦尼：

太感谢你那些书了！斯科特的东西真棒。在我看来，他的法语很好，但薇拉说她发现了一些时态错误——可法国人也会错的。整部作品非常有趣，很成功。我一度胡思乱想，那大“骗子”（Con）[1] 应该是法文。

《荒凉山庄》我读到一半了——进度慢，因为我要为课堂讨论做许多笔记。伟大的作品。我想我跟你说过，我父亲把狄更斯写的每个字都读过。我还是十二三岁的小孩子时，父亲就在乡下那些阴雨绵绵的夜晚，对我们大声朗读《远大前程》（当然是用英语），这可能让我从那以后在心理上不想再读狄更斯。我已经拿到《曼斯菲尔德庄园》，我想我也会在课堂上用它。感谢这些特别有用的建议。你从错误的角度接触斯蒂文森了。《金银岛》当然低劣，他创作的唯一一部杰作是第一流的、永恒的《化身博士》。希望你喜欢红衣主教斯皮尔曼献给一家叫阿尔弗雷德·E. 史密斯纪念医院的诗，结尾是：

……我们
作为兄弟，在这种种混乱状态
一定要保护、维护阿尔和我们的遗产
忠诚地服务我们的同胞。[2]

我得去波士顿，把六颗下牙拔了。我的计划是 28 号星期天去那里（туда，那里），星期一、星期二甚至可能星期四（三十一号）在牙医诊所（很棒的瑞士人，法弗尔医生）哼哼，然后没了牙，咕哝咕哝回到伊萨卡，改考卷，六号或七号薇拉驾车带我再去波士顿，装假牙；我们要在那儿待到十一号，十二号去新罕布什尔接德米特里，回伊萨卡。我们会途经奥尔巴尼，那儿有一个地方叫卡纳，一小块松树林荒地，我曾描绘并命名过的一种小蓝蝴蝶应该出现在那些羽扇豆上了。在这样的安排中，有合适的机会跟你见面吗？

“可以瞧见”在这种意义上应该理解为“可以瞧见以下的”[3]——暗含的是一种集合形容词性名词，因此是中性。[4] 但这是个好问题——像我跟我喜欢的学生说的那样。

我的创作方法跟福楼拜大异其趣，哪一天我会详细地跟你解释。现在我得回 178 房间，去分析英文版的《带小狗的女人》[5]，它译自俄文本，我要玩味那些异常精彩的技术性细节，我的学生对此一头雾水。 274

很可能我要把整个波士顿的事推到十二号以后。维持这样的书信往来，就像维持一本日记——你明白我的意思——但请不要放弃，我喜欢你的来信。

弗

1. 这个词在法语中指“女性阴部”。

2. 即红衣主教斯皮尔曼的《致故世的州长》，他本人在圣文森特医院阿尔弗雷德·E. 史密斯纪念大楼捐献仪式上朗诵，后刊于 1950 年 5 月 15 日的《纽约时报》。

3. 原文为俄语。

4. 说母语的人很难理解非母语者的问题，这是个好例子。威尔逊困惑的是名词的宾格形式，而不是动词的性（参见第 209 封信，注释 2），他的下一封信指出了这一点。

5. 原文为俄语（契诃夫作品），用的是英式大写习惯。

211

马萨诸塞州

科德角，韦尔弗利特

埃德蒙·威尔逊

一九五〇年五月二十五日

亲爱的沃洛佳：① 你下周看牙医后能否过来看我们？——或者第二趟，七号到十一号之间过来？那样安排最好。

② 契诃夫的那个句子让我纠结的，不是那个动词是中性——我想那就是非人称的——而是街道和月亮[1]被放在宾格，这没有道理。通常用法似乎像下面这一句所示：“远远地隐约可以看见风车；遇到晴朗天气在那儿甚至看得见城市。”[2]这些是标准的，对不对？这种不一致很奇怪，你如何解释？

③ 我非常喜欢你《纽约客》上的那首诗[3]——不过“汽车”的重音是错的——autò mobile[4]——显然说明，你关于英语韵律学的想法是错的。

我又出了一趟差，刚回来——纽约，新泽西和新港（去见玛丽，处理鲁埃尔上学的问题）——准备着手工作，因此必须停止这种文学通信。[5]一定要来看我们。

永远的

埃·威

在《伤与弓》中，我对狄更斯有非常不错的论述——我想你该读一读我的文章。 275

1. 原文为俄语。
2. 原文为俄语。契诃夫小说《醋栗》开篇段的长句开头和结尾，中间省掉了。
3. 即《房间》，刊于 1950 年 5 月 13 日的《纽约客》。
4. 讨论的诗节为：

   每当一辆汽车
   下意识地撕开黑夜
   墙壁和天花板会显示
   旋转的光的骨架
5. 原文为俄语。

212

一九五〇年五月二十八日

亲爱的邦尼：

1. 汽车。如果你执意将主次重音或强次重音放在“au”上，实际上就把它变成了两个词——“auto”和“mobile”，这样你就永远无法在抑扬格或扬抑格诗中使用“automobile”，除非你重读“mo”（那是粗俗的——尽管出现在英语的抑扬格化传统与趋势中），或把第二个音节丢掉——因此是“aut' mobile”（黑色汽车在门口等她），我敢说，这种技法你可以在古典时期任何一个诗人那里找到——就一样加重的词语而言。我对“automobile”的发音没有你那样头重脚轻（虽然我承认，“au”会稍重一些），我用这个词，就像我经常在抑扬格句子中用 мнóгострадáльный，或者 пýшкиновѢдь[1]，或者 áнгелолю́бъ（天使的爱人）一样。例如，Онѣгинь быль пушкиновѢ́дь[2] 是一句抑扬格还是抑扬抑格八音步诗，这取决于你是否重读 быль 或 пуш。你应该一劳永逸地跟自己说，在韵律问题上——不管涉及什么语言——你是错的，我是对的，永远如此。

2. Было видно ＝ было возможно видѢть ＝可以看见——后面当然跟宾格。我现在明白了，你的问题比我想的要简单。

276 3. 唉，六月七日至十一日我会在牙医的监管下。之后我必须回家，写一篇小说，以支付去落基山脉度假的开销。哈利·列文和叶连娜·列文七日至十一日间会 héberger[3] 我们。在知道更多的行程后我会再给你写信。

你忠心的

弗

[在边上]

顺便说一下，好句子：

“奥涅金是一个普希金专家。”

1. 俄语，“长期忍受”或“普希金专家”。
2. 俄语，奥涅金是一个普希金专家。
3. 法语，留宿。

213

[邮戳日期为一九五〇年五月二十九日][1]

我的意思是，我敢向你证明，莎士比亚那里，元音省略是由于强调的词在通常用法中是这样的：–́∪∪–́，因此第二个音节必须中音省略，以便把它[2]引入一个抑扬格句。

弗

1. 这是一封完整的信，是对威尔逊 5 月 25 日书信第三段的回应，看来是纳博科夫 5 月 28 日书信第一段的附件。
2. 原稿此处是“这”，不是“它”，想必是打字错误。

214

马萨诸塞州

科德角，韦尔弗利特

埃德蒙·威尔逊

一九五〇年六月三日

亲爱的沃洛佳：① 根本无法在抑扬格诗中优雅地使用
automobile，你应该用抑抑扬格或扬抑抑格。对英语世界任何一 277
个母语者来说，你的句子都会被念得结结巴巴，这证明了你重音理
论的谬误。就像我以前想要解释的那样，甚至像 imagination（想
象）这样的词的最后那个音节在弥尔顿的笔下也随处可见，我不知
道，该予以认真对待的一个重音要多久才出现：

引导着火轮宝座，

名为“冥想”的基路伯

《沉思的人》

今天它总是连读：“基督世界的第一想象”是叶芝的一个素体诗句，更像你所意指的那种，但你处理这一诗句的方法导致了你英语韵律方面的错误。Воображéние[1]，我这样译，只有一个值得注意的重音，但上面诗句中的两个长单词情况就不一样了。“Christendom”（基督世界）的最后一个音节，对句子的结构来说特别重要。Automobile 的第一个音节同样如此，忽略它就毁掉了你的诗句。

② 至于街道和月亮，契诃夫是在一种受虐狂的情绪下将它们变成动词的牺牲品的，而不是像应该的那样成为它的支配者，这在俄国文学中司空见惯：你给了我两个不同的解释，都无法证明这种结构的合理性。[2] 真实情况是，这是一种怪诞的不规则现象，而在

俄语语法中非常普遍。哪一天我们的开明总督要拯救那个不幸的国家时，作为殖民地文化秘书，我会建议消灭这些荒诞之处，并对那些执迷不悟的人惩以监禁。

③关于《化身博士》：我也曾试图读给鲁埃尔听，我也觉得浅薄。虽然它规模更大，但就像坡的《威廉·威尔逊》一样，我不喜欢，我认为后者一定给了前者以启发。我甚至更喜欢《道连·格雷》。我不知道究竟是怎么回事。人们有时迷恋二流的外国作家，这些作家对他们而言意味着某种不同，对自己的同胞则不然。我不理解，你推崇《化身博士》，却不喜欢《黑修士》和《维》[3]，最后一个在我看来是我所读到的恐怖、超自然作品中最伟大的一个。顺便说一句，我认为对《带小狗的女人》[4]的评价过高了。我认为，它之所以受欢迎——苏联人最近出了一个特殊的插图版，原因在于，它是契诃夫晚期小说中唯一一篇让艳遇带有下述色彩的作品：没有一刻不停地归于挫败，也没有在庸俗[5]中走向腐败。我刚读了《主教》[6]，是一篇杰作。

我对所有这些话题深感厌倦，我想我们应该开始新的。告诉我你的行程，我们现在明确的计划是，十五号在波士顿，待到下
278 午——然后去托尔克特维尔，途中叶连娜去圣保罗，罗莎琳德、鲁埃尔和我去尤蒂卡——都可能星期天回来。我们喜欢你们随时过来。祝你的牙齿好运。

埃·威

1. 俄语，想象。
2. 第二个解释（在第212封信中）是正确的。我们觉得，如果纳博科夫只跟威尔逊解释说，他们谈论的是非人称结构，好比英语的“可以看见”，威尔逊应该满意。
3. 原文为俄语，分别是契诃夫和果戈理的作品。
4. 原文为俄语。契诃夫的标题中，表示“狗”的词是爱称，威尔逊没有注意，进而把女主人公的狮子狗变成了大品种的狗。
5，6. 原文为俄语。

215

一九五〇年六月三日

伊萨卡

蒲公英

草坪上月亮代替了太阳

刈草机欢乐地错过了它们。

那里老年人会哈腰，一个婴儿会蹲下

起身时手握星状绒毛

弗拉基米尔·纳博科夫

俄语韵律学规则用于英语诗的又一个例子。薇拉和我昨晚（вечор[1]——没有多少俄国人知道这个词的意思）从波士顿回来，我的牙没了，她马萨诸塞州的驾驶证没了（我们因超速被逮。一个开车的警察向她示意，她没有停，于是他追了我们十分钟，最终以七十码的速度[2]把我们逼到路沿），七号还要开车去那儿。我们住在凡登酒店（高大、陈旧的房间）。昨天早晨回家的路上，我们开车到了奥尔巴尼和斯克内克塔迪之间的一个地方，在一块有松树和密灌丛的荒地上，靠近盛开着羽扇豆的美妙绝伦的地方，我捉到了小苹果红珠灰蝶的几个样本。今天，我躺在床上阅卷，准备我给哈
珀的回忆录（《确证》）。给维京出版社写了信，我曾答应他们翻 279
译《卡拉马佐夫兄弟》，如今终究还是不能做。

你的，弗

[在边上]

你希望《塞巴斯蒂安·奈特》译成法文、《庶出的标志》译成德文吗？

1. Vechór 是一个不标准的词，指“昨晚”。许多俄国人不认识它，把它误当作 vécher，即“晚上”。
2. 被纳博科夫划掉了。

216

波士顿

联邦路和达特茅斯街

凡登酒店

在此住到十一日

然后十二日回来住一宿

十三日回伊萨卡

亲爱的邦尼：

我小时候去各种各样的欧洲度假胜地，始终无法抵制诱惑，要在旅馆的便笺上乱涂乱画。要是叶连娜和你跟我们在一起，多好。

祝好

弗

217 280

一九五〇年八月二十七日

亲爱的邦尼:

听剑桥的朋友说，戏剧进展顺利。[1] 它是迷人的，很值得震耳欲聋的喝彩[2]（oglushitelnyh rukopleskanij——我最终考虑的音译）。

几次上路都错了，我们最终不去科德角了。Cela devient comique.[3]

德米特里在纽约大学上了五周的高中生辩论课，回来又高了许多——如今他六英尺五英寸。我们每天早晨打网球，动作都很优美。

这只能是简短的便条，因为我忙得不可开交：校对《确证》清样（部分内容你在《纽约客》看过），核校《塞巴斯蒂安·奈特的真实生活》的法译本（纪德的秘书译）[4]，为我（逼近的）课程订正莱因哈特惨不忍睹的英译《包法利夫人》。

最美好的问候

弗

1. 1950 年 8 月 14 日，威尔逊的戏剧《小蓝灯》在剑桥（马萨诸塞州）萨默尔剧院开演。
2. 原文为俄语。
3. 法语，这变得滑稽可笑。
4. 《塞巴斯蒂安·奈特的真实生活》由伊冯娜·达韦译成法文。

218

一九五〇年九月八日

马萨诸塞州，韦尔弗利特

亲爱的沃洛佳：你没有来，我们很遗憾。我想，不能指望你现在能出发吧？

纽约的几个制作人，包括戏剧公会，提出来要排演《小蓝灯》——因此我猜（除非俄国轰炸）今年冬天一定会上演。一个不十分聪明的英国小姑娘（不过倒是有能力的演员，训练有素）扮演我那玩世不恭的女主角[1]，这有点怪，不尽如人意。排练期间，碰
281 到贬低基督教信仰的台词时，她会突然停住，说："这句话我有个地方不懂。坦率地说，我认为它的品位低下。"有一句是关于希腊解放运动的，说它"被借助美国坦克的英国人镇压了"——尽管这是历史事实——她干脆拒绝说出来，认为这是反英。这轮演出的最后一晚，两个天主教女观众离开剧院，跑到售票处，要求退钱，理由是，她们的教会被侮辱了。我们考虑在纽约时设一个济贫募捐箱，以处理此类事情。

我不喜欢你给你的回忆录取的标题——色调、肌理都很不适合。它还会误导消费者，逼疯销售人员。[2]

顺便说一下，我刚刚跟杰弗里·赫尔曼的父亲谈过，几年前他买下了斯蒂文森许多未刊手稿和书信，其中有不少轰动性内容。他基于这些材料写了一本书[3]，准备寄给我，如果有意思，我会转给你。你知道吗？斯蒂文森的作品被他的妻子禁止、审查，她绝对是个泼妇，他死后，她和他一些朋友又为他精心伪造了一个多愁善感的形象。《化身博士》最初似乎不是道德寓言，而是非常超然的故事，海德先生是以更富于同情的笔调呈现的。赫尔曼说，小说最终呈现的形态让斯蒂文森感到羞愧。

亨利今天去剑桥，开始麻省理工学院的生活；鲁埃尔下周开学。这个暑假叶连娜精疲力尽。我们希望下周末去纽约休息一天。你不会过来，对吧？

你看过卡尔·马克思的女儿[4]翻译的《包法利夫人》——第一个英译本吗？如果你要，我有一本多余的。

永远的

埃·威

1. 剑桥排演的《小蓝灯》中，角色朱迪思的扮演者是杰西卡·坦迪。
2. 纳博科夫想必同意了，因为出版后一年内他把书名从《确证》改成《说吧，记忆》。
3. 即乔治·赫尔曼所作《真实的斯蒂文森：澄清的研究》，1925年出版。
4. 即埃莉诺·埃夫林，娘家姓马克思，将《包法利夫人》译成英文，1938年在瑞士限版印行。

219 282

伊萨卡

塞尼卡东街802号

一九五〇年十一月十八日

亲爱的埃德蒙：

直到今天，我才有空为你的书[1]向你致谢（薇拉也算一个）——但“迟到总比不到好，正如错过了火车的那个妇女说”（一个陈腐的俄罗斯笑话）。[2]书中极好的东西很多，尤其是那些抨击和戏谑的文字。像大多数优秀批评家一样，你的喊杀声要比赞美声好。有朝一日，你回想起来，会惊讶并后悔你在福克纳（还有艾略特、亨利·詹姆斯）问题上的弱点。你关于果戈理和我的那篇文章，有许多我似乎不记得曾在原文中读过（增补了？修改了？）。我对最后一句话表示抗议。[3]康拉德比我更懂得如何处理现成的英语，但其他方面我比他强。他从没有堕落到我那些文法错误的深处，但他也未能攀登到我文字表达的高峰。

你建议我跟学生讨论那两本书，我想做一个中期报告。关于《曼斯菲尔德庄园》，我要他们阅读小说人物提到的那些作品——《最末一个行吟诗人之歌》，柯珀的《任务》，《亨利八世》的段落，克雷布的《离别的时刻》，约翰生《闲逛者》的部分，布朗的致“一斗烟”（模仿蒲柏），斯泰恩的《感伤的旅行》（“门无钥匙”的一整段就来自其中——还有椋鸟），当然还有英奇博尔德对《情人的誓约》无与伦比的翻译（一声嚎叫）。[4] 讨论《荒凉山庄》时，我完全不顾所有社会历史的内涵，解开了多个迷人的主题线索（“雾的主题”“鸟的主题”等），还有结构的三根主要支柱——犯罪—谜团主题（最弱），儿童—谜团主题和诉讼—大法官主题（最好）。我认为我比学生获得了更多的快乐。

我为罗曼感到担心，不知道他的心脏病能否完全康复。

很可能来年初某个时候我会去纽约，非常想见到你。薇拉和我向叶连娜和你致以最美好的问候。

弗

1. 即《经典与商业广告》。

283 2. 纳博科夫逐字引用，保留了俄语语序，这种说法更习见的版本是，一个犹太人而非一个妇女误了火车。

3. “除此之外，虽然有些错误，纳博科夫先生对英语的驾驭堪比约瑟夫·康拉德。”威尔逊发表在《纽约客》（1944年9月9日）上的评论《尼古拉·果戈理》原文没有这句话。收入《经典与商业广告》时，文章重写过，有所缩略，标题为“纳博科夫论果戈理”。

4. 在简·奥斯丁的小说人物读到或提及的文学作品中，一些作品或许需要更准确的辨别：瓦尔特·司各特的诗歌《最末一个行吟诗人之歌》，萨缪尔·约翰生以合集《闲逛者》而知名的系列散文，布朗的《致烟草》，是一组模仿蒲柏等六个作家的作品。《情人的誓约》是小说人物选择排演的剧本，是英奇博尔德对奥古斯特·冯·科茨布《爱的孩子》的英文改编，后者是催人泪下的德文情节剧。

220

[写在诗歌《肉感的触摸》[1]（打字稿）早期版本的底部]

[邮戳日期为一九五〇年十二月二十九日，下午七点]

亲爱的邦尼和叶连娜

这是圣诞节的小礼物。

薇拉和我希望来年见到你们。

弗

1. 《肉感的触摸》（*Voluptates Tactionum*）发表于1951年1月27日的《纽约客》；重印于《诗与棋题》，第 166 页。短信写于其上的打印稿在措辞上接近发表件，但断行出现在不同地方，因此最终稿上的韵律和音步——扬抑格八音步诗体——在这里并不明显。

一九五一

221

284

马萨诸塞州

科德角，韦尔弗利特

埃德蒙·威尔逊

一九五一年一月十日

亲爱的沃洛佳：谢谢你那首小诗[1]。我试图用俄语写一首克莱里休四行打油诗[2]，结果变成了工具格做表语的练习。我对自己写出来的东西很没有把握，如果要写，能告诉我该怎么办吗？

Лев Толстой
Был писатель большой;
Но когда хотел крестьянином считаться,
Он только слыл безумным дворянином;
Когда притворется християнином,
Он просто злючкой казатся.[3]

你能用现在时陈述句跟不定式押韵吗？

我特别喜欢你《党派评论》上的那一篇[4]。我们下周一去纽约，冬天都会待在那儿——地址：东87街11号，劳埃德夫人转；电话：里哈依，4-6250。希望你找时间去那里。戏剧公会准备排《小蓝灯》，他们在找演员和导演。

永远的

埃德蒙·威

1. 即《肉感的触摸》。

2. 克莱里休四行打油诗得名于其创造者埃德蒙·克（指克莱里休）·本特利。标准的克莱里休打油诗应该由长度不一致的两个双行诗句构成，因此威尔逊的俄文作品非常不合规。

3. 俄语，

列夫·托尔斯泰
是一个大作家；
但当想被当作一个农民，
他只能被视作疯狂的贵族；
当假装是个基督徒
他不过是讨厌的孩子。

这段翻译保留了威尔逊的俄语不符合语言习惯的特性。第五行的那个词
285 pritvoretsia 不存在，它或者是拼写错误的不定式 pritvoriat'sia（“假装”），
或者指 pritvorialsia 的过去时形式。第六行中的动词似乎是拼写错误的不定式，它当然不是现在时陈述句形式（kazhetsia），而威尔逊显然希望如此。

4. 即《流亡》，《说吧，记忆》第十四章。

222

康奈尔大学

俄文系

纽约州，伊萨卡

戈尔德温·史密斯楼

弗拉基米尔·纳博科夫

一九五一年二月五日

亲爱的邦尼：

刚接到关于你母亲的不幸消息，薇拉和我深表同情。

你在《小蓝灯》事务上表现“坚强”[1]，我为你骄傲。

你的

弗

1. 见下一封信。

223

马萨诸塞州

科德角，韦尔弗利特

埃德蒙·威尔逊

一九五一年二月七日

亲爱的沃洛佳：谢谢你的来信。我母亲差不多八十六岁，完全聋了，也基本瞎了，关节炎又很严重，几乎无法站立。但她维持得很好，并努力表现得很敏锐，让人难忘。她去世时[1]，还在喝咖啡，跟罗莎琳德和她的护士打趣。那天早晨，她问起罗莎琳德的男朋友，说："我想他们都是作家。不要嫁给作家，不然你永远也没钱。"

《时报》上关于《小蓝灯》的说法不都是真的。戏剧公会予以
否认，但就我所知，这种否认没有发表。我们在一些问题上有分歧， 286
但绝不可能完全照打印文本做。现在看来，似乎原班人马将在四月一日跟 ANTA（如果你知道它的意思）一起做。我更满意了，因为公会老糊涂了。[2]

希望你会让出版商给我寄一本你的书。你应该让他们把我名字列在宣传名单上，这样你就不需要自己寄书。请寄到纽约的地址来——现在弄清了，是让莫西夫人转，不是劳埃德夫人。

我在津津有味地阅读果戈理早期的乌克兰小说系列《夜话》[3]。我有一种印象，从你在你的果戈理著作中讨论这些小说的轻蔑方式看，你从小就没有读过它们。

你收到我寄给你的克莱里休四行打油诗了吗？如果不合辙，希望你能告诉我。克莱里休的句子当然可以是任意长度，是打油诗——像奥格登·纳什。

问候薇拉。春假有机会来纽约吗？

永远的

埃·威

1. 海伦·马瑟·金博尔·威尔逊，威尔逊的母亲，1951年2月3日去世。
2. 媒体上几次说，《小蓝灯》将由戏剧公会在百老汇上演，结果该剧本由美国国家剧院和学院（ANTA）排练，梅尔文·道格拉斯、阿琳·弗朗西斯、伯吉斯·梅雷迪思出演。一共演出八场。
3. 原文为俄语。即《狄康卡近乡夜话》。

224

一九五一年三月十日

亲爱的邦尼：

不——我认认真真地重读了果戈理的那些故事（在我关于果戈理的书中说得很清楚），发现跟我凭旧印象对它们的判断完全一致。我还记得，一九三二年或一九三三年，我要用俄文写一篇关于果戈理的文章，把这些作品重读了一次，这篇文章我俄文课上还在用。[1]

欧洲小说课上，我已经讲完《安娜·卡列宁》和《以利亚之子约翰之死》[2]（开玩笑），准备着手把《化身博士》跟《变形记》做最迷人的比较，后者会获胜。之后：契诃夫，普鲁斯特和乔伊斯的
287 部分作品。蒙克里夫翻译的普鲁斯特真糟糕，差不多跟《安娜》和《爱玛》的翻译一样糟，某种意义上更令人生气，因为蒙克里夫 a son petit style à lui[3]，他为此炫耀。

收到两本《确证》了吗？其中一本有题献。或许，等你有空时，麻烦把韦尔弗利特的那本寄还给我。你收到我那封谈你的邋遢诗的邋遢信了吗？五月底你在纽约吗？薇拉和我那时会在那里，至于理由和活动，人家要求我别泄露，直到报纸上提及——不过我想你该知道。

你的

弗

1. 这篇文章显然没有发表。薇拉·纳博科夫认为，它可能是准备为果戈理的《夜话》某个版本写的前言。
2. 即《伊凡·伊里奇之死》（托尔斯泰）。
3. 法语，有他自己的小风格。

225

《纽约客》

西 43 街 25 号

一九五一年三月十九日

亲爱的沃洛佳：

叶连娜为你的书兴奋不已，她发誓说，要给你写信，我也准备附上我的评论。但她还没能抽出时间来，我必须让你知道我的意见，我想你在焦急地等着呢。我的意见是，《确证》是一部精彩之作。诸片断以书的形式出现，且安排有序之后，材料的效果和美就被提到新的次方（指三次幂之类的意思）。我如饥似渴地通读了整个作品，最后一章描写公园和童车的除外，那是我唯一不太留意的一章（不过叶连娜特别喜欢它）。我不赞成书的标题，本身没有兴味——并且这确证是什么呢？

我只收到了签名本，另一本应该在韦尔弗利特。我希望你把两本都放到宣传名单之中，这样你就不用为它们付费了。我是从事实务的批评家，我要把另外一本寄给罗马的马里奥·普拉兹，他在当地一家报纸写关于美国和英国图书的文章。

我们五月初回韦尔弗利特。我对那时要你出席的活动一无所 288
知。有机会来科德角吗？

我没有收到你的邋遢信，仍在等待启发——我认为你欠我的，我在你的英语韵律学方面澄清了许多错误，帮助无法估量，你要回报我。

冯·弗里希讨论蝴蝶的书[1] 把我迷住了——是你首先跟我说起他的。

我只翻过蒙克里夫翻译的普鲁斯特，印象中他把普鲁斯特的哀怨变成了某种更轻松、更明亮和英国化的东西。

永远的

埃·威

1. 即卡尔·冯·弗里希《蜜蜂：它们的视觉、化学感觉与语言》的英译本，出版于 1951 年，他在书中解释了他破译的蜜蜂的舞蹈语言。威尔逊 1951 年 7 月 14 日在《纽约客》刊文评论。

226

一九五一年三月二十四日

亲爱的邦尼：

尽管有点儿蠢（针对我的作品的批评，我总有这种感觉），但你的来信确实给了我一阵愉快的刺痛。我特别想接到叶连娜的信，请代我谢谢她对《确证》善意、敏锐的态度。关于标题：我试图找一个能想到的最为非个人化的题目，这么说来，它是成功的。但我同意你的看法，它未能传达该书的精神。起初我寻思用《说吧，摩涅莫辛涅》或《彩虹的边缘》，但没有人知道摩涅莫辛涅是谁（或如何发音），《彩虹的边缘》也没有玻璃边缘的意思——“棱镜之棱”（《塞巴斯蒂安·奈特的真实生活》的名声所系）。[1]

一家英国出版商——高兰茨，知道这家公司吗？——要这本书，但不喜欢标题。如果格林（他的《虚无》第一页真美妙——希望用你的声调朗诵）没有采用那么多单{词/音节做标题，我就会把《线索》

（或者《捉蛾子》）甩给那个出版商。[2]

最近发生了几件事。哈佛俄文系主任卡尔波维奇下个春季学期要离开，他建议我代替他上俄国文学课，因此我们可能一月份要把
活动转到剑桥（在关心母牛、母羊的乳房，乳房多得令人厌烦的康 289
奈尔，我充满温情地想往那儿）。这件事还有让人愉快的一面，那就是我们在空间上离你更近。我们迫不及待想去科德角。

《生活》杂志要拍几张我捕捉蝴蝶的照片，包括花上和泥中的稀有蝴蝶的照片，我想尽我所能让这件事有严格的科学窍门——稀有的西方品种还没有这样处理过，我本人对其中一些做过描述——因此，他们准备派摄影师跟我一周左右，七月份去科罗拉多州西南部或亚利桑那州，一些种类丰富的地方（德米特里如今有一副唱歌的好嗓子，低沉地唱着《犹太女》中的法文。他一会儿要开车带我去足球场，做一些训练和辅导）——他们并不十分明白究竟是怎么回事。

五月二十五日，美国学会要给我隆重颁奖，我想你在这件事上发挥了隐秘的影响，提了我的名字——que sais-je[3]？我对那家机构一无所知，起初把它误以为是马克·吐温式的咄咄怪事，差不多以前就得到了我的名字；但他们告诉我，这是真的。我被要求不要泄露这个新闻，直等到报纸上公开。

我俩向你俩致意。

弗

附：我想你在韦尔弗利特会发现那封谈你诗歌的信。我刻意分开寄，那是一盘错误的沙拉。[4]

1. 《棱镜之棱》是《塞巴斯蒂安·奈特的真实生活》中同名主人公创作的一部小说的标题。
2. 英国小说家亨利·格林 1950 年代取得巨大成功，他给小说取的标题

是《着火》《背面》《终结》和《虚无》。“捉蛾子”是纳博科夫《庶出的标志》的最后一个词。

3. 法语，诸如此类。

4. 不幸的是，纳博科夫对威尔逊创作的关于托尔斯泰的克莱里休四行打油诗的批评信未能保存。

227

《纽约客》

西43街25号

一九五一年三月二十六日

亲爱的沃洛佳：高兰茨非常聪明，他懂图书，并且只出版他信
290 任的图书；但他的业务规模很小，不会给你很多钱。他在出版《小蓝灯》，但拒绝出版我的另一本书，他答应过要出，却说不能答应我的条件，而另一个出版商接受了这些条件。

关于美国学会的事，我并不知情，得知此事，我很高兴。几年前他们选我做会员，我拒绝了，都是普通平庸之辈。唯一的好处是，它时不时会给作家资金。可能是艾伦·泰特促使他们给你钱——他最近在那里非常活跃。我迫不及待地想看到《生活》上纳博科夫捉蝴蝶的特写。你回到剑桥，我很高兴。

我的戏剧在彩排——四月十八日开演。[1]

是的：我贪婪地阅读《确证》，一天就读完了。在《经典与商业广告》中，我保留了一九四四年写的说你英文差不多可以跟康拉德媲美的话，因为我不想根据后面的发展做修正。《确证》其英文至少跟康拉德一样好，并且有着康拉德永远无法取得的品质。我认为，你一定多少得益于《纽约客》对文章“细齿梳”般的仔细爬梳。我仅仅注意到有两句，在我看来有那么一点儿不确定。但很肯定的是，自《庶出的标志》后，你在精微和灵活方面取得了长足的进步。

你为旧政权主张，在我并不觉得夸张，但在其他场合就不尽然了。

向薇拉和德米特里问好，

埃·威

1. 实际开演日期为 4 月 15 日。

228

伊萨卡

塞尼卡东街 802 号

一九五一年六月二日

亲爱的邦尼：

见到你，看你状态很好，真开心。

不要忘了，把你的昆虫笔记寄给我。[1]

像以前一次那样，我在考试中间给你写信（欧洲小说课）。

十号我们开车去新罕布什尔的普利茅斯，参加米秋沙[2]的毕业
典礼。十一号晚上我们会在波士顿（可能会见列文夫妇），在凡登 291
酒店过夜，十二号下午开车回伊萨卡，中间会跟朋友们逗留一夜，地方名字以 R 打头——记不清了。然后，二十号左右我们会启程西进，先是科罗拉多州西南部的圣米格尔山，八月初去蒂顿地区，九月一号回来。

我关于克洛茨著作的文章这个星期天在《纽约时报书评》发表。[3]

我发现，我们所讨论的都以“to be”（不定式）短语开始！

我小心地记下了各种小动作，卷头发的，挤粉刺的，翻眼睛的，不一而足，考试中的独特情形。早晚会派上用场的。[4]

我俩向叶连娜和你问好。

弗

1. 这个要求得到认真对待，参见下一封信。

2. 原文为俄语。对德米特里的爱称。

3. 亚历山大 · B. 克洛茨著有《北美大平原东部蝴蝶田野指南》，纳博科夫写了一篇热情洋溢的评论，发表在 1951 年 6 月 3 日的《纽约时报书评》上。

4. 纳博科夫在接受阿尔文 · 托夫勒的访谈时说到大学考试，运用了这些笔记。访谈刊登在 1964 年 1 月的《花花公子》上，后收入《独抒己见》。

229

[写在威尔逊的文章《蜜蜂、黄蜂、蝴蝶与轰炸机的智力》[1] 校样稿边上]

亲爱的沃洛佳：这不过是篇乏味之作，你不必寄回清样，除非想在上边批注。如果不想我提及你的名字，我就不提。[2] 我很喜欢我们的午餐会，很抱歉不能去波士顿看你。我还没有收到科罗拉多那儿人们的进一步消息。你跟我说罗曼时，我没有认识到心绞痛的严重性，这对他性命攸关吗？我再去时，当然要去看他。《赫卡特县》在英国出版了，从寄给我的剪报看，他们的反美情绪导致他们反对查禁，他们对他们所谓美国清教徒式的人嗤之以鼻。

埃 · 威

1. 《纽约客》的一篇文章，评论的是卡尔 · 冯 · 弗里希谈蜜蜂的书（见
292 第 225 封信，注释 1），还有 C. H. 柯伦的《你生活中的昆虫》、威利 · 利的《琥珀中的飞蜥》以及亚历山大 · B. 克洛茨的蝴蝶著作，文章还思考了 20 世纪人类大规模侵略类型与集体性昆虫界的相似性。

2. 威尔逊文章的最后一段这样开头：“弗拉基米尔 · 纳博科夫先生是一位杰出的鳞翅目昆虫学家，也是小说家和诗人，他认为，飞蛾与蝴蝶的斑纹其复杂的细节非常令人惊奇，它们以此实现保护性拟态，以至达到这种程度，就蝴蝶而言，让人想到无目的的艺术效果。”试比较下段摘自纳博科夫《天赋》第二章的文字：“他告诉我拟态性伪装难以理喻的艺术机智，

是不能用生存斗争（进化的非熟练力量，粗鲁而仓猝）来解释的，就仅为欺骗意外的捕食者包括羽族、鳞族或其他种类（不过分挑剔，又不太喜欢蝴蝶）而言，它过于雅致，似乎是某个爱开玩笑的艺术家创造的，只是为了人类聪明的眼睛［……］。”

既然《天赋》英文版直到 1963 年才出版，也没有听说威尔逊读过俄文本，他对纳博科夫论拟态的引用，另一个可能源泉或许是《说吧，记忆》第六章第二节对同一话题的讨论，结尾这样写道：“达尔文意义上的‘自然选择’无法解释模仿神态和模仿行为之间神奇的巧合，当一种保护措施在模仿上的微妙、极致和奢华达到了大大超过其捕食者的鉴别力的程度时，人们也无法借助于‘生存竞争’的理论来加以解释。我在大自然中发现了自己在艺术中寻求的非实用主义的喜悦。两者都是一种形式的魅力，两者都是一场难以理解的令人陶醉和受到蒙蔽的游戏。”

但叶连娜·威尔逊相信，早在《说吧，记忆》出版前，两位作家已经讨论过这个话题。

230

伊萨卡

塞尼卡东街 802 号

一九五一年六月十三日

亲爱的邦尼：

你的文章清澈明晰，我没有特别的评论（或许除了那讨厌的“创造戏剧性悬念”，还有“如此”的不断引入——不过这不是你要我核校的）。[1] 事实上，我认为文章是一流的。

是的，采取一切办法提及纳博科夫先生。[2] 我决定，从今以后，欢迎形形色色的宣传。我讨厌把我的书裹在沉默中，就像宝石裹在原棉中一样。我接到的私人来信充满了狂热，而我那愚蠢无能的出版商对我的书却没兴趣，这差别简直是荒谬。他们又那么敏感，太敏感了，那些家伙。哈珀为《确证》编了一份白痴般的图书简介，
我说了坦率的看法后，他们整个儿变了，如今怀着病态的快感，要 293
捂住这本书。对待我图书的命运[3]，我骄傲、冷漠甚至不屑，但这

种态度其总体结果并没有导致英勇、诚实在对阵平庸、廉价方面占上风——长远地看。相反，我彻底陷入 dèche[4]，经济上落到悲惨的困境，教学的苦差事没完没了（而且报酬很低），等等。《纽约客》拒绝了我认为自己写得最好的短篇小说，手头创作的这篇也不指望哪家杂志能采纳。[5] 不过从今以后，je vais me trémousser[6]，要很务实精明，把书寄给批评家，在跟出版商的合同中加上特殊条款，他们必须花钱宣传我的图书。

我们正整装待发。秋季我们会另租一套房，小一点，但更舒适。这个月的二十日之后[7] 我们准备启程西进，会在科罗拉多西南部的特柳赖德度过七月，我想在那里实地研究我根据保存的标本描述过的一种蝴蝶。我随身携带了跟一部小说有关的大量笔记，如果能全身心投入，我一年就可以完成这部小说。我认为，比起"米卢"，用"戴维神父的鹿"给那个动物命名更好。[8] 他是一个伟人——戴维[9]。

你的

弗

1. 在《蜜蜂、黄蜂、蝴蝶与轰炸机的智力》中，威尔逊说到威利·利："他有很高的叙事天才，讲述一次科学探险，甚至一个研究步骤，一种理论发展，他都难以掩饰激动之情，要创造戏剧性悬念。"同一篇文章中，另外还有这样一段："如此奇怪、令人不安的事实跟关于如此题材如……的实际信息的结合……"第二个"如此"是威尔逊在寄给纳博科夫的校样上添加的，以避免说"关于像……的题材"。
2. 见第 229 封信，注释 2。
3. 原文为拉丁语。这是指拉丁语说法"Habent sua fata libelli"（"书籍有自身的命运"），也是一句俄语谚语。
4. 法语，破产。
5. "我认为自己写得最好的短篇小说"指《瓦内姐妹》，"手头创作的这篇"指《兰斯》，纳博科夫写这封信的时候构思，下一封信后完成（如博伊德指出的那样）。
6. 法语，我要自我振作起来。
7. 原文为俄语。

8. 米卢鹿，也以戴维神父的鹿知名，威尔逊在讨论威利·利的创作时提及。

9. 即阿曼德·戴维神父（Father Armand David, 1826—1900），法国 294
博物学家，当时远东鲜为人知地区的探险家。戴维神父的旅行和发现与俄国探险家尼古拉·普尔热瓦尔斯基类似，纳博科夫对后者很推崇，其旅行记录激发了《天赋》的部分内容。

231

伊萨卡

高地路 623 号

电话：43109

［一九五一年九月初］

亲爱的邦尼：

我病了，医生说属于中暑。荒唐的处境：在落基山脉光着上身爬了两个月的山，结果却衣冠楚楚地在草坪上被纽约没有生气的阳光打倒。高烧，头痛，失眠，思维和幻想接连不断、光怪陆离却毫无结果。

我不记得，我是否跟［你］说过我在圣米格尔山（科罗拉多西南部，特柳赖德及周边）及附近或黄石公园的一些体验。我去了特柳赖德（糟糕的道路，可接着是——无尽的魅力，一个过时的、绝对见不到游客的矿镇，全是可爱的、乐于助人的人们——那里海拔九千英尺，从那儿徒步爬到海拔一万英尺的高度，小镇和它的铁皮屋顶及忸怩的杨树就像玩具一样躺在一座与世隔绝的山谷平展的底部，周围是巨大的花岗岩山峰，听到的尽是街头玩耍的孩子们的声音——惬意啊！），只为一个目的，捕获我曾根据八只雄蝶描述过的更多标本，并且发现雌性品种，我那英雄般的妻子并不反对，她驾车带我穿越堪萨斯的洪流和暴风雨。那趟寻找大获全胜，我在特柳赖德高处一个陡峭的山坡上发现了我要的一切——实际上是很有魔力的山坡，蜂鸟和嗡嗡的蛾子出没在高高的绿色龙胆丛中，中间一簇一簇蓝色的羽扇豆（Lupinus parviflorus），结果是我蝴蝶的素食。

后来，在蒙大拿的西黄石，我们遇到一些更可爱的人，在山上，我们以低得好笑的价格租下了一个农场，薇拉和我完全把它当作了领地——山杨，松树，还有许多的温血动物，我以前从未在一个地方见到这么多。方圆几英里内见不着人，我们在鲜花多于沙土的路上行驶，远处一扇门我们只好自己打开——而这一切每天仅需几美元。比起我返回的那个沉闷的小镇，这里的食物也便宜得多。与此
295 同时，德米特里在蒂顿地区詹尼湖畔的小帐篷里露营，沿着最艰难、最危险的坡面爬山。他对此怀着非同寻常、不可抗拒的热情。那里的职业登山家真出色，崇山峻岭带来的体力消耗转换成了精神体验。[1]

我将在哈佛得到一份充足的薪水，除了两门俄文课，还要上一门欧洲小说课程（从塞万提斯到福楼拜）。不过我目前的处境却很糟糕，尽管春季跟罗曼借了一千美元。我新近的短篇[2]没有一家杂志认为应当买下，或真的能理解（这也指《纽约客》）。既然我无论如何也不想落到写作“人类利益”这类东西的地步，我就必须继续待在傻瓜所说的“实验性”文学领域，面对种种后果。我这里的报酬低得可笑，近乎侮辱。我爱抱怨——所以才跟你说这一切。

如果恢复了，这个月十七号左右我会带德米特里去哈佛。十七号到二十号之间，你和叶连娜有机会去剑桥吗？（我这儿的课二十一号开始。）哪怕跟你俩短暂一见，薇拉和我都会很高兴。

致以美好问候[3]

弗

1. 小阿尔弗雷德·阿佩尔已经指出，这封信的一些内容被重新加工，写进了《洛丽塔》最后几页。

2. 即《瓦内姐妹》。

3. 原文为俄语。

232

马萨诸塞州，科德角
韦尔弗利特
一九五一年九月五日

亲爱的沃洛佳：

很高兴地听说你病了，这意味着我们的通信又恢复了。希望你把小说寄过来——我想读一读，不过不知道能否帮助发表。你不会比我更一文不名——我一生中从没有像现在这般债务缠身。

叶连娜和我都非常疲乏，暑假结束前都跟孩子们在一起，还有 296
他们的许多待了很久的客人，我母亲的管家七十岁了，她大部分时间都跟我们在一起。我们不能像往常一样在八月离开。叶连娜病了，我也因痛风倒下了。

我们希望这个月去纽约，但要那之后才去波士顿。很高兴你又过来了，十月能到我们这儿过周末吗？或跟我们一起过感恩节？或者两次都来？

我准备恢复斜靠着的姿势，以便把患痛风的脚跷起来。这封信当然对我们的通信没有很精彩的贡献，我靠你坚持下去。

叶连娜问候你。

埃德蒙·威

233

伊萨卡

高地路 623 号

一九五一年十一月十八日

巧合！

亲爱的邦尼：

见到你很高兴。你讲的那个“诺贝尔奖”桥段和“俄国捧哏”的故事仍让我忍俊不禁。不管怎么说，今年一个本地人得奖。[1]

我十二月八日会在纽约（住在罗曼家，当天晚上在一家俄国俱乐部发言）——我跟你说这事，是想看看你会不会在城里。有可能吗？

我把一篇“困难的”小说[2]卖给了《纽约客》。凯瑟琳·怀特写信说，罗斯看不懂，但她和洛布拉诺[3]设法说服他，值得买下。好笑的情境。

我们准备等这里考试一结束，就在二月初搬到剑桥（我们已经在那里租了一套房，梅纳德广场 9 号）。

新剧本怎么样？

我俩问候你俩。

弗

1. 那年威尔逊被提名诺贝尔奖。他接到来自斯德哥尔摩的一封官样的特快专递，颤抖着打开，原来是一个怪人寄来的骗人的连锁信（叶连娜·威尔逊的回忆）。1951 年“得奖”的“本地人”是帕尔·拉格维斯。

297 2. 即《兰斯》，刊登在 1952 年 2 月 2 日的《纽约客》上。

3. 即古斯塔夫·斯塔布斯·洛布拉诺（“格斯”），多年担任《纽约客》小说部主任，有时他非正式地跟凯瑟琳·怀特共担此职。

234

[来自薇拉·纳博科夫]

一九五一年十一月十九日

亲爱的叶连娜和邦尼:

弗拉基米尔正准备寄信，你们的电报就到了。我们昨天给你们拍了电报，现在想补充的是，我们本想过来，但弗还在设法从一大堆工作中抽身，他要准备春季课程，还有自己的研究。我不能肯定，能否让他去波士顿一天。我们先前计划好了，我还在努力。

等到了剑桥，希望能经常见到你们，你们 8 号去纽约吗?

致以我俩的良好祝愿和问候。

薇拉

一九五二

235

伊萨卡

高地路 623 号

一九五二年一月十六日

亲爱的邦尼:

很久没有收到你的信了。我大概应该谢谢你，为你大概的美言，古根海姆方面大概问了你有关我的问题，你大概回答了。我真的很想把《叶甫盖尼·奥涅金》译成英文，另有各种装饰和数千条注释。顺便问一句，你修订了你书中关于决斗的不恰当描述吗（有再版吗?）? 请一定要修订——如果你还没有做。

你身体好了吗? 家人都好吗? 薇拉和我期待今年能更多地见到 298
你和叶连娜。我们想在这个要月（奇怪的笔误）三十号离开。我们租的房子是剑桥梅纳德广场 9 号。

德米特里在哈佛的第一学期暴风骤雨般地开始了，我们怀着某种兴趣等待他的考试结果。我去纽约了，住在格林伯格家里。我觉得，罗曼看上去好多了。他把《确证》中的“流亡”那一章译成了俄文，但我现在恐惧而绝望地发现，他的劳动是白费力——俄文整个儿显得很残忍，难以置信，我透过我的美国面纱（翻译当然就撕下了）所暗指的那些人都还活着，就没法发表了。

几个月前，阿尔达诺夫（他在这些方面很得体）向我透露，可能在尝试劝说福特基金会的人出版我的大本头俄文小说 *Dar*[1]（它从未能以完整的图书形式面世），令我惊奇的是，他们如今已经拿到了版权。[2]

像往常一样，我忙得焦头烂额，但希望到了剑桥，我能有空做想做的舒心活儿——一部小说（英文），我在心头已触摸它许多年了。

请给我写几个字。

薇拉和我向叶连娜和你致以最美好的问候和祝福。

弗

1. 用拉丁字母转写的俄语，《天赋》。

2. 纽约契诃夫出版社专门出版在苏联无法获得或被查禁的俄罗斯文学作品（俄文版），福特基金会予以支持。1952 年该社出版了《天赋》首部完整版（包括车尔尼雪夫斯基那一章，巴黎的《当代纪事》最初发表时，前社会革命党编辑审查时予以删除）。

236

马萨诸塞州

科德角，韦尔弗利特

埃德蒙·威尔逊

一九五二年一月十八日[1]

亲爱的沃洛佳：我热情地向古根海姆推荐了你，但希望你能给他们别的项目——在我看来，你把许多时间花在《奥涅金》上，可惜了，应该写自己的书。

299 我在英国版《三重思想家》中纠正了对决斗的描述，该书很快就出版。不过很显然，比起连斯基，普希金想让奥涅金获得某些优势。

我们在这儿的日子十分单调，但很愉快，很多产。我在弄一本巨大的书，包括我的九十二篇文章，大部分写于二三十年代，已经变成一种文学回忆录。[2] 我们明天去波士顿度假，已经拖了很久了。

月底希望能去纽约，二月和三月都在那儿。很高兴你们能来剑桥，希望不久在那儿见到你们。

罗斯去世后，似乎没有人知道《纽约客》接下来会发生什么。我担心，它会变糟，而不会重获新生。

你如何看待科莱特？我是第一次读她的东西，真不很喜欢，写谢利的那些书让我反感。我跟你阐述过我关于俄国文学中关键的一步和决定性凝视[3]之作用的理论吗？如果没有，什么时候我讲一讲。

我要看看哈罗德·尼科尔森对你的书评。我想你在《纽约客》上看到过。

永远的

埃·威

1. 这封信威尔逊写的日期是1951年1月18日，本书第一版也是按这个日期排印的。但正如博伊德指出的，这封信跟1952年1月的几封信从上下文看，1951应该是1952的笔误。
2. 即《光的海岸》。
3. 原文为俄语。

237

《纽约客》

西43街25号

一九五二年一月二十二日

亲爱的沃洛佳：以赛亚·伯林给了我这个[1]（他很出色——你应该认识他）。我由此得出的印象是，尼科尔森希望他本人写了这本书。最后一段谈作为不善交际的人的那句话，你认为要认真对待吗？读了几遍后我明白了，他就是想说，你是不擅交际的美国人。我想，他并不很明白美国有多大，许多清新、广阔、空旷、安静的 300

空间充满了蝴蝶。

永远的

埃·威

1. 即哈罗德·尼科尔森的文章《死蝴蝶》剪报，是英国版《说吧，记忆》的书评，刊于 1951 年 11 月 4 日伦敦的《观察者》。尼科尔森惋惜地说，纳博科夫用了太多篇幅谈飞蛾、蝴蝶、童年记忆，而不关注革命前俄国的政治现实。威尔逊专门提到的那段话是在尼科尔森书评的最后一段，它说："纳博科夫先生给我的印象是，他不具有完整的个性。我感到奇怪的是，他这种感受力的人竟然在剑桥会觉得厌烦，在美国会闷闷不乐。既然他喜欢坐在沙发上默默地吃饭，显然是个不擅交际的人。象棋、蝴蝶、写小说，这跟喧闹的美国生活似乎格格不入。"

纳博科夫吃饭习惯的说法来自《说吧，记忆》第十四章纳博科夫的描述，他跟伊万·蒲宁有一次失败的晚餐："遗憾的是，我恰恰对餐馆和咖啡厅有一种病态的厌恶，特别是巴黎的——我讨厌人群、备受折磨的侍者、放荡不羁的文人、用味美思酒调制的饮料、咖啡、涂鱼子酱的小三明治和烟熏香肠等的拼盘、夜总会里的表演等。我喜欢以斜靠着的姿势（最好在长沙发上）并且在静默中吃一点东西、喝一点酒。"

238

一九五二年一月二十四日

亲爱的邦尼：

谢谢推荐。《叶·奥》不会花我太多时间，可以很顺畅地跟其他快乐组合。不过我厌倦教学，我厌倦教学，我厌倦教学。在去剑桥前，我有一百五十份试卷要批改。

不要错过近期《纽约客》上我的小说《兰斯》，也不要错过其中对你和叶连娜的提及。它是以波纹绸的效应引入文中的，那是天才的痛点，艺术的芦笋尖，如果你懂我的意思。凯瑟琳·怀特反对那样提，理由你会明白——带着软软的会心——等你读到那一段时，不过我没有让步。[1] 我一定把相当于一打的能量充沛的远方雷暴雨放进了这个小短篇。[2]

你问我对科莱特的看法，C’est pour les gosses[3]。二流的度假文学，不值一提。

另一方面，我对决定性凝视[4]的事特别感兴趣——你确实有几 301
分道理，我想了解更多。

也要谢谢哈罗德·尼科尔森的文章。我隐约觉得，他横挑鼻子竖挑眼的原因其实是政治的——过去他极端亲苏，诸如此类，喜欢打一根红领带。我还听说，他在《有些人》中一篇文章里描述过的女家庭教师，就是我妹妹们在彼得堡时的那个年老的英国家庭教师。[5] 我承认，我很喜欢那本书，但他后来的作品是垃圾。顺便说一下——著名的西林拳来了——最滑稽可笑的是，他在《有些人》的那些文章中，把彼得堡的艾尔米塔什博物馆跟莫斯科的饭店“艾尔米塔什”混为一谈。[6]

我们在忙乱地打包。毕比[7] 寄给我一篇文章，谈的是在委内瑞拉观察到的几次昆虫迁徙。它们从两座山的沟壑中通过——蜜蜂，苍蝇，甲虫和黄蜂。他把蜜蜂寄给了蜜蜂专家，黄蜂寄给了黄蜂专家（请他们识别它们）。每个人都回了信——黄蜂专家，甲虫专家，黑蝇专家——每一批次中，都有两三只飞蛾模仿这只或那只昆虫，令人赞叹。漂亮的小小同伴旅游者！我刚完成一篇论文，讨论的是我去年夏天在科罗拉多西南部发现的品种。

保重[8]

弗

1. 此处所讨论的内容是：“在这里，我们有许多朋友，布朗一家，本森一家，怀特一家，威尔逊一家。有人出去抽烟，他会听到蟋蟀叫，听到远处农场的狗吠（那狗叫几声，停一下，听我们听不到的动静）。”

2. 《兰斯》篇幅不大，其叙事组合了三个不同而叠置的现实层面：星际探险，登山运动和中世纪的罗曼司。他早先用英语创作的小说《时间与落潮》同时在现在、过去和难以想象的未来展开，像这个作品一样，回顾《兰斯》，其给人印象深刻之处在于，它是一次初步研究，针对的是《爱达或爱欲》的文学方法。

3. 法语，是给孩子写的。
4. 原文为俄语（参见第 236 封信，注释 3 对应的正文）。
5. 即普利姆索尔小姐，尼科尔森《有些人》开篇的主人公。
6. 《有些人》第六则《乳头》中，尼科尔森写道，他在圣彼得堡驾车穿过托洛茨基桥，从“彼得保罗教堂铅笔似的尖塔下”经过，去艾尔米塔什饭店吃饭——那是莫斯科最著名的饭店之一。
7. 显然是博物学家、探险家威廉 · 毕比（William Beebe，1877—1962）。
8. 原文为俄语。

302

239

［一则便条，写在厄内斯特 · 西蒙斯一九五二年一月三十日给威尔逊的信上。西蒙斯邀请威尔逊参加果戈理逝世一百周年纪念会，一九五二年三月六日在哥伦比亚大学举行，参加者还有纳博科夫、利昂 · 斯蒂尔曼和勒内 · 韦勒克。］

亲爱的沃洛佳：我已写信给他，说我乐意庆祝果戈理周年，但他所谓十分钟的发言与“自由讨论”——显然针对收音机听众——是个可怕的主意，对纪念果戈理毫无用处。你准备怎么做？也许你我应该举行我们自己的小型纪念活动。你抨击乌克兰题材的故事，我为它们辩护。

埃 · 威

240

马萨诸塞州，剑桥

梅纳德广场 9 号

一九五二年二月二十一日

亲爱的邦尼:

真好，你预先告知我，你不参加那场沉闷的果戈理活动。西蒙斯也给我写了，但那封信寄去了康奈尔，转了一周后才到我这儿，已是我收到你的信以后的事。接着我又接到“厄尔尼”（像哈利[1]称呼他的那样）打来的活力四射的电话，他对我的沉默感到困惑。当然，你是对的，“全是废话”（就像达吉亚娜·拉林和范妮·普莱斯都说过的那样）。[2] 我通过串串白雪的电话线跟他说，若他们酬劳丰厚，我或许会考虑，等等。

你还没有告诉我，是否读了我的《兰斯》。我觉得，我天衣无缝地把“怀特一家，威尔逊一家”写进了文本。我们是否去纽约一趟，“会见”肖恩一家？我喜欢就着一小杯酒，安静地跟你说上四个半小时，然后我们吃一个长长的晚餐——斜靠在左肘上。

我们在这里过得很开心。一周两次，面对乌压压的五百多个学生，我在讲台上大声呵斥塞万提斯——又在俄国文学课上扭住陀思妥耶夫斯基的胳膊。

一九四八年春，我有过可怕的经历，连同没完没了的痰分析和支气管镜检；不散的阴魂最近又爬进我的生活，在这里做常规 X 303
光检查时，显示“心脏后面的阴影”——这玩意儿纠缠了我十多年，没有一个医生说得清楚——倒是一个很精彩的老派小说的标题！

我们住在一个非常迷人的、东倒西歪的房子里，许多 bibelots，一个出色的 bibliothèque。[3] 一个迷人的同性恋女子，梅·萨顿，租给了我们。[4]

薇拉和我一起向叶连娜和你致以最美好的问候。

弗

1. 即哈利·列文。

2. 《曼斯菲尔德庄园》第四十四章中，“全是废话”是女主人公范妮·普莱斯的反应，她从她所爱的男子的来信中发现，她的情敌玛丽·克罗福德“很喜欢”她。纳博科夫在普希金《叶甫盖尼·奥涅金》的翻译评注中，用范妮的话翻译达吉亚娜给奥涅金的求爱信中的一句“Byt’ mozhet，èto vsyo pustoe”，译成了“全是废话”。他在注释中对简·奥斯丁给予了恰如其分的赞誉。

3. 法语，“小摆设”，“书房”。

4. 梅·萨顿在她的作品《毛皮人》中描述了纳博科夫夫妇住在她家期间，跟她的花斑猫汤姆·琼斯发展起来的友谊。

241

[明信片]

一九五二年二月二十五日

纽约，东 97 街 17 号

亲爱的沃洛佳：请务必光临《纽约客》晚会（有开心的方面）——我们迫切想见到你。

埃·威

很遗憾，你告诉我，你的《纽约客》小说有关于我的内容，因为我立下规矩，从不看提到我的任何东西，怕多少会影响我的判断。

[在边上]

叶连娜说，请你过来吃晚饭，然后再去西街。

[在顶部]

玛丽的新书很好——从某种意义上说，是她写得最好的一部。[1]我认为你应该读一读。

1. 即玛丽·麦卡锡的《学院林荫路》。

242 304

马萨诸塞州，剑桥

梅纳德广场 9 号

一九五二年二月二十六日

亲爱的邦尼：

我认为你不该——针对我说那种话。[1]

非常感谢叶连娜的好意邀请。哎，我们终究无法去纽约。

我已经读过玛丽的书。它很有趣，一些部分很精彩；不过“多姆娜”[2] 及其 popovski[3] 含义，是不可能用于俄国“上层阶级”（她奇怪地如此自称）妇女的名字的；kïssel[4] 应该是 kissel，或最好是 kisel（那个俄文词中没有 ы，估计 ï 是代表它的）；narodnika 不是 narodnik[5] 的阴性形式，而是 {宾格 / 属格 的阳性单数，boxe[6]（法语）不是 le boxe，而是 la boxe。

你的

弗

1. 即从不看提到他的任何东西，因此避免阅读《兰斯》（参见第 241 封信）。
2. 即多姆娜·雷日涅夫，俄裔大学讲师，《学院林荫路》的一个主要人物。
3. 用拉丁字母转写的俄语，神父的。小说描绘多姆娜·雷日涅夫的背景如下：“她祖父是著名的自由派分子，杜马中近卫军党的领袖之一；父亲受过良好教育，是科克图和佳吉列夫的朋友……”这种家庭背景非常不可能选用多姆娜（来自拉丁语的多米那）做名字，它一般用在东正教神职人员——革命前俄国的一个独立阶层——和农民中间。西方作家描写俄罗斯形象时，常常没有认识到，人名会跟某个特定的社会或文化背景相关。丽贝卡·韦斯特的一部小说（《鸟儿落下》）中出现了一个叫嘉柯诺夫的伯爵（即“助祭之子”），它在俄国的可能性一如教区牧师伯爵在英国的可能性。
4. Kisel’ 是俄国的一种水果泥甜点。俄语单词或名称转写为英语或法语时，通常会复写字母 s，表明它有一个清音（如“Moussorgsky”）。在某些转写系统（包括纳博科夫在其《奥涅金》评注中运用的系统）中，带分音符的 i 表示某个全然不同的俄语字母，这根本没有意义。

5. 用拉丁字母转写的俄语，民粹分子。小说中这个词的上下文是：“正如穆尔卡依不止一次跟她说过的那样，她有 narodnika 的气质和使命感。”如果 narodnika 要表达的是“女民粹分子”，那就大错特错了，因为如果
305 narodnik 存在阴性形式，那应为 narodnitsa。但它可能表示俄语语法入侵了英语上下文，指的是“民粹分子的使命感”（词性不明），这样属格形式就合适。

6. 法语，拳击，职业拳击。

243

马萨诸塞州，剑桥

梅纳德广场 9 号

一九五二年四月十九日

亲爱的邦尼：

莫[1]vient de[2]通知，我获得一笔补助金，用于翻译“尤-金？旺-金”（You Gin? One Gin）。（我想，我跟你沟通过那个小把戏的要义：第一个酒鬼对第二个酒鬼：“你，杜松子酒？”［第二个酒鬼点头同意。］第一个酒鬼对酒保：“一杯杜松子。”）这是打趣普希金诗体小说标题的俏皮话。“普希金”（Pushkin）自己是裙带关系的范例（要“推”［push］他的“亲属”［kin］）。

我作此草书，是感谢你帮我得到那笔补助。

你的

弗

1. 即古根海姆基金会的亨利·埃伦·莫。
2. 法语，刚刚。

244

马萨诸塞州

科德角，韦尔弗利特

埃德蒙·威尔逊

一九五二年五月十九日

亲爱的沃洛佳：六月一日星期天我们想路过波士顿，但愿能见到你。我想你还在那儿。如果方便，请把周日晚上空出来。

永久的

埃·威

245 306

[薇拉·纳博科夫致叶连娜·威尔逊]

梅纳德广场 9 号

马萨诸塞州，剑桥 38　　一九五二年五月二十二日

亲爱的叶连娜：

我们很高兴能在六月一日见到你和邦尼。你们可以到我们这儿来吃晚饭吗，大约七点？请给我写信，也请告诉我，你俩是否想之后邀请几个人过来。我们考虑请肖勒夫妇，可能还有叶连娜·列文（如果她没有陪列文去锡拉丘兹的话；他要去接受一个荣誉学位）[1]，或许还有一两个人。

弗拉基米尔今天把课都上完了。因此这个周末我们会出去捉蝴蝶，但星期天（二十五号）下午回来。

非常期待你们的光临。

衷心地

薇拉·纳博科夫

1. 叶连娜·列文，马克和鲁斯·肖勒。马克·肖勒（1908—1977），学者、作家，辛克莱尔·刘易斯和戴·赫·劳伦斯的传记作家。他生命的最后几十年在加州大学伯克利分校工作。

246

马萨诸塞州

科德角，韦尔弗利特

埃德蒙·威尔逊

一九五二年五月二十七日

亲爱的薇拉：我们很高兴星期天来吃晚饭——并与列文夫妇和其他人见面。刚收到沃洛佳的《天赋》[1]。我想是时候了，我要通读他的所有作品，为此写一篇文章，或许会惹他生气。

永远的

埃德蒙·威

1. 原文为俄语。

307

247

波士顿

凡登酒店

一九五二年六月三日

亲爱的沃洛佳：当我在波士顿、你在剑桥时，我总是喜欢给你写信。我想你要的名字是庞佩，黑奴有时那样称呼。我不明白，你如何能由此保持黑人元素[1]。关于过来看我们：昨晚我没有弄清，整个下周你是否都有空。周末会很好，因为鲁埃尔和伊利因[2]到时都会到来；不过我们希望早点接待你们。就我们而言，最好你们周五或周六能捎上我，免却我的旅途劳顿。我会在离开托尔克特维尔的时候给你打电话。永远的

埃·威

[加在顶部]

昨晚特别开心，不过我俩都处在受虐的境地。

1. 这可能说的是纳博科夫对普希金的非洲祖先艾布拉姆·甘尼巴尔奴役境地的调查，后来构成他编辑的《叶甫盖尼·奥涅金》单独的附录。
2. 据叶连娜·威尔逊回忆，尼古拉·德米特里耶维奇·伊利因“那个夏天在这儿待了非常混乱的六周，跟威尔逊复习俄语语法、朗读俄文”。

248

我们的地址将等待进一步通知
纽约州，伊萨卡
康奈尔大学
戈尔德温·史密斯楼
一九五二年六月十四日

亲爱的邦尼：

没能过来，我们真的非常失望——觉得非常“郁闷”。除了电报里说的汽车故障外，还有其他许多障碍。我们准备周一或周二出发去西部（可能是怀俄明的某个山脉），成千上万的事要处理。你 308
俩一直来看我们，我们感到温馨，我们早晚要来跟你们过几周，如果不是几个月的话。*

看到叶连娜和你，我们很高兴。你在阅读 *Dar*[1] 吗？我差不多已经完成了目前的教学任务，准备做点自己的事。你说的那个工作

是什么？

让我们保持联系，cher ami[2]。

你的

弗

* 无论如何，我们要在九月去你那里做客一两天。

1. 用拉丁字母转写的俄语，《天赋》。
2. 法语，亲爱的朋友。

249

怀俄明州，阿夫顿

科拉尔木屋

一九五二年八月十日

亲爱的邦尼：

这是怀俄明州西南部一个可爱的小地方。薇拉和我把它变成了我们的司令部，我们在邻近的国家森林采集蝴蝶，德米特里在詹尼湖露营，从那儿攀登蒂顿山。

自从离开剑桥后，我一本书也没读（除了亨利·詹姆斯的短篇小说集——蹩脚货，十足的赝品，你哪天应该揭穿那只灰白的鼠海豚，还有豪华的庸俗），一个字也没写。你和叶连娜怎么样？我们上次的见面太短了，你从未跟我说过你神秘兮兮地提起的那份工作——什么工作？生命中没有什么比在某个高山沼泽探索昆虫更愉快的了——不过我已经在《天赋》中都讨论过了。

你的

弗

250

一九五二年八月二十六日

纽约州，托尔克特维尔

亲爱的沃洛佳：普林斯顿刚刚得到一家百万富翁基金会的材
料，保证他们能邀请校外人员，做听起来古怪的系列讲座。你只需 309
要做六次讲座（谈你喜欢的任何事），每周一次，就这么多，除非你想在那儿住一整个学期，参加别人一周一次的讲座——如马里奥·普拉兹所说，听起来像施虐受虐。据说课后有讨论，期间我想你得被“新批评家”和罗马天主教皈依者诘问。为此可获得五千美元。我已经敦促他们邀请你、西里尔·康诺利、普拉兹以及其他一些人。如果他们真想做，他们可以举办精彩的系列讲座；我的担心是，他们更喜欢邀请许多半吊子，那样更自在。

我在这里过得很好，这是属于我母亲家族的房子，她去世时留给了我——建于一八〇五年前后。托尔克特维尔是个非常老派、特别奇怪的地方。我觉得很迷人——不过对叶连娜来说，多少有点儿厌烦。等我们把这儿整修得好一些，希望你能过来做客。

我们劳动节离开这儿，九月份我的地址将会是韦尔弗利特。

向薇拉问好。

埃·威

251

康奈尔大学

戈尔德温·史密斯楼

一九五二年十月二十一日

亲爱的邦尼：

我俩谢谢你的新文集《光的海岸》[1]。我想我会非常愉快地阅读——或者重读——这些文章，还有我出其不意冒出来的也许令人讨厌的批评。

我还得谢谢你关于普林斯顿的信，哎，还没有接到来信。

如果你打开一九四九年版的《韦伯斯特新大学词典》（还有或许早些的版本，题名不同），你会在“名人小传”部分发现你那个人的定义，很可爱。[2]“萨德，德……法国士兵，性倒错者。”琢磨一下这两个职业，还有那个“肮脏的”修饰词（“法国”）以及庄严的短语节奏（抑扬抑格，一本正经）。

你的

弗

310 1. 原文为俄语。

2. 指的是威尔逊的文章《萨德侯爵的时尚》，刊于 1952 年 10 月 8 日的《纽约客》。

252

新泽西州，普林斯顿

普林斯顿大学

一九五二年十一月三日

新泽西州，普林斯顿

曼斯格罗夫

亲爱的沃洛佳：韦伯斯特对萨德的描述把我逗乐了。我收到狂热的萨德分子们十几封来信——有些信笔迹异常潦草，龙飞凤舞。

你读过契诃夫的《游猎惨剧》吗[1]？一八八四年至一八八五年以系列发表，但从没有重印。在我看来它非常出色，我不明白为什么这个作品没有弄出更大动静来（不过一部好莱坞电影[2]是以它为基础的）。如果没读过，一定要读一读。它在新的苏联版中——第三卷——起码稍旧一点的版本也有。

我们在这里很舒适。我的工作是一场梦。我催促他们邀请你，他们说得似乎要去做，但他们有一份将近七十人的名单，负责此事的那个人——一半比利时、一半南卡罗来纳州血统，不配合——特别迷糊，总是错过火车啦，丢失钥匙啦。希望你能过来，见见他，还有他的同伴。

问候薇拉，

埃·威

1. 原文为俄语。威尔逊引用的是契诃夫学生时代这个作品的俄文原标题，英语中更为人所知的名字是《打猎协会》。

2. 即1944年乔治·桑德斯和琳达·达内尔的《夏日暴风雨》。道格拉斯·西尔克导演，他导演此片时名字还是德特莱夫·西尔克，在柏林的乌发电影厂工作。这部电影是西尔克在好莱坞的首部成功的影片。

一九五三

253 311

亚利桑那州，波特尔

一九五三年五月三日

亲爱的邦尼：

这个地方极好，靠近帕拉代斯（一座鬼城），离文明（道格拉斯）六十英里，开车十分钟从仙人掌到松树，再爬一阵就到山杨。在我心中（它总是包含更多的关联而不是思想），“波特尔”非常可怕地跟你《赫卡特县》的某个委婉语联系起来。

来这儿的路上，我们差点儿去看你。可我那时近乎崩溃，不适合做客。在剑桥，我有两个月啥也不干（从上午九点到夜里两点），就在做我的《叶·奥》评注。哈佛图书馆棒极了，我甚至找到了达吉亚娜用来解释她那预兆般的梦的梦书。[1] 评注会是差不多六百页的著作，包括所有已知诗行（甚至他划掉的那些）的（有韵律的）翻译。到了要离开剑桥的时候，我踉踉跄跄、心神不宁，失眠弄得我嘀嘀咕咕的，不一而足，因此我决定把普希金放在一边几个月，开始誊抄我的新小说（秋天我要跟你谈更多）。我每天花几个小时捉蝴蝶。我觉得我可以在上课时从斯泰恩转到菲尔丁，不过《汤姆·琼斯》太乏味了（总是无法抑制地提到霍加斯）。

在波士顿时，我们跟你可爱的女儿[2] 过得很愉快。我和她下了一盘难忘的象棋（不，两盘）。我还见了泰特，紧得像一面鼓，紧绷绷的泰特对拉德克里夫的观众朗诵他的诗，还有兰塞姆、卡明斯和毕晓普的诗。

请给我写封信。我们（薇拉和我，最后还有德米特里，直到他七月去英属哥伦比亚攀岩——我们也会向北漂移）会待在这里，起码到仲夏。我们在一个农场拥有一个漂亮的小木屋，正房没有人，只有一个采矿工程师（他一生的爱好就是计算用在填字游戏中的词频），还有他九十四岁的老父亲（他已经建造了一百零六座教堂——认识福克斯姐妹[3]。）

我俩问候你俩。

弗

1. 《叶甫盖尼·奥涅金》第五章达吉亚娜查询的释梦手册是《马丁·沙
312 德加》。在《奥涅金》评注中，纳博科夫指出，这个书名来自一个可能是假的预言家和圣人马丁·沙德加，据说他生活在18世纪的瑞士。

2. 即罗莎琳德·威尔逊。

3. 即玛格蕾塔、利厄及凯特·福克斯，现代招魂术和桌灵转创始者与发起人。

254

一九五三年五月十六日

马萨诸塞州，韦尔弗利特

亲爱的沃洛佳：很高兴接到你的来信。你从亚利桑那回来后去哪儿？我们准备在夏天的后半段去托尔克特维尔（纽约州），如果你要去伊萨卡，不管怎样，我们安排一次访问。

下下个秋季之前，你有机会出版一本书吗？我希望如此，因为那就给了我借口，给《纽约客》写一篇关于你的长文，收进准备在一九五四年出版的书中。就我而言，一部小说要比《叶甫盖尼·奥涅金》好，不过我想这也可以。我一直想把你作为我在屠格涅夫之后的下一个俄罗斯主题。（我准备就摩西五经给《纽约客》写篇文章，我是第一次读它。[1]）

关于菲尔丁：我始终觉得他死板。《汤姆·琼斯》是一部被严重高估的作品。总的来说，我认为，最好的英国人是在他们的文学中看到的，但在菲尔丁那里，他们似乎崇拜那些密实的英国品质，表现为更乏味的样子：有常识，好脾气，热心，诚实的男子汉气。你盯住斯泰恩是很对的。

我们回到科德角了。你知道的，离开学术圈，总是一种放松。

我准备着手一个项目——一部小说——已经盘旋在心头多年了，让我惴惴不安。[2]

把你的行踪和文学计划及时告诉我。叶连娜和罗莎琳德向你们大家问好。

永远的

埃·威

1. 与威尔逊调查《死海古卷》有关。
2. 这部小说威尔逊去世时没有完成，它迄今未出版。

255 313

俄勒冈州，阿什兰

存局候领

一九五三年六月二十日

亲爱的邦尼：

薇拉和我驾车从亚利桑那到了俄勒冈，穿越了加州湖区，一路采集。同时，德米特里开着他整装起来的老别克，从哈佛广场向西而来。我们在阿什兰相遇，一个可爱的地方。他会在七月从这里去英属哥伦比亚——跟他的俱乐部去爬山；他的父母准备在这儿待到八月底：我们从一个教授那儿租了房子（阿什兰是个大学城），他去东部过暑假了。采集很有成效。

是的，一九五四年秋季前，我会出版 koe-shto——抱歉，кое что。[1] 我写得很顺畅。在严格保密的情况下，我会给你看——等我回到东部——一部惊人的作品[2]，届时会收拾得很好了。我想我跟你说过，《叶·奥》的注释也要成为一本书了。最后，我已经着手写一组故事，是关于我的一个创造物普宁教授的，我希望《纽约客》会感兴趣。我随信附了两首诗。我还有更多诗，但不知它们去向哪里。第一首被《纽约客》拒稿，说太晦涩；第二首刚寄给凯瑟琳·怀特，估计也会被拒。[3]

我一直在读——菲尔丁之后——一本很有意思的厚书，对它怀着难以置信的、维多利亚式腼腆的烦恼——乔治·艾略特的《丹尼尔·德隆达》。

非常遗憾，我们彼此见面太少。下一年我们要待在东部，去海边。我们今年秋天九月回伊萨卡，希望你还在附近。

我完全反对死刑。随便什么都要好些，哪怕是不公平的赦免。[4]

我们大家问候你们大家。

314 1. 纳博科夫听从威尔逊的要求，不再用拉丁字母转写俄语，写的是 koe-shto 的西里尔原文（拼音），“一部或两部作品”。

2. 即《洛丽塔》。

3. 即《俄勒冈的吟咏》和《白杨》。

4. 在英国，一个皇家委员会准备出炉一份报告，建议废除死刑；而此时罗森伯格的案子仍在美国媒体上被广泛地讨论。

256

一九五三年十月十五日

纽约州，伊萨卡

州东街 957 号

亲爱的邦尼：

你在哪里？一切都好吗？你离我们近吗？我们想见你。

我想给你看看我前一段时间写的一首歌谣[1]，很快还会给你看一个魔鬼[2]。

暑假在高强度的工作中过去了，以至于我发现，教学事务倒是实实在在的放松。可我还有许多文学作品要完成。

请跟我们说说你的一些情况。也请告诉我，你是否知道哪里发表诗歌——并且付稿费。

我俩问候你俩。

弗

我准备通过《纽约客》寄这封信。

1. 即《朗伍德峡谷歌谣》，1953 年被《纽约客》拒绝。纳博科夫断断续续又写了四年，《纽约客》最终采纳，并在 1957 年 7 月 6 日刊发。
2. 即《洛丽塔》。从 1951 年起，纳博科夫一直稳步地写作此书，写这封信时，他基本上已完稿。

257

一九五三年十月二十三日

马萨诸塞州，韦尔弗利特

亲爱的沃洛佳：

我一直想知道，你在忙啥。我们不再待在托尔克特维尔了，已
315 经回到这里。圣诞节后，我们准备去那个老欧洲，应邀在二月去萨尔茨堡参加美国研究研讨会——途中想参观伦敦和巴黎。

这里有个故事，你应该知道。保罗·布鲁克斯，霍顿·米夫林的首领，是一个热情的业余博物学家。一天他开门发现，门前台阶上有一只多音天蚕，雄性。他很惊讶，因为在他看来，这样的时节在波士顿看到是不正常的。飞蛾进了屋子，飞过几个房间后离开了。第二天发生了同样的事，接着是第三天。第三次造访后，布鲁克斯想起，他有一只多音天蚕的茧。他把它放在抽屉里了，于是去取那个盒子，发现一只雌的已经破茧而出。他把它放到外面的日晷上，那只雄的立即过来，迷住了它。它们给他留了一则便条，说他如果哪天跟龙或食人魔惹上麻烦，最好去找它们。

因为痛风，我过了可怕的两周，不过现在好了，也在其他方面精神起来。我忙着三个大的文学项目，但不想说，因为结果你总不免会知道。

唯一给诗歌支付高稿酬的刊物就是《纽约客》，你了解《大西洋月刊》和《哈珀杂志》的。或者，你是否想说，你想出版一本诗集？你当然应该这样。如果要做，恐怕还得给他们一本小说之类的。问薇拉好。叶连娜问候你。

埃·威

258

一九五三年十一月二十三日

亲爱的邦尼：

听说你患了痛风——现在好了吗？

我们准备去剑桥过感恩节，待在列文夫妇家。

十二月十二号我得去纽约。在这些空间—时间点上，我们有希望相遇吗?

我想我的书就快好了。请给我写“一对词”。

你的

弗

259 316

[明信片][1]

一九五三年十二月三日

亲爱的沃洛佳：恐怕我们又要错过你了。我们准备下周周一至周三在波士顿，十二月二十七至三十号在纽约。我们三十号起航。我们在这里都很惨：痛风，流感，叶连娜甚至还没有恢复。我跟你说过吗，我要去萨尔茨堡一个月，传播美国文化——之后，如果没有垮，再代表《纽约客》去以色列？叶连娜

[在卡片上方继续]

喜欢你最近的那则短篇[2]，说要给你写信。我也喜欢，不过期待最后更多的精彩。

祝好，埃德蒙·威

1. 这张明信片是杰弗里·迈耶斯在特拉华大学图书馆的威尔逊档案中发现的。感谢迈耶斯教授分享他的发现，感谢图书馆允许发表此件。
2. 即小说《普宁》的开头，1953年11月28日以短篇小说形式发表在《纽约客》上。

一九五四

260

新墨西哥州，陶斯

存局候领

一九五四年七月三十日

亲爱的邦尼：

几个月来我都想给你写信，但这段时间一直任务繁重，目前依然如此，将来很长一段时间还要这样。首先要感谢你，感谢你的戏剧集。我仍然觉得，就和谐及多样性感受而言，*Siniy Ogonyochek*[1]是你最优秀的作品。我认为，那个恶魔剧[2]特别有趣，写得很好。薇拉和我一样，要对你表达她的谢意和赞美之情。还有，我要告诉 317
你，我非常喜欢你在《纽约客》上的那篇关于《圣经》的论文[3]，希望后续有更多。

我现在在新墨西哥采集蝴蝶。一系列愚蠢的事件导致我们在伊萨卡通过电报就在这里租了房子。我们靠近一个很棒的峡谷，我去那儿采集；离陶斯十二英里有个沉闷的旮旯，充满三流的画家和枯萎的圆三色堇。这房子整个夏天才租二百五十美元，另送一座果园。不幸的是，我们的西班牙邻居把果子都摘了，排水沟的刺鼻气味弥漫在被委婉地称作天井的地方。周围的山脉对我们来说虽够高，却不足以激发德米特里攀爬的兴趣。今年暑假他跟我们在一起，不过不久后可能去蒂顿地区。你暑假过得咋样？告诉我们你们大家的情况。九月中旬你在纽约吗？九月十四日我要去那里，在英语学院就翻译艺术做一次演讲。

我不得不把我的《叶甫盖尼·奥涅金》工作放在一边，有其他的事要做。其中一件是为西蒙和舒斯特编辑英文版《安娜·卡列宁》，加上我的注释、评论和导言等。他们先要第一部分带注释的修订稿，我已经弄好了。[4] 我跟维京就我那本普宁的书签了合同，但冬天结束前无法完成。

我把那部创作了差不多五年的小说[5] 给两家出版商（维京以及西蒙和舒斯特）看，被他们断然拒绝。他们说，它会给读者色情文学的印象。如今我又寄给了新方向，他们也不可能采纳。我认为，这部小说是我最优秀的英语作品，虽然主题和情境无疑是感官声色的，但艺术是纯粹的，乐趣也是奔放的。我希望你什么时候浏览一下。帕特·科韦西[6] 说，如果出版它，大家都要坐牢的。面对这样的惨败，我倍感沮丧。另一件让我没精打采、歇斯底里的是我俄文版的《确证》，它正在《新评论》连载，秋季将由契诃夫出版社出版。[7] 请给我写信。我俩衷心地问候叶连娜。

所有这些都是秘密

你的

弗

1. 用拉丁字母转写的俄语，《小蓝灯》。
2. 即威尔逊的戏剧《塞浦路斯的祈祷》，跟《小蓝灯》一起收入他的《五剧本》，1954 年出版。
318 3. 即《谈首读创世记》，刊于 1954 年 5 月 15 日的《纽约客》。确实“后续有更多”，因为这篇文章引发了《红色，黑色，金色与橄榄色》谈以色列的部分，还有《来自死海的古卷》及其后来的版本《死海古卷》。
4. 这项工作从未实现，但完成部分收入纳博科夫《俄罗斯文学讲稿》谈托尔斯泰的部分，弗里德森·鲍尔斯编，1981。
5. 即《洛丽塔》。
6. Pascal Covici（1888—1964），维京出版社高级编辑。
7. 俄文版《说吧，记忆》名为“彼岸”，1954 年由契诃夫出版社出版，同年部分内容曾在侨民期刊《实验》第 3 期，《新评论》第 37 、38 期先行发表。

261

一九五四年八月九日

纽约州

布恩维尔，乡村免费邮递

托尔克特维尔

亲爱的沃洛佳：无论如何，把你的书寄给我。我要看一看，如果其他人不出，我会设法让我的出版商斯特劳斯出。我同意你对陶斯的看法，但我过去喜欢赫梅斯山——你去过那里吗？我想九月很早就去纽约，但不会待到十四号那么晚。你可能来这儿吗？它离伊萨卡不算很远——从尤蒂卡向北，一个小时车程。叶连娜和孩子们三号离开，我可能一直在这儿待到劳动节后的星期二。打我们见面以来，又过去很长时间了。

我读了你俄文版回忆录的注解，并跟英文版做了一些比较。为此有话想跟你说，但手头没书，记不清要说什么了。我仍想阅读你全部的作品，但我觉得，如果没有关于《圣经》的某些更精深的知识，恐怕无法恰当地理解它们。另有两篇那样的文章要出来。

我们全家向你们问候。请设法过来看我们。

永远的

埃·威

262 319

纽约州，伊萨卡

一九五四年九月五日

亲爱的邦尼：

我们突然不得已离开了陶斯，薇拉病了（肝脏毛病）——阿尔伯克基的医生诊断结果很怕人，于是我们仨连忙赶往纽约。可那里的医生彻底检查后宣布，薇拉没问题——我们现在回伊萨卡了。

谢谢你好意的来信——也谢谢为此事给法勒与斯特劳斯出版社写信。它仍在劳克林的掌握中。我很着急想让你看看，它是我迄今最优秀的英语作品。

本月十四日我要去纽约市——在哥伦比亚大学英语学院谈翻译问题（英文《奥涅金》）。[1] 今年这个夏天忙得团团转。薇拉的病，其他一些意想不到的开支，让我陷入贫穷和债务的可怜境地。

你的

弗

1. 这次演讲后来以“翻译问题：英语中的《奥涅金》”为题，发表于《党派评论》第 22 卷，1955 年第 4 期。

263

马萨诸塞州，科德角

韦尔弗利特

一九五四年十一月三十日

亲爱的沃洛佳：

罗杰·斯特劳斯把你的书稿借给了我，我在纽约时读了它——不过非常匆忙，因为我得归还。我又等着得到其他一些意见后，才给你写信。我还请叶连娜和玛丽读了。我把玛丽信中的反馈意见附在后面，她说我可以对你引述。叶连娜似乎比玛丽或我都更喜欢这部作品——我想，部分原因在于，她是从一个外国人的眼光看美国的，能够理解你的主人公看待美国的方式。例如，在她看来，那个小姑娘毫无问题，而在我眼里，她就难以置信。

我想，恐怕除了劳克林外，你没法让任何人出版此书。不过，
我已给一个叫韦尔登·基斯的人写信，他是诗人，刚给我写信，说 320
他跟加州一个新的出版风投企业有联系，他们愿意出版那些别处无法出版的图书。我还跟道布尔戴的贾森·爱泼斯坦说过此事。我们准备一起做的俄国书，你拿了你那部分的预付稿酬，他们就此一笔勾销了，看来你若最终给他们一部小说，也是情理之中的事。你给过他们什么作品吗？他在出平装版的“锚”系列图书，我跟他建议过你的《奥涅金》翻译，或许能发生兴趣。这套丛书很成功，他们帮我出了两本，都赚了钱。他们会给你一大笔预付稿费，但作为平装版，可能永远也不会有书评。我一点儿也不在乎，我准备把关于俄国主题的一本文集给他们。我要是你，就把弄好的《奥涅金》给爱泼斯坦。他是个很聪明的家伙，阅读量大，趣味很广。

现在，关于你的小说：比起阅读过的你的其他作品，我不太喜欢这一部。它萌生于其中的那则短篇小说很有趣，但我认为，这个主题无法承受这般扩展性的处理。下流的主题可以成就优秀作品，但我觉得你没有做成。不只是人物和情境本身令人厌恶，而且以这样的规模呈现后，它们似乎很不真实。在我看来，许许多多的行为和最后的高潮，就像《庶出的标志》和《黑暗中的笑声》中的高潮那样，有同样的毛病：它们太过荒诞，反倒不可怕或悲惨，却仍然很让人不快，反而没有乐趣。我还认为，这部作品有——对你来说是不寻常的——太多的背景，太多地方性的描写，等等。这一点让我同意罗杰·斯特劳斯的看法，就是第二部拖拖沓沓。我同意玛丽的看法，聪明有时变成讨嫌，不过，她说的“模糊”我并不赞同（我在手稿上提出了一些小的修改建议）。

我希望能更喜欢它一些。我很遗憾我们很少见到你。十二月十五日开始，我们准备在纽约待一周。如果你来度假，请告诉我们。我们可能会待在阿尔冈金，不过如果不在，你可以在《纽约客》办

公室找到我。

永远的

埃·威

[随附玛丽·麦卡锡给威尔逊的书信摘录]

关于纳博科夫的书——我觉得我持中间立场。我说“觉得”，是因为我没有都看完；我看到了第二部四分之三的地方，我们就得
321 离开。听从罗杰·斯特劳斯的指示，我把书稿留在切尔西，菲利普·拉夫会去取——他可能会在《党派评论》发表第一部的部分内容。你说第二部乏味，我不同意。就我而言，它更令人困惑；我觉得它遁入某种我无法把握的复杂寓言或象征系列。鲍登[1]的意思是，那个性感少女是美国的象征，在中年欧洲人（弗拉基米尔）的手掌中；所以才有对汽车旅馆和其他美国现象学的全部描写（顺便说一下，我喜欢这部分）。不过，第二部似乎有某种更具体的象征内容；你会觉得，所有的人物都有风筝般的意义，被从上面拖拽着，那是纳博科夫谜一般的高天。比如吧，那个跟踪者怎么样？我想，如果读完，我可能会找到答案——有答案吗？

另一方面，我觉得整体写作相当马虎，也许第二部更糟。小说充满了老师们所说的“模糊”，还有弗拉基米尔空洞透顶的玩笑和双关语。我几乎纳闷，这到底是不是故意的——部分看法。

[叶连娜·威尔逊给纳博科夫的信]

马萨诸塞州，科德角

韦尔弗利特

一九五四年十一月三十日

亲爱的弗拉基米尔：

那个小女孩显得很真实、准确，她的吸引力和诱惑力绝对可信。

主人公厌恶成年妇女，这跟例如纪德的态度比，并没有多大不同，只是纪德为此沾沾自喜，而你的主人公要为此赴汤蹈火。对郊区、旅馆、汽车的描写真的妙趣横生。

我不明白，为什么这部小说要比现在所有那些平庸的、“描写其他讨厌风俗的练习曲”更让人愤慨。这些特别的趣味肯定像平常那样普遍存在，即使人们不去写它们。为什么不在英国，或者当然也可以在法国，出版此书，再以某种删节版返回呢？它会被贪婪地阅读的。

不幸的是，我的意见无足轻重。我们希望不久能见到你。请向薇拉问好。

叶连娜

换句话说，我为此手不释卷，认为它很重要。

1. 即鲍登·布罗德沃特，玛丽·麦卡锡新的丈夫。

一九五五

264 322

康奈尔大学

弗拉基米尔·纳博科夫

纽约州，伊萨卡

戈尔德温·史密斯楼

一九五五年二月十九日

亲爱的叶连娜和邦尼：

虽姗姗来迟，但温情长存，我要感谢你们的来信——叶连娜的信特别迷人。

道布尔戴当然退回了书稿，我现在已把它寄到法国去了。我想最终会由某个名声不好、有着维也纳梦一样的名字——比如“西洛”——的公司出版。

（我已经给了道布尔戴不是一本，而是至少两本或三本书——我记得的最近一本是《庶出的标志》，应他们的要求为帕尔马丛书提供的，当时一个叫麦克凯[1]或类似名字的人主事；在爱泼斯坦接任前。）

过去这几个月，我完全沉浸于《奥涅金》。我已经完成了文本的翻译，还有所有我能找到的异文，但评注篇幅很大，将它们安排成可以阅读的形式，会占用我许多个月。道布尔戴无意照我要的那样出版这部作品，即注释起码有 400 页，俄文文本要对照排印。我在英国文学、法国文学中找到了各种惊人的相似，并解决了那个主要的题词之谜。[2]

邦尼，我非常喜欢你那篇巴勒斯坦的文章。[3] 那是你最优秀的一篇。

我们这个冬天过得艰难，现在还陷身其中。我的经济困难并没有因为我专注于《洛丽塔》和《奥涅金》而缓解。关于俄国教授普宁的小说进展非常缓慢，又一章已卖给《纽约客》。

今年春季德米特里将完成哈佛的学业。关于夏天，我们的计划十分模糊。我春季学期处于半学术休假状态。薇拉和我想念你们。

弗

又：一个有才华的青年戏剧家把我的《庶出的标志》改编成了很不错的戏剧。[4] 能告诉我该给谁看吗？谢谢。

323 1. 即乔治·德·凯，1950 年代道布尔戴帕尔马丛书部编辑。

2. 参见下两封信。

3. 即《红色，黑色，金色与橄榄色》“以色列”部分，大部分内容发表在 1954 年 12 月 4 日的《纽约客》上。

4. 那位戏剧家是埃文·琼斯；他改编的《庶出的标志》从未发表或搬上舞台。

265

《纽约客》

西 43 街 25 号

一九五五年三月一日

亲爱的沃洛佳：把剧本给制作人看，是一项没有尽头又没有希望的工作。我建议你让那位戏剧家把剧本寄给哈罗德·弗里德曼，由布兰特与布兰特转交，纽约市帕克路 101 号。他是纽约严肃戏剧最好的戏剧代理人——已经为桑顿·怀尔德等人做了许多。他很聪明，知道戏剧属于文学一门。你可以说，是我建议把剧本寄给他的。

关于《奥涅金》，我想你得退到一家大学出版社——哈佛？

我很高兴，你在写普宁的小说。至于钱，你知道吗，《纽约客》把它的常规稿费率提高了百分之十，如果你一年内投稿字数超过某个量，会再拿到百分之二十五。我都惊呆了，我的两篇巴勒斯坦的文章稿费那么高（其中一篇尚待发表）。

《奥涅金》主要的题词是什么——“O rus! O Русь!”？[1]我迫切想看到你的版本。

永远的

埃 · 威

1. 正如纳博科夫在回信中指出的，这不是小说开篇的主要题词，而是第二章的章节引语。拉丁语的呼格形式 rus（乡村）与古代的、诗性的表示俄国的俄文词 Rus 构成谐音双关。

266 324

一九五五年三月十日

亲爱的邦尼：

谢谢你关于代理人的忠告，看来是最佳方案。我还给一个叫 E. 卡赞的人写了信，我在马萨诸塞州剑桥曾见过他。

是的，《纽约客》为我的普宁之作付酬相当慷慨。希望六月份能完成这本书——我已卖给维京。

不，我琢磨的是“Pétri de vanité”[1]——整个作品开头的题词。你提到的是第二章的章节引语。第一个 rus，乡村，当然来自贺拉斯，《讽刺诗》第六节。双关语可以在贝耶夫耶言论集中找到，一本乏味的 jeux de mots[2] 集，归在德 · 贝耶夫耶侯爵名下。我还在司汤达的日记一八八八年版的附录二中看到。那个条目（一八三八）写道：“En 1791... le parti aristocrate attendait les Russes à Grenoble（苏沃洛夫当时在瑞士）；ils s’écriaient: O Rus quando ego te aspiciam. ”[3] 关于那个主题词（“Pétri de vanité”），我已经发现了一整套的本源：1. 伏尔泰的《日内瓦内战》；2. 马勒伯朗士的《真理的探索》；还有最后但并非最不重要的 3.《埃德蒙 · 伯克写给国民议会成员的信》(！)[4]

我十分享受那整个庞大的研究工作。最难追踪的一个线索原来是普希金阿比西尼亚祖先的起源。我不知道，我把那个国家的新老地图检查了多少幅，也不知道我研究了多少种旅行记（耶稣会士的，清教徒的，布鲁斯的，索尔特的，等等），就为了弄清“拉贡”（洛戈），“加尼巴尔”（那位曾祖父）提到的一个城镇——令人陶醉的是，加尼巴尔是拉塞勒斯的后代！[5]

我们今天彼此要见面。薇拉和我一起向你和叶连娜致以最美好的祝愿。

弗

1. 法语，“非常虚荣……”——《叶甫盖尼·奥涅金》开篇的法文主要题词的开头。

2. 法语，文字游戏。

3. 法语，1791 年……贵族方在格勒诺布尔等待俄国人［……］；他们欢呼：啊，俄罗斯，我何时会看到你（首字母大写把贺拉斯的“乡村”变成了“俄罗斯”）。关于司汤达作品中这一句的另一个例子，以及更仔细的讨论，参见纳博科夫《叶甫盖尼 · 奥涅金》第二章评注的开头。

4. 书名原文为法语。详细的解释和讨论参见纳博科夫编辑的《奥涅金》有关主要题词部分。

325 5. 参见纳博科夫编辑的《叶甫盖尼·奥涅金》第三卷附录一，《艾伯拉姆·加尼巴尔》。“布鲁斯的，索尔特的，等等”指的是詹姆斯·布鲁斯（1790）和亨利·索尔特（1811）的旅行记述，纳博科夫用到了他对普希金的阿比西尼亚祖先的研究中。

267

薇拉 · 纳博科夫

斯图尔特街 700 号

一九五五年四月二十四日

亲爱的叶连娜和邦尼:

从凯瑟琳·怀特那里得知你们两件“单独的事件”,我们十分难过。她没有说是什么,但又补充说,你们“一只猫的腿又断了”。我们希望你们都在恢复,能去纽约。遗憾的是,我们不能跟你们同时去那里参加怀特的晚会,因为弗拉基米尔深陷在《普宁》之中。出于同样的原因,他无法给你们写信,但要我和他一起向你们致以最美好的祝愿。

祝好,

薇拉

268

弗拉基米尔·纳博科夫

纽约州,伊萨卡

康奈尔大学

戈尔德温·史密斯楼

一九五五年七月二日

亲爱的邦尼:

特别讨人欢心的贾森·爱泼斯坦来我这里做客了。我要给他们翻译一个作品(俄国作家作品,还没完全确定)。[1] 他们为此给我百分之七点五的版税和一千美元预付稿酬。爱泼斯坦建议我跟你探讨一下,这样是否可以。我有其他需要提出的吗?那将是一本“锚”系列作品。

我已经把《洛丽塔》出售了,可能今年夏天出版。[2] 希望你哪天能读到它。

今年夏天我们不去西部，完成《普宁》一书前，我不能离开伊萨卡。我又卖了一篇给《纽约客》。

326 薇拉和我向你和叶连娜致以最美好的问候。

又：你究竟在哪里？爱泼斯坦说你在托尔克特维尔，但一个叫罗伯特·法索拉[3]的人说你在韦尔弗利特。因此这封信我寄两份出去。

1. 后来是莱蒙托夫的《当代英雄》。
2. 被四家主要的美国出版社拒绝后，《洛丽塔》以两卷本形式由奥林匹亚出版社在巴黎出版。
3. 此人最终无法确认。

269

一九五五年七月七日

纽约州

布恩维尔，乡村免费邮递

托尔克特维尔

亲爱的沃洛佳：两个版本的来信我都收到了。既然你在伊萨卡，为什么不过来看我们？你在地图上可能找不到这八个人的小村子，但可以在尤蒂卡北面差不多四十英里的奥内达县找布恩维尔。我们很高兴见你。

关于“锚”系列图书：你或许可以要一千五百美元——特别是如果你准备写一篇序言。

这儿的电话是布恩维尔 418K。

我们都在津津有味地阅读《普宁》。

永远的

埃德蒙·威

270 327

一九五五年七月十三日

亲爱的邦尼：

谢谢你的来信。

我们要开车去米德尔伯里学院，我在那儿做一个演讲，想十八号在途中逗留，去托尔克特维尔看你和叶连娜。十八号下午你在那里吗？我们不能停留太久，只有几个小时可以支配。如果你能见我俩，就太好了。我想我们可以争取在两点至三点之间到，六点左右离开。

你的

弗

270a

抱歉日期搞混了，我在米德尔伯里学院的演讲是星期三。我们想在七月二十一日星期四下午回来的路上去看你，除非你反对。[1]

1. 纳博科夫给威尔逊的电报。

271

［薇拉·纳博科夫致叶连娜·威尔逊］

一九五五年八月六日

亲爱的叶连娜：

现在你们一定回科德角了，因此我把信寄到那里。我要告诉你，我们非常高兴见到你俩，还有你们可爱的海伦奥齐卡[1]。

到家两天后，弗拉基米尔刚完成最新校样，就扭伤了腰。他疼痛异常，一有病房后就被送到了医院。情况很可怕，他们不得不用救护车把他送到那儿。整整一周后，他才感觉好了，回到家，不过
328 现在仍未痊愈，每隔一天还要做按摩和透热疗法。他出去后，德米特里回家待了一阵，我们搬到了一所新房子里。

希望你们在科德角有凉爽的和风（但不是飓风），这里热得可怕。

向你们大家献上我们最美好的祝愿。

真诚的

薇拉·纳博科夫

1. 奥齐卡是俄语昵称后缀，加在叶连娜和埃德蒙·威尔逊女儿海伦的名字后。

272

一九五五年八月十八日

托尔克特维尔

亲爱的沃洛佳和薇拉：这是拉鲁斯关于 fastidieux 的定义：“（Lat. fastidiosus de fastidium，ennui）. Fade. Qui cause de l’ennui, du dégoût: lecture fastidieuse. Ant. Amusant, divertissant.”[1] 我肯定，我从没有见过它用于你认为它有的那个意思。

我尽情享受了这次做客。你要回信到韦尔弗利特。听说你要过来，叶连娜非常高兴。

我跟司机回家时，一路上不堪重负。他不但说法语、波兰语和意大利语，也懂点儿德语、西班牙语和现代希腊语，他炫耀个不停，还用拉丁语吟诵天主教弥撒。他玩大提琴、小提琴和长笛。他是一个专业整骨医生，因此一度在纽约一家医院执业，据说整骨在那里是被排除在外的。每当他的病人对治疗没有反应时，他就会派人找来牧师，为他们祈祷，这有时会奏效。后来，他退休了，开起出租车来。他在这一行里做的一件奇事是，要在一天时间里，驱车四百英里，将一个精神错乱的人从布恩维尔送到缅因州的某个地方。医生给了他一瓶威士忌，一根皮下注射针，以防病人万一表现失控。但一口威士忌也不需要，因为这个司机拍着他的头，跟他说加拿大式法语——病人也是法裔加拿大人——谈他（病人）的母亲和姐姐，他们二十八年前就去世了。他跟他说了一路。

好了，aufwiedersehen（再见），分手时他跟我说。我会永远 329
记住伊萨卡，因为我们的白雪香槟大酒瓶，沃洛佳翻译的普希金，莫里斯·毕晓普出色的晚餐和薇拉出色的早餐。湖中的天鹅和鸭子，沃洛佳对列宁性格的理解，对司汤达毫无价值的发现[2]，还有他对年轻一代性习惯的描述。

永远的

埃·威

1. 法语，“（拉丁语 fastidiosus，来自 fastidium，厌倦）。乏味的。引起厌倦或厌恶的东西：乏味的读物。反义词：有趣的，娱乐的。”“两个夏天前，我告诉［纳博科夫］和薇拉，法语的 fastidieux 指令人厌倦的，而不是挑剔的，他们不相信。”（埃德蒙·威尔逊，《州北》，第 160 页。）
2. “纳博科夫最近发现，司汤达是十足的骗子，并准备在他的班上宣布这个消息。”（威尔逊 1955 年 8 月 18 日给海伦·马奇尼克的信，《文学与政治书信，1912—1972》，第 578 页。）

273

一九五五年八月三十一日

纽约州，伊萨卡

汉萧路 808 号

亲爱的邦尼：

见到你很高兴。谢谢这封有趣的信。

哎，讨厌的腰痛又悄悄来了，我们不能如愿去海边了。利特埃[1]（增补版）在 fastidieux 词条下写道：dégoûté，difficile à satisfaire[2]——我说过，它在以下短语中非常接近 брезгливым[3]：с брезгливым видом = d'un petit air dégoûté[4]。我写好了《我可怜的普宁》，但书比我的出版商以为的要短很多，我怕他不高兴。我俩问候你俩。

痛苦中

弗

1. 即《标准法语词典》，埃米尔·利特埃（Emile Littré, 1801—1881）编。

2.　参见前一封信及其注释1。此处所引的 fastidieux 释义是指“挑剔的，难以取悦的”。

3.　俄语，易怒。

4.　“易怒的样子”（俄语），“挑剔的样子”（法语）。

274 330

一九五五年十一月二十四日

亲爱的邦尼：

见到你很开心，但我们的会面太短暂了。

拉夫曾说，要在《党派评论》刊载我小《洛丽塔》的部分内容，听了一个律师的劝告后，他改变了主意。我沮丧地想，这个纯洁、严肃的作品会被某个轻率的批评家当作色情文学的噱头对待。这种危险对我来说越发真实，因为我认识到，连你都既不理解也不想理解这个复杂、不寻常的作品的文本组织。

我有半年学术休假，我们计划去剑桥待差不多六周，二月初到那儿，然后可能会开车去加州，九月回伊萨卡。我们期待在剑桥见到你和叶连娜。

我们非常遗憾，未能去波士顿跟你一起过感恩节。

你永远的

弗

275

一九五五年十二月十七日

亲爱的邦尼：

非常感谢英国版的《三重思想家》，还有修订了的决斗部分。现在他们起码有可以瞄准的东西了。

我已把另外一本读完了，薇拉读了一半，我们非常喜欢你的小导言。我觉得大部分选文都很好。不过，劳伦斯和安德森的东西太多了，他们在艺术上都平庸得彻底。[1]

整个奥涅金的书接近完成，我还需要在图书馆再工作几个月。然后回到庞大的索引，我甚至还没有开始，我想尽可能完整、详细。我们准备二月、三月都在剑桥，跟德米特里和威德纳在一起。[2] 希望在那里能见到你和叶连娜。

薇拉和我一起祝你们大家圣诞节开心。

祝好

弗

331 1. 这里讨论的书是 1955 年重印的《承认的冲击：美国文学创造者所记录的发展》，威尔逊编辑的一本选集，包含他为作家所写的导言文字，包括戴·赫·劳伦斯和舍伍德·安德森。

2. 即哈佛大学的威德纳图书馆。

一九五六

276

马萨诸塞州，剑桥
昌西街 16 号
一九五六年二月二十九日

亲爱的邦尼：

谢谢你寄来我的前辈的书。[1] 我相信，他的鬼魂会被糟糕译文中的愚蠢可笑的错误[2] 吓着，你的前言则增色许多。[3] 你真的认为，契诃夫之为契诃夫，是因为他写了“社会现象”，写了“富农”“兴起的农奴”（听上去像浪花）和“新的工业中产阶级的再适应”？我认为，他写的是温和的李尔王在狱中提议跟他女儿讨论的那些东西。我还认为，美国读者从中学起就被教育要在书中寻找“大意”，在这样的时代，批评家的职责应该是把他们的注意力引向特定的细节、独特的意象，否则——你像我一样知道得很清楚——就没有艺术，没有天才，没有契诃夫，没有恐惧，没有温柔，没有惊奇。

我们三月六日去纽约，待两三天。

哈维·布赖特在他的专栏文章中严肃地提到，伦敦报纸出现了一小阵关于《洛丽塔》的歪风。当你果真阅读《洛丽塔》时，请注意，它是非常道德的，不是在描写美国的富农。在同一期的《书评》中，有一则讨论性的图书广告，说病人“用自己的语言讲述他们的病历”。我对我的性感少女得到这样的命运十分恼怒，但我既一筹莫展，更不知道能指望什么帮助或辩护，在我们的时代，十字军运动显然 vieux jeu[4]。在纽约能见到你和叶连娜吗？

你的

弗

332 1. 即契诃夫的《〈农民〉等小说》，威尔逊选并序，纽约，花园城市，1956。在《周年日记》中，纳博科夫写道：“我真的十分喜爱契诃夫［……］去另外一个星球旅行时，我要带的是他的作品。”（《独抒己见》，第286页）关于契诃夫（“我的前辈”）与纳博科夫相似性的讨论，见西蒙·卡林斯基，《纳博科夫与契诃夫：次文学传统》，《三季刊》第17期（1970年冬）；重印于《纳博科夫！》，小阿尔弗雷德·阿佩尔和查尔斯·纽曼编；又见同一位作者，《纳博科夫与契诃夫》，收于《格兰特纳博科夫研究指南》，弗拉基米尔·亚历山大罗夫编，纽约与伦敦，1995，第389—402页。

2. 契诃夫《〈农民〉等小说》的翻译劳而无功，对俄罗斯习语有许多误解。

3. 威尔逊的简短前言共四页，几乎都在对契诃夫人物的阶级出身进行社会分析。

4. 法语，过时了。

277

［薇拉·纳博科夫致叶连娜·威尔逊］

一九五六年四月二十日

亲爱的叶连娜：

很高兴，在你们漂亮的科德角乡间庄园[1]见到你和邦尼。

一个惊喜在等着我们：那辆名爵准备卖掉，它终究不适合奔跑了。放心啦。

沃洛佳想请你俩读一读他在四月二十一日《纽约客》上发表的诗《雨》[2]。精神上的海风让他依然精力充沛、精神抖擞。你们精心的招待给我俩都留下了最美好的记忆。

昨晚在列文夫妇家，我们见到了多斯·帕索斯，顶呱呱，很欢快。

再过十二天，我们就要启程了。

别忘了，你答应来伊萨卡看我们。

我俩向你们全家问好。

薇拉

1. 原文为俄语。
2. 重印于《诗与棋题》。

278

马萨诸塞州

科德角，韦尔弗利特

埃德蒙·威尔逊

一九五六年四月二十四日

亲爱的沃洛佳和薇拉：我们非常喜欢你们的来访，以至于我觉得，我应该写这封多谢光临的信。

希望你们能看到我在上周《纽约客》上评论卡贝尔的文章[1]。 333
他某些方面跟沃洛佳一致，因此阅读他的作品时，我有时会想到沃洛佳。我很想知道，你们如何看待他的创作。

我查过达尔词典，发现他认为“小暴君”[2]跟“傻瓜”[3]属于同一词源。“固执的”[4]的释义是：дурить в свою голову, упрямиться[5]——以固执的方式干蠢事。

永远的

埃·威

1. 即《詹姆斯·布兰奇·卡贝尔案重审》，刊于 1956 年 4 月 21 日的《纽约客》。
2. 原文为俄语，通常指俄国商人阶级家庭的家长。这个术语因 19 世纪中叶的批评家而普及，他们用以描述亚历山大·奥斯特洛夫斯基情节剧中经常出现的一个典型，这些剧本写的是商人家庭父母的暴虐。“沃洛佳强调指出——达尔是伟大的俄语词典编纂家，与其权威定义相反，samodur 与 durak 的词根没有任何联系。”（《州北》，第 160 页。）

3，4.　原文为俄语。

5.　威尔逊在句号前提供了那些词的译文。

279

纽约州，伊萨卡

康奈尔大学

戈尔德温·史密斯楼

弗拉基米尔·纳博科夫

一九五六年八月十四日

亲爱的邦尼：

薇拉和我刚从落基山脉回来，这是一趟美妙的旅行。我们先住在犹他州南部，芒特卡梅尔村，我们租了一个房子。我们在亚利桑那州的大峡谷、附近的其他国家公园采集蝴蝶。粉色、赤褐色、淡紫色的山峦构成的背景与莱蒙托夫《当代英雄》中的高加索相映成趣，如今已准备把它寄给道布尔戴，配了评注和地图。七月我们进发到怀俄明和蒙大拿的高海拔地区。顺便说一句，在给弗利斯的一封信[1]中，那位维也纳圣人说到，一个年轻的病人在因特拉肯一家旅馆的卫生间里手淫，他缩在一个特别局
334 促的地方，好望见（这位维也纳圣人的有疗效的解释来了）少女峰。他该是个年轻的法国人，在怀俄明一家汽车旅馆望着蒂顿山脉。

我愉快地注意到，你的古卷[2]仍在畅销书榜单上。你好吗？在哪里？春天在韦尔弗利特，我们过了一段好时光，当时有一天你给我看一本书，有司徒卢威论纳博科夫的部分，到现在我才有机会仔细阅读。[3]这本书很不错，但我有点儿惊奇地发现，重翻二十五年前格奥尔吉·伊万诺夫对我诋毁的那本旧账时，司徒卢威未曾耽烦

说一下，那都是我的一篇文章惹的，我批驳了奥多耶夫茨娃，伊万诺夫妻子的一部小说。[4]

我们有很好的房子，带间客房。德米特里跟我们住在一起，此前去肯纳邦克赴了一个约会，九月份要回校。我和薇拉在翻译莱蒙托夫，他非常出色地帮助了我们。我不记得是否跟你说过，内心一番动摇之后，我终究还是决定翻译屠格涅夫的回忆录。斯特劳斯寄给我的合同包含几则无法接受的条款，此外，他在信中的口气就像父亲一样，令人无法忍受。同时，道布尔戴已经拿到《普宁》，我准备去纽约，跟爱泼斯坦讨论其他一些计划，他迷人又狡猾。

九月初你会从欧洲回来吗？我们有没有机会在纽约碰面？

薇拉和我向你和叶连娜致以最美好的问候。

弗

1. 即弗洛伊德 1899 年 12 月 9 日给威廉 · 弗利斯的信。
2. 即威尔逊的《死海古卷》。
3. 即格列布 · 司徒卢威论俄国侨民文学的著作，1956 年出版，其中有对纳博科夫俄罗斯时期的全面概述，可能是第一次。就记述纳博科夫在俄国侨民批评界的接受而言，这本书至今仍是能见得到的上乘之作。
4. 1930 年，文学杂志 *Chisla*（《数量》）在第一期发表了诗人格奥尔吉 · 伊万诺夫对纳博科夫小说的粗暴斥责，进而引发侨民报刊的论战，司徒卢威的著作予以概述。此事发生三十四年后，纳博科夫在 1964 年《花花公子》的访谈中回忆了这件事。像在这里一样，他把伊万诺夫的敌意归咎于他本人对伊莉娜·奥多耶夫茨娃的负面评论（参见《独抒己见》，第 39 页）。关于格奥尔吉 · 伊万诺夫及其重要的文学意义，参见弗拉基米尔 · 马尔科夫《格奥尔吉 · 伊万诺夫：虚无主义的持灯者》，载于《流亡的凄风苦雨：1922—1972 在西方的俄罗斯作家》，卡林斯基与阿佩尔编，伯克利、洛杉矶与伦敦，1977。

335 **280**

四季酒店

瓦尔特斯皮尔餐馆

一九五六年九月一日

慕尼黑

马克西米利安街 4 号

亲爱的沃洛佳：你的来信刚收到。近来我一直在想你——试图想象你在德国的样子。叶连娜回韦尔弗利特了——海伦留给朋友们照看了，要把她接回来。我十月二日起航，但也可能因计划落空而早点回去。如果你去纽约，试着去普林斯顿俱乐部找我。

这个旅馆很好，我独自过着安宁、愉快的生活——晚上看看精彩的歌剧，在争取读完 *Die Leiden des Jungen Werthers*，一九三三年就开始读，一直没有读完。整个欧洲的年轻人都因为这本书而自杀，这似乎很可怕。[1]

昨晚我见到尼古拉了，他在去萨尔茨堡的途中，忙着他的某个无休止的文化联络工作[2]。我们在巴黎见了他几次，去了他乡下的地方，很漂亮。繁茂的鲜花与蔬菜的园子，漂亮的蓝眼睛的小男孩，不十分漂亮但年轻、博学的蓝眼睛妻子。他岳母住在一座大城堡中——岳父刚去世——中世纪的塔楼，泥泞的、绿色的护城河。尼古拉和妻子住在附近一所小房子里。尼古拉喜欢带人去城堡转转，说着正规导游的顺口溜，某些方面，如他所说，还会像典型的导游那样说笑话。我从未见过他如此舒适、幸福。他跟第一个妻子生的儿子伊凡准备娶某个德高望重的法国外交官的女儿。不过我不由自主地觉得，他（尼古拉）或许突然会心生厌恶，抛弃这一切。他在写一部关于拉斯普京的歌剧[3]，斯蒂芬·斯彭德作词。他在戏剧性方面做得很出色，但对音乐还没有多少处理。

有一件怪事跟尼古拉相关：我们的大使馆给他打电话，印象中以为他是《洛丽塔》的作者，问他怎样弄到二十册书。而里夫利街的几家商店里，那本书醒目地摆着呢。

得知我对热内的兴趣后，尼古拉设法安排我见他，是通过认识他的邻居帮忙的。他说，热内问："Un Américain? Est-ce qu'il a 336
de l'argent pour me donner? Est-ce qu'il tape?"[4] 得到否定的答复后，热内说他没有兴趣见我。他最近很红，伽利玛出版社在稍加删节后出版了他的作品，卖了一万册，他已然有一副公众形象。科克图被吸纳进学士院后，他就坐在比利时女皇边上。去年夏天，我又读了他的两部作品，比我给你的那本好。我想你应该读读它们。他真是一个可怕的作家，他会大咬 bitte[5] 的。

我希望下年初春去托尔克特维尔，只要有可能就去伊萨卡。但我想，这期间我们可以安排一些活动。

另外一本书你应该读一下，安格斯·威尔逊的《盎格鲁–撒克逊态度》。*En Attendant Godot*[6]——我在巴黎看过——原来是一部很精彩的戏剧，不过阅读文本时，我的印象倒不深。在德国，人们为托马斯·沃尔夫疯狂，我过去从未读过，终于找到他的一部剧本，写于一九二〇年代早期，从未发表或上演，我应译者的邀请观看了该剧的首演。[7]

这会让你了解旧世界的文学发展现状。

向薇拉问好。

永远的

埃·威

1. 同一天，威尔逊给莫顿·道·扎贝尔写信，说他读完了歌德的小说《少年维特之烦恼》，他"为了马克思主义目的"而着手学德语时就开始读。参见《文学与政治书信，1912—1972》，第 536 页。
2. 尼古拉·纳博科夫 1950 年代、1960 年代初大部分时间都在巴黎、柏林、罗马、东京和新德里张罗音乐与文化节及会议。

3. 即《拉斯普京的终结》，早先以《神圣的魔鬼》知名，最终完成后在路易斯维尔、肯塔基和德国的科隆上演。

4. 法语，“一个美国人？他有钱给我吗？他借钱吗？”

5. 双关语，法语俚语中指“鸡巴”（阴茎）；英语习惯语构成了威尔逊1965年的图书标题：《我齿间的嚼子：1950—1965文学编年史》。

6. 即贝克特的《等待戈多》。

7. 沃尔夫的剧本《礼堂》1953年在西德广泛上演，是彼得·桑德伯格的译本。

337 **281**

一九五六年九月十八日

冠达邮轮公司

皇家邮船“玛丽女王”号

亲爱的沃洛佳：我一直在读梅里美和屠格涅夫的通信—— *Une Amitié Littéraire*[*]（阿谢特，一九五二）。你认为梅里美不懂俄语，靠某个女子用译文灌输给他，你显然错了。屠格涅夫指导了他十年多，他翻译了屠格涅夫许多作品，并对屠格涅夫作品的大多数译本进行检查。他用的词典不够，总是去找屠格涅夫。他的不足在书信中暴露了，但在法国这个领域，他是开拓者，值得大加赞誉。我觉得这本书很有趣，你应该看一看。梅里美对普希金的论述有意思，他在某些方面欣赏他，但承认对诗歌没有判断力。他真正欣赏的普希金是 côté Mérimée[1]。我忘了第二帝国是多么一本正经和维多利亚式的。屠格涅夫总是被 *La Revue des Deux Mondes*[2] 的编辑删削，梅里美则对屠格涅夫小说中的残忍表示抗议。

我乘上了稍早一班的轮船，因此回来得比预料的早——今天到岸，周末到韦尔弗利特。

永远的

埃·威

1. 法语，他梅里美的方面。
2. 法语，《两大陆评论》杂志。

* 法语，《文学友谊》。——编注

282

一九五六年十月二十二日

亲爱的邦尼：

很喜欢你谈梅里美的信，是的，我要看看那本书。

上周我们在纽约市待了几天，未能见到你，很遗憾。我给普林斯顿俱乐部打了电话——然后，像电影里的那样，慢慢放下了话筒。

我们参加了一个小型会议，还有爱泼斯坦、杜皮和拉斯基，以便确定《洛丽塔》的哪一部分或哪些部分在《锚》杂志刊登，他们准备给她四分之一的版面。[1] 我边在 Slovo [2] 考场监考，边给你写信。

薇拉（也在监考）和我一起衷心地问候叶连娜和你。 338

弗

厌倦了教学，浪费了太多时间。

1. 《洛丽塔》第一次在美国刊行是以选段形式，刊于1957年6月《锚评论》的第二期，F. W. 杜皮撰写引言。当时梅尔文 · J. 拉斯基在编辑《锚评论》。
2. 即《伊戈尔远征记》。

283

一九五六年十二月十三日

亲爱的邦尼：

我没有更早地感谢你寄来的书[1]，因为我想先读一下，结果一阵忙碌相扰。现在我俩都读好了，我们要诚挚地感谢你，谢谢你令人高兴的题词。

书中有几篇很赏心悦目，是一流的，比如关于你父亲的那篇，还有关于犹太人的头两篇，但你对俄国历史的理解[2]令我一如从前那样悲伤，都是错的，是基于你年轻时吸收的那些陈腐的宣传。我无法理解，你这样一个对十九世纪俄国作家褒奖有加的人，怎么会把这种鉴赏能力跟对 obshchestvennoe dvizhenie（自由主义运动）[3]的全然无知结合在一起。自由主义运动是从亚历山大一世的时代开始的，明显贯穿整个世纪（尽管有专制主义），却被出于宣传目的而蓄意贬低。

我还觉得，你在动物学、生物学方面的考虑有些在科学上是站不住脚的。[4]

我们彼此一直坦诚相待，我知道你会觉得我的批评让你兴奋。

出色的贾森·爱泼斯坦带着海涅曼的一个女子飞来，我们一起午餐。你让我跟道布尔戴联系上，我对此始终感激不尽。

薇拉和我想知道小海伦的手术情况——她现在彻底康复了吗？你们都回韦尔弗利特了？

向叶连娜和你问好，祝你们圣诞节愉快。

弗

339 1. 即《直言不讳：六十反思》。

2. 在该书第五部分“俄国”，威尔逊借鉴德·沃盖（他 1880 年代访问过俄罗斯）的印象，进而把那个阶段与斯大林之后的时期相比较，并总结说，那个国家始终是落后、压迫和“拜占庭式的”。

3. 更准确地说是公民抗议运动，导致 1860 年代的改革和十月革命之间俄国社会逐步的自由化。

4. 指的是《我的一点想法》第八部分“科学”，采取的是对话形式，一个动物学家和一只鼬蜥在讨论进化论。

284

马萨诸塞州

科德角，韦尔弗利特

埃德蒙·威尔逊

一九五六年十二月二十日

亲爱的沃洛佳：我当然知道俄国的自由主义运动，并且——尽管它失败了——没有低估它。但这个主题跟我在《我的一点想法》中写到的内容没有任何关系。我在写一篇关于屠格涅夫的长文[1]——一个自由主义者，但变得越来越悲观。

我在期待春天，希望我能从托尔克特维尔去伊萨卡——大约在六月初。此外，我们在剑桥买了房子，准备一月十八日搬到那儿：法拉尔街 16 号；柯克兰 7-3445。春季假期，你有机会来剑桥吗？

我附了一张美国的原住民图片，与纽约州北很配。别人给了我一本他们的集子，我用这些图片做圣诞贺卡。

代我向你们全家问好——友好地紧握你的手（像屠格涅夫写给托尔斯泰的那样）。[2]

埃·威

是的，海伦已经手术痊愈——她今天回学校了。

1. 即《屠格涅夫与生命水滴》，刊于 1957 年 10 月 19 日的《纽约客》，后收于《俄国之窗》。

2. 原文为俄语。这是俄罗斯习惯性问候语，美中不足的是，他不甚恰当地选择了“写”的完成式。

一九五七

285 340

一九五七年一月二十一日

亲爱的邦尼:

是的，君主主义者和其他派别在痛恨自由主义者方面是联合一致的（从孟什维克到十月党人[1]——当然包括 Partiya Narodnoy Svobodï[2]，我父亲和米留科夫属于这个党）。你认为，没有人特别留意下面这些攻击，也是对的：在俄国侨民史上，君主主义者和法西斯分子没有任何文化意义，但无论过去还是现在，他们在政治上都十分活跃。他们从美国的势利小人那里获得经济支持。D'ailleurs[3]，如果你去看看我的《确证》第十三章，你就会发现关于这个问题你需要的全部信息。

也许你还有兴趣得知，英国政府已经要求法国政府查禁美国作家的图书，写的是英语，出版在巴黎（包括我的《洛丽塔》），而法国政府乐于帮忙。法国媒体的愤慨似乎没有在美国媒体上反映。

我们迫切想见到你们俩。春天哪天暖和了，我们可以去剑桥，你们在那里待多久？

很想让你见见德米特里，他现在可神气了，有一副夏里亚宾的嗓子。[4]

我即将完成一篇长文，讨论的是英语和俄语诗律法（主要跟抑扬格八音步有关）。[5]

我友好地紧握你的手。

我俩向你俩致以最衷心的问候。[6]

弗

1. 孟什维克是马克思主义的社会民主党，“十月党人”，英语“十月党”更为人知，是 1905 年革命后从立宪民主党分裂而来，因为他们支持尼古拉二世的十月宣言，而其他大多数温和或激进的党派都认为不够民主。纳博科夫将这两个党派视为政治光谱中的两个极端，代表革命前的俄国民主化和政治自由运动。

341 2. 即“人民自由党”，又以立宪民主党广为人知，帕维尔·米留科夫和纳博科夫的父亲是共同创始人。为了保护米留科夫免遭暗杀，老纳博科夫失去了生命。

3. 法语，此外。

4. 德米特里·纳博科夫将开始他歌剧男低音的职业生涯，他父亲将他跟杰出的前辈夏里亚宾媲美。

5. 即《奥涅金》评注附录二，《诗律学笔记》，后也以单行本出版。

6. 原文为俄语及用拉丁字母转写的俄语。威尔逊曾请求不要把俄文转写成拉丁字母，文中的单词转写是纳博科夫故意作对。

286

纽约州，伊萨卡

康奈尔大学

戈尔德温·史密斯楼

一九五七年二月十八日

亲爱的邦尼：

德米特里在最近的来信中告诉我，他跟叶连娜、你和罗曼愉快地见过面，我们羡慕他。

Tol’ko chto pereehali(толко что переъхали)[1] 进另一个（迷人的）房子。我们大部分暑假都待在这儿。向伟大的理解者，致敬。

《普宁》的一个精美之点是普宁和沙多的一次小型谈话，说的是我和他们脚下的蓝蝴蝶。实际上，我描述并命名了那只特别的红珠灰蝶（*Lycaeides samuelis* Nabokov，种类产地，卡尔纳，靠近纽约州奥尔巴尼）。[2]

英国政府（内政部）Гом оффис[3] 要法国内务部查禁对英美

游客有害的英语书籍，法国遵从了。多家法国报纸发声表示愤慨，“L’affaire Lolita”（“洛丽塔事件”）进入高潮。

你好吗，亲爱的 drug[4]？我觉得，你在《纽约客》上的那张小照看上去不错。[5]

Vale[6]——像伏尔泰、奥涅金和普希金常说的那样。

你的

弗

1. 俄语，我们刚搬（音译，随后是西里尔字母）。
2. “你看，多美啊。”观察力敏锐的沙多说。
二十多只一式一样的小蝴蝶栖息在一块湿沙土上，两翅耸立而紧闭着，露出有暗黑点的灰肚子和橙色边缘的后翅上的鲜艳的小斑点；普 342
宁的一只套鞋惊扰了其中几只，它们拍翅绕圈飞了一阵子，显露出上身的天蓝色彩，就像蓝色雪花在空中飞舞，然后又落在地上。
“可惜弗拉基米尔·弗拉基米罗维奇没在这儿，”沙多说，“他会把有关这些迷人的昆虫的知识统统讲给咱们听。”
“他的昆虫学总给我一种故弄玄虚的印象。”
“噢，可不能这么说。”沙多说。
《普宁》第五章
3. 对英语的“内政部”的转写，耍了点小花招。
4. 指“朋友”。
5. 这似乎谑指寻花觅柳、乱抛媚眼的花花公子尤斯塔斯·蒂利，他的照片装饰着那周的《纽约客》封面，每年 2 月都如此。
6. 拉丁语，再见。

287

一九五七年二月二十九日

马萨诸塞州，剑桥

法拉尔街 16 号

亲爱的沃洛佳：我更像一副亲爱的药（drug），而非亲爱的друг[1]，两周的大部分时间里，我都因为支气管炎、喉炎卧床。我去纽约参加《塞浦路斯的祈祷》彩排，是纽约大学排练的，然后就复发了。英国人居然采取措施，在法国查禁英文书，这是荒诞的，也是其特色。你跟踪过如今到了最高法院的禁书案吗？刚刚宣布了一个决议，密歇根针对“有伤风化”书籍的一部地方法律违宪。如果他们对他们在审理的其他两个案子得出同样的结论——一个来自纽约——重新出版《赫卡特县》就有了可能，我也考虑在这里出版《洛丽塔》。这是那些君主主义者的又一个古董。它们让我惊奇。

永远的

埃·威

我们跟罗曼和德米特里过了一个愉快的夜晚——德米特里是个好孩子。

1. 俄语表示“朋友”的词恰好写成“药”。

343

288

一九五七年三月十七日

马萨诸塞州，剑桥

法拉尔街 16 号

亲爱的沃洛佳：《普宁》的到来让这个闷闷不乐的家庭为之一振——打过来之后，我们有的只是不幸：人人都多多少少生了病，我又一次失声——更不要说其他麻烦了。首当其冲的，我们的老狗巴姆比死了。因此《普宁》特别受欢迎。我认为它很好，而且你终于跟广大的美国公众打交道了。想到这一点的理由是，我至今读到的评论都异口同声：这说明，没有人感到困惑，他们知道他们的反应是什么。神奇的是，护封上的图片很棒。我随信附了一些修正和建议。它们都是道布尔戴常见的印刷错误，倒不像往常那样糟糕。这或许会引发人们对《洛丽塔》的兴趣。那套书中的又一本，《姜饼人》[1]——跟《洛丽塔》一起寄给我的，我认为是垃圾——已经在英国正常出版，并受到礼遇。英国政府居然要法国不让英国游客接触淫书，法国居然答应了这种请求，这当然荒谬透顶。

威廉·詹姆斯[2]住在这条街的尽头，要我向你表示问候。我想你知道，他的妻子中风了，似乎没有改善。我们过从甚密，常在彼此家中对饮。

问候薇拉。叶连娜一定要我告诉你，她太喜欢《普宁》了。

永远的

埃·威

52　have not the least intention of being(not to be) dropped（一点也不想到哪儿去转转）……是 being，不是 to be。

63　Choosy（爱挑剔的）是俗词，用于此处不尽准确。Fastidious（爱挑剔）要好些。

96　kidnapped（绑架）——两个 p。

110　brought down the house（房子塌了）在上下文中是错的。舞台上的精彩表演 brings down the house。

116　一个不相干的 i 混进了 prosperous。

122　你为什么跟随康斯坦斯·加尼特愚蠢的想法，把安娜·卡列尼娜（Anna Karenina）的 a 丢掉?

124　In the half a dozen rooms（六间房间里）是不对的，在这种情况下，你应该说 half dozen。

130　Teamed（搭伴）错得可笑。 344

132　tsh(tshay) 的发音与英语中的 ch 没有区别。

164　three hundred sixty-five（三百六十五）是通俗拼

法——中间应该有一个 and（和）。

188 We arrived at last to（我们终于谈到）……这行不通，应该是 arrived at。

177 Grandaunt 不存在，应该是 great aunt（姨婆）。

190 Crenulated（圆齿状的）应该是 crenellated（有雉堞的）。[3]

1. 詹·帕·唐利维（J. P. Donleavy, 1926—2017）著。像《洛丽塔》一样，该书最初也是巴黎奥林匹亚出版社出版的。
2. 即威廉·（比利·）詹姆斯（William [Billy] James, 1882—1961），画家、艺术教师，哲学家威廉·詹姆斯的次子。
3. 除更正了“prosperous”的拼写外，这些建议都没被采纳；威尔逊指出的那些段落都在后来的《普宁》版本中予以保留——包括“普宁和布罗托夫夫人搭伴”。威尔逊的最后一处订正是错的，因为从上下文看，明显应该是“圆齿状的”而非“有雉堞的”。

289

一九五七年三月二十四日

亲爱的邦尼：

几天前，我脑中是厚密的霜冻，嘶哑得像一匹马[1]，透过喉咙的烟雾，我讲了陀思妥耶夫斯基的《老鼠洞回忆录》[2]，因此对你和你的家人感同身受。一定要照顾好自己，朋友[3]（希望你知道这个美妙的呼格）。

你跟比利·詹姆斯逍遥自在地喝酒，这让我有些不安。你更年轻，更结实，但你应该认识到，他本不能饮酒。我希望你能像我一样喜欢他。我父亲认为，他父亲的著作是对心理学做出了最伟大、最杰出贡献的作品之一，在我十二三岁时就让我读他的著作。比利是个可爱的人，琴弦的音调那般优美，令人称赞。

我全神贯注地陷在我的《奥涅金》里，今年必须结束它。我终于找到了翻译《奥涅金》的正确方法，这是我做的第五或第六个全本。我如今把它拆散了，把被诚实认为是语词的天鹅绒的一切都放逐，实际上，我喜欢笨拙的措辞，贫瘠真理的鱼骨。你懂希腊语，你能告诉我（我迫切需要），“暴风夹着飞沙走石，会搏击并扫除 /
歌曲的宝库”，是对品达的色诺克拉底颂诗的一段（差不多是第十 345
一至十三行）的直译吗，或者不过是一个想象的英式意译（一个叫某某约翰爵士的，一个“欣然命笔”的家伙，见洛布古典丛书版，第 249 页）[4]，世上一切纯文学中最令人恼怒的作品？我多么讨厌优雅的学者！

阻止我们彼此更多见面的空间和时间要素让我苦恼。

薇拉和我向叶连娜和你致意。

你的

弗

[上面是威尔逊的笔迹]

宝库是在雷雨前的诗节中提到的

1. 原文为俄语。
2. 即《地下室手记》。俄文标题更贴切的译文应该是《写于地下室的日记（或回忆录）》。
3. 原文为俄语（呼格）。
4. “某某约翰爵士”是约翰·埃德温·桑兹，品达的翻译者和编辑，纳博科夫提到的是 1919 年伦敦出版的《希腊和英国颂诗》。

290

一九五七年三月二十六日

威德纳图书馆

亲爱的沃洛佳:“歌曲的宝库”在前一段诗节中。这段诗节开头是:“这也不是冬天的风暴”,等等。这是某某爵士翻译的全部段落吗?这里还有许多。下面是来自一份课堂笔记的直译(《品达:奥林匹亚与皮托颂诗兼注释等》,C. A. M. 芬内尔编,剑桥大学出版社):

“既不是冬天的暴雨,像入侵的敌人,低吼阴云的无情主方(军队),也不是风进入大海的虚空,被摧枯拉朽的碎片袭击。”

写好后我发现,它不是真正的直译。επαητόζ、ελθων 只是指“从别处来”,而不是“像入侵的敌人”。利德尔和司各特的词典把它解释为“一拥而入”。

下面是另一种散文体翻译(《品达存世颂诗英译》,厄内斯特·迈耶斯译):

346 “他的财富既不是风,也不是来自陌生地方的冬天的暴雨,像一个狂暴的主人,出生在雷雨云中,带进大海的隐匿之处,被摧枯拉朽的漂浮物袭击。”

某某爵士用“碎石”译 χεράζ 会很好,但芬内尔认为“总体上它更偏向于木头和漂浮的残骸”。有人可能会辩称,某某爵士是想复现品达复杂的风格。

顺便问一下,你知道俄语的 я 最初是希腊语的 ᾳ 吗?它被称为带艾欧塔下标的阿尔法:

我过去从未搞明白,为什么他们要写这种寄生性的艾欧塔,现在忽然想到,这种组合也许是要发出像 я 的声音。[1]

更神秘的事:我上颚的大部分牙齿突然脱落了,海伦刚刚拔掉一颗牙。叶连娜已经连续几周去看牙医,以免牙齿全部掉光。

埃·威

1. 与威尔逊的演化方案相反，俄语字母 я 没有直系希腊祖先。它的形态和设计是彼得大帝在 1708—1710 年改革印刷体字母时选择的，以早先某个西里尔合体字母为基础，无论是形态还是声音都跟古希腊的二合元音字母无关，带艾欧塔下标的阿尔法是后者的代表。

291

一九五七年三月三十一日

亲爱的邦尼：

你那令人开心的电报加强了我想跟你和比利喝酒、抽烟的欲望。暑假初某个时候，我要去霍顿图书馆。薇拉和我在五月或六月初要去佛蒙特，跟我们特别喜爱的三款蝴蝶重聚。我们到剑桥后，会跟你和叶连娜联系。

我要特别感谢你关于品达的信件，很有助益。看来从希腊语翻译，比起巴贝特和无与伦比的埃尔顿从俄语翻译，要麻烦得多。[1]

诚挚地问候

弗

1. 即巴贝特 · 多伊奇和奥利弗 · 埃尔顿，在翻译《叶甫盖尼 · 奥涅金》 347
方面是纳博科夫的先驱。

292

一九五七年四月十六日

剑桥

法拉尔街 16 号

亲爱的沃洛佳：我不知道你是否得知，艾丽斯 · 詹姆斯刚去世。

五月下旬或六月你在伊萨卡吗？我们要在五月中旬离开这儿。我准备在韦尔弗利特待一阵子，然后去托尔克特维尔。

埃·威

293

一九五七年四月二十二日

亲爱的邦尼：

这个地方很美——柔和的树林里形形色色的鸟儿包围着我们的屋子——扑动䴕，连雀，冠蓝鸦以及被误称为“知更鸟”的画眉。

五月的前两周，看季节情况，我们可能为了蝴蝶（和一条注释）去佛蒙特（可能还有剑桥），否则我们整个暑假（或大部分时间）就待在伊萨卡。一旦德米特里离开，我们就可以把他的房间留给你们（两张床，一个卫生间），之后我们可以请你们住在你们知道的那家小旅馆。你和叶连娜若能来做客，我们会很高兴。

我们真的为可怜的比利·詹姆斯深感难受。你有好的牙医吗？我们刚去了纽约市一天，跟肯·麦考密克和贾森一起午餐。一切都很好。得赶紧上课去了……

我俩问候你俩

明天我就四十八岁了。[1]

弗

1. 再加十岁。

294

348

马萨诸塞州

科德角，韦尔弗利特

埃德蒙·威尔逊

一九五七年六月十二日

给沃洛佳：

1.“虚无主义者”的发音就像我发的那样——不是“希无主义者”：可以查任何词典。[1]

2. 我刚查过 Rukoyu Pushkina[2]。在第一部分的前言，有一段说普希金差不多可以对付十六种语言，这被随后的笔记证实。在第28、90、99、102、506、597页，你会看到对英国作家的翻译或引文——包括巴里·康沃尔和华兹华斯，他根本不可能通过法语阅读他们；在第90、98—99页，你会发现他在逐字逐句地翻译英文，有时还夹写英文单词。第99页中间，在《致艾安西》[3]的第四个诗节中，他显然不知道如何处理 wins。如果他除了法语没有读任何东西，他就几乎不可能像他已经做成的那样，在《叶甫盖尼·奥涅金》中吸收某些拜伦的节奏。至于拉丁语和希腊语，这里有许多证据表明，他懂得一定数量的拉丁语——在一个例子中（第103页），他从朱文纳尔那里译了一段。这些段落中，他有时夹写的法文词明显来自词典而非抄袭。在我看来，普希金的诗歌清楚地表明他熟悉拉丁语诗歌——文体的各种技巧，他不可能从法文习得。他的希腊语有长足的进步，能够抄写萨福的一首颂诗，并试图——又是逐字逐句地——翻译《奥德赛》的开头。第61页，他抄写的希伯来字母的复制件表明——他将希伯来字母阿莱夫等同于希腊字母阿尔法——他已经非常流利地学会了书写希腊文。

（顺便说一句，我设想了一种理论，以解释你的奇怪愿望——面对无可争议的证据——认为普希金不懂英语，屠格涅夫只懂一点儿法语——这个理论我想发展为彻底的研究，希望有助于你的工作。）[4]

3. 你在《叶甫盖尼·奥涅金》中要让马车夫或随便什么人“敲手”（knock），你真的出错了。正常的英文是“掌掴”（slap）。你说 knock 的这个意思出现在库柏和汤普森那里，可我不记得曾见过，这个用法和“腋下取暖”（beat goose）在读者看来显得古怪。这些废弃的表达需要解释，就像普希金作品中废弃的表达需要解释一样，而你自己接下了阐述的任务。

349 4. 另一方面，你说《尤利西斯》中海滩那一段没有提到小便，这确实是对的。我被那些小史密斯的学生弄糊涂了。

其他事情留待我们下次见面再说。

给薇拉：对我来说，访问伊萨卡[5]是喜出望外的事——不过恐怕对你是件麻烦事——鉴于我处在痛风状态。我最终走出了我的冷屋子，周二去了纽约，直到周末才恢复——但及时赶上了亨利的婚礼。场面非常喜庆，香槟酒四溢，年轻人翩翩起舞数小时，人人都满意新郎、新娘。

我现在回到了韦尔弗利特，起码待到二十号；之后，再去托尔克特维尔。叶连娜问候你，希望你们能过来看我们。

我希望，作为研究多情父亲和过失儿童的作品，《洛丽塔》将深深地打动美国公众，进而让你发财。如果你让她在阿拉斯加嫁给普宁，生动地展示他们在中西部某所舒适的大学过着美国式生活、白头偕老的故事，你的人气将媲美《马乔里晨星》，然后就会从班格尔到本迭戈巡游演讲，讨论青年问题。

顺便说一下，乔治·芒恩[6]告诉他母亲，他被我们的谈话迷住了——尤其是我们关于韵律学的争论。我当时还担心，他是否会厌烦。谢谢你用老式的俄式待客之道招待我俩。

永远的

埃德蒙·威[7]

1. “他刚刚力图告诉我，英语中‘虚无主义者’读成‘希无主义者’。”见《州北》（参见下面的注释5）。

2. 用拉丁字母转写的俄语，《普希金手迹》。普希金的素描与手记集，列夫·莫扎列夫斯基、塔吉娅娜·曾格尔和姆斯季斯拉夫·恰夫洛夫斯基编，莫斯科，1935。

3. 拜伦的作品。

4. 异体字原文为法语。这个理论在《州北》里有所概述，其中写道：“……他声称，梅里美不懂俄语，屠格涅夫粗通英语，仅能读报，这没有任何根据，又与广为人知的事实相左。他认为，人们常说俄国人能娴熟地讲多种语言，如此赞誉是俄国人不该享受的。他说，每个英语流利的俄国人，他或她都拜女家庭教师或教师之赐——可是，我在苏联遇到许多年轻 350
的俄国人，他们英语说得很好，却没有出过国。这些错误的念头当然出于一种强迫，认为他自己是史上唯一精通俄语、英语和法语的作家……”（第160页）

5. 1957年5月25至28日到访，威尔逊的日记有记载，后以著作《州北》于1971年出版。此书招致纳博科夫愤怒的反驳，他1971年11月7日写信给《纽约时报》编辑，此信重印于《独抒己见》，第218—219页。关于此次访问更详细的记述，参见威尔逊的日记《五十年代》“访问纳博科夫”部分，列昂·埃德尔编，1986。

6. 即威尔逊的堂兄弟奥蒂斯·芒恩之子，陪同威尔逊去纳博科夫家做客。

7. 在手头两页的复印件上，这封信排列要点的数字写成了1，2，3和5（本编者改为4），似乎表明，第三点中间可能少了一页。但叶连娜·威尔逊认为，这封信是完整的，就像现在这样，数字不一致是个错误。这一说法为纳博科夫排序的答复所支持（第295封信），针对威尔逊第三点的回答，每一点都符合两页文本。

295

一九五七年六月十七日

亲爱的邦尼：

款待你是愉快的，也让人激奋。希望痛风彻底好了。

1. 我不理解你对“虚无主义者”的看法。俄语中，它念作“希无主义”，重音在最后一个音节。

2. 迄今我研究普希金的外语知识问题已十年。你真的不要打发我去看《普希金手迹》，你会在我对《叶·奥》的评注中看到我对此问题的完整分析，普希金是从茹科夫斯基英语诗翻译中获得你所说的“拜伦的韵律”的。

3. 无巧不成书，我刚刚翻阅马修·阿诺德，就看到“吉卜赛人敲手”的说法。顺便说一下，按照我的理解，译者的职责不是将某个原本晦涩或古老的术语简化或现代化，而是译出其晦涩与古怪来。

是的，我当然喜欢跟你再来一场论战，跟你反反复复地解释，普希金之懂英语、拉丁语等，就像索尔兹伯里[1]懂俄语、奥登懂法语一样。

351 有德米特里在身边很好，他在为我的《奥涅金》的一个索引勤奋工作，他的一些批评、建议特别聪明，很有促进作用。

我俩问候你俩。

弗

1. 即哈里森·E. 索尔兹伯里（Harrison E. Salisbury，1908—1993），新闻记者，出版了几本关于苏联的著作，他喜欢引用俄语单词和短语，但几乎总是用错或拼错。

296

马萨诸塞州

科德角，韦尔弗利特

埃德蒙·威尔逊

一九五七年六月二十日

亲爱的弗：

1）我之所以留意“虚无主义者”，是因为你在纠正我的发音，显然你觉得，英语的第一个音节要念成“Nee”。

2）我从特罗亚和米尔斯基那里得知，一八二〇年，普希金跟拉耶夫斯基夫妇钻研过英文版的拜伦。打开《埃尔祖鲁姆旅行记》[1]，我发现两处引自英语诗的英文，其中一处来自《拉拉·卢克》[*]，还有两处引文出自拉丁语诗。翻检他这个阶段的书信，我发现了大量零星的拉丁文，包括四月二十九日给格涅季奇的信中，有一副拉丁文哀歌对偶句，接着是一首拉丁语六步格诗，一定是他自己写的，能反映他的水平。[2] 一九三六年阅读《奥涅金》时，我对俄语的掌握还不如普希金早年阅读拜伦时的英语，现在我知道了，那时经常误解文本，重音无疑也是错的，但我仍然能欣赏这部诗，并将一些段落译成了英文，而承蒙你夸奖，它们还不太坏。我觉得——既然你自己很早就学说外语，我猜你没学古代语言，我们了解的只是古代文学，甚至那些词如何发音，我们也不知道——你没有体会到，纵有缺陷，一种语言的文学知识也能把我们引向深入。如果普希金懂英语像奥登懂法语那么多，他根本就不会那么差，因为虽然奥登可能不知道不该说“Le monde est ronde”[3]，但我知 352
道他阅读了大量法文。如果别人像你对待奥登和斯蒂格马勒那样请君入瓮，他会轻而易举地证明——引用你的一些英文错误啦，说你居然不理解 fastidieux 的意思啦——你既不懂英语也不懂法语，甚至俄语也是半桶水，因为我记得，有一次你曾跟我说，“小暴君”跟“傻瓜”[4]没有任何关系。（顺便说一句，茹科夫斯基没有译过《唐璜》，对吧？虽然诗节形式不同，但其格律一定影响过《奥涅金》[5]。）

3）至于将晦涩、古老的术语译成晦涩、古老的对等词，我想问，你如何翻译 стогны[6]？

乔伊斯的书信很精彩，最后则非常悲惨。他们除了愚蠢的评论外一无所有——最恶劣的是《泰晤士报文学增刊》上那篇。[7] 英国人——包括斯彭德——怎么可以假装说乔伊斯不重要！他似乎对托尔斯泰的一则作品有着特别的热情，《一个人需要多少土地？》[8]。我刚找来看了，尽管是一篇很不错的小故事，我还是不太理解乔伊斯对他的兴趣。

永远的

埃德蒙·威

如果你想延续这次的争论，几天后我会回托尔克特维尔。

一九五七年六月二十一日

——我忘记谈“Et in Arcadia ego”[**]了——屠格涅夫在《通信》[9]中写道：“我们也去过阿卡狄亚，我们也漫步过她赏心悦目的田野！”[10]这显然来自维吉尔的第七首牧歌：“Ambo florentes aetatibus, Arcades ambo”，稍后接着是“Huc ipsi potum venient per prata（走过草地）juvenci”[11]，或者屠格涅夫可能把这两段引文混淆了。但苏联版说，它指的是席勒的一首诗，开头是“Auch war in Arkadien geboren”[12]，而席勒明显想到的是“Et in Arcadia ego”等，而拉鲁斯的注释则指向普桑的画 *Les Bergers d'Arcadie*[13]，其中的墓碑刻着“Et in Arcadia ego”——可普桑是从哪里得来的呢？我明明记得这个短语原来是以 vixi[14] 结尾的——不过有时是我的想象。但它一定是以某些字母结尾的。（拉鲁斯解
353 释说，J'ai vécu[***]。）你怎么认为它来自中世纪？我记得你原先说过，在画中，ego 不是指死亡，而是指坟墓中的死者。活着的牧羊人在读碑文，死亡说：甚至在阿卡狄亚，我也存在。

1. 原文为俄语。
2. 普希金这封信中的拉丁文诗歌其实是连续引用的奥维德《哀怨集》的三行引文。

3. 法语，世界是圆的，阴性形容词修饰阳性名词。
4. 原文为俄语，参见第 278 封信及注释 2、3。
5. 原文为俄语。
6. 俄语中表示“城市广场”的古老、诗性的词语。
7. 即《一便士一封的书信》，发表在 1957 年 5 月 24 日的《泰晤士报文学增刊》。匿名评论人嘲讽乔伊斯的个性与成就，得出结论说，他的书信和创作只能属于学术课程。
8. 原文为俄语。
9. 原文为俄语（屠格涅夫的一则短篇小说）。
10. 原文为俄语。
11. 拉丁语，“两个都正当年，两个都是阿卡狄亚人”[……]“你的牛会自己走过来饮水”。维吉尔《牧歌》第七首第四行、第十一行。
12. 实际上，席勒的诗歌《忍从》开头是这样的：“Auch ich war in Arkadien geboren.”（“我也出生在阿卡狄亚。”）尽管新近苏联版屠格涅夫作品集的注释者引用席勒《忍从》的开头句，认为是威尔逊所引段落（译文见本信注释 10 对应的正文）的出处，但无论是内容还是措辞，都有更接近的俄文出处，那就是康斯坦丁·巴丘什科夫的诗歌《牧羊女墓上的铭文》（1810），在柴可夫斯基的《黑桃皇后》中，它还被配乐成为波丽娜的咏叹调，为人所熟知。学术版巴丘什科夫作品的注释者将这首诗及其意象与普桑的《阿卡狄亚牧羊人》相关联，后者此信有提及。
13. 法语，《阿卡狄亚牧羊人》。
14. 拉丁语，我活过。

* *Lalla Rookh*，英国诗人托马斯·莫尔的童话诗，写于 1817 年。——译注
** 拉丁语，甚至在阿卡狄亚，我也存在。——译注
*** 法语，我活着。——译注

297

纽约州，伊萨卡

康奈尔，戈尔德温·史密斯楼

一九五七年八月七日

亲爱的邦尼：

这是一个公务议题：

英语系想问你，一九五七至一九五八学年你能否考虑来康奈
354 尔，总共四五天，期间希望你做两三次报告，同时跟系里的老师交流。他们给你五百美元。如果你同意来，系主任会给你写一封正式的邀请函，交代所有细节。我真心希望你能来，如果来，可以安排在秋季学期，因为第二学期我可能要离开。

我掌握的文献对“Et in Arcadia ego”的理解是，“我（死亡）甚至（存在于）阿卡狄亚中”。这是一篇优秀论文，收于欧文·帕诺夫斯基《视觉艺术的意义》，锚丛书，纽约，一九五五年版。

我想本月完成《奥涅金》评注。有时觉得筋疲力尽、心灰意冷，但每当读到骚塞书信集，看到他每天忙忙碌碌，就觉得自己懒懒散散，像普希金说的那样。

薇拉和我一起向叶连娜和你致以最美好的祝福。

你的

弗

298

纽约州

刘易斯县，托尔克特维尔

埃德蒙·威尔逊

一九五七年八月九日

亲爱的沃洛佳：我最近无法安排此类学术访问，请代我谢谢他们。你想在完成《奥涅金》之后过来待一两天吗？顺便说一下，我最近弄到两本梅里美的俄国研究著作，其中有谈普希金的一篇文章；还有龚古尔日记全集前六卷——他们想方设法在摩纳哥印刷出版。我原以为，出版这些日记的困难是怕遭到诽谤诉讼，现在才发现，日记太下流了。龚古尔兄弟把朋友们跟他们说过的性冒险都写

到日记中了——比如福楼拜是如何失去贞操的——还有在巴黎流传的每一个淫秽故事。你读过杜夏丹的 *Les Lauriers Sont Coupés*[1] 吗？它给了乔伊斯内心独白的想法。我认为它非常好。

向薇拉问好，

埃·威

1. 法语，《月桂树砍掉了》。杜阿·杜夏丹著，英译标题是《我们不再去树林了》。1957 年 8 月 10 日威尔逊在给菲利普（菲托）和伊娃·索比-马塞兰的信中说："今年我读了杜夏丹的《月桂树砍掉了》，还是菲托几年前给我的。我觉得真好，小型的杰作。"（《文学与政治书信，1912—1972》，第 470 页） 355

一九五八

299

纽约州，伊萨卡

康奈尔大学

戈尔德温·史密斯楼

卧床，面部神经痛

一九五八年二月十五日

亲爱的邦尼：

自从雪前时代开始，我就没有收到你的信。你好吗？一切都好吗[1]？

我们搬到另外一个大得多的房子里了——但比起我们那迷人的有落地窗的地方来，也更冷，那里有红衣凤头鸟、灯芯草雀和连雀（有一次你就是患着痛风在那儿登位的）。

我刚刚彻底地完成了我的《叶甫盖尼·奥涅金》：两千五百页评注，还有文本的直译。德米特里在做索引。道布尔戴给你寄莱蒙托夫的书了吗？你的俄国研究进展如何？不管你做什么，一定要避开冈察洛夫—阿克萨科夫—萨尔蒂科夫[2]—列斯科夫疙瘩块。薇拉和我向叶连娜问好。给我写 un mot[3]。

1. 原文为俄语。
2. “萨尔蒂科夫”是纳博科夫对米哈伊尔·萨尔蒂科夫–谢德林（Mikhail Saltykov-Shchedrin, 1826—1889）的叫法。纳博科夫对 19 世纪俄国文学稍逊一筹的作家抱矛盾态度，反映在《天赋》第一章结尾费奥多尔与孔切耶夫的第一场想象性对话中。关于阿克萨科夫与纳博科夫，参见第 112 封信，注释 7。
3. 法语，一个字。

356

300

马萨诸塞州

科德角，韦尔弗利特

埃德蒙·威尔逊

一九五八年二月二十三日

亲爱的沃洛佳：你的信提醒了我，我要把我的新书[1]寄给你。我怀疑你是否要读它——不过你可以试试《医生来之前应该做什么》，我喜欢的一章——但我喜欢保持我们的通信，希望能得到你的全集。我还没有来得及读这些，因为我想完成内战的书，需要通读大量的军事回忆录和乏味的南方小说。[2]得知你完成了《奥涅金》，我很高兴，特别想看到你对普希金外语知识的描述是公正的。谁来出这本书？听到你生病的消息，我很难过。我们又在过一个非常悲惨的冬天，不过没有去年惨，现在快解决了。一月底，我出去了一个星期，是去纽约西南部的印第安人保留地，列席他们的新年仪式——很特别，但太长了，不好描述。[3]进入那种地方，似乎总是导致痛风发作——跟去年春天一样严重。道布尔戴给我寄莱蒙托夫了[4]，我认为做得很好：你非常出色地把握住了那个阶段英语叙事性散文的格调。（第 161 页，twinkle 应该写成 twinkling；在那个¶：的结尾，最好这样说：既然他的马总是停下[5]，等等。）关于变色龙般的变色，他们无疑很过分，但我相信，比起今天来，人们过去变色更频繁。[6]我认识一个老派妇女，她像书里的女人那样，容易脸红（佩吉·培根，艺术家）。

叶连娜向你俩问好。

永远的

埃·威

1. 即《美国地震：二三十年代纪实》。

2. 当时威尔逊正忙于《爱国者之血：美国内战文学研究》，这是研究工作的一部分。

3. 研究工作的一部分，所撰文章后来构成《向伊洛魁人道歉》。

4. 即纳博科夫译的《当代英雄》。

5. 这些订正针对的段落是：

瞬息之间，我们沿着要塞外围飞驰而过，进入峡谷。道路蜿蜒，半没 357
在高高的草丛中，一条哗哗作响的溪流不断迂回穿越，只好蹚过去，医生大为惊愕，因为他的马每次都在水中停下。

6. 在《译者序言》中，纳博科夫写道：

> 19 世纪俄国作家对视觉色彩的准确度很淡漠，导致文学用法会接受对非常滑稽的修饰词的纵容（一个令人吃惊的例子就是莱蒙托夫，他不仅是地地道道的画家，还能识别颜色，为其命名）；因此在《当代英雄》中，各式各样的人脸色变紫、红、玫瑰色、橙、绿和蓝。

接下来一段列举了小说中遇到的深深浅浅的苍白；所附脚注引用了纳博科夫在巴尔扎克小说中发现的脸部色彩非常俗艳的变化。

301

纽约州，伊萨卡

戈尔德温·史密斯楼

一九五八年三月三十日

亲爱的邦尼：

薇拉和我非常感谢你的《美国地震》，里面许多好东西，我们读来津津有味。艺术家能理解、政治道德家却误解的那个可怜人怎么啦？[1] 他始终萦绕在我们脑际。厄普顿·辛克莱尔–艾森斯塔德的历险让人忍俊不禁。[2]

我的代理人报告，你会住在洛威尔院。请向珀金斯[3] 和他妻子转达我们诚挚的问候。德米特里在那里度过了一段愉快的时光。

在我们去本土的西部、你去异乡的欧洲前，我们还是希望能见到叶连娜和你。

《记者》刊登了我的写孪生兄弟的小说[4]，他们给你寄了那一期吗？

你的

弗

1. 显然指那篇写于 1957 年的文章《施蒂格利茨展览》及其后记，威尔逊在文中回忆说，阿尔弗雷德·施蒂格利茨早年曾拥护画家查尔斯·德穆思的声誉，如今却贬低他，因为他觉得德穆思“要么根本不是那么回事，要么就是被对世俗成功的渴求给毁了”。（《美国地震》，第 102 页）

358 2. 文章《艾森斯坦在好莱坞》，记述的是辛克莱尔对艾森斯坦的电影《墨西哥万岁》运气不佳的资助活动。像第 172 封信一样，纳博科夫再次称谢尔盖·艾森斯坦为“艾森斯塔德”。

3. 即埃利奥特·珀金斯，历史学教授，1941—1962 年间为哈佛洛威尔院院长。德米特里·纳博科夫本科时住在那里，结识了珀金斯及其英国出生的妻子玛丽。

4. 即《连体怪物的生活情景》，刊登于 1958 年 3 月 20 日的《记者》。

302

马萨诸塞州

科德角，韦尔弗利特

埃德蒙·威尔逊

一九五八年四月七日

崇敬的沃瓦！[1]

我们不准备出国了，因此你离开康奈尔前，我或许可以去看你。我对伊洛魁印第安人的研究也许让我有必要去那里（我跟你说过此事吗？）。[2] 连体孪生兄弟是一部长篇的开头，对吧？[3] 我期待阅读剩余的部分。尼娜·恰夫恰瓦泽受耶鲁委派，翻译《阿夫拉姆·帕利特金编年史》[4] 的一部分，她正在苦干呢。你是否碰巧知道，有没有译成现代俄语的作品，或带语言注释的本子？我在威德纳图书馆找不到任何资料，除了她在用的那个苏联版本。

致以崇高敬意[5]，

埃·威

1. 原文为俄语。内含可笑的不一致，一边是庄重的形容词，一边是弗拉基米尔的爱称形式沃瓦，后者是用于儿童的昵称。

2. 1958 年夏天的大部分时间里，威尔逊都跟伊洛魁人在一起。

3. 《连体怪物的生活情景》最初是作为长篇写的，结果变成自足的短篇小说。

4. 原文为俄语。帕利特金（死于 1626 年；他的名是阿夫拉米而不是阿夫拉姆）是一个饱学的僧侣，曾以目击者身份记述危机期间（1604—1618）波兰人对俄国的入侵，语言及风格备受推崇。

5. 原文为俄语。

303 359

纽约州，伊萨卡

戈尔德温·史密斯楼

一九五八年五月十日

亲爱的叶连娜和邦尼：

我们将在六月一日出发。在此之前，你们有机会过来吗？我们很乐意款待你们。

《洛丽塔》和《普宁》种种译本的校样让我们一直忙个不停，因此我没能及时给你写信。我不知道 Skazanie[1] 有什么现代俄语版本，一些段落也许能在俄文课本中找到。

去西部前，能见到你们会很好。

真诚的

弗与薇

1. 见前一封信，注释 4 及其对应的正文。

304

一九五八年五月十三日

韦尔弗利特

很遗憾，我要六月二日以后才能离开这儿。以后都会在托尔克特维尔，直到美国劳动节以后，如果你在那之前回来。

致以崇高敬意[1]

埃·威

1. 原文为俄语（旧正字法）。

305

一九五八年五月二十日

马萨诸塞州，韦尔弗利特

谢谢你的便条。我下周去纽约州——因此我的地址是奥内达县
360 布恩维尔，乡村免费邮递一号。我可能会在九月进行一次远征，包
括在伊萨卡逗留，届时我会给你打电话，看你回来没有。

埃·威

306

纽约州，伊萨卡

一九五八年五月二十四日

亲爱的邦尼：

你谈托·斯·特略艾[1]的文章绝对精彩，是你最优秀的文章之一，清晰，犀利，智慧。我知道你仍然对他作为一个诗人予以高度评价，

我不同意你的说法，说他的诗句会嵌入脑海（它们从未嵌入我的脑中——我一直讨厌他）——但你已刺穿一个熟的琥珀色脓包，从此以后，艾略特的形象不复是旧模样。

我忙得要命，但还是想匆草几行，表达深情的赞赏。

你的

弗

能请斯特劳斯给我寄马格尔沙克的屠格涅夫吗？[2]

1. 要倒过来读。威尔逊的文章《托·斯·艾略特与英国教会》收于他的文集《文学编年：1920—1950》，1956 年出版。

2. 即屠格涅夫的《文学怀旧与自传片断》，戴维·马格尔沙克译（纽约：法拉尔，斯特劳斯与卡达希，1958）。其中包括了威尔逊的文章《屠格涅夫与生命水滴》，第 284 封信曾提及。

一九五九

307

纽约州，纽约市 16
麦迪逊大街 210 号
普特南转

一九五九年三月二日

亲爱的邦尼：

拖延很久后，我们离开了伊萨卡——一年。倘若找不到一个人（赫伯特·戈尔德，一位年轻作家）替我上两门课，欧洲名著和俄 361
国文学，我就没法丢开我的学生。我们想在纽约待到三月中旬，然后开车向西南进发，去亚利桑那。秋季某个时候，我们计划去看看欧洲那些古老的护墙[1]，待上几个月。

不远的将来有机会在哪儿见你吗？我们发现叶连娜和两个双胞胎在城里，我们往阿冈昆给她打电话，但她已走了。

我在这封信的头上写了我的通信地址，还可通过德米特里找到我，他的电话是莱瑟姆 5-0516。

我的《奥涅金》（十一个文件夹，三千打印页）先是去了康奈尔大学。他们开始将它付印了，而且实际上已经在处理方括号了，可合同中一则难以置信的条款迫使我将那可怜的怪兽领回。它现在去了另一个地方。

我在努力地完成我的《伊戈尔远征话语》[2]，过去曾译过，如今是推倒重来。为它准备的评注继承了叶甫盖尼的基因，怕又要长成一个庞然大物。我想在弗拉格斯塔夫完成它。俄罗斯永远无法还清她欠我的债务。

请给我写信。薇拉和我一起问候你和叶连娜。

忠心的

弗

1. 指的是兰波的诗 *Le Bateau Ivre*（《醉舟》）中的一句："Je regrette Europe aux anciens parapets"（我思念欧洲，还有她古老的护墙）。

2. 出版时纳博科夫将书名定为《伊戈尔远征记》（*The Song of Igor's Campaign*）。在注释中，他对选择"歌"（Song）而非"话语""叙事""布道"或"词语"做了解释。俄语中，所有这些意思都可用诗歌标题中的 slovo 表示。

308

马萨诸塞州

科德角，韦尔弗利特

埃德蒙·威尔逊

一九五九年三月十一日

亲爱的沃洛佳：我曾考虑写信给你，问你是否看到新闻，现在英国正在进行关于《洛丽塔》的非常滑稽的争论。我想你会的，因
362 为你有康奈尔图书馆；但如果没有，我可以寄给你一些剪报材料。伯恩茅斯选举事件听起来就像康普顿·麦肯齐或伊夫林·沃的故事。[1] 抱歉，直到四月的后半个月，我才能去纽约。知道你可以离职一年，很高兴。要我看，你可以终身退休了。不：我没有给你寄防烫锅垫，贾森告诉我，你是这么想的——我也不明白其意义。

永远的

埃

1. 奈杰尔·尼科尔森，威登菲尔德与尼科尔森出版社共同创始人，在

英国出版《洛丽塔》(尽管他的父母哈罗德·尼科尔森和维多利亚·萨克维尔-韦斯特激烈反对),进而在伯恩茅斯重选进入议会资格时陷入麻烦。他出版《洛丽塔》的决定受到许多选民的厌恶,还有他在苏伊士运河争议中反对政府政策的态度也如此。奈杰尔·尼科尔森以九十一票输掉了选举。

309

[薇拉·纳博科夫致埃德蒙·威尔逊]

亚利桑那州,塞多纳

森林之家

一九五九年六月三十日

亲爱的邦尼:

沃洛佳要我给你写信,有关令他非常沮丧的某些事。正如你现在所知道的,新方向要出版新版的《塞巴斯蒂安·奈特的真实生活》。一九四一年当该书第一次出版时,你为它说了好话,基于这一点,新方向擅自找你,要为他们的新版本护封背书。弗拉基米尔强烈反对出版商出版前纠缠名人要背书的做法,认为应该用图书出版后的评论。他本人从不写类似的吹捧文字。他恳请你拒绝。他已经写信给新方向,说他反对这样的乞求。

我来写这封信(而不是弗本人)的原因是,他要立即寄出去,但过去四天他一直在写作,已精疲力竭、苦不堪言了。

我们住在亚利桑那州的一个十分可爱的峡谷中,橡树溪峡谷,弗拉格斯塔夫的南边。我们将在这儿待到七月中旬,可能再稍长一些。秋季我们会在纽约(或科德角)短暂停留,然后起航去欧洲。

我们希望你和叶连娜暑假愉快。我们向你们表示问候。 363

薇拉

310

纽约州

刘易斯县，托尔克特维尔

埃德蒙·威尔逊

一九五九年七月十五日

亲爱的薇拉：

我已经写信给新方向，不要用我以前的推荐词，因为如今已过时了。等我最终着手去写我的关于沃洛佳的 étude approfondie[1] 时，出版商会有东西炫耀的。届时我会阅读整本的《洛丽塔》，不管它是否能出版，不过我敢打赌，比起沃洛佳阅读《日瓦戈》来，我已读了《洛丽塔》许多章节。《洛丽塔》的繁盛——它显然触动了伟大美国心胸深处的琴弦（注意，英国的态度可是截然不同）——似乎为其他许多荡妇打开了大门。《查泰莱夫人》如今已经解禁，我的《赫卡特县》也将再版。此刻我阅读的只是老的十九世纪中期的美国书籍，灰蒙蒙的，破破烂烂，绿色或棕色封面，讨论的是印第安人和南北战争。

我喜欢《瓦内姐妹》，但如果是你说的那样，认为《纽约客》拒稿是因为它对新英格兰的描画，我敢肯定，你大错特错了。你的讽刺其实非常温和，即使它再残忍些，《纽约客》也一点儿不在乎。问题毫无疑问在于，无法期待读者理解最后一段的密码，他们觉得也不该要读者去找寻这种密码。如果编辑不透露，没有人能在《文汇》中看出来。[2] 我毫不费劲地解决了，但我觉得，诗歌运用的"韵律"，是从显灵板产生的。

我想在这儿待到八月底，然后回科德角。八月中旬，我们准备去剑桥，我冬季在那儿有一个工作。我希望我们能在那些地方中的一处见到你。我们很高兴请你们来韦尔弗利特。

永远的

埃德蒙

1. 威尔逊要对纳博科夫的作品做“彻底的研究”，这样的承诺重复了好多年。最为接近这种承诺的是他1965年评论《奥涅金》翻译的修订版后记，共7页，收于他1972年的著作《俄国之窗》。 364
2. 小说《瓦内姐妹》的最后一段，每个单词的首字母组成了一条信息，是叙述者曾认识的两个已故姐妹发给他的。

一九六〇

311

法国

芒通，卡诺大街

阿斯托利亚宾馆

一九六〇年一月十九日

美国，马萨诸塞州，剑桥

哈佛大学英文系

埃德蒙·威尔逊先生

亲爱的邦尼：

在欧洲过了相当忙碌紧张的四个月后，我们准备回家了。我们将在二月十九日乘坐“美国”号，在纽约待两三天，然后会去洛杉矶，我们想在那儿至少待六个月。[1]

我们去了日内瓦，看望我的妹妹[2]（一九三七年以后就没见过她）。我们在巴黎、伦敦逗留，我要联系出版一本书。我们还去了罗马和米兰，跑到陶尔米纳那么远，那是西西里一个沉闷的地方。我们想在内尔维、拉帕洛、卢加诺和圣雷莫找个地方，租一套房，结果都没成。最后，在芒通找到一家公寓房。

德米特里在米兰求学，我们计划秋天去看他。最优秀的法国作家是罗伯-格里耶，我们在巴黎见了面，他不可思议地被法国批评家归类到形形色色的布托尔、萨洛特中间。像一九六〇年代的俄国一样，英国有一个强大的批评团体，主要兴趣就是单调乏味的社会评论派文学。在法国，这种东西似乎在衰落。我发现，比起美国的 365
那些大学，剑桥大学（我在那里做了一次演讲）某些方面显得乡气，很奇怪。

希望你喜欢待在马萨诸塞的剑桥。我让他们寄一本《斩首之邀》[3]，你收到了吗？何时、何地我们能见到叶连娜和你？

芒通的地址直到二月十五日都有用。请给我写信。

薇拉和我一起致以最美好的问候。

永远的

弗

弗拉基米尔·纳博科夫

1. 应斯坦利·库布里克邀请，纳博科夫去好莱坞为《洛丽塔》电影脚本工作。
2. 即叶连娜·西科尔斯卡娅，娘家姓纳博科夫。
3. 英译本《斩首之邀》（1930 年代中期用俄语写成），1959 年出版。

312

[草于纳博科夫一月十九日的来信上]

一九六〇年一月二十五日

亲爱的沃洛佳：我们在剑桥西利亚德街 12 号——电话特洛布里奇 6-8179 。你可以在这儿逗留吗？从你的目的地好莱坞，我猜《洛丽塔》要拍成电影。你读过凯诺的 *Zazie dans le Métro*（《扎齐坐地铁》）吗？它被认为是法国对《洛丽塔》的回答。如果没有，我想你要看一看——不过多少受到那种已经深入法国创作的离奇古怪格调的影响：吉罗杜啦，埃梅啦，阿努伊啦，等等。问候薇拉。

永远的

埃德蒙·威

列文一家准备二月去洛杉矶，你在那儿时他可能也在。

313 366

加州，洛杉矶 49

曼德维尔峡谷路 2088 号

一九六〇年四月五日

亲爱的邦尼：

我们在洛杉矶一处开满鲜花的峡谷中找了一座迷人的房子，四处是漂亮的蝴蝶。我们过得安安静静。我的主要事务是正在忙着的那个脚本，不过我还得专心校阅我的《奥涅金》校样，我的《伊戈尔远征记》校样，还有德米特里翻译的我的《天赋》。

电影剧本要忙到八月或九月，然后我们还要坐船去欧洲。在宁静、可爱的洛杉矶，我觉得愉快、放松，我们希望叶连娜和你能过来看我们。

是的，我非常欣赏《扎齐坐地铁》，就其“离奇古怪的”文类而言，它无疑是一部杰作。（从莎士比亚到乔伊斯，所有的艺术不都是离奇古怪的吗？）我最近读了几本相当糟糕的书，怪诞、平庸的魁首我想应该属于科林·威尔逊的《黑暗中的仪式》。

好的，随便写几行，就是想跟你保持联系。再过几个月，我们就相识二十（二十！）年了。

你的

弗

314

纽约州，纽约市 16

麦迪逊大街210号

普特南转

一九六〇年十月十日

亲爱的邦尼：

你完全把我忘了，我听说你现在住在剑桥。

后天我们出发去纽约，在那里待两周，然后十一月二日坐船去欧洲。你有可能碰巧去纽约吗？

蓝花楹下的日子惬意极了。从三月起，我就在忙脚本，现在写好了，做得不错。我过着隐居、闲逸的生活，峡谷里到处都是蝴蝶。

367 我们希望明年回加利福尼亚。关于欧洲的打算还很模糊：我们想先去日内瓦，我妹妹住那儿，除非德米特里从米兰过去，不然我们会再去意大利。

请给我写几个字。薇拉和我向叶连娜和你致以 serdechnïy privet[1]！

你的

弗

1. 用拉丁字母转写的俄语，即“由衷的问候”。

315

［一张圣诞贺卡，图片是一个儿童天使装点着林中一棵树，题词为“Meilleurs Voeux et Souhaits Sincères”*］

［一九六〇年十二月十六日］

亲爱的叶连娜和埃德蒙：

节日好，新年快乐！

弗拉基米尔，薇拉和德米特里·纳博科夫[1]

1. 原文为俄语（薇拉的手迹，用的是俄语旧式正字法）。

* 法语，衷心祝福。——编注

一九六一

316

海滨阿尔卑斯，尼斯

英国大道 57 号

一九六一年二月二十七日

亲爱的邦尼：

非常感谢你的来信，俄文流畅，让人开心，还有那十分可爱、富有艺术性的“致命含片”。本该早些给你写信，但我经历了一段强烈的灵感时期，我迫切地需要它，要写一首长诗（我的新小说[1] 368
的一部分），于是不停地吸取，接连不断地持续了数小时。我喜欢在这里工作，但感到不久后应该回美国，以保持语言的活力和精神的放松。在这里，我们拥有一套漂亮的公寓房，海景在每个窗户中呈现，就像马塞尔在巴尔贝克的旅馆那样。[2] 我说法语，但带玉米地带[*] 的口音，每天在冈恩书店买《纽约先驱报》。在英、法的报刊上，我们经常看到神圣家庭的照片——在埃尔斯特里制片厂——但没有接触过。[3]

尼斯的地理位置很好，距离米兰不远，德米特里经常过来看我们。他将在四月的《波希米亚》中开始他的歌剧首演。[4]

罗曼·格说，他最近见过你。今年夏天你有机会来欧洲吗？我们在这儿待到三月底，然后四处转转，因此请尽快告诉我们。

你身体好吗？请珍重，我的朋友。

薇拉和我一起问候你们。

弗

1. 即《微暗的火》。

2. 普鲁斯特的系列小说《追忆似水年华》的开头。

3. 当时电影版《洛丽塔》在英国的埃尔斯特里制片厂拍摄。德米特里·纳博科夫解释说，“神圣家庭”指詹姆斯·梅森以及其他在这部电影中出演的男女演员。

4. 在这次演出中，德米特里·纳博科夫和卢奇亚诺·帕瓦罗蒂都是歌剧首演。

* 美国中西部盛产玉米的地区，东起俄亥俄州西部，西至内布拉斯加东部和堪萨斯州东北部，尤指衣阿华州、伊利诺伊州和印第安纳州。——译注

一九六三

317

［一九六三年十二月］

巴黎一区

（旺多姆广场—歌剧院—马德莱娜教堂）

冈波街37号，卡斯蒂耶旅馆

亲爱的沃洛佳：我后来才想起，我没有把下流文学[1]寄给你，这个要给你，因为它无疑激发了《洛丽塔》，因此我把它包括在我圣诞节的包裹中。

永远的

埃·威

叶连娜见到你非常高兴，我很遗憾没有去，不过我可以跟你保 369
持联系。听说了德米特里的情况，很难过。[2]

［纳博科夫档案中，附在这封信后面的是一则简短的剪报，纳博科夫在上面写了引自马雅可夫斯基的诗歌《和财务检查员谈诗》（一九二六）的两句］

《世界电报与太阳报》号外

锡拉丘兹，十一月十四日——埃德蒙·威尔逊，《赫卡特县的回忆》等作品作者，今天对指控在一九五七年漏报一万六千九百四十九美元的收入认罪，被罚款七千五百美元。[3]

财务检查员公民，

说老实话，

这些词儿

真叫诗人

破费不少。[4]

1. 原文为俄语。

2. 1962 年 8 月，德米特里·纳博科夫生病，关节肿痛，时好时坏，十八个月后才确诊并治疗。参见博伊德，《纳博科夫传：美国时期》，第 486 页之后。

3. 起诉发生在 1960 年 11 月。威尔逊在其著作《冷战与收入税：抗议书》（1963）中描述了他与美国联邦税务局的冲突。

4. 原文为俄语。

一九六四

318

[薇拉致叶连娜·威尔逊]

蒙特勒

皇家旅馆，一九六四年二月五日

亲爱的叶连娜：

上次在我们这里，你和埃德蒙说到抗痛风的药片，方便告诉我它们的名字吗？它们是否有副作用，你知道吗？我们的医生对此不了解。

希望你们在巴黎过得愉快。能在蒙特勒见到你俩，真的太 370
好了。[1]

弗拉基米尔、德米特里和我一起致以最美好的问候。希望不久再见到你和埃德蒙。

衷心地

薇拉

1. 埃德蒙、叶连娜·威尔逊 1964 年 1 月 11 日至 13 日与纳博科夫一家重聚，在蒙特勒皇家旅馆住了三天。11 日，他们跟纳博科夫夫妇与海因里希·玛丽亚和简·莱迪希–罗沃尔特（他是纳博科夫的德国出版商）一起晚餐；12 日，威尔逊为纳博科夫夫妇安排了庆祝午餐。这是两位作家最后一次会面。

319

[威尔逊致薇拉·纳博科夫]

巴黎一区

（旺多姆广场—歌剧院—马德莱娜教堂）

冈波街 37 号，卡斯蒂耶旅馆

一九六四年二月六日

亲爱的薇拉：

这是我医生的来信，请寄回。这些药片每天每种至少吃一颗；但开始时吃两颗，直到尿酸被排出。如果痛风开始反复，再重新吃两颗。

我刚刚发现，在蒙特勒吃晚饭时，我严重失礼。我不知道莱迪希-罗沃尔特此前曾娶现在的费尔特里内利太太，说了她一些不好的事。意大利出版商蒙达多利告诉了我，说不要担心失礼——罗沃尔特无疑会同意我的说法。[1]

见到你们，我们很高兴。

永远的

埃德蒙

叶连娜问候你们。

1. 蒙达多利或威尔逊把此事搞错了。英奇·费尔特里内利是意大利共
产党出版商贾恩贾科莫·费尔特里内利的妻子，从未嫁给莱迪希-罗沃尔
371 特（威尔逊在《六十年代》一书中重复了这个错误信息，见第 293 页）。
1957 年 11 月，虽然遭到苏联政府的抗议和威胁，费尔特里内利还是首次
出版了帕斯捷尔纳克的《日瓦戈医生》。他后来为了反抗资本主义制度，
以不恰当的方式蓄意破坏一个发电厂而丧生。

320

巴黎一区

（旺多姆广场—歌剧院—马德莱娜教堂）

冈波街 37 号，卡斯蒂耶旅馆

一九六四年二月十五日

亲爱的沃洛佳：

你还记得吗，我在韦尔弗利特时曾想翻译这首诗[1]？有意思的是，这首非抒情性小诗竟需要他们两个人来做。玛丽急切地想知道，她怎么会错过《微暗的火》的。[2] 你为何不写信给她？她的地址是巴黎第六区，雷恩街 141 号。她的名字现在是詹姆斯·韦斯特夫人。

你们来巴黎时，我们恐怕已不在那儿了。我们想在这个月底离开。

希望这些药物对你的痛风有些效果。

你读过楚科夫斯基那本有趣的书《像生活一样鲜活》[3] 吗？它碰巧讨论的是俄语。他有时有点儿像我在《新政治家》上的那种抱怨[4]——他九十岁了[5]——坚持认为，不该说“我崇拜狗”，因为“崇拜”关乎了“上帝”。[6]

永远的

埃·威

1. 即《诗：勃洛克之后》，作者为查尔斯·汤姆林森和亨利·吉福德，刊于 1964 年 2 月 13 日的《泰晤士报文学增刊》。威尔逊在第 58 封信中曾向纳博科夫引用过。这个作品是对那同一首诗非常任性的改编。

2. 玛丽·麦卡锡对《微暗的火》热情赞美，文章《晴天霹雳》发表在 1962 年 6 月的《新共和》第 146 期上。

3. 原文为俄语。本书初版于 1962 年，作者科尔内·楚科夫斯基（Kornei Chukovsky, 1882—1969）是文学研究者，儿童诗人。这本书讴歌俄语的无限可能，痛惜其在 20 世纪被滥用。

4. 威尔逊关于现代语言用法的专栏，《当前陈词滥调的进一步笔记》，刊登于 1963 年 12 月 6 日的《新政治家》。

5. 1964 年楚科夫斯基八十二岁。

6. 异体字原文为俄语。像以前经常发生的那样，威尔逊混淆了西里尔字母和拉丁字母，在俄文词中用拉丁字母 B 表示上帝 Bog，从而变成了 Vog。

372

321

一九六四年二月二十五日

亲爱的邦尼：

是的，我在《文学增刊》上看到了勃洛克诗歌的翻译。难点在 ledyanaya ryab'，它当然不是“冰封的”，而是冰的，冰一般的；ryab' 也不是 zïb'——不是通常的微波，而是非常细小的波纹或水面的皱褶。[1]

过去这么多年后，能够见到你，非常流畅地恢复我们自然而然的交流，真好。

非常感谢你的 retsept[2]，我已经开始用了。

我们三月十八日坐船回家待一个月。

向叶连娜和你致意。

永远的

弗

［在边上］

抱歉转写字母。

1. 有关纳博科夫讨论的段落，参见第 58 封信，注释 4。
2. 法语，药方。

一九七一

322

一九七一年三月二日

亲爱的邦尼：

几天前，我有机会重温我们往来的整捆书信（用俄语说是vsyu pachku），再次领略你的许多温情善意，我们友谊中的种种激动，还有艺术及智力发现的持续兴奋，真让人快意。

我（从叶连娜·列文那里）得知你病了，很难过，后来又听说你好多了，我很高兴。

请相信我，对你当初无可理喻地不理解普希金和纳博科夫的《叶甫盖尼·奥涅金》，我早就不再抱怨了［……］

你的

弗拉基米尔·纳博科夫

323 373

《纽约客》

西43街25号

一九七一年三月八日

瑞士，蒙特勒

蒙特勒皇家旅馆

弗拉基米尔·纳博科夫先生

亲爱的沃洛佳：

很高兴收到你的来信。我正在把我写俄罗斯的文章编一个集子。我纠正了我讨论纳博科夫—普希金的文章中的俄文错误；但引用了更多的你的不当例子［……］我认为［索尔仁尼琴］是杰出的，不过有点儿单调——跟帕斯捷尔纳克不在一个档次，毕竟他除了疾病、监禁的故事外，没有什么可讲。我想针对他写点东西，作为最后一章。我发现阅读苏维埃式俄语有些困难。

我以二十年的托尔克特维尔日记为依据，写了一篇记述我去伊萨卡看你的文章，收进一本书中[1]，今年春季会出版（不要阅读《纽约客》上的精炼版）。希望它不会再伤害我们的私人关系（不会的）。

叶连娜和我的状态都不好。我有过轻度中风，导致右手活动很困难。我们渴望离开纽约，它如今真成了地狱。我不知道今后是否还会再来。

向薇拉致以最美好的问候。

埃·威

又及

根据苏联版契诃夫集，你说他在一封信中谈到你亲戚与他的相遇，你在书信日期方面有点小错。[2]

1. 即《州北：纽约北部纪实与回忆》，参见第 294 封信，注释 5。纳博科夫给《纽约时报》编辑写信，并发表于 1971 年 11 月 7 日（重印于《独抒己见》，第 218—219 页），信中特别指出："不过，让我吃惊的倒不是威尔逊的镇定，而是这样一个事实，即他在伊萨卡于我家做客时，竟然还在日记中说自己怀有如此恶意、愚昧的情感和念头，如果他那时就说出来，我会叫他立即走人的。"

2. 《说吧，记忆》第三章，纳博科夫这样说到他母亲的姨妈普拉斯科维亚·塔尔诺夫斯基医生："一天晚上，在费奥多西亚附近艾瓦佐夫斯基的别墅里，普拉斯科维亚姨妈在晚餐时遇见了二十八岁的安东·契诃夫医生，在有关医学的谈话中不知怎的冒犯了他。她是一位非常有知识、非常和蔼、
374 非常优雅的女士，很难想象她究竟如何激怒了契诃夫，使他竟然在 1888
年 8 月 3 日写给他姐妹的一封后来发表出来的信里，粗野得令人难以置信地发作了一通。"

这里所说的“发作”实际上是契诃夫在 1888 年 7 月 22 日给姐妹玛丽娅的信中说的话。信中写道：“她［塔尔诺夫斯基医生］是一个肥胖、臃肿的大块头。如果把她剥光，涂上绿色，她就成了一只沼泽地的青蛙。跟我闲聊后，我内心将她从我的医生名单中划掉了。”日期不一致，是由于纳博科夫根据儒略历和格列高利历的不同而做了更正。

索　引

词条中，“埃·威”代表埃德蒙·威尔逊，“弗·纳”代表弗拉基米尔·纳博科夫。出现在同一页同样序号的注释，但属于不同信件，则用“上”“下”以示区别。索引中的页码为英文原书页码，与书中页边标注的页码一致。

Vladimir Nabokov / Edmund Wilson / Simon Karlinsky
Dear Bunny, Dear Volodya: The Nabokov-Wilson Letters, 1940-1971

图字：09-2019-288号

图书在版编目（CIP）数据

亲爱的邦尼，亲爱的沃洛佳：纳博科夫-威尔逊通信集：1940—1971/（美）弗拉基米尔·纳博科夫（Vladimir Nabokov），（美）埃德蒙·威尔逊（Edmund Wilson）著；（美）西蒙·卡林斯基（Simon Karlinsky）编；刘佳林译. — 上海：上海译文出版社，2022.10

书名原文：Dear Bunny, Dear Volodya: The Nabokov-Wilson Letters, 1940-1971

ISBN 978-7-5327-8978-8

Ⅰ. ①亲… Ⅱ. ①弗… ②埃… ③西… ④刘… Ⅲ. ①纳博科夫（Nabokov, Vladimir 1899—1977）—书信集②埃德蒙·威尔逊—书信集 Ⅳ. ①K837.125.6

中国版本图书馆CIP数据核字（2022）第184252号

亲爱的邦尼，亲爱的沃洛佳：纳博科夫—威尔逊通信集，1940—1971
Dear Bunny, Dear Volodya: The Nabokov-Wilson Letters, 1940-1971

［美］弗拉基米尔·纳博科夫
埃德蒙·威尔逊 著
［美］西蒙·卡林斯基 编
刘佳林 译

出版统筹 赵武平
策划编辑 陈飞雪
责任编辑 邹 滢
装帧设计 张擎天

上海译文出版社有限公司出版、发行
网址：www.yiwen.com.cn
201101 上海市闵行区号景路159弄B座
启东市人民印刷有限公司印刷

开本 890×1240 1/32 印张 16.25 插页 2 字数 310,000
2022年12月第1版 2022年12月第1次印刷

ISBN 978-7-5327-8978-8/I·5572
定价：128.00元